消防設備與電氣技術

（第二版）

劉書勝 ◎著　　高士峰・謝曉麟◎校對

目
錄
Contents

第1章

消防用設備
有關法令概要

1 消防用設備有關法令概要

1-1 消防用設備之設置

1-1-1 消防用設備之設置及維護

依消防法第六條規定，應設置並維護其消防安全設備場所如下：
1. 依法令應有消防安全設備之建築物。
2. 一定規模之工廠、倉庫、林場。
3. 公共危險物品與高壓氣體製造、分裝、儲存及販賣場所。
4. 大眾運輸工具。
5. 其他經中央主管機關核定之場所。

上列各類場所應以政令訂定之技術標準，設置政令所定之消防設備、消防用水及消防活動上必要之設置及維護。

有關防火對象物或關係者之指定，技術上之基準，消防用設備之種類，消防法施行細則為有關消防用設備之設置及維護之基本施行原則，其設置上之細部或設備構造性能等，以內政部令各類場所消防安全設備設置標準辦理。

依法令或契約對各場所有實際支配管理之管理權人，對防火對象物有設置並維護其消防安全設備之責任，對該消防安全設備之設計、監造應由消防設備師為之；其裝置、檢修應由消防設備師或消防設備士為之。

管理權人未依規定設置或維護，於發生火災時致人於死者，處一年以上七年以下有期徒刑，違反防焰物品使用之規定，經通知限期改善，逾期不改善或複查不合規定者，處其管理權人新台幣六仟元以上三萬元以下罰鍰，違反從事消防安全設備之設計、監造、裝置及檢修者，處新台幣一萬元以上五萬元以下罰鍰，經通知限期改善逾期不改善者，處新台幣一萬元以上五萬元以下罰鍰。

依消防法應受處罰者，除受處罰外，其有犯罪嫌疑者，應移送司法機關處理。

1-1-2 消防用設備之設置對象物

依法令應有消防安全設備之建築物，其消防用設備設置，由內政部令規定之各類場所消防安全設備設置標準辦理。

防火對象建築物之指定，是依用途別分類為七項，由防火對象物之用途、面積及樓層數等決定。

各類場所按用途分類如下：

一、甲類場所：

1. 電影片映演場所（戲院、電影院）、歌廳、舞廳、夜總會、俱樂部、理容院（觀光理髮、視聽理容等）、指壓按摩場所、錄影節目帶播映場所（MTV等）、視聽歌唱場所（KTV等）、酒家、酒吧、酒店（廊）。

2. 保齡球館、撞球場、集會堂、健身休閒中心(含提供指壓、三溫暖等設施之美容瘦身場所)、室內螢幕式高爾夫練習場、遊藝場所、電子遊戲場、資訊休閒場所。

3. 觀光旅館、飯店、旅(賓)館、招待所(限有寢室客房者)。

4. 商場、市場、百貨商場、超級市場、零售市場、展覽場。

5. 餐廳、飲食店、咖啡廳、茶藝館。

6. 醫院、療養院、長期照護機構(長期照護型、養護型、失智照顧型)、安養機構、老人服務機構(限供日間照顧、臨時照顧、短期保護及安置者)、托嬰中心、早期療育機構、安置及教養機構(限收容未滿二歲兒童者)、護理之家機構、產後護理機構、身心障礙福利機構(限供住宿養護、日間服務、臨時及短期照顧者)、身心障礙者職業訓練機構(限提供住宿或使用特殊器具者)、啟明、啟智、啟聰等特殊學校。

7. 三溫暖、公共浴室。

二、乙類場所：

1. 車站、飛機場大廈、候船室。

2. 期貨經紀業、證券交易所、金融機構。

3. 學校教室、兒童課後照顧服務中心、補習班、訓練班、K書中心、前款第六目以外之安置及教養機構及身心障礙者職業訓練機構。

4. 圖書館、博物館、美術館、陳列館、史蹟資料館、紀念館及其他類似場所。

5. 寺廟、宗祠、教堂、供存放骨灰(骸)之納骨堂(塔)及其他類似場所。

6. 辦公室、靶場、診所、日間型精神復健機構、兒童及少年心理輔導或家庭諮詢機構、身心障礙者就業服務機構、老人文康機構、前款第六目以外之老人服務機構及身心障礙福利機構。

7. 集合住宅、寄宿舍、住宿型精神復健機構。

8. 體育館、活動中心。

9. 室內溜冰場、室內游泳池。

10. 電影攝影場、電視播送場。

11. 倉庫、家俱展示販售場。

12. 幼兒園。

三、丙類場所：

1. 電信機器室。

2. 汽車修護場、飛機修理廠、飛機庫。

3. 室內停車場、建築物依法附設之室內停車空間。

四、丁類場所：

1. 高度危險工作場所。

2. 中度危險工作場所。

3. 低度危險工作場所。

五、戊類場所：

1. 複合用途建築物中，有供第一款用途者。
2. 前目以外供本條第二、三、四款用途之複合用途建築物。
3. 地下建築物。

六、己類場所：

1. 大眾運輸工具。

七、其他經中央主管機關公告之場所：

單棟獨立用途建築物決定用途無問題，複合用途構成時，依複合用途建築物判斷基準辦理如下：

一、一棟建築物中，有供甲，乙，丙，丁類場所列用途二種以上，符合下列規定之一者，得判定為在管理及使用形態上構成從屬關係。

1. 對照表「建築物主用途及從屬用途關係對照表」所列用途，符合下列規定時構成從屬關係。
   (1) 從屬用途部分之管理權與主用途部分之管理權相同。
   (2) 從屬用途部分利用者與主用途部分利用者應一致具有密切之關係。
   (3) 從屬用途部分工作者或使用者之使用時間與主用途部分工作者或使用者之使用時間應大致相同(包含為完成剩餘工作之延長時間)。
2. 對照表「建築物主用途及從屬用途關係對照表」所列主用途部分樓地板面積合計應超過該建築物總樓地板面積百分之九十以上，且從屬用途部分之樓地板面積合計未超過三百平方公尺。

二、一棟建築物中之不同用途有供住宅使用時，除依前項規定外，應依下列原則判斷之：

1. 供甲，乙，丙，丁類各目用途使用之樓地板面積合計小於五十平方公尺，且較供住宅使用之樓地板合計面積小時，該建築物視為住宅。
2. 供甲，乙，丙，丁類各目用途使用之樓地板合計面積大於供住宅使用之樓地板合計面積時，視為甲，乙，丙，丁類各目用途之建築物。
3. 供甲，乙，丙，丁類各目用途使用之樓地板面積合計小於供住宅使用之樓地板面積合計，且前者樓地板面積合計在五十平方公尺以上時，該建築物視為複合用途建築物。
4. 供甲，乙，丙，丁類各目用途使用之樓地板面積合計，與供住宅使用之樓地板合計面積大致相等時，應視為複合用途建築物。

三、依複合用途建築物判斷基準之規定視為複合用途建築物，符合下列規定時，視為戊類場所供乙，丙，丁類場所之複合用途建築物。

1. 複合用途建築物中，甲類場所樓地板面積合計小於該建築物總樓地板面積百分之十。

表1-1住宅與其他各類場所併存時判定原則表

項　目	例　示	項　目	項　目	例　示	項　目
住宅 大於　各目場所小於五十平方公尺	住宅　各目	一般住宅	住宅 大於　各目場所小於五十平方公尺	住宅　各目	複合用途
住宅 小於　各目場所	各目　住宅	甲乙丙丁類 各目用途	住宅 相當　各目場所	住宅　各目	複合用途

對照表

建築物主用途及從屬用途關係對照表

(A)設置標準各類場所	(B)主用途部分	功能上構成從屬用途部份		備　考
		(C)供工作者、使用者便於使用者。	(D)具密切關係	
(1)甲類 (一)之電影片映演場所(戲院、電影院)	舞台、座席、放映室、大廳、售票室、電器室、道具室、衣物室、練習室、儲藏室。	販賣部、專用停車場、休息室、辦公室、展示室。	製片廠(室)。	電氣室係指有開播帶、監控等處所。
(2)甲類 (一)之歌廳、舞廳、夜總會、俱樂部	座席區、吧台、舞台、烹調室、更衣室、儲藏室、電氣室。	休息室、專用停車場、辦公室。		
(3)甲類 (一)之理容院(觀光理髮、視聽理容等)指壓按摩場所	包廂、理容椅、按摩座、蒸氣室、烹調室。	大廳、辦公室、休息室、專用停車場。		
(4)甲類 (一)之錄影節目帶播映場所(MTV 等)、視聽歌唱場所(KTV 等)	座席區包廂電氣室、吧台、櫃台、烹調室。	大廳、休息室、辦公室、專用停車場。		
(5)甲類 (一)之酒家、酒吧、酒店(廊)	座席區、包廂、舞台、櫃台、吧台、廚房、電氣室、更衣室、儲藏室。	大廳、休息室、辦公室、專用停車場。		
(6)甲類 (二)之保齡球館、撞球場、室內螢幕式高爾夫練習場	球道區、休息室、機械室、球台區、作業區、更衣室、等待區、遊藝室、儲藏室、包廂、櫃台、電氣室。	飯廳、咖啡廳、販賣部、專用停車場、辦公室。	三溫暖、體育館。	

(7)甲類 (二)之集會堂	集會室、會議室、大廳、宴會場、廚房、兼具本表第一欄用途者適用其主從關係。	飯廳、販賣部、專用停車場。	展示室、圖書室、遊戲室、體育室、遊戲室、托兒室、醫護室、招待室。	
(8)甲類 (二)之健身休閒中心(含提供指壓、三溫暖等設施之美 容瘦身場所)	健身室、韻律室、游泳區、三溫暖、浴室、更衣室。	大廳、咖啡廳、販賣部、專用停車場、辦公室。	
(9)甲類 (二)之遊藝場所、電子遊戲場、資訊休閒場所	遊藝室(區)、遊戲室(區)、休閒室(區)、櫃台。	販賣部、辦公室、專用停車場	
(10)甲類 (三)之觀光旅館、飯店旅(賓)館、招待所(限有寢室客房者)	寢室、櫃台、大廳、廚房、餐廳、浴室、接待室(區)、洗衣室、配餐室、蒸氣室。	娛樂室、吧台、飲食區、兌幣處、專用停車場、美(理)容室、醫務室、咖啡廳、電信室、電氣室。	展示室(區)(含連續式形態)、會議室、展望設施、游泳池、遊藝室。	
(11)甲類 (四)之商場、市場、百貨商場、超級市場、零售市場、展覽場	飯賣部、貨物處理室、商品倉庫、美食街、辦公室、展示室(區)、衣服專賣店。	專用停車場、攝影室、遊藝室、美(理)容室、醫務室、集會室、電氣室。	飲食美容等教室、自動提款機室。	拍賣場原則上視為本類。
(12)甲類 (五)之餐廳、飲食店、咖啡廳、茶藝室	座席區、包廂、廚房、接待室、吧台。	專用停車場、結婚廣場、大廳、辦公室。	娛樂室、會議室。	
(13)甲類 (六)之醫療機構(醫院診所)、療養院	診療室、急診室、病房、產房、手術室、檢驗室、藥局、辦公室、機能訓練室、會客室、談話室、研究室、廚房、洗衣(滌)室、醫師值日室、侯診室(區)、技工室、圖書室。	飯廳、販賣部、專用車場、娛樂室、托兒室、理容室、浴室、茶室、美食街。	臨床研究室	醫院附設之護士宿舍及護士學校一部份視為寄宿舍及學校。
(14)甲類 (六)之長期照護機構養護機構、安養機構、老人服務機構(限供日間照顧及安置使用者)、兒童福利設施、育嬰中心、護理之家機構、產後護理機構	起居室、集會室、機械訓練室、會客室、飯廳、廚房、診療室、作業室、洗衣部、浴室。	飯廳、販賣部、專用車場。		

(15)甲類 (六)之啟明、啟智、啟聰等特殊學校 乙類 (十二)之幼稚園、托兒所	教室、遊藝室、休息室、講堂、廚房、體育室、診療室、圖書室。	飯廳、販賣部、辦公室。	才藝教室。
(16)甲類 (七)之三溫暖、公共浴室	更衣室、浴室、蒸氣室、休息室、體育室、等待室、按摩室、衣櫃室、洗衣室、閱覽室、美(理)容室、視聽觀賞區、櫃台、烹調室。	飯廳、飯賣部、專用停車場、茶室、娛樂室、托兒室、小型三溫暖。	自費洗衣部。
(17)乙類 (一)之車站、飛機場大廈、候船室	起降區、等待室、操控室、電力控制室、行李領取區、暫時寄物處、衣帽間、小睡室、救護室。	飯廳、販賣部、咖啡廳、旅行社、接待室。	理容室、兌幣處。
(18)乙類 (二)之期貨經紀業、證券交易所、金融機構	座席、大廳、看板區、櫃台、銀行辦事處、辦公室、保管箱室、金庫。	談話室、專用停車場、咖啡室。	
(19)乙類 (三)之兒童及少年福利機構、學校教室、補習班、訓練班、K書中心、安親(才藝)班	教室、職員室、講堂、會議室、圖書室、研究室。用功室。保健室。	飯廳、談話室。	學生會館之集會室、宿舍、學童保育室。
(20)乙類 (四)之圖書室、博物館、美術館、陳列館、史蹟資料館、紀念館及其他類似場所	閱覽室、展示室、陳列區、書庫、衣帽間、大廳、工作室、物品保管室、資料室、研究室、會議室、休息室、放映室、觀覽室、辦公室。	飯廳、販賣部、咖啡廳、專用停車場。	
(21)乙類 (五)之寺廟、宗祠、教堂、靈骨塔及其他類似場所	本殿、旁殿、禮拜堂、納骨塔、辦公室、集會室、休息室、陳列室。	飯廳、販賣部、咖啡廳、專用停車場、圖書室。	宴會場、廚房、寢室、客房、娛樂室。
(22)乙類 (六)之辦公室、前款第六目以外之老人服務機構、老人文康機構	辦公室、休息室、會議室、大廳、檔案室、儲物室、談話室、作業室、資料室。	飯廳、販賣部、咖啡廳、娛樂室、體育室、理容室、專用停車場、診療室。	展示室。

(23)乙類 (七)之集合住宅、寄宿舍	起居室、寢室、廚房、飯廳、教養室、休息室、浴室、共同烹調室、洗衣室、置物室、管理人員室。	販賣部、專用停車場、大廳、會面室。	
(24)乙類 (八)之體育館、活動中心	座席、運動區、健身室、各項運動器具室、辦公室、置物室、更衣室、浴室、控制室、會議室、圖書室、展示室、活動室、閱覽室、大廳。	飯廳、販賣部、遊藝室、視聽覺教室、專用停車場訓練室、表演台、診療室。	宴會場、結婚廣場。
(25)乙類 (九)之室內溜冰場、室內游泳池	大廳、櫃台、寄置物室、溜冰室、游泳池、休息區、浴室、換衣室、設備區。	販賣部、遊藝室、專用停車場、咖啡廳	
(26)乙類 (十)之電影攝影場、電視播送場	攝影室、舞台、錄音室、道具室、衣物室、休息室、觀眾席、大廳、排練室。	飯廳、販賣部、咖啡廳、專用停車場、休息室。	
(27)乙類 (十一)之倉庫、傢俱展示販售場	物品倉庫、貨物處理室、辦公室、休息室、作業室(與商品保管相關之作業)。	飯廳、販賣部、專用停車場、展示室。	
(28)丙類 (一)之電信機器室	電信機房、電器室、電腦室、作業室、辦公室、休息室、器材室。	專用停車場。	
(29)丙類 (二)之汽車修護廠、飛機修理廠、飛機庫	車庫、車道、修理場、器具室、飛機修理場、飛機庫、休息室、更衣室。	飯廳、販賣部、專用停車場。	
(30)丙類 (三)之室內停車場、建築物依法附設之室內停車空間	車庫、車道。		
(31) 丁類 (一) 高度危險工作場所 (二) 中度危險工作場所 (三) 低度危險工作場所	作業區、設計室、研究室、辦公室、更衣室、物品室、展示室、會議室、圖書室。	飯廳、販賣部、專用停車場、托兒室、診療室。	

1-1-3 消防設備之種類

消防設備分為供消防用設備及消防用水或滅火活動上必要之設施兩類。供消防用設備可分為供滅火、通報或避難之用,並分為滅火設備、警報設備及避難設備。

一、滅火設備種類如下:

1. 滅火器、消防砂。
2. 室內消防栓設備。
3. 室外消防栓設備。
4. 自備撒水設備。
5. 水霧滅火設備。
6. 泡沫滅火設備。
7. 二氧化碳滅火設備。
8. 乾粉滅火設備。
9. 簡易自動滅火設備。

二、警報設備種類如下:

1. 火警自動警報設備。
2. 手動報警設備。
3. 緊急廣播設備。
4. 瓦斯漏氣火警自動警報設備。

三、避難逃生設備種類如下:

1. 標示設備:出口標示燈、避難方向指示燈、觀眾席引導燈、避難指標。
2. 避難器具:指滑台、避難梯、避難橋、救助袋、緩降機、避難繩索、滑杆及其他避難器具。
3. 緊急照明設備。

四、消防搶救上之必要設備種類如下:

1. 連結送水管。
2. 消防專用蓄水池。
3. 排煙設備(緊急昇降機間、特別安全梯間排煙設備、室內排煙設備)。
4. 緊急電源插座。
5. 無線電通信輔助設備。

1-1-4 消防設備之設置基準規則

一、標準用語定義

1. 複合用途建築物:
   一棟建築物中有供甲、乙、丙、丁類場所所列用途二種以上,且該不同用途,在管理及使用形態上,未構成從屬於其中一主用途者;其判斷基準如 1-1-2 節所列。
2. 無開口樓層:
   建築物之各樓層供避難及消防搶救用之有效開口面積未達下列規定者:
   (1) 11 層以上之樓層,具可內切直徑五十公分以上圓孔之開口,合計面積為該樓地板面積三十分之一以上者。
   (2) 10 層以下之樓層,具可內切直徑五十公分以上圓孔之開口,合計面積為該樓地板面積三十分之一以上者。但其中至少應具有二個內切直徑一公尺以上圓孔或寬七十五公分以上,高一百二十公分以上之開口。
   上列所稱有效開口係指符合下列規定者

- 開口下端距樓地板面一百二十公分以内。
- 開口面臨道路或寬度1公尺以上之通路。
- 開口無柵欄且内部未設妨礙避難之構造或阻礙物。
- 開口為可自外面開啓或輕易破壞得以進入室内之構造。採一般玻璃門窗時，厚度應在六毫米以下。

3. 高度危險工作場所：
   儲存一般可燃性固體物質倉庫之高度超過5.5公尺者，或易燃性液體物質之閃火點未超過攝氏60度與攝氏溫度為37.8度時，其蒸氣壓未超過每平方公分2.8公斤或0.28Mpa者，或可燃性高壓氣體製造、儲存、處理場所或石化作業場所，木材加工業作業場所及油漆作業場所等。

4. 中度危險工作場所：
   儲存一般可燃性固體物質倉庫之高度未超過5.5公尺者，或易燃性液體物質之閃火點超過攝氏60度之作業場所或輕工業場所。

5. 低度危險工作場所：
   有可燃性物質存在。但其存量少，延燒範圍小，延燒速度慢，僅形成小型火災者。

6. 避難指標
   標示避難出口或方向之指標。

二、適用之原則

防火對象物有關之消防設備之設置單位，除在特殊建築物或特別規定外，不以建地而以棟為單位。

棟在原則上為獨立之一個建築物或獨立之一個建築物互相接續為一體者。因此，以連絡走廊、地下連絡通道或洞道連接時，原則上以一棟處理，如符合所定之條件時，亦可以他棟檢討。

三、建築物間設有過廊時之處理

建築物間設有過廊，並符合下列規定者，視為另一場所：

1. 過廊僅供通行或搬運用途使用，且無通行之障礙。
2. 過廊有效寬度在六公尺以下。
3. 連接建築物之間距，一樓超過六公尺，二樓以上超過十公尺。

建築物符合下列規定者，不受前項第三款之限制：

1. 連接建築物之外牆及屋頂，與過廊連接相距三公尺以内者，為防火構造或不燃材料。
2. 前款之外牆及屋頂未設有開口。但開口面積在四平方公尺以下，且設具半小時以上防火時效之防火門窗者，不在此限。
3. 過廊為開放式或符合下列規定者：
   (1) 為防火構造或以不燃材料建造。
   (2) 過廊與二側建築物相連接處之開口面積在四平方公尺以下，且設具半小時以上防火時效之防火門。
   (3) 設置直接開向室外之開口或機械排煙設備。但設有自動撒水設備者，得免設。其

直接開向室外之開口或機械排煙設備，應符合下列規定：

(a) 直接開向室外之開口面積合計在一平方公尺以上，且符合下列規定：

 (i) 開口設在屋頂或天花板時，設有寬度在過廊寬度三分之一以上，長度在一公尺以上之開口。

 (ii) 開口設在外牆時，在過廊二側設有寬度在過廊長度三分之一以上，高度一公尺以上之開口。

(b) 機械排煙設備能將過廊內部煙量安全有效地排至室外；排煙機連接緊急電源。

四、區劃爲無開口部爲防火構造時之處理

各類場所符合建築技術規則以無開口且具一小時以上防火時效之牆壁、樓地板區劃分隔者，視為另一場所。雖然同屬一棟，但由於符合上述區劃，則可依各別之防火對象物設置消防設備，可參照圖1-1。

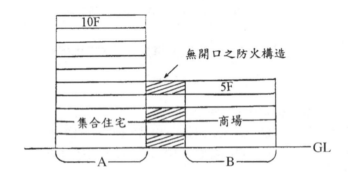

A 部份：層數10之防火建築物【乙類場所(7)集合住宅】相當之消防用設備之設置。

B 部份：層數5之防火建築物【甲類場所(4)商場】相當之消防用設備之設置。

圖1-1　無開口部之防火構造區劃之例

五、適用複合用途建築物時

複合用途建築物有分屬甲、乙、丙、丁類場所用途時，以各目為單元，按各目所列不同用途，合計其樓地板面積，視為單一場所，適用其適用基準。

消防安全設備設置標準第17條第1項第4款、第5款、第19條第1項第4款、第5款、第21條第2款及第157條除外。

六、無開口樓層之處理

通常，防火對象物之樓層為無開口樓層時，將增加消防避難與救災之困難度，故須以樓層為單位來強化設置消防設備。建築物地面上之樓層是否屬無開口樓層，係依該樓層之外牆開口部與樓地板面積之比率來認定；且須依開口部之位置與構造，來決定該開口部是否可計入開口面積。

1. 11 層以上之樓層

具可內切直徑50cm以上圓孔之開口，合計其開口面積未達該層樓地板面積1/30者，即為無開口樓層。（參照圖1-2）

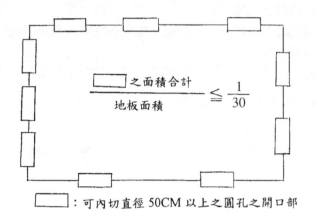

$$\frac{\text{之面積合計}}{\text{地板面積}} \leqq \frac{1}{30}$$

☐：可內切直徑50CM以上之圓孔之開口部

圖1-2　11層以上樓層之無開口樓層

2. 10 層以下之樓層

未達下列規定者，稱為無開口樓層：

具可內切直徑50cm以上圓孔之開口，合計其開口面積為該層樓地板面積1/30以上者。但其中至少應具有二個內切直徑1m以上圓孔或寬75cm以上、高120cm以上者（參照圖1-3）。

3. 開口部之位置及構造

有效開口係符合下列規定：（參照圖1-4、圖1-5）

(1) 開口下端距樓地板面120cm以內。

(2) 開口面臨道路或寬度1m以上之通路。

(3) 開口無柵欄且內部未設妨礙避難之構造或阻礙物。

(4) 開口為可自外面開啟或輕易破壞得以進入室內之構造。採一般玻璃門窗時，厚度應在六公厘以下。若採用強化玻璃時，該開口不計入開口面積。

1-2 消防用設備之檢定，消防設備師（士）

1-2-1 消防機具之品質規定

一、檢定制度

供消防用之機具等，為保護國民之生命，身體及財產之重要設施，必須保險在火災時，能發揮安全確實之機能，因此品質保證之目的定有檢定制度。

依據消防法施行細則，有關消防機具、器材與設備之檢驗，除經濟部中央標準局公告為應施檢驗品目者外，應依序實施型式認可及個別認可，並以內政部"消防安全設備審核認可

須知"函公告。

　　型式認可：係指消防機具、器材與設備之型式，其形狀、構造、材質、成分及性能，應符合內政部所定消防機具、器材及設備之認可基準，或經指定之規範。

　　個別認可：係指已取得型式認可之消防機具、器材與設備，於國內製造出廠前或國外進口銷售前，經確認其產品之形狀、構造、材質、成分及性能與型式認可相符。

　　廠商申請型式認可時，應填具申請書並檢送試樣及有關資料，向中央主管機關或其委託之檢驗單位提出。經型式認可者，應自取得型式認可書之日起二年內申請個別認可，經個別認可合格者，始得領用認可標示。

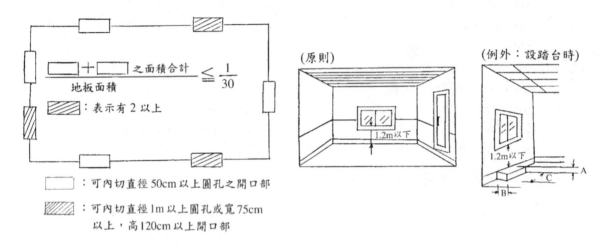

圖 1-3　10 層以下樓層之無開口樓層　　　　圖 1-4　有效開口部之位置

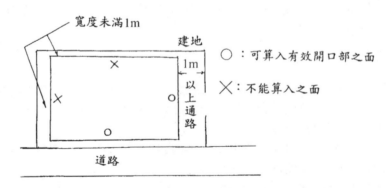

圖 1-5　可算入有效開口部之面（10 層樓以下之樓層）

二、委託檢驗機構具備條件

委託之檢驗機關（構）、學校團體應具下列條件：

1. 具備完善之檢驗設備及場地，足以執行消防機具、器材與設備之檢驗者。
2. 置檢驗主管及專業技術人員。

3. 經營他項業務不影響代施檢驗業務公正執行者。

三、國內外第三公證機構

除個別機具，器材與設備審核認可須知另有規定外，國內外第三公證機構原則如下：

1. 國內第三公證機構：

   (1) 財團法人台灣大電力中心　　　　　(2) 財團法人台灣電子檢驗中心
   (3) 財團法人金屬工業研究發展中心　　(4) 中華電信公司電信研究所
   (5) 財團法人精密機械研究發展中心　　(6) 財團法人工業技術研究院
   (7) 中山科學研學院　　　　　　　　　(8) 國立台北技術學院
   (9) 中央警察大學　　　　　　　　　　(10) 內政部建築研究所
   (11) 經濟部商品檢驗局

2. 國外第三公證機構

   (1) 日本：消防檢定協會　　　　　　　(2) 美國：UL, FM
   (3) 加拿大：ULC　　　　　　　　　　(4) 荷蘭：ANPI
   (5) 德國：VDS, VDS-Zent　　　　　　(6) 英國：LPC, LPCB, CFBAC
   (7) 法國：AP, APSAD, CNPP, AFNOR　(8) Delta

1-2-2 消防設備師（士）制度

　　消防設備師（士）制度，是為消防用設備等之設計、監造、裝置及檢修能確保消防用設備等之完全機能，依消防法規定訂定者，各類場所依消防安全設備設置標準設置之消防安全設備，其設計、監造應由消防設備師為之，其裝置、檢修應應由消防設備師或消防備士為之。

　　消防設備師或消防設備士應經考試及格持有考試及格證明文件，領有消防設備師或消防設備士證書者，始得執行業務。

一、消防設備師（士）之責任

1. 消防設備師及消防設備士執行業務，應備業務登記簿，記載委託人姓名或名稱、住所、委託事項及辦理情形之詳細紀錄，並應妥善保存，以備各級消防機關之查核，該業務登記簿至少應保存五年。

2. 消防設備師及消防設備士受委託辦理各項業務，應遵守誠實信用之原則，不得有不正當行為及違反或廢弛其業務上應盡之義務。

3. 消防設備師及消防設備士，不得有下列之行為：

   (1) 違反法令執行業務。
   (2) 允諾他人假藉其名義執行業務。
   (3) 以不正當方法招攬業務。
   (4) 無正當理由洩漏因業務知悉之秘密。

4. 各級消防機關得檢查消防設備師及消防設備士之業務或必要時得令其報告，消防設備師及消防設備士不得拒絕。

5. 消防設備師及消防設備士，應受各級消防機關之監督。

6. 消防設備師及消防設備士執行業務時，應攜帶資格證件。

二、消防設備師（士）之義務

1. 消防設備師及消防備士，自取得證書日起每三年應接受請習一次。
2. 消防設備師或消防設備士為消防安全設備不實檢修報告者，處新台幣二萬元以上十萬元以下罰鍰。

1-2-3 消防安全設備檢修制度

一、業者：

係經營者，負責人，權力者或營業者之俗稱，於消防法稱為管理權人，依消防法管理權人係指依法令或契約對各該場所有實際支配管理權者，屬法人者為其負責人之定義，卻須依據實際情況為適當之認定。

二、消防安全設備設置及維護責任：

消防法第六條第一項規定五種場所，其管理權人有設置及維護消防安全設備之義務，如何設及維護，政府機關一方面得分類列管檢查外，一方面以管理消防安全設備師（士），以期能以確實有效推行預期目標為重點。

三、檢修申報：

消防法第九條規定，依消防法第六條第一項應設置消防安全設備場所，其管理權人應委託第八條所規定之消防設備師或消防設備士，定期檢修消防安全設備，其檢修結果應依限報請當地消防機關備查；消防機關得視需要派員複查。但高層建築物或地下建築物消防安全設備之定期檢修，其管理權人應委託中央主管機關審查合格之專業機構辦理。

四、消防設備檢修專業機構

1. 檢修專業機構：係指接受高層建築物或地下建築物管理權人之委託，辦理消防安全設備定期檢修業務之專業機構。
2. 檢修機構應具備之人員及設施：
   (1) 置有專任之消防設備師及消防設備士合計達十人以上，其中消防設備師至少二人。
   (2) 具有執行檢修業務之必要設備及器具，其種類及數量由內政部消防署訂之。

五、消防設備檢修及申報作業基準

1. 各類場所消防安全設備之檢修項目：

(1) 滅火器	(2) 室內消防栓設備	(3) 室外消防栓設備
(4) 自動撒水設備	(5) 水霧滅火設備	(6) 泡沫滅火設備
(7) 二氧化碳滅火設備	(8) 乾粉滅火設備	(9) 海龍滅火設備
(10) 火警自動警報設備	(11) 瓦斯漏氣火警自動警報設備	(12) 緊急廣播設備

(13) 標示設備　　　　　　(14) 避難器具　　　　　　　　(15) 緊急照明設備

(16) 連結送水管　　　　　　(17) 消防專用蓄水池

(18) 排煙設備（緊急昇降機間，特別安全梯間排煙設備，室內排煙設備）

(19) 無線電通信輔助設備　　(20) 緊急電源插座

(21) 其他經中央消防主管機關認定之消防安全設備

2. 各類場所消防安全設備之檢查方式：

(1) 外觀檢查　　　　　　　(2) 性能檢查　　　　　　　(3) 綜合檢查

3. 辦理消防安全設備檢修工作之消防設備師（士）或檢修機構，應製作消防安全設備檢修報告書交付管理權人。檢查結果發現有缺失時，應立即通知管理權人改善。

4. 管理權人申報檢修結果之期限，其為各類場所消防安全設備設置標準規定之甲類場所者，每半年一次，即每年六月三十日及十二月三十一日前申報；甲類以外場所者，每年一次，即每年十二月三十一日前申報。至檢修之期限仍依消防施行細則第六條第一項規定，甲類場所，每半年乙次，甲類以外場所，每年乙次。

前項每次檢修時間之間隔，甲類場所不得少於五個月，甲類以外之場所不得少於十一個月。

管理權人未依限辦理檢修申報，經主管機關限期改善後辦理完畢者，仍應依第一項規定之期限辦理檢修申報，不受前項檢修時間間隔之限制。

5. 各類場所之管理權人應於申報期間截止日前，委託檢修專業機構或消防法第七條規定之人員辦理檢修，並於檢修完成後十五日內，分別填具消防安全設備檢修申報表及檢附消防安全設備檢修報告書，向當地消防機關申報。

6. 建築物依其用途及管理情形，採整棟申報方式申報檢修結果者，應依下列規定辦理：

(1) 有供甲類用途使用者，視同甲類場所辦理。

(2) 未供甲類用途使用者，視同甲類以外場所辦理。

7. 未依使用執照用途或未申領營利事業登記證之違規使用場所，應以其實際用途，辦理檢修申報。

8. 經消防機關會勘通過且依建築法規定取得使用執照或依營利事業登記規定領得營利事業證之合法場所，自取得使用執照或營利事業登記證日期起計算，甲類場所距申報截止日期在六個月以內者，當次免辦理檢修申報，甲類以外場所距申報截止日期有一年以內者，當次免辦理檢修申報。

9. 檢修報告書上有記載消防安全設備不符合規定項目時，管理權人應加填消防安全設備改善計劃書，併消防安全設備檢修申報表向當地消防機關申報。

第 2 章

標示燈及指示燈

2 標示燈及指示燈

2-1 出口標示燈及避難方向指示燈之設置意義

出口標示燈及避難方向指示燈在消防設備分類中屬於避難逃生之設備,為火災時易於發現避難之避難口及指示避難方向或避難用照明之設備。

近年來之建築物,發展成大規模化、深層化、高層化,使用形態複雜多樣化。如此建築物一旦發生火災時,可想像其恐慌性尋找緊急出口之混亂現象,尤其又發生停電更增加心理上不安與恐慌,可能因此而導致大災難。

出口標示燈及避難方向指示燈在災害時,配合緊急廣播或避難引導者之指示,可抑制避難者心理之動搖,並防止情報不足引起之混亂,促進安全避難逃生之重要設備。

又,因經常點燈之原則下,在平時即可熟悉避難出口之位置及方向,是災害時避難判斷設備之一。

2-2 用語之定義

一、標示設備:

標示設備有出口標示燈、避難方向指示燈、觀眾席引導燈及避難指標四種,當火災發生時,標示設備可引導防火建築物內所有人員逃往安全地方。

二、出口標示燈:

在火災發生時,引導人員逃生方向的照明器,具有簡單的文字說明,在平時或停電都得開啟,保持明亮不熄滅的狀態。

三、避難方向指示燈:

通常裝設於走廊、樓梯及通道,依照用途可分為走廊通道避難方向指示燈、樓梯通道避難方向指示燈及室內通道避難方向指示燈等三種。

四、避難方向指標:

避難方向指標本身並無光源,必須設置於建築物內人員容易看見的位置,但不適於地下樓層或無窗戶之樓層等無自然採光之場所。避難方向指標,依用途分為走廊通道方向用指標與安全門方向用指標。

2-3 出口標示燈及避難方向指示燈之種類及構造

2-3-1 出口標示燈及避難方向指示燈之種類

依表示面分為指示誘導避難之標示燈及指示燈,與避難路徑地板面照明用之標示燈,如

圖2-1 所示。

　　出口標示燈及避難方向指示燈原則上為經常點亮，但有的配合設置環境或管理情形減光、消燈，另有由火災之信號點滅或產生誘導音之連動式燈，如圖2-2 所示。依其標示面縱向尺度及光度，區分為Ａ級、Ｂ級與Ｃ級等三種等級。

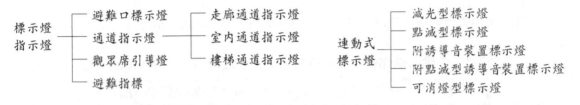

圖2-1　標示燈及指示燈之分類　　　　圖2-2　連動式標示燈之種類

2-3-2 出口標示燈及避難方向指示燈之構造與性能

　　出口標示燈及避難方向指示燈，應符合出口標示燈及避難方向指示燈認可基準規定。其構造，除依CNS 10207 規定外，應有下列之基本要求；

一、構造與性能之基本要求

1. 避難口之出口標示燈為表示避難口之綠色燈光，設置於防火對象物或該避難口之上方。
2. 避難方向指示燈為防火對象物之走廊、樓梯及通道及其他避難上之設備場所，保持避難上需要照度。
3. 觀眾席引導燈之照度，在觀眾席通道地面之水平面上測得之值，在0.2 勒克斯（1x）以上。
4. 出口標示燈其標示面縱向尺度及光度，依等級區分如下，如表2-1 所示。

表2-1　出口標示燈標示面縱向尺度及光度

區　　分		標示面縱向尺度（m）	標示面光度（cd）
出口標示燈	A 級	0.4 以上	50 以上
	B 級	0.2 以上，未滿 0.4	10 以上
	C 級	0.1 以上，未滿 0.2	1.5 以上

5. 出口標示燈及避難方向指示燈，應保持不熄滅。但戲院、電影院、劇院等表演場所，得以與火警自動警報設備連動或三線式配線方式，予以減光或消燈。
6. 非設於樓梯或坡道之避難方向指示燈，其標示面縱向尺度及光度依等級區分如下，如表2-2 所示。
7. 避難方向指示燈構造重點如下；
   (1) 避難方向指示燈設於樓梯或坡道者，在樓梯級面或坡道表面之照度，應在一勒克

司（1x）以上。

(2) 設於地板面之指示燈，應具不因荷重而破壞之強度。

(3) 應為明示避難方向之綠色燈光，但樓梯之避難方向指示燈得與緊急照明燈併設。

8. 出口標示燈及避難方向指示燈之緊急電源應使用蓄電池設備，其容量應能使其有效動作20分鐘以上。

9. 出口標示燈及避難方向指示燈應符合中國國家標準CNS所訂基準。

表2-2　非設於樓梯或坡道之避難方向指示燈標示面縱向尺度及光度

區　　分		標示面縱向尺度（m）	標示面光度（cd）
避難方向 指　示　燈	A 級	0.4 以上	60 以上
	B 級	0.2 以上，未滿 0.4	13 以上
	C 級	0.1 以上，未滿 0.2	5 以上

二、構造與性能之國家標準重點

1. 構造

(1) 材料及零件之品質應優良，在正常使用狀態下應能充分耐久使用。

(2) 外殼應使用金屬或耐燃材料構成，且必須固定牢固。

(3) 各部份應在正常狀態溫度下耐久使用。

(4) 應可在裝設位置堅牢固定。

(5) 於易遭受雨水或潮濕地方，須應有防水構造。

(6) 內藏有作為緊急電源用之蓄電池應採用密閉型鎳鎘電池或同等品質之密閉型蓄電池，且為容易保養更換，維修之構造。

(7) 應有防止觸電之措施。

(8) 內部配線應做好防護措施，並且應有與電源接裝之出線共110V為白、黑色，220V為白、橙色，其芯線截面積不得小於0.75mm^2。

(9) 標示面及照射面所用材料，應為玻璃，其他耐燃材料，不易破損，變形變質或變色者。

(10) 標示面之顏色、文字、符號圖形。

　(a) 標示燈：以綠色為底用白色表示"緊急出口"字樣（包括文字與圖形）但設在避難路徑途中者則用白色為底，綠色文字。

　(b) 指示燈：用白色為底，綠色圖形（包括圖形並列之文字），但設在樓梯間則可用白色面處理。

2. 性能

(1) 燈具表面文字，圖形及顏色等當該燈點亮時，應能易於辨認。

(2) 燈具裝置於內面光源之亮度以其標示面每100cm^{2}應符合表2-3規定。

(3) 對電氣要具有充分之絕緣性。

(4) 蓄電池之性能應符合CNS 6036國家標準或同等品質之密閉型蓄電池之規定。

(5) 充電標準

    (a) 使用鎳鎘電池燈具須按所標稱之充電時間進行充電，充足後其充電電流不得低於電池標稱電流之 1/30 或高於 1/10。

    (b) 使用鉛酸電池之充放電試驗則須符合 CNS 8802 規定。

(6) 鎳鎘電池之放電標準：將充足電之燈具，連續放電 1.5 小時後，電池之端電壓不得少於標稱電壓之 87.5%，而測此電壓時放電工作不得停止。

表2-3　標示面之亮度

燈 具 之 區 分		電 源 別	標示面之面積每百平方公分之流明值
避難口及室內通路之燈具	標示面為單一者	一般電源	60 以上
		緊急電源	12 以上
	標示面為二以上者	一般電源	30 以上
		緊急電源	6 以上
走廊通路之燈具		一般電源	40 以上
		緊急電源	8 以上

三、特種型標示燈

特種形標示燈為接受火災信號點滅或發生警報提高避難功能者，或無人狀態消燈之標示燈，另有提高省能為目的之連動式標示燈。此種標示燈，因附加特殊機能關係，均以特例處理，其構造及性能概要如下：

1. 調光型標示燈

    通常由常用電源減少 20% 以上光束點燈，由火警自動警報設備之受信機火災信號觸動，即時自動切換正常之 100% 光束燈。

2. 點滅型標示燈

    接受火警自動警報設備之受信機火災信號，自動開始點滅動作，光源有白熾燈、氙氣燈、及螢光燈等。

    點滅動作及點滅周期如表 2-4、表 2-5 所示：

表2-4　點滅動作

點滅光源‧裝置‧器具之種類		無受到火災信號時		受 到 火 災 信 號 時	
		經常時	停電時	常用電源通電時	停 電 時
氙 氣 燈白色燈泡	點滅裝置	消燈	消燈	由緊急電源點燈	
螢 光 燈	內照形點滅式避難口標示燈	100%點燈	36%以上*連續點燈	由常用電源點滅燈亮度100%暗度35±5%	由緊急電源點滅燈亮度36%以上暗度10±2%

（註）＊：36% 以上連續點燈時間與緊急電源點滅時間之和為 25 分鐘或 75 分鐘。

表2-5　點滅周期及點滅時間比

點 滅 光 源	點滅周期(Hz)		時 間 比
	額定電壓	光源標準電壓	————
氙　　氣　　燈	2.0±0.2	2.0±1.0	1：1
白熾燈泡或螢光燈			

3. 附誘導音裝置標示燈

　接受火警自動警報設備之受信機火災信號時，可發出表示避難口（緊急出口）之警報及聲音裝置，聲音內容為「緊急出口在此」重複兩次，有的附加「Here is an emergency exit」英語口音。

4. 附點滅型誘導音裝置標示燈

　併設點滅型與誘導音裝置之標示燈。

5. 可消燈型標示燈

　常用電源與內藏蓄電池之充電回路以三線式配線，消燈時以連動開關切斷常用電源回路消燈，接受火災信號時，關閉連動開關點燈，但充電回路不斷電。

四、標示面之圖形

　標示面之圖形如圖2-3所示，分為避難方向指示燈用標示面及出口標示燈用標示面，兩項中分別有非組拼型與組拼型。

出口標示燈用標示面

避難方向指示燈用標示面

圖2-3　標示燈，指示燈用表示面

1. 出口標示燈：非組拼型

"緊急出口"
（綠底白字）

2. 出口標示燈：組拼型

"緊急出口"
（白底綠字）

3. 避難方向指示燈：非組拼型

"緊急出口"
（白底綠字）

4. 避難方向指示燈：組拼型

"緊急出口"
（白底綠字）

2-4 出口標示燈及避難方向指示燈之設置基準

2-4-1 設置基準之法規依據

1. 內政部公佈，各類場所消防安全設備設置標準（簡稱設置標準）。
2. 經濟部公佈，屋內線路裝置規則。
3. 經濟部中央標準局公佈，中國國家標準 CNS10207-出口標示燈及避難方向指示燈，
   CNS10208-避難方向指標，CNS8802-緊急照明燈，CNS8379-600V 耐熱聚氯乙烯絕
   緣電線（HIV）。

2-4-2 各類場所按用途之分類 (設置標準第十二條)

1. 甲類場所
    (1) 電影片映演場所（戲院、電影院）、歌廳、舞廳、夜總會、俱樂部、理容院（觀光理髮、視聽理容等）、指壓按摩場所、錄影節目帶播映場所（ＭＴＶ等）、視聽歌唱場所（ＫＴＶ等）、酒家、酒吧、酒店（廊）。
    (2) 保齡球館、撞球場、集會堂、健身休閒中心(含提供指壓、三溫暖等設施之美容瘦身場所)、室內螢幕式高爾夫練習場、遊藝場所、電子遊戲場、資訊休閒場所。
    (3) 觀光旅館、飯店、旅(賓)館、招待所(限有寢室客房者)。
    (4) 商場、市場、百貨商場、超級市場、零售市場、展覽場。
    (5) 餐廳、飲食店、咖啡廳、茶室。
    (6) 醫院、療養院、長期照護機構(長期照護型、養護型、失智照顧型)、安養機構、老人服務機構(限供日間照顧、臨時照顧、短期保護及安置者)、托嬰中心、早期療育機構、安置及教養機構(限收容未滿二歲兒童者)、護理之家機構、產後護理機構、身心障礙福利機構(限供住宿養護、日間服務、臨時及短期照顧者)、身心障礙者職業訓練機構(限提供住宿或使用特殊器具者)、啟明、啟智、啟聰等特殊學校。
    (7) 三溫暖、公共浴室。
2. 乙類場所：
    (1) 車站、飛機場大廈、候船室。
    (2) 期貨經紀業、證券交易所、金融機構。
    (3) 學校教室、兒童課後照顧服務中心、補習班、訓練班、K書中心、前款第六目以外之安置及教養機構及身心障礙者職業訓練機構。
    (4) 圖書館、博物館、美術館、陳列館、史蹟資料館、紀念館及其他類似場所。
    (5) 寺廟、宗祠、教堂、供存放輝(嗑)之納骨堂(塔)及其他類似場所。
    (6) 辦公室、靶場、診所、日間型精神復健機構、兒童及少年心理輔導或家庭諮詢機構、身心障礙者就業服務機構、老人文康機構、前款第六目以外之老人服務機構及身心障礙福利機構。
    (7) 集合住宅、寄宿舍、住宿型精神復健機構。
    (8) 體育館、活動中心。
    (9) 室內溜冰場、室內游泳池。
    (10) 電影攝影場、電視播送場。
    (11) 倉庫、家俱展示販售場。
    (12) 幼兒園。
3. 丙類場所：
    (1) 電信機器室。
    (2) 汽車修護場、飛機修理廠、飛機庫。
    (3) 室內停車場、建築物依法附設之室內停車空間。
4. 丁類場所：
    (1) 高度危險工作場所。
    (2) 中度危險工作場所。

(3) 低度危險工作場所。

5. 戊類場所：

    (1) 複合用途建築物中有供本條款第一款用途者。

    (2) 前目以外供本條第二、三、四款用途之複合用途建築物。

    (3) 地下建築物。

6. 己類場所：

    (1) 林場。

    (2) 大眾運輸工具。

7. 其他經中央主管機關公告之場所。

2-4-3 標示設備之設置基準

1. 供甲類場所、乙類場所之幼兒園、複合用途建築物中有供甲類場所用途者、地下建築物使用之場所，或地下層、無開口樓層、11層以上之樓層供甲、乙、丙、丁、戊、己類場所使用，應設置出口標示燈。

2. 供甲類場所、乙類場所之幼兒園、複合用途建築物中有供甲類場所用途者、地下建築物使用之場所，或地下層、無開口樓層、11層以上之樓層供甲、乙、丙、丁、戊、己類場所使用，應設置避難方向指示燈。

3. 戲院、電影院、歌廳、集會堂及類似場所，應設置觀眾席引導燈。

4. 各類場所均應設置避難指標。但設有避難方向指示燈或出口標示燈時，在其有效範圍內，得免設置避難方向指標。

5. 得免設之場所

    (1). 自居室任一點易於觀察識別其主要出入口，且與主要出入口之步行距離，符合下列規定者，但位於建築物、地下層或無開口樓層者不適用之：

      (a) 該步行距離在避難層為二十公尺以下，在避難層以外之樓層為十公尺以下者，得免設出口標示燈。

      (b) 該步行距離在避難層為四十公尺以下，在避難層以外之樓層為三十公尺以下者，得免設避難方向指示燈。

      (c) 該步行距離在三十公尺以下者，得免設避難方向指標。

    (2). 居室之用途、樓地板面積符合下表規定者：

      (a) 自居室任一點易於觀察識別該居室出入口，且依用途別，其樓地板面積符合下表規定者。

用途別	第十二條第一款第一目至第三目	第十二條第一款第四目、第五目、第七目、第二款第十目	第十二條第一款第六目、第二款第一目至第九目、第十一目、第十二目、第三款、第四款
居室樓地板面積	一百平方公尺以下	二百平方公尺以下	四百平方公尺以下

(b) 供集合住宅使用之居室。

(3) 通往主要出入口之走廊或通道之出入口，設有探測器連動自動關閉裝置之防火門，並設有避難指標及緊急照明設備確保該指標明顯易見者，得免設出口標示燈。

(4) 樓梯或坡道，設有緊急照明設備及供確認避難方向之樓層標示者，得免設避難方向指示燈。

前項第一款及第三款所定主要出入口，在避難層，指通往戶外之出入口，設有排煙室者，為該室之出入口；在避難層以外之樓層，指通往直通樓梯之出入口，設有排煙室者，為該室之出入口。

6. 得考慮免設置之居室（本項於設置標準未訂定，係日本法規規定）

依照日本法規規定，通往走廊或通道之出入口，其各部分可容易通往該出入口之居室時，得免設置。惟仍有規定適用於經常出入用之出入口，不包括從業人員專用之出入口或專供緊急時使用之出入口，如圖2-4所示。

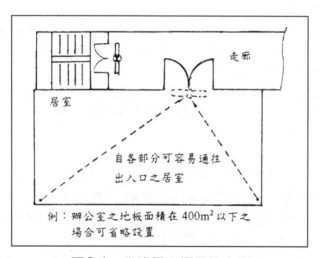

圖2-4　省略居室標示燈之例

7. 日本消防法規定設置之特例

下列各項情形可認為易於避難，得免設置。

(1) 避難口標示燈設置之放寬

(a) 最終避難口，而自連接該出入口之走廊或設置於居室內之通道標示燈之位置能直接觀察識別通往地上之出入口，如圖2-5所示。

(b) 最終避難口或直通樓梯，樓梯間及其附室之出入口，而可容易觀察居室內各部分至該出入口，且能識別供經常出入用出入口，該居室內地板面積在避難層為200m² 以下，避難層以外之樓層為100m² 以下，如圖2-6所示。

(c) 防火對象物之避難層，從居室之窗戶等至屋外之安全場所容易避難構造之該居室出入口。

(d) 設於走廊或通道防火門（防火百葉窗等）之場所中，在面對避難設施側，且自該所能觀察識別避難設施出入口，在步行距離20公尺以下部分。

(e) 防火對象物中，供個人居住用部分。

(f) 接近避難口二處以上時，自其中一個避難口所設標示燈能識別其他避難口，得在其他避難口設蓄光式指標，如圖2-7所示。

(g) 屋外參觀場設置部分，惟觀眾式（固定席），由觀眾席廣播，避難引導員等確實建立避難引導體制時之參觀席出口部分，但夜間使用場合除外。

(h) 供冷凍或冷藏庫用途部分，適合下列各項場合：

(i) 自冷凍庫內各部分至最近出入口，在步行距離30公尺以下場合。

(ii) 設有明示出入口之標示及綠色燈火，且對冷凍庫內之作業，由蓄電池驅動搬運車等附置或附屬照明，可保持十分照明之場合。

(iii) 通路部分之轉彎一處以下，自該轉彎處容易確認明示出入口之標示及附置緊急電源之綠色燈光之場合。

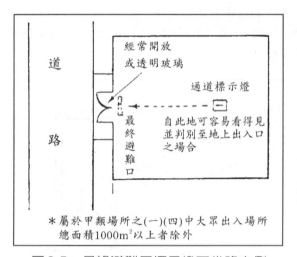

圖2-5　最終避難口標示燈可省略之例

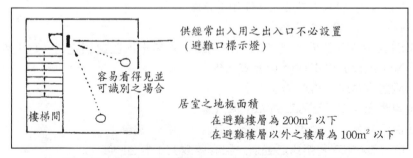

圖2-6　直接至樓梯間出入口標示燈可省略之例

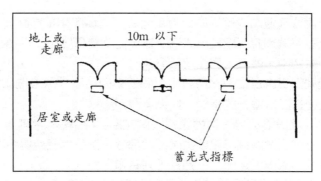

圖2-7　鄰接避難口時可省略之例

(2) 走廊通道指示燈設置之放寬

(a) 自窗戶等至屋外安全容易避難構造之避難樓層之走廊等，防火對象物之地板面積1000m² 以上除外。

(b) 幼稚園及實質上同屬於幼稚園之防火對象物，僅在日出至日沒間使用而由自然光可得避難上有效照度之走廊等。

(c) 由外光等可得避難上有效照度，且不成為非特定多數者之避難路徑之開放走廊，如圖2-8 所示。

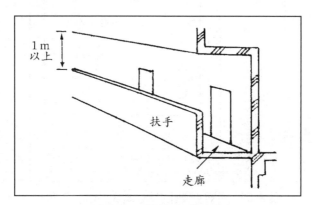

圖2-8　開放走廊之例

(d) 防火對象物中，供個人居住用之走廊等。

(3) 室內通道指示燈設置之放寬

(a) 自居室內各部分能觀察識別供常時出入用出入口之居室內，防火對象物之居室，地板面積400m² 以上者除外。

(b) 設置客席標示燈之居室內。

(c) 無關係者以外出入之倉庫，機械室等。

(d) 供冷凍庫或冷藏庫用途部分，適合下列各項場合：

(i) 冷凍庫內有整齊之通道，且有避難上十分之照度。

(ii) 直接面對冷凍庫裝貨場之片側或兩側開放走廊等，該通道保持整齊，且有十分之一般照明或依避難標示設置標準設置之場合。

(4) 樓梯通道指示燈設置之放寬
    (a) 由外光等可得避難上有效照度之屋外樓梯,防火對象物之總面積1000m² 以上者除外。
    (b) 由外光等可得避難上有效照度,且不為非特定多數者之避難路徑之開放樓梯,如圖2-9 所示。

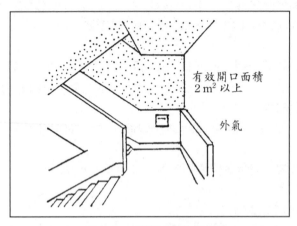

有效開口面積
2 m² 以上

外氣

圖2-9　　開放樓梯之例

    (c) 幼稚園及實質上同幼稚園之防火對象物,僅日出至日沒間使用,並由自然光可得避難上有效照度之走廊。
    (d) 防火對象物中,供個人居住用之走廊。

2-4-4　觀眾席引導燈之設置基準

觀眾席標示燈分設於戲院、電影院等之觀眾席部分,其設置對象如表2-6 所示,惟適合下列場合之特例得免設。

1. 由外光等可得避難上有效照度之屋外觀覽場之觀眾席部分。

2. 由避難口標示燈可得避難上有效照度之觀眾席部分。

3. 在移動式觀眾席部分,由緊急電源可確保避難上有效照度部分。

惟由火警自動警報設備之火災信號點燈者得經常消燈。

表2-6　　觀眾席引導燈設置對象

項目	設置對象部分	防　火　對　象　物
1	全　部	戲院、電影院、演藝場、觀覽場、集會堂
2	複合用途建築物中供防火對象物用途,其適合有上欄防火對象物用途部分	酒吧、酒店(廊)、夜總會、舞廳、遊藝場所、餐廳、飲食店、商場、市場、百貨商場、超級市場、零售市場、展覽場、觀光旅館、旅(賓)館、招待所、醫療機構(醫院、診所)公共浴室、三溫暖、地下街

2-5 設置場所之標示燈及指示燈大小

一、標示燈大小之運用

出口標示燈及非設於樓梯或坡道之避難方向指示燈，設於下列場所時，應使用 A 級或 B 級；出口標示燈標示面光度應在二十燭光（cd）以上，或具閃滅功能；避難方向指示燈標示面光度應在二十五燭光（cd）以上。但設於走廊，其有效範圍內各部分容易識別該燈者，不在此限：

1. 供第十二條第二款第一目、第三款第三目或第五款第三目使用者。
2. 供第十二條第一款第一目至第五目、第七目或第五款第一目使用，該層樓地板面積在一千平方公尺以上者。
3. 供第十二條第一款第六目使用者。其出口標示燈並應採具閃滅功能，或兼具音聲引導功能者。

前項出口標示燈具閃滅或音聲引導功能者，應符合下列規定：

1. 設於主要出入口。
2. 與火警自動警報設備連動。
3. 由主要出入口往避難方向所設探測器動作時，該出入口之出口標示燈應停止閃滅及音聲引導。

二、標示燈大小之特例運用

應防火對象物之使用形態，建築物形狀等，日本消防法規定有如下之適用特例：

1. 依居室之地板面積或走廊等之步行距離放寬如表2-7 所示。
2. 幼稚園及實質上同幼稚園部分所列之對象物，得採用小型者。
3. 最終避難口或直通樓梯，樓梯間及其附室之出入口，當該附室之入口經常封閉時，設於該附室出口者，得採用小型者。
4. 設置於樓梯間，直通地上之出口者，得採用小型，如圖2-10 所示。
5. 設置點滅型標示燈之場合，在設置大型場所得設置中型，中型場所得置小型者。

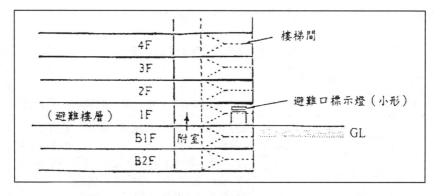

圖2-10　設置於樓梯間直通地上之出口標示燈之例

表2-7　標示燈設置大小之特例

設置位置　　　　　規模　　防火對象物	居　　　　　屋			走廊等(步行距離)		
	地　板　面　積			避難口	樓梯口	防火門
	100m^{2}以下	400m^{2}以下	400m^{2}超過	20m以下	20m超過	-----
戲院、電影院、演藝場、觀覽場、集會堂、酒吧、酒店、夜總會、舞廳、遊藝場所、餐廳、飲食店、商場、市場、百貨商場、超級市場、零售市場、展覽場、旅館、招待所、公寓、醫療機構、養老院、兒童福利設施、幼稚園、盲啞學校、護理學校、公共浴室、三溫暖、停車場、候機室、複合建築物適合上列對象物用途、地下街	小型	中型	-----	中型	-----	小型
上欄防火對象物之中不成為非特定多數者之避難路徑之部分	小型	小型	小型	小型	中型	小型

2-6　標示燈及指示燈之設置要領

一、標示燈之設置要領

1. 設置處所

標示燈設置處所可分為下列四種避難口。

(1) 通往戶外之出入口

設有排煙室者，為該室之出入口。為可直接出入戶外之防火對象物至最終之出入口，及其附室之出入口，該出入口有自樓梯間走廊及居室直接至戶外者，最終出入口之例，如圖2-11 所示。

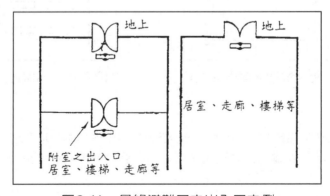

圖2-11　最終避難口之出入口之例

(2) 通往直通樓梯之出入口

　　設有排煙室者，為該室之出入口。為避難層或通往戶外之安全梯、直通樓梯出入口及附室、排煙室之出入口，如圖2-12所示。

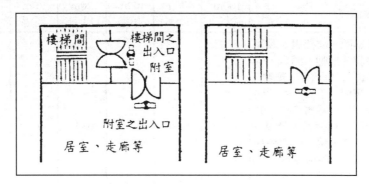

圖2-12　樓梯間之出入口之例

(3) 通往戶外及直通樓梯之出入口，走廊或通道上所設跨防火區劃之防火門。

　　最終避難口或通往樓梯間出入口走廊等所設之防火門，由副門隨時可開之出入口，該出入口依建築基準所設之防火區劃快門之副門屬之，惟不包括僅為夜間無人時封閉之管理用快門，如圖2-13所示。

(4) 通往戶外及直通樓梯之出入口，由室內往走廊或通道之出入口。

　　最終避難口，通往樓梯間出入口之走廊等，能出入之居室出入口，惟在方便至該出入口之居室得免設，居室出入口之例如圖2-14所示。

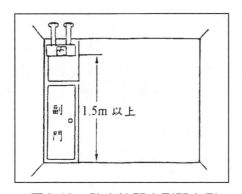

圖2-13　防火快門之副門之例

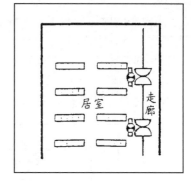

圖2-14　居室出入口之例

2. 設置方法

(1) 出口標示燈及避難方向指示燈之有效範圍（指至該燈之步行距離），須在下列二款之一規定步行距離以下之範圍。但有不易看清或識別該燈情形者，該有效範圍為十公尺：

(a) 依表2-8之規定：

表2-8　出口標示燈及避難方向指示燈之有效範圍

區　　　　分			步行距離（公尺）
出口標示燈	A 級	未顯示避難方向符號者	六十
		顯示避難方向符號者	四十
	B 級	未顯示避難方向符號者	三十
		顯示避難方向符號者	二十
	C 級		十五
避 難 方 向 指 示 燈	A 級		二十
	B 級		十五
	C 級		十

(b) 依下列計算值：

$$D = kh$$

式中，D：步行距離（公尺）

h：出口標示燈或避難方向指示燈標示面之縱向尺度（公尺）

k：依下表左欄所列區分，採右欄對應之 k 值

區　　　　分		k 值
出口標示燈	未顯示避難方向符號者	一百五十
	顯示避難方向符號者	一百
避難方向指示燈		五十

(2) 標示燈設置於防火對象物或其部分防火門或出入口（避難口）之上方，裝設高度應距樓地板面 1.5 公尺以上之處所，周圍不宜有遮蔽之燈火，影響視線之裝潢及廣告物。天花板時，裝設於距樓地板面 2.5 公尺以下處所，如鄰接下垂牆時，裝設於下垂牆下方，參照圖2-15 所示。

惟，原則上應裝設於出入口上方，如建築物構造關係，無法裝置時，得變更位置，但應裝設於容易看見之處所。

(3) 表示面平行裝設於出入口，能多數人注意到，如設於轉彎走廊之出入口時，應裝設附箭頭之表示面，面對走廊設置，參照圖2-16 所示。

(4) 公共性高之地下街、中央廣場等廣闊場所之最終避難口，樓梯間之出入口，日本法規規定採用複合型避難口標示燈如圖2-17 所示。

(5) 避難口標示燈與一般標識燈並列設置時，採用紅色或綠色以外之顏色，表示內容不得阻害誘導效果，並不違背避難之方向性。

(6) 吊裝於天花板時，除小形外，用兩條吊裝。

(7) 器具應可耐震等，堅牢固定於牆壁、天花板等。

依照(5)項吊裝時，應避免地震時碰觸其他器具破損，保持足夠之空間，參考圖2-18所示。

(8) 電源及配線，依屋內線路裝置規則外，以下列方式設置：

    (a) 自常用電源之配線採用配電盤或分電盤之專用回路，途中不裝設開關或點滅器等，直接連接於器具，並在開關以紅色表示標示燈用。

    (b) 自常用電源之專用回路，除小規模防火對象物外，其供電範圍不宜超過兩層樓以上。樓梯通道標示燈，可依樓梯系統別設置。

    (c) 緊急電源與常用電源之切換裝置及常用電源之停電檢出裝置之設置場所，原則上設於標示燈回路之分電盤，配電盤或標示燈器具內。

    (d) 標示燈之常用電源回路不設接地遮斷電路裝置，漏電斷路器。

    (e) 避難需要時間之大規模防火對象物標示燈之緊急電源容量採用長時間額定（60分鐘以上）者，該時得併用自備發電設備。採用長時間額定之設置範圍例，可參照圖2-19。

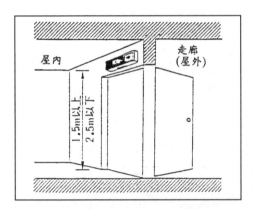

圖2-15　避難口標示燈之裝置位置

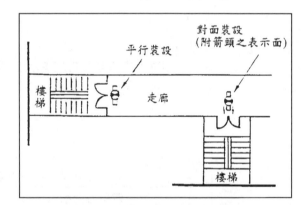

圖2-16　避難口標示燈之裝置例

圖2-17　複合型避難口標示燈之例

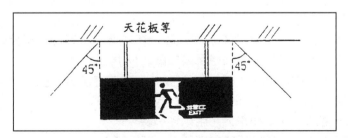

圖2-18　吊裝標示燈之保持空間

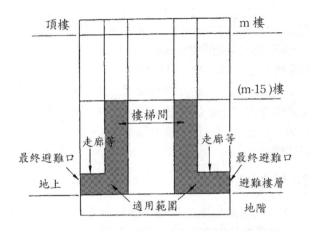

圖 2-19　長時間額定標示燈之設置範圍

(f) 出口標示燈及避難方向指示燈之緊急電源應使用蓄電池設備，其容量應能使其有效動作二十分鐘以上。如採用別置（非內置）型緊急電源時，電源回路之配線，應採用 600V 耐燃電線，如圖 2-20 所示。

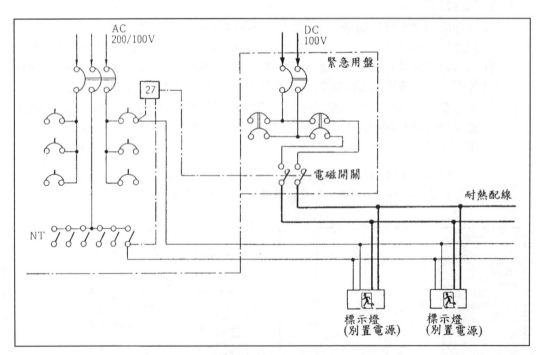

圖 2-20　別置型緊急電源之配線（4 線式）例

(g) 但設於下列場所之主要避難路徑者，該容量應在六十分鐘以上，並得採蓄電池設備及緊急發電機併設方式：

(i) 總樓地板面積在五萬平方公尺以上。

(ii) 高層建築物，其總樓地板面積在三萬平方公尺以上。

(iii) 地下建築物，其總樓地板面積在一千平方公尺以上。

前項之主要避難路徑，指符合下列規定者：

(i) 通往戶外之出入口；設有排煙室者，為該室之出入口。

(ii) 通往直通樓梯之出入口；設有排煙室者，為該室之出入口。

(iii) 通往第一款出入口之走廊或通道。

(iv) 直通樓梯。

二、避難方向指示燈之設置要領

避難方向指示燈應裝設於各類場所之走廊、樓梯及通道，依表2-8避難方向指示燈之有效範圍，選擇適當位置設置避難方向指示燈，使防火對象物或其內部之走廊、樓梯及通道之場所，保有避難上有效之照度。並符合下列規定：

• 優先設於轉彎處。

• 設於通往戶外之出入口及通往直通樓梯之出入口所設出口標示燈之有效範圍內。

• 設於前二款規定者外，把走廊或通道各部分包含在避難方向指示燈有效範圍內，必要之地點。

1. 走廊通道指示燈

(1) 裝設高度應距樓地板面1公尺以下，其亮度自燈正下方地面算起0.5公尺處，有1勒克斯（ℓx）以上，如圖2-21所示。（97年5月15日設置標準已刪除本規定）

(2) 裝設自走廊或通道任意一點至避難方向指示燈之步行距離不超過10公尺，且優先設置於走廊或通道之轉彎處。（97年5月15日設置標準已刪除本規定）

指示燈設置間隔原則上為20公尺以下，惟在無轉彎之走廊，而僅一端設避難設施時，無設避難設施之走廊另一端至第一個指示燈之步行距離可設置在10公尺以下處所，設置例如圖2-22所示。

註：97年5月15日修訂之設置標準已刪除本規定，讀者可依據設置標準新修正之步行距離，再參考上述之方法進行裝設，室內通道指示燈亦同。

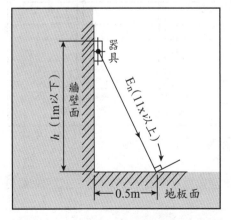

圖2-21　走廊通道標示燈之裝置例

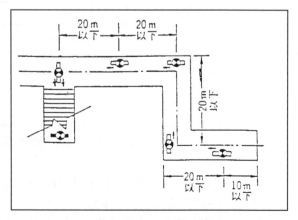

圖2-22　走廊通道標示燈之設置位置之例

(3) 走廊寬度 20 公尺以上時在該走廊兩側面，或寬度在 40 公尺以上時，再增加在走廊中央附近設置。

(4) 避難設施之出入口有兩處以上之場合，距離該入口 20 公尺以上設置時，原則上明示兩個方向避難，其他原則上指示一個方向。

(5) 建築物之構造上，設置於地板或牆壁面有困難時，得設置室內通路指示燈。

(6) 同標示燈一樣，堅牢固定於牆壁，天花板等。

(7) 設於地板面之指示燈，應具有不因荷重而破壞之強度，設置於走廊中央附近，器具面在地板面以上，其突出部分 5mm 以下。

(8) 設置位置應不妨礙通行，且四周圍不得設有影響視線之裝潢及廣告招牌。

(9) 電源及配線方法，依標示燈之例辦理。

2. 室內通道指示燈

(1) 室內通道指示燈為防火對象物或其部分中，設於非特定多數者避難路徑之居室內通道、月台及廣場等廣闊之場所。

(2) 三溫暖、公共浴室、或類似場所之換衣室、浴室、按摩室等居室、不經走廊等可通行之場合，該連續之居室視為一個居室內通道而設置。

(3) 避難口指示燈至第一個室內通道指示燈之步行距離為 20 公尺以下。

(4) 按每居室不轉彎部分以 20 平方公尺以下為單位設置，可參照圖 2-23 所示。

(5) 至避難設施之出入口有兩處以上之居室，距離該出入口超過 20 公尺部分所設之標示，原則上明示兩個方向避難，其他部分指示一個方向。

(6) 裝設高度距地板面至指示燈下端為 2.5 公尺以下，且離天花板面下方 0.5 公尺以上（有防煙下垂牆時，於該防火煙下垂牆下端之下方處）設置，但不妨礙通行之場合不在此限，參照圖 2-24 。

(7) 吊裝之場合，同避難口標示燈，應保持足夠之空間。

(8) 寬度未滿 3 公尺之月台設置時，採用走廊通道指示燈。

(9) 電源及配線方法，依標示燈之例辦理。

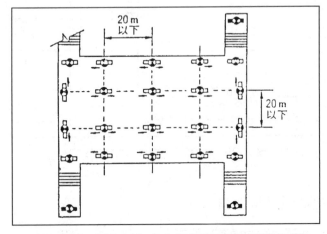

圖 2-23　商場內之室內通道標示燈設置之例

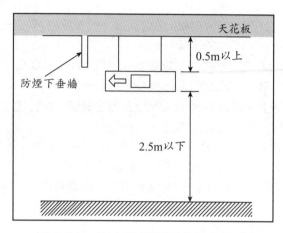

圖 2-24　室內通道標示燈裝置之例

3. 樓梯通道指示燈

  (1) 裝設在樓梯之天花板面對室內部分或牆壁，在樓梯級面之照度為 1 勒克斯（ℓx）以上，其設置例如圖 2-25 所示。

  (2) 經常或緊急時，均使用同一光源之樓梯通道指示燈，採用螢光燈，但，如經常、緊急時各別設置點燈用光源，或採用白熾燈泡兩個以上時除外。

  (3) 樓梯通道指示燈與緊急照明燈併用之器具，採用適合其各應有規格品。

  (4) 同標示燈一樣，堅牢固定於牆壁，天花板等。

  (5) 電源及配線方法，依標示燈之例辦理。

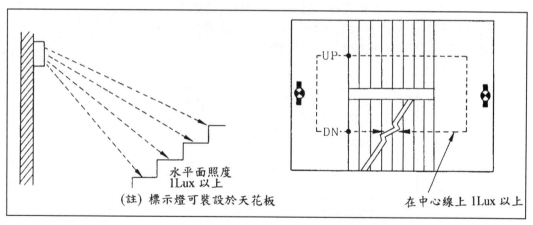

圖 2-25　樓梯通道標示燈裝置之例

三、觀眾席引導燈之設置要領

1. 觀眾席引導燈在觀眾席通道地板面之水平面照度保持 0.2 勒克斯（Lux）以上，參照圖 2-26 。

2. 裝設於離地板面高度原則上 0.5 公尺以下，設置例如圖 2-27 所示。

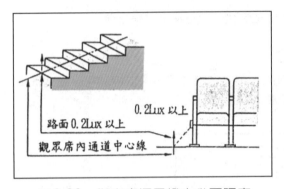

圖 2-26　觀衆席標示燈之必要照度

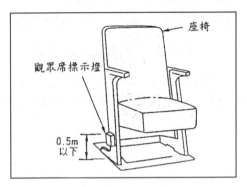

圖 2-27　觀衆席標示燈裝置之例

3. 觀衆席內通道為坡道或水平路部分，按下式計算設置個數，並以概約等間隔裝設，且在標示燈最近通道中心線上測定可有必要之照度。

$$設置個數 ≧ \frac{觀衆席內通道之直線部分長度（公尺）}{4}　（小數點以下四捨五入）$$

觀衆席標示燈之設置例如圖 2-28 所示。

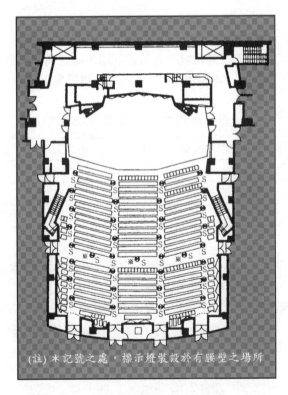

圖 2-28　劇院觀衆席標示燈設置之例

2-7 特殊標示燈之設置要領

特殊標示燈係指法令規定以特例所設置之高輝度標示燈及連動式標示燈。

一、高輝度標示燈之設置要領

配合開發之比一般標示燈表示面平均輝度高,而省能之標示燈,依特例可設置此種標示燈(日本於1994年起實施),其外觀之一例如圖2-29所示。

圖2-29　高輝度避難口標示燈(相當於大形)之例

1. 高輝度標示燈之構造及性能
   (1) 高輝度避難口標示燈及高輝度避難口補助標示燈之構造重點。
      (a) 表示面之大小如表2-9所示,(表內之一邊長度指正方形之一邊)

表2-9　高輝度標示燈表示面之大小

高輝度標示燈之區分	一邊之長度(公分)
20A 形	20 以上
20B 形	20 以上
10 形	10 以上

      (b) 屬於20形者,可由20A形切換至20B形表面平均輝度之切換裝置,該切換裝置具有不能隨便切換之控制措施。
      (c) 使用於高輝度標示燈之燈泡,實用上有充分之壽命,並易於維修調換。
      (d) 蓄電池內藏式標示燈時,應有自器具外部確認蓄電池性能之端子。
   (2) 高輝度避難口標示燈及高輝度避難口補助標示燈之性能
      (a) 表示面對色彩及光度之影響少。
      (b) 表示面之平均輝度如表2-10所示。

表2-10　高輝度標示燈之性能

標示燈之區分	電　源　別	表示面之平均輝度(cd/m^2)
20A 形	常 用 電 源	400 以上 800 未滿
	緊急用電源	100 以上 300 未滿
20B 形	常 用 電 源	250 以上 500 未滿
	緊急用電源	100 以上 300 未滿
10 形	常 用 電 源	150 以上 300 未滿
	緊急用電源	100 以上 300 未滿

2. 高輝度標示燈之設置要領

　　高輝度避難口標示燈，在設置大形避難口標示燈之場所得採用 20A 形，設置大形或中形避難口標示燈之場所得採用 20A 形或 20B 形，設置大形、中形或小形避難口標示燈之場所得採用 20A 形、20B 形或 10 形者。

　　在最終避難口或樓梯間之出入口，除屬於下列各項場所外，採用點滅形，附誘導音裝置或附點滅形誘導音裝置者。

　(1) 標示燈之設置對象場所部分之平均天花板(無天花板之場合，指上樓之地板或屋頂之下方面)之高度未滿 4 公尺之場所。

　(2) 標示燈可見距離，自設置場所之各部分為 30 公尺以下場所。

　(3) 旅館、地下街、準地下街以外場所。

3. 其他

　(1) 高輝度避難口標示燈在必要時，可併設表示避難口方向之高輝度避難口補助指示燈。

　(2) 高輝度通道指示燈之細部處理，目前尚無規定。

　(3) 點滅型、附誘導音裝置或附點滅誘導音裝置之處理方式，可參照連動標示燈。

二、連動式標示燈之設置要領

　　連動式標示燈是由自動火災報知設備等之動作，連動發揮所定之機能者，指減光型標示燈、點滅型標示燈、附誘導音裝置標示燈、附點滅型誘導音裝置標示燈、可消燈型標示燈等。該等標示燈之處理，在日本法令尚未訂定，須由轄區消防主管單位之指導辦理。

1. 設置對象

　(1) 附點滅裝置及附誘導音裝置標示燈。

　　(a) 防火對象物之地下樓中，壹場面積 1000 平方公尺以上之樓層，由照明看板等之視噪音多之賣場，面對之主要出入口，如圖 2-30 所示。

　　(b) 建議性對象

　　　(i) 防火對象物中，供視力或聽力弱者出入用，成為其避難路徑部分。

　　　(ii) 非特定多數者出入之防火對象物，由雜物或照明看板等不易識別標示燈部分。

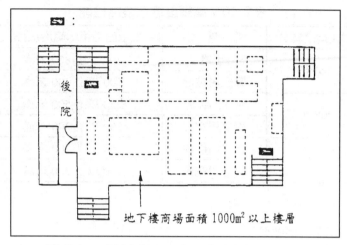

圖 2-30 點滅形附誘導音標示燈設置之例

(2) 減光型標示燈

減光型標示燈之設置，原則上在戲院、電影院、夜總會、酒家、酒吧、集會堂、醫院、診所、養老院、兒童福利設施等防火對象物或其用途部分，且通常之使用狀態下，要求有暗度之場所。

(3) 可消燈型標示燈

防火對象物屬於應設置防火管理專人維護其消防安全設備之場所，而適合下列任何一項者，得設置可消燈型標示燈。

(a) 放假日、夜間等定期性重複有無人狀態之防火對象物。

(b) 戲院、電影院、集會堂、圖書館、博物館、美術館等防火對象物或供其用途部分中，在經常之使用狀態特別要求有暗度，且標示燈之點燈影響其使用目的之障害有顧慮之戲院、電影院、天象儀等用途之場所。

(c) 為舞台等之演出效果，必要暫時消燈之部分。

(d) 由自然光，易於識別標示燈之有效外光狀態部分。

2. 設置要領

(1) 附點滅裝置及附誘導音裝置標示燈。

(a) 由火警自動警報設備之動作能連動自動點滅及發生誘導音，惟該火警自動警報設備應對非火災報知有充分之對策措施。

(b) 對於設置緊急廣播設備之防火對象物，由附加誘導音裝置標示燈之設置或該誘導音裝置之音響度調整等，應不影響緊急廣播內容之傳達困難為原則。

(c) 由點滅型標示燈誘導之避難口起為避難路徑使用之直通樓梯之樓梯間受煙污染時，停止該誘導燈之點滅與產生誘導音，惟在下列處所得不停止。

(i) 屋外樓梯之樓梯間及其附室之出入口。

(ii) 開放樓梯之樓梯間及其附室之出入口。

(iii) 特別避難樓梯之樓梯間及其附室之出入口。

(iv) 最終避難口及其附室之出入口。

(d) 在前項之情形，該樓梯間設煙感知器，起火樓在地上樓時，起火樓以上，地下樓時地下樓全部停止點滅。

(e) 連接方法依連動式標示燈設備辦理。

(2) 減光型標示燈

(a) 減光型標示燈為大形或中形避難口標示燈及室內通道標示燈。

(b) 減光利用手動信號裝置統一辦理，由火警自動警報設備之動作復歸為正常點燈。

(c) 連接方法依連動式標示燈設備辦理。

(3) 可消燈型標示燈

(a) 在無人狀態之消燈，原則上利用手動信號統一消燈，由信號裝置之火災信號或手動點燈，惟無守衛，值班員之防火對象物，如由連接信號裝置之連動點滅器自動點滅或用照明器具連動點滅器之場合不必與火警自動警報設備連動。

(b) 設置於防火門副門標示燈之消燈是利用防火門開閉連動之自動點滅器，僅在防火門開放時消燈。

(c) 在戲院等之消燈如下：

(i) 消燈期間通常對使用狀態有特別要求之暗度，且標示燈之點燈期間，對該部分之使用目的有障害之顧慮者。

(ii) 在前項之消燈期間，依需要以手動方式辦理，消燈之點滅器，開關等，應設置在看得見對象場所或其附近，惟，如與對象場所使用之經常照明器具（觀眾席照明）之消燈連動之標示燈可自動消燈時不在此限。

(iii) 連動於火警自動警報設備之動作，標示燈可自動點燈者。

(iv) 連動於對象場所使用之經常照明器具之點燈，標示燈可自點燈者（可在減光狀態下）。

(v) 可手動點燈，且點燈用點滅器，開關等，應設置在看得見對象場所或其附近。

(vi) 依(iii) 標示燈之點燈時，可正常點燈（標示燈內藏之光源復歸於其額定值點燈之光度）者。

(d) 為舞台效果暫時消燈時，特別要求暗度之間，用自動復歸形點滅器以手動操作者。

(e) 有效外光之狀態下消燈時原則上利用信號裝置，由光電式自動點滅器自動點滅，而由火警自動警報設備之火災信號點燈。

(f) 連接方法依連動式標示燈設辦理。

三、連動式標示燈設備之連接方法

1. 連動式標示燈設備之組合可參考表2-11

表2-11　連動式標示燈設備之組合

設備名稱 ＼ 機器	點滅型標示燈	減光型標示燈	可消燈型標示燈	附點滅型誘導音標示燈	附誘導音裝置標示燈	受信機（包括移報裝置）	信號裝置	連動開關	＊1 自動點滅器	鎖定連動點滅	＊2 連動點滅器或照明器具	煙感知器
點滅型標示燈設備	◎					◎	◎					○
減光型標示燈設備		◎				◎	◎					○
點滅型附誘導音標示燈設備				◎		◎	◎					○
附誘導音標示燈設備					◎	◎	◎					
可消燈型標示燈設備　居室·走廊等	○	○	◎	○	○	○	◎		◎	○	○	
可消燈型標示燈設備　屋外樓梯等			◎			○	◎		◎	◎		
可消燈型標示燈設備　戲場·電影院等對象場所	○	◎				◎	◎		◎		◎	

註：◎：必要設置
　　○：應必要性設置
　　※：1. 設置於屋外樓梯採用光電式自動點滅器。
　　※：2.照明器具連動點滅器，可設置居室、走廊用或劇場、電影院用之任一項。

2. 機器之結線方法
　(1) 連動式標示燈設置各機器之連接依照圖2-31所示之例，惟不必設置信號裝置時，依照圖2-32所示辦理。
　(2) 點滅型標示燈各機器之連接依前(1)項辦理外依照圖2-33所示之例，惟採用區分鳴動方式時，區分動作機能確實且不影響火警自動警報設備等其他機器之構成時，得不必依照此例辦理。
　(3) 受信機與信號裝置
　　(a) 採用移報用裝置時，受信機及信號裝置之連接方法之例如圖2-34所示。
　　(b) 信號裝置與標示燈間之回路（信號回路）之配線，在該信號回路經常不加電壓方式時，依耐熱配線之例外，不宜連接其他機器。
3. 各機器之設置要領
　(1) 信號裝置
　　(a) 信號裝置原則上設於受信機同一室，惟設於戲院，電影院等之對象場所不在此限。
　　(b) 可消燈型標示燈設備之信號裝置設置處所應有下列之表示。
　　　(i) 表示標示燈用信號裝置之意旨。

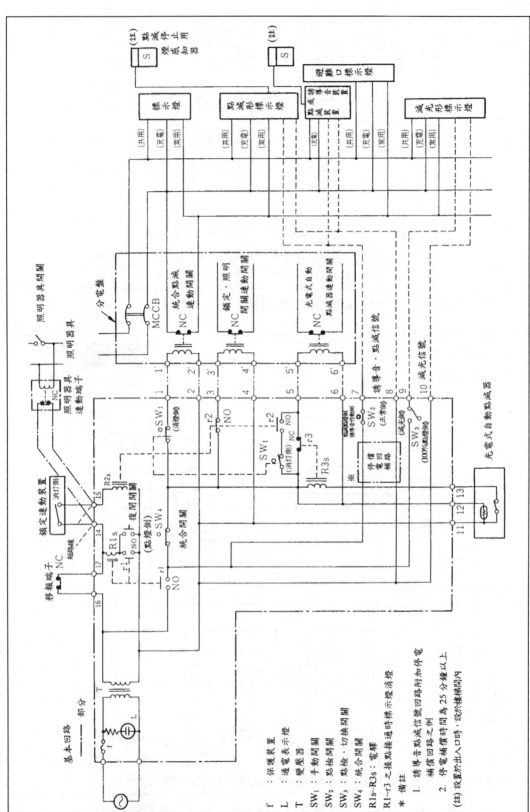

圖 2-31　連動式標示燈設備之機器結線圖（弱勢信號回路之例）

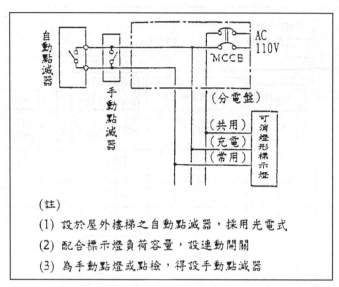

（註）

(1) 設於屋外樓梯之自動點滅器，採用光電式

(2) 配合標示燈負荷容量，設連動開關

(3) 為手動點燈或點檢，得設手動點滅器

圖 2-32　屋外樓梯消燈時之機器結線圖（無用信號裝之場合）

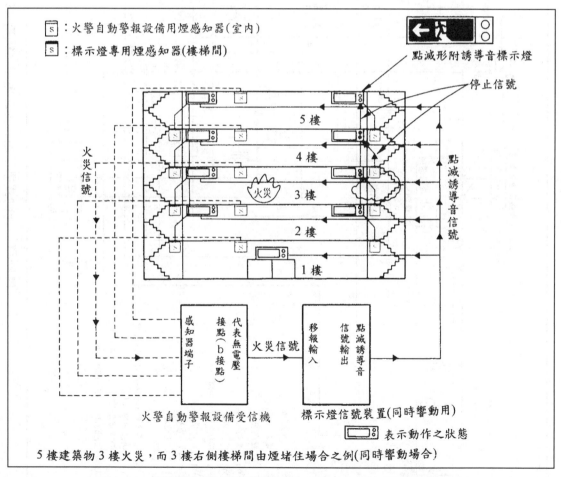

圖 2-33　點滅形附誘導音裝置標示燈，停止誘導音結線之例

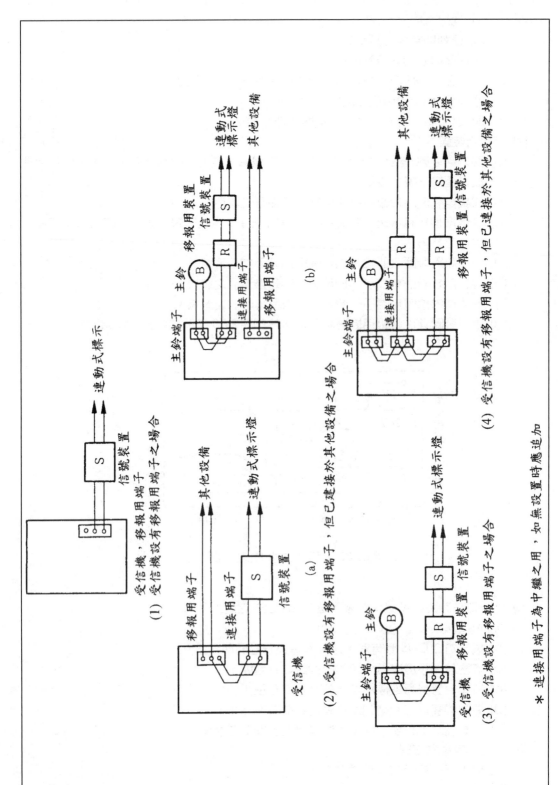

圖 2-34　受信機與信號裝置等之連接方法之例

(ii) 消燈條件。

(iii) 連動開關等之類別。

(iv) 採作責任者或管理者。

(c) 點滅型標示燈用信號裝置設置處所,應有下列之表示。

(i) 表示標示燈用信號裝置之意旨。

(ii) 點滅或誘導音之停止及復歸操作要領。

(2) 移報用裝置

(a) 移報用裝置在受信機無移報用端子之場合,或雖然設有移報用端子,但已與他設備連接之場合設置。

(b) 移報用裝置設於鄰近受信機而容易點檢之場所。

(c) 受信機停止移報時,為易於判明其狀況在受信機開關或表示窗部分表示「停止中」之意旨。

(d) 由移報用裝置之連接,對受信機電源不得有影響。

(e) 移報用裝置應有表示「標示燈用移報裝置」之意旨。

(f) 受信機內移報用端子,應表示「標示燈用」之意旨。

(g) 信號裝置連接移報用裝置時,連接於如圖2-35所示之C及NC端子。

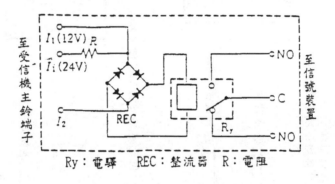

圖2-35 移報用裝置之一例

(3) 外裝型點滅裝置設置於距標示燈1公尺以內之處所。

(4) 可消燈型標示燈設備之連動開關。

(a) 構造符合CNS等有關規定,具有充分之開閉容量。

(b) 收納於標示燈專用分岐電源回路之分電盤。

(c) 接點容量具有對標示燈負荷充分之容量。

(d) 連動開關之二次側回路在消燈信號時為開路。

(e) 連動開關應有表示標示燈消燈用連動開關之意旨。

(5) 光電式自動點滅器

(a) 構造符合CNS,JIC等規定。

(b) 檢出部設置於不受自然光以外之強光,或不在樹木或建築物等之陰下。

(c) 光電式自動點滅器之鄰近處應有表示自動點滅器之意旨。

(6) 鎖定連動開關之設置要領

    (a) 鎖定連動回路在鎖定時為閉路。

    (b) 採用複數鎖定連動點滅器時，應串聯連接。

    (c) 鎖定連動點滅器之鄰近處應有表示鎖定連動開關之意旨。

(7) 照明器具連動點滅器之設置要領。

    (a) 照明器具連動點滅器採用於標示燈消燈之防火對象物或其部分之場合，必須與點燈之照明器具點燈連動。

    (b) 照明器具連動點滅器，在照明器具消燈時，照明器具連動回路應為閉路。

    (c) 採用複數照明器具連動點滅器時，各點滅器以串聯連接。

    (d) 照明器具連動點滅器之鄰近處應有表示點滅器之意旨。

2-8 避難指標之設置要領

一、避難指標之構造與性能

避難指標之構造與性能可比照標示燈及指示燈之 CNS10207 規定外，在 CNS10208 特別規定如下：

1. 應使用堅固且耐久之材料。

2. 設在安全門出口之方向指標應符合下列各項之規定。

    (1) 標示面應使用綠色為底，白色文字（包括文字與圖形拼用者）明白標示緊急避難出口。

    (2) 標示面之大小為長邊為 36 公分以上，短邊 12 公分以上。

3. 設在走廊或通道方向之指標須符合下列各項之規定。

    (1) 標示面應使用白底，用綠色圖形（包括圖形與文字拼列者）標示避難口之方向。

    (2) 標示面之大小為長邊 30 公分以上，短邊 10 公分以上。

4. 標示；使用之文字或圖形，應為容易辨認者，可參考標示燈或指示燈圖形。

二、避難指標之設置標準

1. 設於出入口時，裝設高度應距樓地板面 1.5 公尺以下。

2. 設於走廊或通道時，自走廊或通道任一點至指標之步行距離不得大於 7.5 公尺，且應優先設於走廊或通道之轉彎處。

3. 周圍不得設有影響視線之裝潢及廣告招牌。

4. 應設於易見且採光良好處。

2-9 結論

近年來建築物之大規模化、高層化、多樣化及複雜化，使建築物發生災害之機會增加。一旦發生火災時眾多之避難者急求避難口，如再加上停電之心理上壓力，增加恐慌，導致發

生更大之災難。唯一能幫助避難人員至避難口之設置為避難逃生之標示設備。

在各類場所消防安全設備設置標準中對屬於標示設備之出口標示燈、避難方向指示燈及避難指標有規定設置標準，對於出口標示燈及避難方向指示燈之構造列在 CNS10207 ，避難方向指標之構造列在 CNS10208 。

標示設備按日本規定通稱為誘導燈，分為避難口誘導燈、通路誘導燈、觀眾席誘導燈及誘導標識等四類，惟為配合設置環境或管理狀況另有連動式誘導燈，分為減光型誘導燈、點滅型誘導燈、附誘導音裝置誘導燈、附點滅型誘導音裝置誘導燈及可消燈型誘導燈五類。

經檢討中日兩國對於避難標示設備之規定，我國所稱之標示設備相當於日本之誘導燈，其構造及設置要領兩者相似，至於日本之特殊誘導燈之規定及設置要領，相當充實實施已有幾年。

因此在本文中對於我國所定之標示設備之設置要領加上補充日本所採用方式列出，至於特殊標示燈之設置要領依據日本目前之作法列出，供我國關心改進避難逃生之標示設備同仁參考。

第**3**章

第 章

緊急電源

3 緊急電源

消防設備設置在經常待機狀態，預備緊急時能確實運作，完成消防任務之目的。因消防設備大部份利用電力，故除配置緊急電源對策外，其配線亦應有耐燃耐熱之保護。

一、防火建築物：

防火區內之建築物，地面層數在三層以上或其總樓地板面積超過 100m² 者應為防火建築物，地面層數或其總樓地板面積未達上述標準之建築物，得以不燃材料建造。

表 3-1 之建築物應為防火構造。但工廠建築，除依表 3-1 C 類規定外，作業廠房樓地板面積，合計超過五十平方公尺者，其主要構造，均應以不燃材料建造。

表 3-1　防火建築物及防火構造

建築物使用類組		組別	應為防火構造者		
類別		組別	樓層	總樓地板面積	樓層及樓地板面積之和
A 類	公共集會類	全部	全部	—	—
B 類	商業類	全部	三層以上之樓層	3000 平方公尺以上	二層部分之面積在 500 平方公尺以上
C 類	工業、倉儲類	C−1	三層以上之樓層	—	150 平方公尺以上
		C−2	工廠；三層以上之樓層	1500 平方公尺以上（工廠除外）	三層以上部分之面積在 300 平方公尺以上
D 類	休閒、文教類	全部	三層以上之樓層	2000 平方公尺以上	—
E 類	宗教、殯葬類	全部			
F 類	衛生、福生、更生類	全部	三層以上之樓層	—	二層面積在 300 平方公尺以上。醫院限於有病房者
G 類	辦公、服務類	全部	三層以上之樓層	2000 平方公尺以上	—
H 類	住宿類	全部	三層以上之樓層	—	二層面積在 300 平方公尺以上。
I 類	危險物品類	全部	依危險品種及儲藏量，另行由內政部以命令規定之		

說明：表內三層以上之樓層，係表示三層以上之任一樓層供表列用途時，該棟建築物即應為防火構造，表示如在第二層供同類用途使用，則可不受防火構造之限制。但該使用之樓地板面積，超過表列規定時，既不論層數如何，均應為防火構造。

二、複合用途防火建築物：

一棟建築物中有供甲、乙、丙、丁類場所所列用途二種以上之防火建築物。

三、居室：

供居住、工作、集會、娛樂、烹飪等使用之房間，均稱居室。門廳、走廊、樓梯間、衣帽間、廁所盥洗室、浴室、儲藏式、機械室、車庫等不視為居室。但旅館、住宅、集合住宅、寄宿舍等建築物其衣帽間與儲藏室面積之合計以不超過該層樓地板面積八分之一為原則。

四、不燃材料：

混凝土、磚或空心磚、瓦、石料、鋼鐵、鋁、玻璃、玻璃纖維、礦棉、陶瓷品、砂漿、石灰及其他經中央主管建築機關認定符合耐燃一級之不因火熱引起燃燒、熔化、破裂變形及產生有害氣體之材料。

五、防火門窗之構造：

防火門窗係指防火門及防火窗，其組件包括門窗扇、門窗樘、開關五金、嵌裝玻璃、通風百業等配件或構材；其構造下列規定：

1. 防火門窗周邊十五公分範圍內之牆壁應以不燃材料建造。
2. 防火門之門扇寬度應在七十五公分以上，高度應在一百八十公分以上。
3. 常時關閉式之防火門應依下列規定：
   (1) 免用鑰匙即可開啟，並應裝設經開啟後可自行關閉之裝置。
   (2) 單一門扇面積不得超過三平方公尺。
   (3) 不得裝設門止。
   (4) 門扇或門樘上應標示常時關閉式防火門等文字。
4. 常時開放式之防火門應依下列規定：
   (1) 可隨時關閉，並應裝設利用煙感應器連動或其他方法控制之自動關閉裝置，使能於火災發生時自動關閉。
   (2) 關閉後免用鑰匙即可開啟，並應裝設經開啟後可自行關閉之裝置。
   (3) 採用防火捲門者，應附設門扇寬度在七十五公分以上，高度在一百八十公分以上之防火門。
5. 防火門應朝避難方向開啟。但供住宅使用及宿舍寢室、旅館客房、醫院病房等連接走廊者，不在此限。

六、防火時效：

建築物主要結構構件、防火設備及防火區劃構造遭受火災時可耐火之時間。

七、阻熱性：

在標準耐火試驗條件下，建築構造當其一面受火時，能在一定時間內，其非加熱面溫度

不超過規定值之能力。

八、不燃專用室：

使用不燃材料之牆壁，柱，樑，樓地板及天花板（無天花板時為樑及屋頂）等區劃，並窗及入口使用甲，乙種防火門窗之各種專用室。

九、不燃材料區劃之機械室：

使用不燃材料之牆壁，柱，樑，樓地板及天花板（無天花板時為樑及屋頂），以防火區劃之機械室，電氣室，幫浦室等之機械設備室（鍋爐設備等使用火氣設備之共用室及存多量可燃性物質室除外）之開口部使用甲，乙種防火門窗之機械室。

十、緊急電源之專用區劃：

不燃專用室，組合式外箱及低壓受電之緊急電源專用受電設備配電盤或分電盤並以其他區劃。

十一、耐燃保護配線：

依消防安全設備設置標準第 235 條第三款及第 236 條規定之配線。

十二、耐熱保護配線：

依消防安全設備設置標準第 235 條四款及第 236 條規定之配線。

十三、接戶線裝置點：

用電場所之營造物或補助支持物，裝設由電力公司或別建地之架空接戶線，地下接戶線或連接接戶線接點之最接近電源側場所。

十四、保護協調：

一般負載回路由火災引起之短路，過載，接地等事故發生時，為避免影響緊急電源回路，選定斷路器之動作協調工作。

十五、一般負載回路：

消防安全設備之緊急電源回路以外之回路。

3-3 緊急電源之種類

1. 消防安全設備之緊急電源，可分為緊急電源專用受電設備、自備發電設備及蓄電池設備三類，再以設置形態別分類，如圖 3-1 所示。
2. 電力為動力源之消防用設備必須附置緊急電源，綜合如表 3-2 。

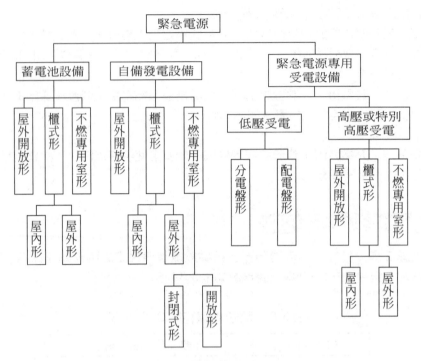

圖3-1 緊急電源之分類

表3-2 消防設備適用之緊急電源

緊急電源 消防用設備	緊急電源專用 受 電 設 備	自備發 電設備	蓄電池 設 備	容 量	根據條文
室內消防栓設備	△	○	○	30 分以上	設置標準 38 條
室外消防栓設備	△	○	○	30 分以上	設置標準 39 條
自動撒水設備	△	○	○	30 分以上	設置標準 60 條
水霧滅火設備	△	○	○	30 分以上	設置標準 62 條
泡沫滅火設備	△	○	○	30 分以上	設置標準 74 條
二氧化碳滅火設備		○		60 分以上	設置標準 95 條
乾粉滅火設備		○		60 分以上	設置標準 98 條
火警自動警報設備			○	10 分以上	設置標準 128 條
瓦斯漏氣火警自動警報設備			○	☆10 分以上	設置標準 145 條
標示燈、指示燈			○	20 分以上	設置標準 155 條
排煙機	○	○		30 分以上	設置標準 189 條

○ — 適用之緊急電源

△ — 供丁類使用之場所，得使用相同效果之引擎動力系統。

☆ — 容量應使二回路有效動作10 分鐘以上，其他回路能監視10 分鐘以上。

3. 緊急電源專用受電設備（參考日本規定）

利用一般之商用電源以高壓或特高壓及低壓之受電方式，高壓或特高壓受電者，設不燃專用室或櫃式配電裝置，低壓受電者採用配電盤或分電盤裝置，如圖3-2及圖3-3。

4. 自備發電設備

由原動機，發電機，控制盤等構成，發電電壓多為高壓或低壓，採用不燃專用室或櫃式配置，不燃專用室之設置例如圖3-4。

5. 蓄電池設備

由蓄電池，充電裝置，整流裝置等構成。如直接使用直流時，不必整流裝置，設置方式有不燃專用室或櫃式。

3-4 緊急電源之構造及性能

緊急電源之構造及性能，依消防安全設備設置標準規定之中國國家標準有關消防安全CNS標準辦理。目前公布之CNS相關標準如表3-3所示。

表3-3 緊急電源有關CNS標準

CNS 總號	標 準 名 稱
10673	消防用櫃式緊急電源受電設備
10977	緊急電源用配電盤及分電盤
10204	消防緊急用自備發電設備檢驗法
10205	消防緊急用蓄電池設備
11174	耐燃電線
11175	耐熱電線

3-4-1 緊急電源專用受電設備（國內設置標準未規定可採用，本單元供參考）

一、櫃式及低壓受電之緊急電源專用受電設備之配電盤及分電盤，應符合CNS10673及10977號之標準。

二、其他緊急電源專用受電設備如下辦理：

1. 開關應有消防安全設備別之明顯標示。
2. 高壓或特高壓受電之緊急電源專用受電設備（櫃式除外）之機器及配線應能與緊急電源回路無直接關係之機器及配線容易判別，隔離或以不燃性隔牆遮蔽。
3. 緊急電源專用受電設備之配電盤或分電盤，監視室監視盤之前面，應能容易確認緊急電源回路之充電情形，以下列表示燈認知，如同一變壓器之二次側緊急電源回路有兩回路以上時，電源確認表示燈可用一燈。

(1) 表示燈之電源由緊急電源回路用過電流斷路器二次側引接。

(2) 表示燈回路採用適當之熔絲。

(3) 表示燈之光色為紅色。

(4) 鄰接表示燈，應裝置確認緊急電源表示燈之標示。

(5) 表示燈回路不設點滅器。

4. 設置串聯電抗回路，在電容器或電抗器異常時，應有可自動切斷該回路之裝置，惟如受高諧波影響少之回路，或具有高諧波對策之回路不在此限。

三、結線方法

　　為有效確保緊急電源之保護協調，應依下列所提各例結線，保護協調應求機器之短路強度或短路電流，斷路器等之動作特性以保護協調曲線圖表示，確認機器相互之動作協調。

1. 由其他電氣回路之開關或斷路器不啟斷之結線方式。

　　(1) 預備線方式配電之例

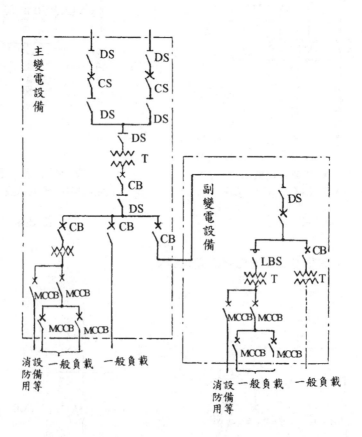

註：LBS 或 CB，在一般負載之過載及短路時，不得比 MCCB 先遮斷

圖 3-2

(2) 特高壓或高壓受電

(a) 特高壓之例

(b) 高壓之例

(i) 由緊急電源專用變壓器供電之例

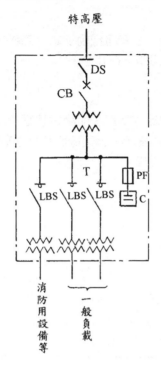

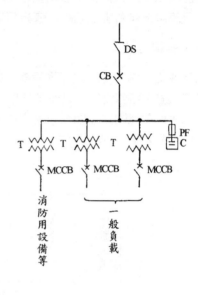

註：CB ，在一般負載之過載及短路時，
不得比 LBS 或 PC 附 F 先遮斷

圖 3-3

註：CB ，在一般負載之過載及短路時，
不得比 MCCB 先遮斷

圖 3-4

(ii) 由緊急電源專用變壓器供電之例

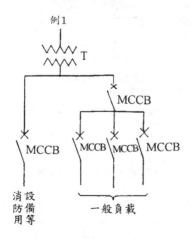

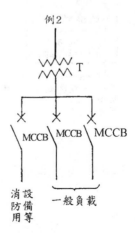

註：一般負載之過載及短路時，由一般負載之 MCCB 遮斷

(3) 低壓受電

    (a) 一般之例

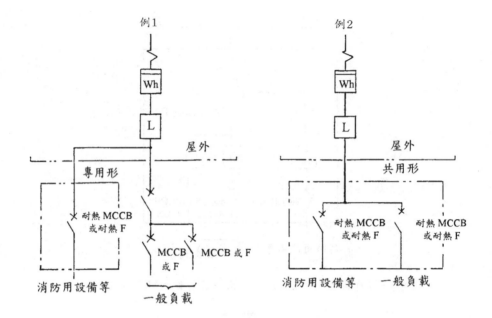

註：與電力公司協議，消防用設備回路得由 L 之電源測分岐

圖 3-6

    (b) 由他棟引接受電之例

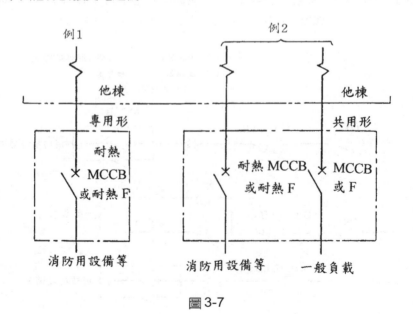

圖 3-7

(c) 集中電表盤之例

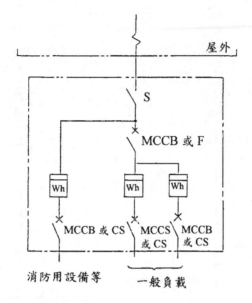

註：一般負載之過載及短路時，由一般負載之 MCCB 或 CS 遮斷

圖 3-8

2. 保持各斷路器之保護協調之結線方式。

(1) 緊急電源專用受電斷路器依下列方式設置，供消防用設備電源時；

　　(a) 配電用斷路器（MCCB）應比受電用斷路器（CB 或 LBS）先啓斷。

　　(b) 設專用消防用設備之受電用斷路器（CB₂ 或 LBS₂）時，應有與一般負載用受電用斷路器（CB₁ 或 LBS₁）同等以上之啓斷容量。

凡例 DS：分段開關　LBS：負載啟斷開關(PF 附)
　　 CB：斷路器　　Tr：變壓器
　　 MCCB：配線用斷路器

(2) 緊急電源專用變壓器（包括防災設備用變壓器，其二次側至各負載依照緊急電源回路採用耐燃保護配線之場合）依下列方式設置，供消防用設備電源時：

  (a) 一般負載變壓器一次側，設比受電用斷路器（CB_1 或 LBS_1）先啓斷之一般負載用斷路器（CBn 或 LBSn）；惟如變壓器二次側設具有充分遮斷容量，並比受電用斷路器先遮斷之配線用斷路器（MCCB）時不在此限。

  (b) 消防用設備專用變壓器二次側設複數配線用斷路器（MCCB）時，應比受電用啓斷器（CB_1 或 LBS_1）及變壓器一次側斷路器（CB_2 或 LBS_2）先啓斷。

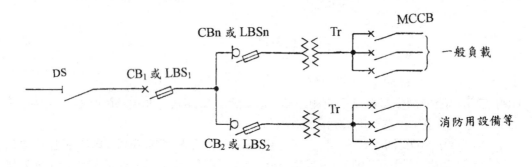

圖 3-10

(3) 一般負荷共用變壓器依下列方式設置，供消防用設備電源時。

  (a) 一般負荷變壓器一次側，設比受電用斷路器（CB_1 或 LBS_1）先啓斷之一般負荷用斷路器（CBn 或 LBSn）；惟如變壓器二次側設具有充分啓斷容量，並比受電用斷路器先啓斷之配線用斷路器（NFB）時不在此限。

  (b) 共用一般負荷變壓器二次側，設適合下列各項配線用斷路器。

    (i) 一個配線用斷路器之額定電流，不得超過變壓器二次側之額定電流，惟如有接近上位標準額定斷路器時得採用該額定電流。

    (ii) 配線用斷路器之額定電流合計為變壓器二次側額定電流乘 2.14 倍（參差因數 1.5／需量因數 0.7）之值以下，但設置有檢出一般負荷可啓斷一般負荷回路時，不在此限。

    (iii) 配線用斷路器之啓斷容量為，緊急電源專用區劃引出口，或當該配線用斷路器二次側短路發生時，可有效啓斷短路電流者，且適合消防法之耐燃保護配線回路時，可不必依照上例條件。

    ※配線用斷路器之動作特性以不動作上游（電源側）斷路器為原則。

$$※\ 參差因數 = \frac{個別最大需量之和}{總合之最大需量}$$

$$需量因數 = \frac{最大需量}{設備容量}$$

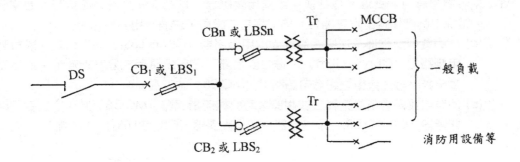

圖 3-11

(4) 共用一般負荷變壓器之二次側設置一般負荷主斷路器,並由該斷路器一次側依下列方式設置,供消防用設備電源時。

   (a) 前(3)〔(b), (ii) 除外〕外,一般負荷之主配線用斷路器(MCCBo)應比受電用斷路器(CB₁ 或 LBS₁)及變壓器一次側斷路器(CB₂ 或 LBS₂)先啓斷,惟如變壓器二次側設具有充分啓斷容量,並比受電用斷路器先啓斷之配線用斷路器(MCCBon)時不在此限。

   (b) 一般負荷之主配線用斷路器(MCCBo)之額定電流為變壓器二次側額定電流之 1.5 倍以下,且和消防用設備之配線用斷路器(MCCB₁)之額定電流合計為 2.14 倍以下。

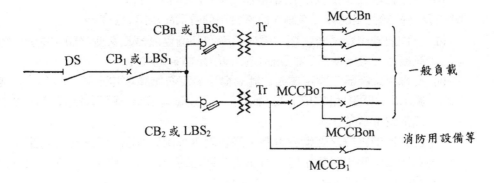

圖 3-12

(5) 低壓受電供消防用設備電源時。

   (a) 緊急電源專用受電

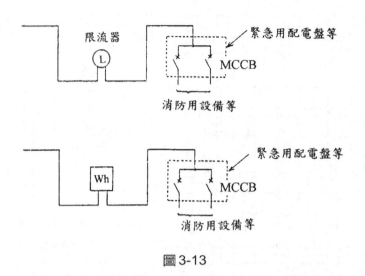

圖 3-13

(b) 共用一般負載受電

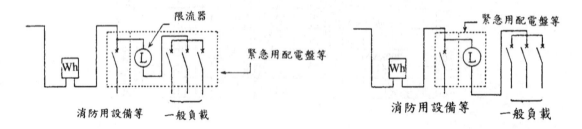

圖 3-14

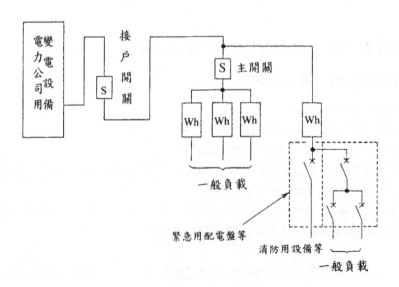

圖 3-15

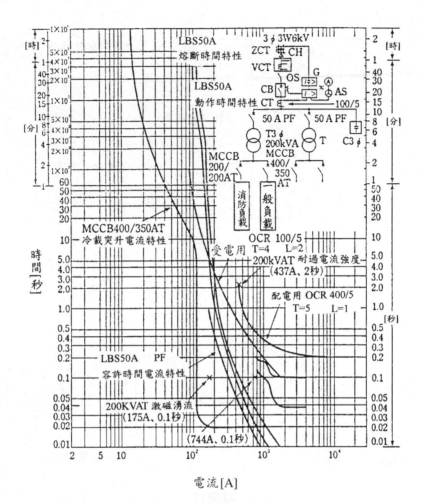

圖3-16　保護協調曲線圖例

四、緊急電源之開關，應有屋內消防設備等之標示。

五、緊急電源專用受電設備標準。

1. 消防用櫃式緊急電源受電設備。

依CNS10673標準規定概要如下；

(1) 種類：櫃式緊急電源專用受電設備如下。

(a) 專用型櫃式緊急電源專用受電設備；緊急電源專用受電設備，變電設備及其他器具、配線等裝於同一箱內者。

(b) 共同型櫃式緊急電源專用受電設備；緊急電源與其他電源共用之受電設備、變電設備與其他器具及配線裝於同一箱內者。

(2) 構造

(a) 外箱之開口應設有甲種防火門或乙種防火門，並外箱必須應能容易牢固於建築地面上。

(b) 除指示燈，電線之進出口，換氣裝置，電壓表，電流表，計器用之切換開關外，不得漏出箱外，如裝設於室外者，僅為指示燈，電線之進出口，換氣裝置得漏出箱外。

(c) 裝設於外箱之受電設備、變壓設備以及其他器具，配線必須堅固地裝設在外箱及固定架上，應離箱底10公分以上處（但裝設試驗端子、端子板等之帶電部份應在15公分以上之位置）。

(d) 在共同型櫃式緊急電源受電設備之緊急電氣回路及其電氣回路之間，限於緊急回路用之開關器或斷路器主電線引出口之間。所用之材料須使用不燃性材料分隔之。

(e) 電線之出口處須能與金屬管或導管易於連接。

(f) 換氣裝置應將箱內的高溫排出，使箱內有充分空氣流通為原則，換氣口必須裝設保護金屬網、金屬片、防火閘門等有效防火措施（但裝於室外者須裝置防雨水設備）。

(g) 自然換氣口之開口部總面積，必須佔外箱一面之1/3面積以下，若無法充份換氣者，應加裝換氣裝置。

2. 緊急電源用配電盤及分電盤

依CNS10977標準規定，概要如下：

(1) 種類

(a) 專用配電盤：由緊急電源專用之開關，過載保護設備、儀器、其他配電用器具及配線，以及容納上述等設備器具之箱體（cabinet）所構成者。

(b) 共同配電盤：由緊急電源回路與其他電源回路，以及共用之開關、過載保護設備、儀表、其他配電用器具、配線及容納上述設備器具等之箱體所構成者。

(c) 專用分配盤：由緊急電源專用之分歧開關、過載保護設備、其他配電用器具、配線及容納上述設備器具等之箱體所構成者。

(d) 共同分電盤：由緊急電源回路與其他電源回路，以及共用之分歧開關、過載保護設備、其他配電器具、配線及容納上述設備器具等之箱體所構成者。

(2) 構造

(a) 箱體之材料為鋼板，而其厚度應為1.6mm（前面板及門板為2.3mm）以上，施以防火塗料等之真珠岩板（Perlite）（厚度限於埋設部分為12mm以上，露出部分為15mm以上），或使用具有同等以上之耐熱性及遮熱性材料所包妥，並其包妥部分，不因熱或振動而容易剝離者。

(b) 在箱體，除表示燈，電線進出口門用把手及鎖匙外，不得露出裝設。

(c) 在共用配電盤及分電盤，緊急電源回路所用之配電用器具及配線與其他電源回路所用之配電用器具及配線應以耐燃材料隔離之。

(d) 箱體應容易堅固地固定於地板或牆壁上，連接金屬管或金屬製可撓電線管者，並在該連接部分處做遮熱措施。

(e) 第2種配電盤等之箱體構造應依前各項規定外，箱體之材料為鋼板，並且其厚度為1.0mm（前面板之厚度面積在1000mm^{2}至2000mm^{2}者為1.2mm，超過2000mm^{2}者為1.6mm）以上者。在箱體不可露出裝設表示燈，電線進出

口，門用把手及鎖匙以及加溫至120℃時不會被破壞之電壓或電流表以外者。

3-4-2 自備發電設備

對於自備發電設備之構造，性能，應符合國家標準總號10204之消防緊急用自備發電設備檢驗法外，如下列原則辦理。

1. 燃料槽及其配管等，必須符合"公共危險物品及可燃性高壓氣體設置標準暨安全管理辦法"及火災預防條例之規定。

2. 燃料槽原則上設於接近內燃機或氣輪機（原動機），其容量應足夠額定二小時以上連續有效運轉。

3. 常用電源停電時，能自動由常用電源切換至緊急電源。

4. 發出啟動信號之檢出器（低電壓電驛），在高壓發電機時，設於高壓側之常用電源回路；採用低壓發電機時，設於低壓側之常用電源回路。惟維護管理人員常駐，火災停電時，可隨時操作之場合不在此限。（參照圖3-17、圖3-18）。

5. 控制電源之蓄電池設備，應符合蓄電池設備標準。

6. 設置啟動用蓄電池時，如下辦理。

   (1) 專用容量在4800AH以上時，採用箱式蓄電池設備。

   (2) 與他設備共用時，採用箱式蓄電池設備。

   (3) 設於別室時，設置於不燃專用區劃室內。

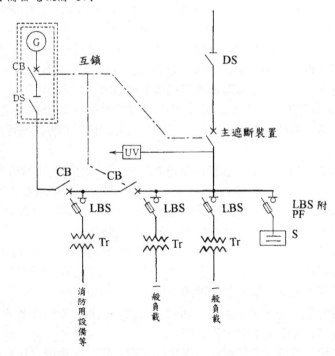

高壓自備發電設備之例

說明：UV（低電壓電驛）裝置於主遮斷裝置二次側，應與主遮斷裝置有適當之互鎖

圖3-17

低壓自備發電設備之例

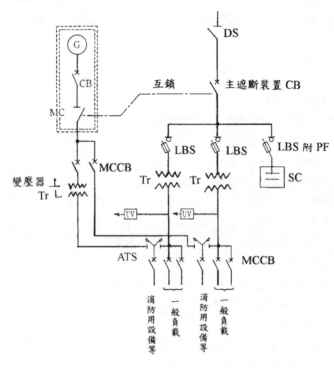

說明：UV（低電壓電驛）裝置於變壓器二次側，應與主遮斷裝置有適當之互鎖

圖 3-18

7. 需要冷卻水之原動機鄰近應設額定 1 小時（連結輸水管之加壓輸水裝置時 2 小時）以上，能連續有效運轉容量之冷卻水槽，惟高架或地下槽等，不受其他用途之影響，可確保充分有效運轉時，不在此限。水槽之循環式之例如圖 3-19。

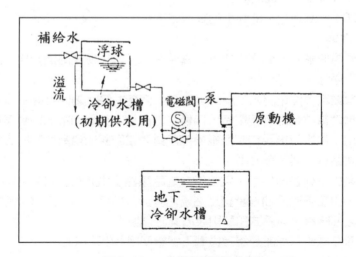

圖 3-19　水槽循環式之例

8. 冷卻水槽之設置方式如下：

 (1) 水冷式之原動機原則上設置專用冷卻水槽，容量如下式計算：

$$\text{水槽容量 (W)} = \frac{h \times p \times q}{c \times (t_2 - t_1)}$$

 p：原動機輸出（PS）

 q：原動機之冷卻水放熱量（kcal/Ps.h）

 c：比熱（C=1kcal/kg ℃）

 t_1：啟動時冷卻水水溫（℃）

 t_2：冷卻水溫容許最高之溫度（℃）

 h：運轉時間。

 註：(a) 不考慮水槽之放熱及補給水

　　(b) 配置空氣冷卻器之原動機，為保持原動機性能，應注意空氣冷卻用冷卻水之溫度與配管。

　　(c) 依原動機之型式，q，t 不同，概要如下：

　　　　$q = 500\~630 kcal/Ps.h$

　　　　$t_2 = 40\~80\ ℃$

　　(d) 冷卻水容量宜考慮現場會同試驗之用，計劃可補給2小時以上。

　　惟在下列場合時得不設冷卻水槽

 • 採用冷卻塔，熱交換器時。

 • 接受高架水槽之冷卻水，且其下限（自動補給用點）以下之容量可滿足規定運轉時間時。

 • 接受高架水槽之冷卻水，且其下限（原動機冷卻水以外之泵之吸進口層點）以下之容量可滿足規定運轉時間，並確實能供給原動機時。

 (2) 供給原動機之冷卻水壓力過高時，可設置小容量之減壓水槽來減壓。

9. 消防緊急用自備發電設備檢驗法

 依CNS10204標準規定，檢驗重點概要如下。

 (1) 構造及性能

　　(a) 當停電時應能自動產生電壓並輸至供電系統，使屋內消防栓設備之操作裝置能即刻通電。

　　(b) 由電業電源停電開始至由自備發電設備產生電壓之時間需在20秒鐘以內。

　　(c) 應具備當電業電源停電時，自備發電設備之負載回路能自動與其他回路切斷之作用。停電時接至自家發電設備所負載之回路能自動切斷與其他回路之常用電源回路者，則不在此限。

　　(d) 應裝設下列各項儀器，監視電力之電壓錶及電流錶，引擎之回轉速度錶或頻率錶，引擎用潤滑油油壓錶及油溫溫度計，如係水冷式引擎，應裝置測量冷卻水溫之溫度計，氣冷式引擎則裝置氣缸溫度計。

　　(e) 自備發電設備應能在額定負載下連續使用1小時以上。

 (2) 自備發電設備引擎構造及性能

(a) 應具備柴油引擎或同等以上起動性能之引擎,並應裝置消音器以及將廢氣導至室外之設備。

(b) 起動馬達之蓄電池設備除應符合 CNS10205 (消防緊急用蓄電池設備) 之標準外,應採用高效率放電用蓄電池。

(c) 採用壓縮空氣起動式之引擎,應裝設空氣貯槽壓力降低時,能自動發出警報裝置以及調整空氣壓力之裝置。

(d) 引擎之燃料油箱應符合下列之規定;容量及油箱鋼板之厚度,應按照下表 3-4 之規定,如屬於有加壓力之油箱則要裝設有效之安全裝置,其他油箱則應裝設有效的通氣管,油箱容量應能使該引擎連續使用 2 小時以上。

(e) 水冷式引擎應專設冷卻用水箱,而其容量則應有充分能力冷卻該引擎之效果,但利用冷卻水塔或熱交換器等者,得不必裝設冷卻水箱。

表 3-4

油箱容量(公升)	鋼板厚度(mm)
超過 20,40 以下者	1.0 以上
超過 40,100 以下者	1.2 以上
超過 100,250 以下者	1.6 以上
超過 250 者	2.0 以上

(3) 自備發電裝置之發電機及勵磁裝置應符合下列規定。

(a) 定了 (Stator) 應具有耐振性。轉子所用材料應採用品質優良產品,在額定回轉速度之 ± 10% 範圍內之速度下亦不得發生有害之扭轉振動之構造。

(b) 繞組應施予 E 級以上之絕緣及不容有劣化現象,且應具有相當之機械強度。

(c) 勵磁裝置具容易維護檢查之構造,其綜合電壓變動率在額定電壓之 ± 5% 以內。

(4) 自備發電設備之控制裝置應符合下列各項之規定:

(a) 過負載時,有保護作用之過電流斷路器。

(b) 應裝設能控制引擎回轉速度之調速裝置及引擎超過額定速度時能自動停止引擎之裝置。

(c) 冷卻水溫度有異常上昇時或冷卻水停供時,能自動停止引擎之裝置。

(d) 用手動可操作引擎停開之裝置。

(5) 整套式 (cubicle) 自家發電設備之構造及性能除應符合上述之各項規定外,並應符合下列各項之規定:

(a) 整套式自家發電設備之種類區分如下;將引擎發電機、油箱及附屬裝置等全部安裝在一個筐體內者,及將自家發電設備之控制、安全裝置以及其附屬裝置裝設在一只箱(以下稱外箱)內者。

(b) 外箱之構造應符合下列各項之規定

(i) 外箱之材料應使用鋼板,其裝設在屋外者板厚應在 2.3mm 以上,裝在屋內者板厚應在 1.6mm 以上,但設在混凝土地面或具有同等以上耐火性能之地

面者，地面部份可以除外。

(ii) 外箱之開口部份應裝設甲種或乙種防火門但(iv)項者除外，外箱應能堅牢地固定於地面上。

(iii) 應能簡易安裝消音裝置及排氣筒於外箱上，外箱之電線穿進部份，應能簡易地裝接金屬管或金屬製軟管。

(iv) 除下列項目以外，在外箱外面不得有露出任何物件。標示燈，冷卻水之出入口及排放口，電線之穿進口，換氣裝置，排氣筒。

(c) 整套式自備發電設備之內部構造應符合下列規定

(i) 引擎、發電機、控制裝置等機器應裝設在外箱離地面 10cm 以上位置，或裝在具有同等以上防水措施之上面。

(ii) 要收納引擎及發電機部份應以不易燃性材料隔間且施以防音措施。

(iii) 引擎及發電機應架設在防震橡皮等能吸收震動之裝置上，但引擎如係燃氣輪機(Gas Turbine)式者則不在此限。

(iv) 加油口位置應設在加油時可能漏出之油料亦不致對電氣系統及引擎之機能產生異常障礙方可。

(d) 整套式自備發電設備應按下列各項之規定裝設換氣設備。

(i) 換氣裝置應能使外箱內部室溫不致上昇過高，而能使空氣暢流之構造。

(ii) 自然換氣口之開口面積應在外箱該總面積之三分之一以下。

(iii) 如採用自然換氣得不到良好效果者應採用機械式換氣裝置。

(iv) 換氣口應裝設鐵絲網、金屬製百葉窗、防火門等防火措施，如係屋外型者應裝設防止雨水侵入之裝置。

(6) 發電機溫昇：在額定輸出下連續運轉，使發電機溫昇達到穩定時，以溫度計法或電阻法測量發電機各部溫昇不得超出表3-5 規定值。

(7) 絕緣電阻及耐壓試驗：溫升試驗後，即以DC500V 高阻計測量發電機之繞組對地（外殼）絕緣強度應在 1M Ω以上，再以 50Hz 之近似正弦波交流電，其電壓為 1,000V 加二倍額定電壓（最低 1,500V）於繞組與地間需能耐 1 分鐘。

表 3-5

絕緣種類 測量部位	E 種絕緣		B 種絕緣		F 種絕緣		H 種絕緣	
	溫度計	電阻法	溫度計	電阻法	溫度計	電阻法	溫度計	電阻法
電樞、磁樞繞組	65	75	70	80	85	100	105	125
靠近繞組之鐵心	75	—	80	—	100	—	125	—
軸承(自冷式)	外部測量 40℃ 或插入測量 45℃							

10. 緊急發電機設備容量計算基準

(1) 輸出容量計算之基本原則

(a) 每一建築物應個別設置緊急電源。但同一建築基地之不同場所，其各類場所之消防安全設備緊急電源負載總容量，大於供給其最大場所之負載所需之輸出容

量時，得共用緊急電源，由一緊急發電機設備供給電力。

(b) 一場所設置兩種以上之消防安全設備時，其輸出之電力容量，須足供該等消防用電設備同時啟動且能同時使用。但於兩種以上之消防安全設備同時啟動時，設有能按次序逐次於五秒內供給消防安全設備電力之裝置，或消防安全設備依其種類或組合不可能同時啟動或同時使用（如二氧化碳滅火設備與排煙設備）時，得免計入瞬時全負載投入之輸出容量。

(c) 消防安全設備應設置能自動供給電力之緊急電源裝置，供常用電源停電時使用，但設置兩種以上之消防安全設備時，對於消防安全設備之負載投入，準用前目之規定。

(2) 緊急發電設備輸出容量之計算

計算緊急發電設備必要的輸出容量，應先依第一目與第二目計算發電機之輸出容量及原動機之輸出容量，由第三目整合發電機輸出量與原動機輸出量，據此結果選定適當之發電機與原動機，並以該發電機組之輸出容量作為緊急發電設備之輸出量。

(a) 發電機輸出量之計算

發電機輸出量由下列公式計算

$$G = RG \cdot K$$

G ：發電機輸出量（kVA）

RG ：發電機輸出係數（kVA/kW）

K ：負載輸出量合計（kW）

此時之負載輸出量合計發電機輸出係數之核算如下：

(i) 負載輸出量合計（K）之計算，應依據附錄一。

(ii) 發電機輸出係數（RG），先算出下列四種係數，取其最大值。各係數之計算，應依附錄二。若負載輸出量合計大而需要更詳細的核算時，應依據附錄三計算。

RG_1 ：定態負載輸出係數，係指在發電機端於定態（steady-state）時，由負載電流而定的係數。

RG_2 ：容許電壓下降輸出係數，係指因電動機啟動所產生之發電機端電壓下降之容許量而定的係數。

RG_3 ：短時間過電流耐力輸出係數，是指發電機端於暫態（transient-state）負載電流之最大值而定的係數。

RG_4 ：容許逆相電流輸出係數，是指負載所發生的逆相電流，高諧波電流成份的關係而定的係數。

(b) 原動機輸出量之計算

原動機輸出量由下列公式計算

$$E = 1.36RE \cdot K$$

E ：原動機輸出容量（PS）

RE ：原動機輸出係數（kW/kW）

K　　　：負載輸出容量合計（kW）

此時負載輸出量合計及原動機輸出係數之計算如下：

(i)　負載輸出量合計（K）計算，應依據附錄一。

(ii)　原動機輸出係數（RE），先算出下列三種係數，取其最大值。各係數之計算，應依據附錄四。若負載輸出量合計大而需更詳細的核算時，應依據附錄五計算。

RE_1：定態負載輸出係數，係指由定態時之負載而定之係數。

RE_2：容許轉數變動輸出係數，係指暫態下因對負載急變之轉數變動之容許值而定之係數。

RE_3：容許最大輸出係數，係指暫態而產生的最大值而定之係數。

(c)　發電機輸出量與原動機輸出量之整合

由前述(a)與(b)計算之發電機與原動機，是否可以組合為緊急發電機組，應先以下列公式所示之整合率（MR）確認，其整合率應大於1。而最適當之組合應於其整合率值為未滿1.5。

如果整合率未滿1時應重新計算，增加原動機輸出量，使其大於1。

$$MR = \frac{E}{\left(\dfrac{C \cdot \cos\theta}{0.736\eta_g}\right)}$$

依照附錄二與附錄四計算時，

$$MR = \frac{E}{1.2G \cdot C_p}$$

MR　　　：整合率。

G　　　：發電機輸出量（kVA）

$\cos\theta$　：發電機之額定功率因數（0.8）

η_g　　：發電機效率（於附錄六 $\eta_g = 0.9$）

E　　　：原動機輸出量（PS）

C_p　　：原動機輸出補正係數

發電機輸出量 G(kVA)	原動機輸出補正係數 Cp
62.5 未滿	1.125
62.5 以上 300 未滿	1.060
300 以上	1.000

備註：附錄六中之發電機效率 η_g 採用標準值（0.9）計算，對於小型發電機之誤差較大，須以原動機輸出補正係數補正其效率。

(3)　其他

(a)　緊急發電機設備輸出量算出結果，應填入附表1至附表4之計算表格，提出送審。

(b) 既設的緊急發電設備之輸出量，得不修正之。但相關消防安全設備之負載輸出量變更時，應依據本基準重新計算，而採取適當之修正措施。

3-4-3 蓄電池設備

蓄電池設備應使用符合國家標準總號10205之蓄電池設備或具有相同效果之設備外，如下列辦理。

1. 應裝置切換開關，於常用電源遮斷時自動切換供應電源至緊急用電器具，並於常用電源恢復時，自動恢復由常用電源供應。

   ※交流輸出之切換回路及停電檢出器裝置例參照圖3-20

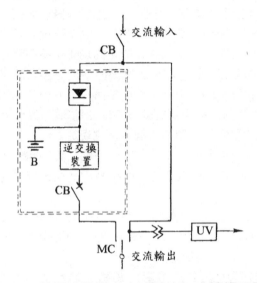

圖3-20　蓄電池設備（交流輸出）之切換回路例

2. 裝設蓄電池之處所，應為防火構造。
3. 蓄電池設備充電電源之配線，應設專用回路，其開關上應有明顯之標示。
4. 充電裝置設於蓄電池室時，應裝入鋼裝箱內。
5. 蓄電池設備之接地工程如表3-6。

表 3-6

區　　分			接地電阻
依電壓種別之機器	接地工程種類	接地線大小	
低壓用機械器具之鐵台及金屬製外箱	300V 以下者，但設置於直流電路及 150V 以下交流電路之乾燥場所者除外　第三種	直徑 1.6mm 以上	100Ω 以下
	超過 300V 者　第三種	直徑 1.6mm 以上	10Ω 以下

6. 消防緊急用蓄電池設備

   (1) 構造及性能

      (a) 蓄電池設備之構造及性能須符合下列各項之規定。

         (i) 蓄電池設備應能自動充電，且供充電電源電壓在額定電壓之（±10%）範圍內有變動時，亦能對其本身功能不致有發生障礙而仍能順利充電並應裝設防止超載充電之裝置。

         (ii) 蓄電池設備應裝設以自動或手動方式能簡易且均勻地充電之裝置，但不作均勻充電時，對其功能亦不產生異常現象者，不在此限。

         (iii) 自蓄電池設備配線至室內消防栓設備之操作裝置，或接至自動火警自動警報設備中之受信總機之配線，在上述配線途中應裝設過電流斷路器。

         (iv) 蓄電池設備應裝設電壓錶及電流錶以便監視該設備之輸出清況，在攝氏零度至40度之溫度範圍內能發揮正常功能，不得有異狀發生。

         (v) 蓄電池設備之容量規定，須使蓄電池放電至最低容許電壓（即標稱電壓之91%）後，充電24小時，然後不再充電1小時。對室內消防設備能放電30分鐘以上或對自動火警警報設備能放電30分鐘以上之容量方可。

      (b) 蓄電池之構造及性能須符合下列各項之規定

         (i) 應採用汽車用以外之鉛蓄電池，其構造及性能應符合CNS4208〔固定式鉛蓄電池〕標準，及小型密封型鉛蓄電池國家標準之規定或同等以上品質之物件製造。

         (ii) 鹼性蓄電池之構造及性能須符合(A)CNS4207〔圓筒密閉型鎳鎘蓄電池〕(B)CNS4205〔開放型鹼性蓄電池〕及(C)密閉型固定式鹼性蓄電池標準之規定或同等以上品質之物件製造。

         (iii) 每一單件電池之公稱電壓：鉛蓄電池為2volt（伏特），鹼性蓄電池為1.2volt（伏特）。

         (iv) 蓄電池應具有容易確認液位之構造，並須裝設防止酸霧或鹼霧擴散之裝置，但密閉型蓄電池則不必裝置能清楚確認液位之構造，另裝設液位下降警報裝置，但無需補充電解液者不在此限。

      (c) 充電設備之構造及性能須符合下列各項之規定

         (i) 應能自動充電，且充電完畢後能自動切換成浮動充電或TRICKLE充電方式者，並充電裝置之輸入端應設開關及過電流斷路器。

         (ii) 應裝設當充電之回路裝置發生故障時能避免影響蓄電池及放電回路功能之過電流斷路器，並裝設能表示正在充電中之標示裝置，同時應裝設能檢查蓄電池之充電狀態之裝置。

         (iii) 充電部與外箱之間之絕緣電阻，以直流500volt（伏特）絕緣電阻錶測量時應有3MΩ以上。

         (iv) 充電部與外箱之間耐絕緣性以60Hz近似正弦波之交流電按表3-7電壓區分通電1分鐘能耐絕緣之規定。

         (v) 充電裝置在其最大電壓時流通其最大電流時，用溫度計測量各部位之溫度上昇值，不得超過下表3-8之規定。

(vi) 對常用電源停電時能自動切換至蓄電池設備之裝置之兩端加該裝置額定電壓±10% 之電壓，以同樣動作反覆操作 100 次，而此切換裝置不得有發生功能上障礙。

表 3-7

使用電壓(直流)	通交流電壓
超過 30,60volt 以下者	500volt
超過 60,150volt 以下者	1,000volt
超過 150volt 者	使用電壓×2＋1,000volt

表 3-8

測 定 部 位		溫度上昇值℃
變壓器	絕緣等級 A 級	50
	絕緣等級 E 級	65
	絕緣等級 B 級	70
	絕緣等級 H 級	115
整流器	硒	45
	矽	105
	閘流器(THYRISTER)	65
	端子部位	50

(d) 蓄電池設備之變流（逆）裝置之構造及性能須符合下列各項之規定。

(i) 變流裝置應使用半導體靜止型，將其裝配於放電回路中，並裝設輸出檢驗開關及輸出保護裝置。

(ii) 由無負載至額定負載變動時，以及蓄電池端子電壓變化在±10% 範圍內時，所發生交流頻率應在額定頻率之±5% 以內，變流裝置之輸出波形由無負載至額定負載變動時，不得產生異常之歪波。

(e) 整套型蓄電池設備之構造及性能除應符合以上各節之規定外，並應符合下列各項之規定

(i) 整套型蓄電池設備分類為三種：

(A) 將各蓄電池收納在 1 個箱內（以下簡稱外箱）。

(B) 充電裝置，變流裝置，輸出用過電流斷流器以及配線等合裝在一個外箱。

(C) 將兩項裝置在 1 個外箱內。

(ii) 外箱之構造應符合下列之規定。

外箱之材料應使用鋼板，其裝設在屋外者板厚應在 2.3mm 以上，將在屋內者其板厚應在 1.6mm 以上，但裝設在混凝土地面或具在同等以上耐火性能之地面之情況，其朝向地面部份者可除外。

外箱之開口部應設甲種或乙種防火閘板，但第(V)節之特殊情形可除外。

蓄電池：充電設備等機器應裝設在外箱之離地面10cm以上位置，或裝在具有同等以上防水措施之上面。除標示燈、配線用斷電器、開關、電流錶、電壓錶及頻率錶、第(V)節之換氣設備，在外箱外面不得露出任何物件。

(iii) 整套式蓄電池設備之內部構造應符合下列之標準。

安裝鉛蓄電池者，其擱置部位應施予耐酸性油漆，但如係密封型者不在此限。

整套型蓄電池設備應視其所收納之蓄電池，充電裝置以及自區域斷流器至各該放回電路之部份分別按

- 收納蓄電池之部位應與其他部位在防火上有效地隔離，所使用之防火材料則與第(ii)節相同。
- 收納區域斷流器至放電回路之部份應與收納充電設備部份使用第(ii)節同等材料予以有效防火隔開，或用耐熱電線配線。

(iv) 裝設在整套式蓄電池設備之區域斷流器及檢驗用開關之區域斷流器，應裝設配線用斷路器，並應裝設能檢驗充電狀態用之檢驗開關。

(v) 整套式蓄電池設備應按下列規定裝設換氣設備，但不裝設換氣設備對溫度之上昇及爆炸性氣體滯留等不必顧慮者則不在此限。

換氣設備應能使外箱內部室溫不致上昇過高，而能空氣暢流之構造。

收納蓄電池部份之自然換氣口面積要有外箱之面積之1/3以下，收納充電裝置或自區域斷流器至放電回路部份者，應有該面積之2/3以下。

採用自然換氣得不到良好效果者應使用機械式換氣設備。

換氣口應裝設鐵絲網、金屬製百葉窗、防火閘板等防火措施，如係屋外型者，應加裝防止雨水侵入之裝置。

(vi) 整套式蓄電池設備有附設變電設備者，應使用第(ii)節規定之材料，將蓄電池設備部份與變電設備部份隔開，電線要穿通此一道隔牆之位置應能簡易地裝設金屬管或金屬軟管之構造。

7. 蓄電池之容量計算

(1) 容量計算之公式

(a) 蓄電池容量計算之公式

$$C = \frac{1}{L} \left[K_1 I_1 + K_2(I_2 - I_1) + K_3(I_3 - I_2) + \cdots + K_n(I_n - I_{n-1}) \right] \cdots\cdots (1)$$

C：25 ℃時之額定放電率換算容量（AH）

L：維護因數（Maintenance Factor）

K：由放電時間 T，蓄電池之最低溫度，與容許最低電壓而定的容量換算時間（時），並依電池形式之特性圖（省略）求之。

I：放電電流（A）接尾（Suffix）數字 1, 2, 3, …, n 依照放電電流變化之順序，而加註號碼於 T, K, I, 如圖 3-21 之負載特性例。

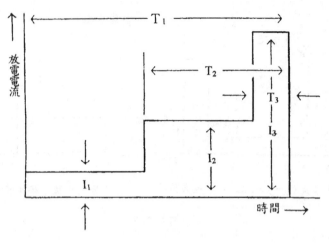

圖 3-21

使用本式時，如圖 3-22 所示，如負載之特性為：放電電流隨時間增減則需劃
分出電流減少瞬間前的負載特性，求出必要之蓄電池容量。由此求出之蓄電池
容量之中最大值者，為全體負載必要之額定放電率換算容量。例如圖 3-22 所
示之負載特性 A, B 與 C 點必要之額定放電率換算容量 C_A, C_B 與 C_C 之中，最大
數值容量，為全體之負載必要之額定放電率換算容量。

(b) 引擎起動用蓄電池容量計算之公式

$$C = \frac{1}{L} \left[K \cdot Im + Kn(I-Im) \right] \cdots\cdots\cdots (2)$$

C ：25 °C時之額定放電率換算容量（AH）

L ：維護因數（Maintenance Factor）

K ：由放電時間 T ，蓄電池之最低溫度，與容許最低電壓而定的容量換算時間
（時）。

I ：放電電流 A（但 Im 為只將最終電流去除之放電電流 I 之平均電流如圖 3-23）

(2) 計算之必要條件

欲求額定放電率換算容量，需先決定下列四項條件。

(a) 維護因數

蓄電池因使用時間之經過或使用條件之變動而其容量有所變化。因此為補償容
量變化之補正值為 L = 0.8 。

(b) 放電時間與放電電流

放電時間為採用預想負載之最大用電時間。放電時，放電電流如會增減時，則
放電末期如有大負載集中，也足以滿足所有的負載，亦即應推測可能實際發生
之放電電流，引擎起動用蓄電池之容量計算之放電電流，採用引擎製作廠家之
指定值。但若放電時間不明時，則使用圖 3-24 之值。

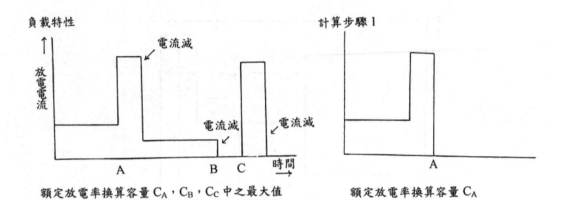

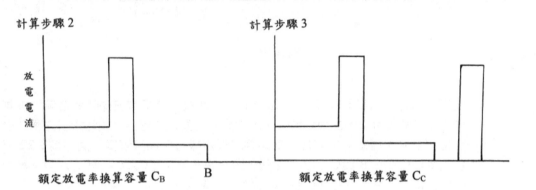

圖 3-22

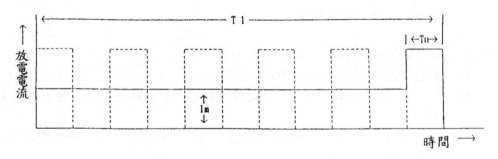

圖 3-23

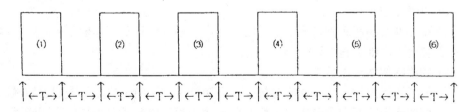

T=15 秒

圖 3-24

(c) 容許最低電壓

各種負載要求之最低電壓中，最大值者為 Va，加上由蓄電池與負載間之連接線之電壓降 Vc 之和即，為蓄電池之容許最低電壓 Vb，為求容量換算時間，設容許最低電壓 Vb 為單一電池之電壓值（含接續板之電壓降），Vb 可由下式求之。

$$Vb - \frac{Vb}{n} = \frac{Va + Vc}{n}$$

Va ：負載之容許最低電壓（V）

Vb ：Va + Vc（V）

Vc ：蓄電池與負載間之連接線之電壓降（含蓄電池之列與列間、段與段間跳線之電壓降）（V）

Vd ：單一電池之容許最低電壓（V／單一電池）

n　：串聯之單一電池數（電池數）

注意：以引擎起動用負載而言，一般的情形是控制回路電壓比起動馬達電壓之要求值為大。

(d) 最低蓄電池溫度

蓄電池設置場所之溫度條件應預自推測，決定蓄電池溫度之最低值。一般採用如下之數值：

設置於室內時 5 ℃，特冷地區為-5 ℃，屋外櫃內時，將最低周圍溫度加 5 至 10 ℃。如有空調，可以確實保證終目的室內溫度時可以以其溫度為設定值，惟長時間放電時，或停電而停止空調設備之運轉時，需注意室溫會變化。

3-5 緊急電源之設置基準

3-5-1 緊急電源之設置基準

消防用設備必須在火災時能發揮充分之機能，規定火災時之停電對策，應附設置緊急電源之義務。

緊急電源為消防用設備之一部分，因此無需設置消防用設備時，不一定需要。又由消防用設備之種別及防火建築物之用途、規模限定緊急電源之種別。

消防用設備適用之緊急電源種別及容量，如表 3-2 所示。

3-5-2 緊急電源之設置場所

緊急電源之設置場所限定於不燃專用室，不燃材料區劃之機械室等，屋外或建築物之屋頂。

1. 開放型緊急電源（低壓受電之緊急電源專用受電設備除外）設置於不燃專用室或屋外，屋頂外應考慮下列各點：

(1) 容易搬運點檢必要之測定器具。

(2) 具有充分點檢操作必要之照明設備或電源（附插座）。

(3) 自備發電設備設置於不燃專用室時，該室之換氣可利用直接面對屋外之換氣口或專用機械換氣設備，如由他室或部分之火災可供繼續換氣之機械換氣設備時，不在此限。

如由火災之熱或煙堵塞自備發電設備燃燒用空氣時，將引起引擎停機。因此貫通防火區劃時必須加以留意。

機械換氣設備應可由自備發電設備之電源供給。

(4) 不燃專用室之構造，仍依建築物技術規則辦理。

(5) 設置於屋外或建築物屋頂，應與鄰接建築物或工作物保持3m以上間隔，但鄰接建築物等部分以不燃材料造成，且該建築物等之開口部設防火門及其他防火設備之場合不在此限。

屋頂之主要構造部應為耐火構造之建築物，並對機器有防水對策。

2. 櫃式緊急電源設置於下列場所：

(1) 不燃專用室

(2) 不燃材料區劃之機械室

(3) 屋外或建築物之屋頂

3. 低壓受電之緊急電源專用受電設備之緊急電源用配電盤及分電盤，依緊急用配電盤之種類設置於表3-9所示場所。

4. 緊急電源應有對地震有效之防震措施。

對於緊急電源之耐震措施，依地震災害實地情形檢討，應如表3-10設置。尚對於設備之設置樓地板強度，應為設置荷重及及安全係數之考量下，可耐地震荷重之要求，尤其是，防災電源（緊急電源）時，應設置於震動影響最少之地盤面以下為原則，並對建築物主要構造部不受害之狀態有效運轉。

表3-9　緊急電源用配電盤及分電盤之設置場所

緊急用配電盤之種類	設　置　場　所
一般配電盤分電盤	區劃為耐火構造之不燃專用室
第二種配電盤分電盤	區劃為耐火構造以外之不燃材料之不燃專用室
	屋外或主要構造部為耐火構造建築物之屋頂，鄰接建築物等有3m以上間隔之場合，或未滿3m範圍之鄰接建築物等部分以不燃材料造成，且該建築物等之開口部設有防火門及其他防火設備之場合。
	不燃材料區劃之機械室及其他類似處室
	具有耐火性之排氣管道
第一種配電盤，分電盤	無限定場所

表 3-10　緊急電源耐震措施之概要

設備機器	耐 震 措 施 之 概 要	備 註
電氣室之構造	1. 電氣室隔間等之區劃，為防止構成材之破損，顛倒等波及機器等之二次受害及機能障害，避免無筋牆，採用鋼筋施工或鋼筋水泥。 2. 天花板為耐震設計者外，不設置天花板。	電氣室應有防止浸水措施
重 量 機 器	1. 變壓器，電容器，發電機，蓄電池，配電盤等重量機器，為防止地震荷重之移動，顛倒本體及台架應以基礎螺栓固定，該螺栓之強度應可耐發生在該機器裝置部之應力。 2. 為防止蓄電池電槽相互之衝擊，固定於緩衝材之台架。 3. 採用防振橡膠時，為防止本體之異常振動應設塞子。	機器，台架等之基礎螺栓之固定，應可耐水平及垂直作用之地震荷重並有四個以上之支持點。
機 器 連 接 部	連接發電機之燃料管，水管，電線管，變壓器及蓄電池等連接之電線，其他不同震動系機器相互間等，應有耐振動變位之可撓性。	
配 線 、 配 管排 氣 管 等	1. 對於電氣配線之貫牆部，及機器連接部等部分，應有可撓性措施。 2. 燃料配管及冷卻水配管等，應在閥等重量物之前後及適當處所以軸直角兩方向之束縛等有效支持，又在配管之彎曲部分，貫牆部等，採用可撓性管，連接可撓管之直管部，以三方向之束縛等支持。 3. 發電機之排氣管為不受熱膨脹，地震時不產生變位，以重量機器方式支持。	連接發電機之煙道，為防止耐火磚脫落之運轉障害，應充分考慮耐震措施。
電驛(配電盤)	採用於防災設備電氣回路之電驛，如其誤動作將引起重大障礙者，採用無接點之電驛或使用共振點之移位等措施等，使不引起誤動作。	
槽 等	為防止發電機附屬燃料槽及冷卻水槽等，防止由於調整等之破損傷害，強化槽本體及裝設防波板措施，又槽之固定依重量機器，槽與配管之接合部依配管施工。	

3-5-3 緊急電源之保持距離

　　緊急電源之設置場所，應有確保操作及點檢之有效空間，依電源種別應保持之距離總合如表 3-11，表 3-12，表 3-13 及如圖 3-25。

表 3-11　緊急電源專用受電設備之保持距離（低壓受電除外）

必須保持距離部分		保　持　距　離		
配電盤及分電盤	操 作 面	1.0m 以上，但操作面相對時 1.2m 以上		
	點 檢 面	0.6m 以上，但不影響點檢部分不在此限		
	換氣口面	0.2m 以上		
變壓器及電容器	點 檢 面	0.6m 以上，但操作面相對時 1.0m 以上		
	其 他 面	0.1m 以上		
櫃 箱 式 周 圍	操 作 面	設在屋內	1.0m 以上	設在屋外或屋頂	1.0m 以上，但鄰接建築物或工作物部分以不燃材料造成，且該建築物之開口部設有防火門及其他防火設備之場合可比照屋內設置。
	點 檢 面		0.6m 以上	
	換氣口面		0.2m 以上	
櫃箱式與其他變電設備，發電設備及蓄電池設備之間		1.0m 以上		

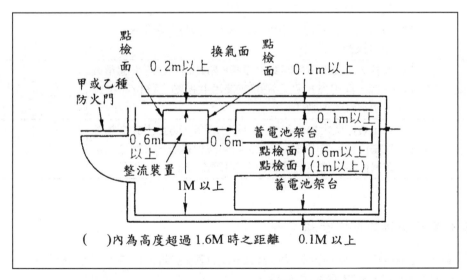

圖 3-25　蓄電池設備（不燃專用室形）之保持距離

表3-12　自備發電設備之保持距離

必須保持距離部分		保 持 距 離		
配電盤及分電盤	相 互 間	1.0m 以上		
	周 圍	0.6m 以上		
操 作 盤	操 作 面	1.0m 以上，但操作面相對時 1.2m 以上		
	點 檢 面	0.6m 以上，但不影響點檢		
	換氣口面	0.2m 以上		
燃料槽與原動機間(燃料搭載形及櫃箱式除外)	燃料，潤滑油，冷卻水等預熱方式之原動機	2.0m 以上，但以不燃材料有效遮蔽之場合 0.6m 以上		
	其 他	0.6m 以上		
櫃 箱 式 周 圍	操 作 面	設在屋內	1.0m 以上	設在屋外或屋頂
	點 檢 面		0.6m 以上	
	換氣口面		0.2m 以上	
櫃箱式與其他變電設備，發電設備及蓄電池設備之間		1.0m 以上		

設在屋外或屋頂：1.0m 以上，但鄰接建築物或工作物部分以不燃材料造成，且該建築物之開口部設有防火門及其他防火設備之場合可比照屋內設置。

表3-13　蓄電池設備之保持距離

必須保持距離部分		保 持 距 離		
充 電 裝 置	操 作 面	1.0m 以上		
	點 檢 面	0.6m 以上		
	換 氣 口 面	0.2m 以上		
蓄 電 池	點 檢 面	0.6m 以上		
	行列相互間	0.6m 以上(設置於台架等，蓄電池之上端高度距離地板面 1.6m 時 1.0m 以上)		
	其 他 面	0.1m 以上，但電槽相互間除外		
櫃 箱 式 周 圍	操 作 面	設在屋內	1.0m 以上	設在屋外或屋頂
	點 檢 面		0.6m 以上	
	換 氣 口 面		0.2m 以上	
櫃箱式與其他變電設備，發電設備及蓄電池設備之間		1.0m 以上		

設在屋外或屋頂：1.0m 以上，但鄰接建築物或工作物部分以燃材料造成，且該建築物之開口部設有防火門及其他防火設備之場合可比照屋內設置。

3-6 緊急供電系統之配線

3-6-1 配線之原則

緊急供電系統之配線除依屋內線路裝置規則外,並依下列規定辦理。

1. 電氣配線應設專用回路,不得與一般電路相接,且開關應有消防安全設備別之明顯標示。
2. 緊急用電源回路及操作回路,應使用600V耐熱絕緣電線,或同等耐熱效果以上之電線。
3. 電源回路之配線,應依下列規定,施予耐燃保護。
   (1) 電線應裝於金屬導線管槽內,並埋設於防火構造物之混凝土內,混凝土保護厚度應為20mm以上,但使用不燃材料建造,且符合建築物技術規則防火區劃規定之管道間,得免埋設。
   (2) 使用MI電纜或符合國家標準之耐燃電線時,得按電纜裝設法,直接敷設。
   (3) 其他經中央消防機關指定之耐燃保護裝置。
4. 標示燈回路及控制回路之配線,應依下列規定,施予耐熱保護。
   (1) 電線應裝於金屬導線管槽內裝置。
   (2) 使用MI電纜或符合國家標準之耐燃電線或耐熱電線時,得按電纜裝設法,直接敷設。
   (3) 其他經中央消防機關指定之耐熱保護裝置。
5. 緊急用電源回路,應為由緊急電源專用區劃之直接專用回路,但,其他之消防用設備及防災設備用之回路,高壓或特別高壓之電路或二系統以上供電回路等,各可以開關,斷路器等分岐之回路不在此限。
6. 電源回路不設遮斷接地電路裝置(漏電斷路器)。
7. 消防安全設備緊急供電系統之配線,應依圖3-26之區分,施予耐燃保護或耐熱保護。

3-6-2 耐燃電線

1. 消防安全設備緊急供電系統之電源、控制回路、警報、監視及通信線路須具有耐燃層,用以阻隔火焰侵襲,確保電纜於火災時仍能維持一段長時間之正常供電能力以利消防行為。應用於系統電壓為低壓(即直流電壓750伏特以下,交流電壓600伏特以下者)時,採用600V耐燃電纜稱為低壓電纜。設備系統電壓超過直流電壓750伏特,交流電壓600伏特時則使用高壓電纜。
   耐燃電纜須符合規範:
   (1) CNS 11174 耐燃電線
   (2) CNS 11359 聚乙烯(交連聚乙烯)絕緣聚氯乙烯(聚乙烯)被覆耐火電纜
   應用於建築物緊急供電系統之耐燃電纜須依內政部94.10.20內授消字
   第0940094430號函耐燃電纜認可基準通過型式認可。
2. 耐燃電纜種類及記號如附表3-14,耐燃電纜記號每隔1m以內需標示1次,耐燃電纜性能如表3-15。

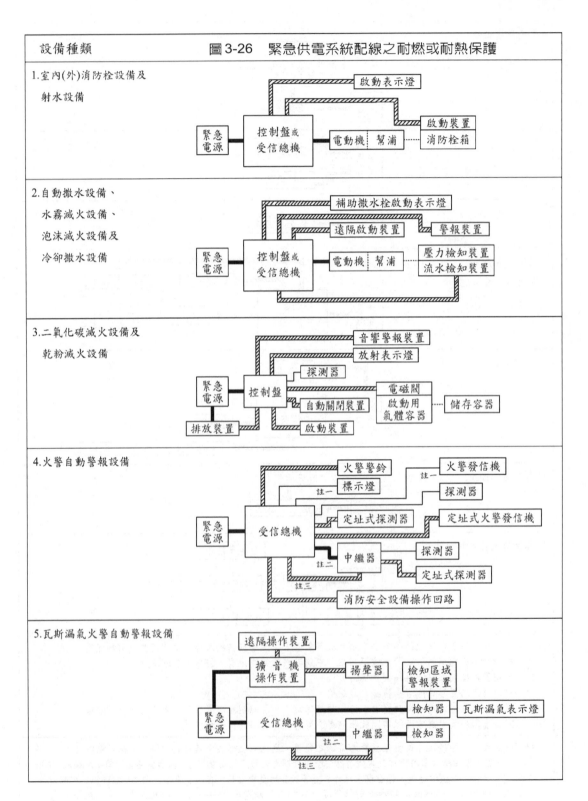

圖 3-26　緊急供電系統配線之耐燃或耐熱保護

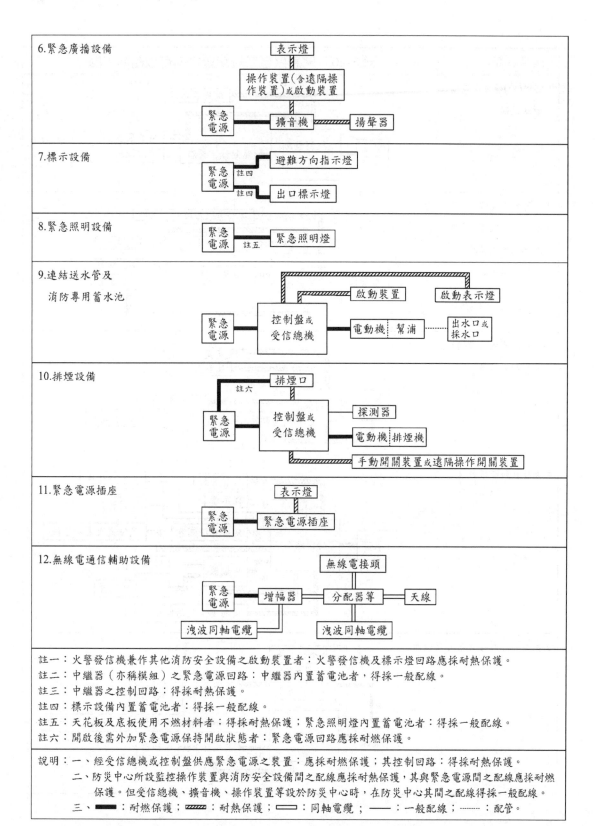

註一：火警發信機兼作其他消防安全設備之啟動裝置者；火警發信機及標示燈回路應採耐熱保護。

註二：中繼器（亦稱模組）之緊急電源回路；中繼器內置蓄電池者，得採一般配線。

註三：中繼器之控制回路；得採耐熱保護。

註四：標示設備內置蓄電池者；得採一般配線。

註五：天花板及底板使用不燃材料者；得採耐熱保護；緊急照明燈內置蓄電池者；得採一般配線。

註六：開啟後需外加緊急電源保持開啟狀態者；緊急電源回路應採耐燃保護。

說明：一、經受信總機或控制盤供應緊急電源之裝置；應採耐燃保護；其控制回路；得採耐熱保護。

　　　二、防災中心所設監控操作裝置與消防安全設備間之配線應採耐熱保護，其與緊急電源間之配線應採耐燃保護。但受信總機、擴音機、操作裝置等設於防災中心時，在防災中心其間之配線得採一般配線。

　　　三、████：耐燃保護；▨▨▨：耐熱保護；▭▭▭：同軸電纜；───：一般配線；┈┈┈：配管。

表3-14　耐燃電纜種類及記號

種　　　類	記　號
圓型聚乙烯絕緣聚氯乙烯被覆耐燃電纜	FR-EV
平型聚乙烯絕緣聚氯乙烯被覆耐燃電纜	FR-EVF
圓型交連聚乙烯絕緣聚氯乙烯被覆耐燃電纜	FR-CV
平型交連聚乙烯絕緣聚氯乙烯被覆耐燃電纜	FR-CVF
圓型聚乙烯絕緣聚乙烯被覆耐燃電纜	FR-EE
平型聚乙烯絕緣聚乙烯被覆耐燃電纜	FR-EEF
圓型交連聚乙烯絕緣聚乙烯被覆耐燃電纜	FR-CE
平型交連聚乙烯絕緣聚乙烯被覆耐燃電纜	FR-CEF
圓型交連聚乙烯絕緣低煙無鹵被覆耐燃電纜	FR-CL
平型交連聚乙烯絕緣低煙無鹵被覆耐燃電纜	FR-CLF
圓形矽橡膠絕緣低煙無鹵被覆電纜	FR-SL

註：FR：耐燃（Fire-Resistant）　　E：聚乙烯（Polyethylene）
　　C：交連聚乙烯（Cross-linked Polyethylene）　　V：聚氯乙烯（Polyvinyl Chloride）
　　F：平型（Flat）　　L：低煙無鹵材料　　S：矽橡膠

表3-15　耐燃電纜性能表

項　　目			性　　能	試驗方法適用節次
導　體　電　阻			符合規定值以下。	CNS 689 第 6 節
耐　　電　　壓			規定時間內，加試驗電壓。	CNS 689 第 8.1 節或 8.2 節
絕　緣　電　阻			符合規定值以上	CNS 689 第 9.1 節
抗拉強度及伸長率	絕緣體	交連聚乙烯 抗拉強度	$1.26kgf/mm^2$〔12.43MPa〕以上	CNS 689 第 16 節
		交連聚乙烯 伸長率	250 % 以上	
		聚　乙　烯 抗拉強度	$1.02kgf/mm^2$〔10MPa〕以上	
		聚　乙　烯 伸長率	350 % 以上	
		矽　橡　膠 抗拉強度	$0.4kgf/mm^2$〔3.95MPa〕以上	矽橡膠依 CNS6071 第 5.5 節
		矽　橡　膠 伸長率	200 % 以上	
	被覆體	低　煙　無　鹵 抗拉強度	$1.02kgf/mm^2$〔10MPa〕以上	依 CNS 689 第 16 節。
		低　煙　無　鹵 伸長率	100 % 以上	
		聚氯乙烯 抗拉強度	$1.02kgf/mm^2$〔10MPa〕以上	
		聚氯乙烯 伸長率	120 % 以上	
		聚　乙　烯 抗拉強度	$1.02kgf/mm^2$〔10MPa〕以上	
		聚　乙　烯 伸長率	350 % 以上	

老化性	絕緣體	交連聚乙烯	抗拉強度	加熱前值之 80％以上	依 CNS 689 第 17 節
			伸長率	加熱前值之 80％以上	
		聚 乙 烯	抗拉強度	加熱前值之 80％以上	
			伸長率	加熱前值之 65％以上	
		矽 橡 膠	抗拉強度	加熱前值之 75％以上	矽橡膠則依 CNS6071 第 5.6 節
			伸長率	加熱前值之 75％以上	
	被覆體	聚 氯 乙 烯	抗拉強度	加熱前值之 85％以上	依 CNS 689 第 16 節。
			伸長率	加熱前值之 80％以上	
		低 煙 無 鹵	抗拉強度	加熱前值之 60％以上	
			伸長率	加熱前值之 60％以上	
		聚 乙 烯	抗拉強度	加熱前值之 80％以上	
			伸長率	加熱前值之 65％以上	
加熱變形性	厚度減少率	交連聚乙烯		40％以下	依 CNS 689 第 23 節
		聚乙烯		10％以下	
		聚氯乙烯		50％以下	
聚氯乙烯耐寒性				試片不破壞	依 CNS 689 第 22 節
耐火試驗				需符合認可基準六（十一）1 之規定，且燃燒時須能承受試驗電壓，而 3A 熔線不熔斷	依耐燃電纜認可基準耐火試驗施行
				需符合耐燃電纜認可基準六（十一）2 之規定	依耐燃電纜認可基準耐火試驗施行
聚氯乙烯耐油性		抗拉強度		浸油前值 80％以上	依 CNS 689 第 18 節
		伸長率		浸油前值 60％以上	
低煙無鹵被覆高難燃無鹵素特性				須符合耐燃電纜認可基準六（十二）1 至 六（十二）3 之規定	依耐燃電纜認可基準 高難燃無鹵性試驗施行

附錄一　負載輸出量合計 (K) 之計算方法

一、負載輸出量合計 (K)

　　負載輸出量係指需要緊急電源之消防安全設備等機器（連接於緊急發電設備作為負載之機器）之額定輸出量，此等輸出量之總合為負載輸出量合計（以下簡稱 K 值）。

二、K 值之計算方法

(一) K 值

　　K 值由下列公式求之。

$$K = \sum_{i=1}^{n} m_i$$

　　m_i：各負載機器之輸出量（kW）

　　n　：負載機器之數量

(二) 輸出量

　　輸出量（m_i），依各個負載機器之額定值由下列求得：

1. 額定輸出量以（kW）表示之機器（一般感應電動機等）

　　(1) 一般電動機（感應機）時

　　　　m_i = 額定輸出量（kW）

　　(2) 緊急用昇降機時

$$m_i = \frac{U_v}{n} \cdot \sum_{i=1}^{n} E_{vi} \cdot Vi$$

　　　　U_v：由昇降機之台數而定之換算係數，使用附錄六，1(7) 所示之 Uv 值。

　　　　n　：昇降機之台數

　　　　E_{vi}：依照昇降機的控制方式而定的換算係數，通常用附錄六，1(5) 所示之 Ev 值。

　　　　V_i　：昇降機上昇時之電動機額定輸出量（kW）

　　(3) 充電裝置時

　　　　m_i = V · A

　　　　V　：直流側之額定電壓（均等）（V）

　　　　A　：直流側之額定電流（A）

　　(4) 白熾燈、日光燈

　　　　m_i = 額定消耗電力（額定燈具電力）（kW）

　　　　白熾燈為額定消耗電力，日光燈為額定燈具電力。

(5) 插座負載時

$m_i = Li$ （kW）

L_i：緊急電源插座（單相）之額定電壓（V）×額定電流（A）通常以110V，15A 計
　　　算。

2. 額定輸出量以（kVA）表示之機器（CVCF、充電裝置等）

$m_i = C_i \cdot \cos\theta_i$

C_i：額定輸出量（kVA）

$\cos\theta_i$：負載之功率因數（額定值），通常可用附錄六，1(1)之功率因數值。

3. 其他機器時

效率（ηL_i）比0.85 顯著小的機器依下式計算

$m_i = \dfrac{\eta L}{\eta L_i} \cdot K_i$

ηL ：負載之總合效率（0.85）

ηL_i：該負載之額定效率

K_i ：負載輸出（kW）

三、負載輸出量合計（K 值）之計算程序

　　負載輸出量合計（K 值）之計算方法已如上述，惟其具體的計算應使用附表2 ，附表 2-2 ，或附表 2-3 計算表格。

　　又用該計算紙計算之程序如下，而各公式所用之係數，參照附錄六之數據表。

(1) 負載表之作成	先選定消防安全設備之負載機器，依照附表2 緊急發電設備之輸出量計算表負載欄（以下簡稱負載表）所定之事項填入。
(2) 建築物	填入場所之名稱。
(3) 機器編號	填入負載機器號碼。
(4) 負載名稱	填入負載機器名稱。
(5) 負載輸出量合計之計算	
A④ 台數	填入負載機器台數
B⑤ 需要換算的量或輸出量（kW, kVA）	填入需要換算之負載機器之輸入量或輸出量（kVA），負載機器輸入（kVA），該機器如為昇降機，CVCF 則填入其額定值。
C⑥ 輸出換算係數	如昇降機等需要換算輸出之負載機器，將附錄六，1(1)或(5) 所示之數值填入。
D⑦ 輸出量	填入負載機器之輸出量， 如須要換算的負載機器，將該負載機器容量與輸出換算係數（Ev 等）之乘積填入輸出量一欄。 若有複數台之機器（昇降機除外）同時啟動時，將其輸出量之合計值填入。而昇降機有複數台時，填入前述二之(二)，1，(2) 求得之數值。

E⑧ 負載輸出量合計　求⑦之總和，記入⑧
　　值（K值）之計算　$K = \Sigma\ mi =$ ☐

(6) M_2 之選定

　A⑨ 啟動方式或控制　感應電動機將啟動方式，昇降機將控制方式填入。
　　方式

　B⑩ $\dfrac{Ks}{Z'm}$　該負載機器之RG_2用之$\dfrac{Ks}{Z'm}$值由附錄六，1(3)或1(4)求之並
　　　　　　填入。

　　　　　又昇降機有複數台，或複數台之機器同時啟動時，由附表2-2
　　　　　或附表2-3求得之RG_2用之數值填入之。

　C⑪ $\dfrac{Ks}{Z'm} \cdot m_i$　求⑦×⑩之數值填入之。

　D⑫M_2之選定　使⑪之值最大的⑦值m_i，填入⑫
　　　　　　$m_i = M_2 =$ ☐

(7) M_3 之選定

　A⑬ $\dfrac{Ks}{Z'm}$　該負載機器之RG_3用之$\dfrac{Ks}{Z'm}$值由附錄六，1(3)或1(4)求之填
　　　　　　入。

　　　　　又昇降機有複數台，或複數台之機器同時啟動時，將附表2-2
　　　　　或附表2-3求得之RG_3用之數值填入之。

　B⑬ $\dfrac{Ks}{Z'm}$-1.47　⑬-1.47之數值填入之。

　C⑭ $(\dfrac{Ks}{Z'm}$-1.47$) \cdot m_i$　求⑦×⑬之數值填入之。

　D⑮ M_3 之選定　使⑭值之最大的⑦值m_i，填入⑮
　　　　　　$m_i = M_3 =$ ☐

(8) M_2' 之選定

　A⑰ $\dfrac{Ks}{Z'm} \cos \theta s$　該負載機器之RE_2用之$\dfrac{Ks}{Z'm} \cos \theta s$值由附錄六，1(3)或(4)求
　　　　　　之並填入。

　　　　　又昇降機有複數台或複數台之機器同時啟動時，由附表2-2或
　　　　　附表2-3求得之RE_2用之數值填入之。

　B⑱ $\dfrac{Ks}{Z'm} \cos \theta s \cdot m_i$　求⑦×⑰之數值填入之。

　C⑲M_2'之選定　使⑱之值最大的⑦值m_i，填入⑲。
　　　　　　$m_i = M_2' =$ ☐

(9) M_3' 之選定

    A ㉞ $\dfrac{Ks}{Z'm}\cos\theta s$ 該負載機器之 RE_3 用之 $\dfrac{Ks}{Z'm}\cos\theta s$ 值由附錄六，1(3)或(4) 求之並填入。

                       又昇降機有複數台或複數台之機器同時啓動時，由附表2-2或附表2-3求得之 RE_3 用之數值填入之。

    B ⑳ $\dfrac{Ks}{Z'm}\cos\theta s\text{-}1$ ㉞-1 之數值填入之。

    C ㉑ ($\dfrac{Ks}{Z'm}\cos\theta s\text{-}1)\cdot m_i$ 求⑦×⑳之數值填入之。

    D ㉒ M_3' 之選定   使㉑之值最大的⑦值 m_i，填入㉒

                       $m_i = M_3' = $ ⬚

(10) 高諧波發生負載輸出量合計之計算

    A ㉓ 高諧波發生   負載機器之充電裝置，CVCF 等使用整流器負載機器，將⑦之值填入㉓中。

                       有昇降機時，繞線型電動機之輸出量⑤之值填入㉓。

    B ㉔ $\Sigma R_i = R$ 求㉓之總和，為㉔之計算

                       $\Sigma R_i = R = $ ⬚

(11) 不平衡負載之計算

    A ㉕ 不平衡負載   將單相負載之負載機器輸出量填入㉕之相關欄，並將 R-S 負載之合計填入㉖，S-T 負載之合計填入㉗，T-R 負載之合計填入㉘

    B 選出最大值   ㉖、㉗與㉘中，將最大之值填入 A㉙，次大值填入 B㉚，最小值填入 C㉛。

附錄二 發電機輸出係數 (RG) 之計算方法

一、定態負載輸出係數 (RG$_1$)

$RG_1 = 1.47D \times Sf$

D ：負載之需量因數 (demand factor)。

Sf ：因不平衡負載引起之線電流增加係數。

$$Sf = 1 + 0.6 \frac{\Delta P}{K}$$

ΔP ：相負載不平衡份合計輸出值 (kW)，

三相各線間，有單相負載A、B與C輸出值 (kW)，

A ≧ B ≧ C 時

$\Delta P = A + B - 2C$

K ：負載之輸出量合計 (kW)，

註：使用此式必須 $\frac{\Delta P}{K} \leq 0.3$，若 $\frac{\Delta P}{K} > 0.3$ 時，應由附錄三求得Sf。

二、容許電壓降輸出係數 (RG$_2$)

$$RG_2 = \frac{1-\Delta E}{\Delta E} \cdot Xd'g \cdot \frac{Ks}{Z'm} \cdot \frac{M_2}{K}$$

ΔE ：發電機端容許電壓降〔PU (本身容量為基準)〕。

Xd'g ：負載投入時之電壓降所評價之阻抗。

Ks ：依負載之啟動方式而定的係數。

Z'm ：負載啟動時之阻抗 (PU)。

M_2 ：啟動時之電壓降為最大之負載機器之輸出量 (kW)。

將所有的啟動輸入量 ($\frac{Ks}{Z'm} \cdot m_i$) 之值算出，並採用使此值最大的 m_i 做為 M_2。

K ：負載的輸出量合 (kW)。

三、短時間過電流耐力輸出係數 (RG$_3$)

$$RG_3 = \frac{fv_1}{KG_3} \{1.47d + (\frac{Ks}{Z'm} - 1.47d) \frac{M_3}{K}\}$$

fv_1 ：瞬時頻率低下，因電壓下降，產生之投入負載減少係數，有昇降機時，fv_1 為 1，無昇降機時依照附錄六，2-1。

KG_3 ：發電機之短時間 (15秒) 過電流耐力 (PU)，依照附錄六，2。

d ：依照附錄六，1(1)之基本負載之需量因數。

Ks ：依負載之啓動方式而定係數。

Z'm ：負載之啓動時阻抗（PU）

M_3 ：短時間過電流耐力為最大的負載機器之輸出量（kW）。

將所有的 ｛起動輸入量（kVA）－額定輸入量（kVA）｝為最大之負載輸出量（kW）。

計算 $\left(\dfrac{Ks}{Z'm} - \dfrac{d}{\eta b \cdot \cos \theta b} \right)$ m_i 之值，並採用使此值最大之 m_i 做為 M_3。

K ：負載之輸出量合計（kW）。

四、容許逆相電流輸係數（RG_4）

$$RG_4 = \frac{1}{KG_4} \sqrt{(0.432\frac{R}{K})^2 + (1.23\frac{\Delta P}{K})^2 (1 - 3u + 3u^2)}$$

KG_4 ：發電機之容許逆相電流之係數（PU），通常可用附錄六，2之數值。

R ：高諧波發生時負載之輸出量合計（kW）。

K ：負載之輸出量合計（kW）。

ΔP ：單相負載不平衡份合計輸出值（kW），

三相各線間有單相負載 A 、B 與 C 之輸出量（kW），

而 A ≥ B ≥ C 時

$$\Delta P = A + B - 2C$$

u ：單相負載不平衡係數。

$$u = \frac{A - C}{\Delta P}$$

五、發電機輸出係數 RG 之決定

RG 採取 RG_1 、 RG_2 、 RG_3 、 RG_4 各值之最大者，

RG = max.（RG_1 ，RG_2 ，RG_3 ，RG_4）

六、RG 值之調整

前點所求之數值，若比 1.47D 值大很多時，選定與對象負載平衡之 RG 值，調整其數值接近 1.47D。

此種調整之方法如下：

(1) RG 值實用上之期望值範圍，為 1.47D ≤ RG ≤ 2.2。

(2) 由 RG_2 或 RG_3 算出之 RG 值過大時，變更啓動方式，使其滿足(1)之範圍。

(3) RG_4 為主要原因而算出之 RG 值過大時，選定特殊的發電機，使其滿足(1)範圍。

(4) 昇降機為主要原因而 RG 值過大時，變更昇降機的控制方式，若有效而可行時，加以變更儘量使 RG 值減少。

七、發電機之輸出量

選定之發電機額定輸出量應大於 RG × K（KVA）。但若有 RG × K（KVA）值的 95% 以上之標準額定值者，亦可選用之。

八、發電機輸出係數（RG）之計算程序

發電機輸出係數（RG）之計算方法，已如前述，欲具體算出可採用附表 3 之計算表計算，又利用計算表之程序如下，而各算式使用之係數，應參照附錄六之數據表。

(1) 發電機輸出量之計算

由負載表計算結果，於附表 3「緊急發電設備輸出量計算表（發電機）」（以下簡稱「發電機輸出量計算表」）各欄記入該數值，算出發電機輸出量。

(2) $RG_1 = 1.47D \times Sf$

$$= 1.47 \times \boxed{}^{\text{㊶}} \times \boxed{}^{\text{㊷}} = \boxed{}^{\text{㊸}}$$

㊶：D 　　由錄六，1(1) 求得並填入。

㊷：Sf 　　由以下計算結果求得並記入。

㊸：RG_1 　由上述計算結果為 RG_1。

$$Sf = 1 + 0.6 \frac{\Delta P}{K}$$

$$= 1 + 0.6 \times \frac{\boxed{}^{\text{㉜}}}{\boxed{}^{\text{⑧}}} = \boxed{}^{\text{㊷}}$$

㉜：ΔP 　由下列計算結果求得並填入。

⑧：K 　　由負載表之⑧之數值填入。

㊷：Sf 　　上述計算結果為 Sf。

$$\Delta P = A + B - 2C$$

$$= \boxed{}^{\text{㉙}} + \boxed{}^{\text{㉚}} - 2 \times \boxed{}^{\text{㉛}} = \boxed{}^{\text{㉜}}$$

㉙：A 　　填入負載表之 A ㉙ 之數值。

㉚：B 　　填入負載表之 B ㉚ 之數值。

㉛：C 　　填入負載表之 C ㉛ 之數值。

㉜：ΔP 　由上述計算結果為 ΔP。

(3) $RG_2 = \dfrac{1 - \Delta E}{\Delta E} \cdot Xd'g \cdot \dfrac{Ks}{Z'm} \cdot \dfrac{M_2}{K}$

$$= \frac{1-\boxed{\text{㊹}}}{\boxed{\text{㊹}}} \cdot \boxed{\text{㊺}} \cdot \boxed{\text{㊻}} \cdot \frac{\boxed{⑫}}{\boxed{⑧}} = \boxed{\text{㊼}}$$

㊹ : ΔE　　由附錄六，2 求得並填入。

㊺ : $Xd'g$　由附錄六，2 求得並填入。

㊻ : $\dfrac{Ks}{Z'm}$　由負載表之⑫ M_2 之⑩ $\dfrac{Ks}{Z'm}$ 之數值填入之。

⑫ : M_2　　由負載表之⑫ M_2 之數值填入。

㊼ : RG_2　　上述之計算結果為 RG_2。

(4) $RG_3 = \dfrac{fv_1}{KG_3}\left\{1.47d + \left(\dfrac{Ks}{Z'm} - 1.47d\right)\dfrac{M_3}{K}\right\}$

$$= \frac{\boxed{㊱}}{\boxed{㊲}} \cdot \left\{1.47d \cdot \boxed{㊽} + \left(\boxed{㊾} - 1.47 \cdot \boxed{㊽}\right)\frac{\boxed{⑮}}{\boxed{⑧}}\right\}$$

$$= \boxed{㊿}$$

⑮ : M_3　　由負載表之⑮ M_3 之數值填之。

㊱ : fv_1　　有昇降機時1.0，無昇降機時由附錄六，2-1 求得並填入。

㊲ : KG_3　由附錄六，2 求得並填入。

㊽ : d　　　由附錄六，1(1) 求得並填入。

㊾ : $\dfrac{Ks}{Z'm}$　由負載表之⑮ M_3 之⑩ $\dfrac{Ks}{Z'm}$ 之數值填入之。

㊿ : RG_3　　上述之計算結果為 RG_3。

(5) $RG_4 = \dfrac{1}{KG_4}\sqrt{\left(0.432\dfrac{R}{K}\right)^2 + \left(1.23\dfrac{\Delta P}{K}\right)^2(1-3u+3u^2)}$

$$= \frac{1}{\boxed{�51}}\sqrt{\left(0.432\frac{\boxed{㉔}}{\boxed{⑧}}\right)^2 + \left(1.23\frac{\boxed{㉜}}{\boxed{⑧}}\right)^2\left(1-3\cdot\boxed{�52} + 3\cdot\boxed{�53}\right)}$$

$$= \boxed{�54}$$

�51 : KG_4　由附錄六，2 求得並填入。

㉔ : R　　由負載表之㉔ 之數值填入。

�52 : u　　由下列之計算結果求得並填入。

�53 : u^2　　由下列之計算結果求得並填入。

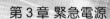

�554 ： RG_4　　上述之計算結果為 RG_4。

$$u = \frac{A-C}{\Delta P} = \frac{\boxed{㉙} - \boxed{㉛}}{\boxed{㉜}} = \boxed{㊵}$$

$$u^2 = ㊳\boxed{}$$

㉙ ： A　　由負載表之 A㉙ 之數值填入之。
㉛ ： C　　由負載表之 C㉛ 之數值填入之。

(6) 求 RG

�55 ：由㊸，㊼，㊿ 與�554 之中，取其最大值為 RG，且需滿足 $1.47D \leq RG \leq 2.2$。

(7) 發電機額定輸出量

$$G = RG \times K$$

$$= �55\boxed{} \times ⑧\boxed{}$$

$$= �56\boxed{} \rightarrow �57\boxed{}$$

�56 ：上述之計算結果做為發電機計算輸出量。
�57 ：對於�56 之計算值考慮 -5%（裕度範圍），成為發電機額定輸出量。

附錄三　發電機輸出係數（RG）之計算式（詳細式）

一、定態負載輸出係數（RG_1）

$$RG_1 = \frac{1}{\eta L} \cdot D \cdot Sf \cdot \frac{1}{\cos \theta g}$$

ηL ：負載之總合效率。

$$\eta L = \frac{K}{\sum \dfrac{m_i}{\eta_i}}$$

m_i ：各負載機器之輸出量（kW）。
η_i ：該負載之效率。
K ：各負載之輸出量合計（kW）。
D ：負載之需量因數。
Sf ：因不平衡負載引起之線電流增加係數。

$$Sf = \sqrt{1 + \frac{\Delta P}{K} + \frac{\Delta P^2}{K^2}(1 - 3u + 3u^2)}$$

ΔP ：單相負載不平衡份合計輸出值（kW），
　　　　三相各線間有單相負載A，B與C之輸出值（kW）
　　　　而A ≧B ≧C 時
　　　　　$\Delta P = A + B + 2C$
u ：單相負載不平衡係數。

$$u = \frac{A - C}{\Delta P}$$

$\cos \theta g$ ：發電機之額定功率因數。

二、容許電壓降輸出係數（RG_2）

$$RG_2 = \frac{1 - \Delta E}{\Delta E} \cdot Xd'g \cdot \frac{Ks}{Z'm} \cdot \frac{M_2}{K}$$

ΔE ：發電機端容許電壓降〔PU（本身容量為基準）〕。
Xd'g ：負載投入時之電壓降所評價之阻抗。
Ks ：依負載之起動方式而定的係數。
Z'm ：負載起動時之阻抗（PU）。
M_2 ：啟動時之電壓降為最大之負載機器之輸出量（kW）。

K　　：負載的輸出量合計（kW）。

三、短時間過電流耐力輸出係數（RG₃）

$$RG_3 = \frac{fv_1}{KG_3} \left\{ \frac{d}{\eta b \cdot \cos\theta b} (1 - \frac{M_3}{K}) + \frac{Ks}{Z'm} \cdot \frac{M_3}{K} \right\}$$

$$= \frac{fv_1}{KG_3} \left\{ \frac{d}{\eta b \cdot \cos\theta b} + (\frac{Ks}{Z'm} - \frac{d}{\eta b \cdot \cos\theta b}) \frac{M_3}{K} \right\}$$

fv_1：瞬時頻率低下，因電壓下降產生之投入負載減少係數，有昇降機時 fv_1 為 1 ，無昇降機時依照下列公式求得

$$fv_1 = 1 - \frac{FV}{P} (\frac{M_3}{K})^n$$

原動機種類	發電機極數	FV	P	n
DE	2		2	
GE				3
GT/2	4 以上	0.4	4	
GT/1	一			2

備註：
DE　　：柴油引擎。　　　　　　GE　　：瓦斯引擎。
GT/2　：瓦斯輪機（二軸）。　　GT/1：瓦斯輪機（一軸）。
KG_3　：發電機之短時間過電流耐力（PU）。
d　　　：基本負載之需量因數。
ηb　　：基本負載之效率。
$\cos\theta b$：基本負載之功率因數。
Ks　　：依負載之啟動方式而定的係數。
Z'm　　：負載之啟動時阻抗（PU）。
M_3　　：使短時過電流耐力量最大之負載機器輸出量（kW）。
K　　　：負載之輸出量合計（kW）。

四、容許逆相電流輸出係數（RG₄）

$$RG_4 = \frac{1}{K} \cdot \frac{1}{KG_4} \sqrt{(H - RAF)^2 + (\frac{\Delta P}{\eta\phi \cdot \cos\theta\phi})^2 (1 - 3u + 3u^2)}$$

K　　：負載之輸出合計（kW）。
KG_4　：發電機之容許逆相電流而定的係數（PU）。
H　　：高諧波電力合成值（kVA）。

$$H = \sqrt{hb\sum\left(\frac{R6}{\eta v_i \cdot \cos\theta v_i}hk\right)^2 + \left(\frac{RA+RB}{\eta v_i \cdot \cos\theta v_i}hk \cdot hph\right)^2}$$

hb　　：高諧波份之分流係數。

$$hb = \frac{1.3}{2.3 - R/K}$$

R　　：整流機器之合計值（kW）。

　　　　R/K 之值為 0 ≤ R/K ≤ 1.0，若超過 1.0 時以 1.0 計算。

R6　　：6 相全波整流機器之額定輸出值（kW）。

ηv_i　：該機器之效率。

$\cos\theta v_i$：該機器之功率因數。

hk　　：該機器之高諧波發生率。

　　　　6 相全波整流器時　hk = 0.288

　　　　3 相全波整流器時　hk = 0.491

RA ，RB　：電源相位別高諧波發生機器之額定輸出值之合計值（kW）且 RA ≥ RB。

hph　　：移相補正係數

$$hph = 1.0 - 0.413\frac{RB}{RA}$$

RAF　：Active filter 效果容量（kVA）。

　　　　設 Active filter 之額定容量為 ACF（kVA），即 RAF 可由下式求得：

　　　　H-ACF ≥ 0 時，RAF = 0.8 · ACF

　　　　H-ACF < 0 時，RAF = 0.8 · H

ΔP　：單相負載不平衡成分合計輸出值（kW），三相各線間，有單相負載 A，B 與 C 輸出值（kW），

　　　　而 A ≥ B ≥ C 時

　　　　　　$\Delta P = A + B - 2C$

η_ϕ　：各單相負載之效率（設各相負載皆同）。

$\cos\theta\phi$：各單相負載之功率因數（設各單相負載皆同）。

u　　：單相負載不平衡係數。

$$u = \frac{A-C}{\Delta P}$$

附錄四　原動機輸出係數 (RE) 之算出方法

一、定態負載輸出係數 (RE$_1$)

$$RE_1 = 1.3D$$

D：負載之需量因數。

二、容許轉數變動輸出係數 (RE$_2$)

(1) 原動機為柴油引擎時

$$RE_2(D/E) = \left\{ 1.026d\ (1 - \frac{M_2'}{K}) + \frac{1.163}{\varepsilon} \cdot \frac{Ks}{Z'm} \cos\theta s \cdot \frac{M_2'}{K} \right\} fv_2$$

$$= \left\{ 1.026d + (\frac{1.163}{\varepsilon} \cdot \frac{Ks}{Z'm} \cos\theta s - 1.026d) \cdot \frac{M_2'}{K} \right\} fv_2$$

d　：基本負載之需量因數。

ε　：電動機之無負載時投入容許量〔PU（本身容量為基準）〕。

Ks　：依負載之啟動方式而定的係數。

Z'm　：負載啟動時之阻抗（PU）。

$\cos\theta s$：負載之啟動功率因數。

M$_2$'　：負載投入時，轉數變動最大之負載機器輸出（kW）。
　　　所有 {負載之啟動輸入量（kW）－考慮原動機瞬時投入容許量之定態負載
　　　輸入量（kW）} 之數值最大之負載輸出量（kW）。

$$計算 \left\{ \frac{Ks}{Z'm} \cos\theta s - (\varepsilon - a) \frac{d}{\eta b} \right\} m_i$$

　　　採用使此值最大的 m_i 做為 M$_2$'。

a　：原動機之假想全負載時投入容許量（PU）。

ηb　：基本負載之效率。。

m_i　：各負載機器之輸出量（kW）。

K　：各負載之輸出量合計（kW）。

fv_2　：瞬時頻率低下，電壓下降引起的投入負載減少係數。有昇降機時 $fv_2 = 0.9$，
　　　無昇降機時由附錄六，2-1 所求得之數值為準。

(2) 原動機為瓦斯輪機時（RE$_2$）

$$RE_2(GT) = (\frac{1.163}{\varepsilon} \cdot \frac{Ks}{Z'm} \cos\theta s \cdot \frac{M_2'}{K})\ fv_2$$

ε　　：原動機無負載時之投入容許量〔PU（本身容量為基準）〕

Ks　　：依負載之啟動方式而定的係數。

Z'm　：負載啟動時之阻抗（PU）。

$\cos\theta s$：負載啟動時之功率因數。

M_2'　：使負載投入時，轉數變動最大之負載機器之輸出量（kW）。

K　　：負載之輸出量合計（kW）

fv_2　：瞬時頻率低下，電壓下降引起的投入負載減少係數。有昇降機時$fv_2 = 0.9$，
無昇降機時由附錄六，2-1所求得之數值為準。

三、容許最大輸出係數（RE_3）

$$RE = \frac{fv_3}{r}\left\{1.368d\,(1-\frac{M_3'}{K}) + 1.163\,\frac{Ks}{Z'm}\cos\theta s \cdot \frac{M_3'}{K}\right\}$$

$$= \frac{fv_3}{r}\left\{1.368d + (1.163\,\frac{Ks}{Z'm}\cos\theta s - 1.368d)\,\frac{M_3'}{K}\right\}$$

fv_3　：瞬時頻率低下，電壓下降引起的投入負載減少係數
有昇降機時$fv_3 = 1$，
無昇降機時，即依附錄六，2-1所求得之數值為準。

r　　：原動機之短時間最大輸出量（PU）。

d　　：基本負載之需量因數。

Ks　　：負載之啟動方式而定的係數。

Z'm　：負載啟動時之阻抗（PU）。

$\cos\theta s$：負載啟動時之功率因數。

M_3'　：負載投入時，轉數變動最大之負載機器輸出量（kW）。
所有{負載之啟動輸入量（kW）－考慮原動機瞬時投入容許量之定態負載額定
輸入量（kW）}之數值最大之負載輸出量（kW）。

$$計算\left\{\frac{Ks}{Z'm}\cos\theta s - \frac{d}{\eta b}\right\}\,m_i，採用使此值最大的m_i為M_3'。$$

ηb：基本負載之效率。

m_i　：各負載機器之輸出量（kW）。

K　　：負載之輸出量合計（kW）。

四、原動機輸出係數 RE 之決定

RE 取RE_1、RE_2、RE_3之最大值。

$RE_3 = max.\,(RE_1，RE_2，RE_3)$

五、RE 值之調整

前項求得的 RE 值比 1.3D 之數值大很多時，選定與對象負載平衡之 RE 值，調整其數值接
近 1.3D。

此種調整之方法如下：

(1) RE 值實用上期望值範圍為

1.3 ≤ RE ≤ 2.2

(2) 昇降機以外之負載為主要原因，而使 RE 值過大時變更啟動方式，使其滿足(1)之範圍。

(3) 有會產生再生（regenerative）電力之昇降機時，縱使能滿足(1)之範圍，也需要確認其是否有吸收再生電力之能力，若無法吸收時，應裝設吸收再生電力之負載。

六、原動機之軸輸出量

原動機之軸輸出量要大於 RE × K × Cp（KW）以上。

七、原動機輸出係數（RE）之計算程序

原動機輸出係數（RE）之計算方法已如前述，欲具體計算應採用附表 4 之計算表計算。

又，用計算表計算的程序如下，各計算式所用之係數應依照附錄六之數據表。

(1) 原動機輸出量之計算與整合

由負載表與發電機輸出量計算表附於表 4「緊急發電設備輸出量計算表（原動機整合）」之所定欄填入該數值，並算出原動機輸出量。再將發電機輸出量與原動機輸出量整合確認後，求出緊急發電設備輸出量。

(2) $RE_1 = 1.3D = 1.3 \times$ ㊶ ☐ = ㊾ ☐

㊶：D 由附錄六，1(1) 求得並填入。

㊾：上述之計算結果為 RE_1。

(3) 依原動機種別而計算的 RE_2。

A. 柴油引擎

$$RE_2 = \left\{ 1.026d + \left(\frac{1.163}{\varepsilon} \cdot \frac{Ks}{Z'm} \cos\theta s - 1.026d \right) \cdot \frac{M_2'}{K} \right\} fv_2$$

$$= \left\{ 1.026 \,㊽\,\Box + \left(\frac{1.163}{㊾\,\Box} \cdot \overset{⑥}{\Box} - 1.026 \,㊽\,\Box \right) \cdot \frac{⑲\,\Box}{⑧\,\Box} \right\} \times \overset{㊳}{\Box}$$

$$= ㊽\,\Box$$

㊾：ε 由附錄六，3 求得而填入。

⑥：$\frac{Ks}{Z'm}\cos\theta s$ 負載表之⑲ M_2' 之 m_i 之⑰ $\frac{Ks}{Z'm}\cos\theta s$ 之值填入之。

⑲：M_2' 負載表之⑲ M_2' 之值，填入之。

㊳：fv_2 有昇降機時 $fv_2 = 0.9$，無昇降機時，由附錄六，2-1 求得並記入。

㊽：RE_2 上述之計算結果即為 RE_2。

B. 瓦斯輸機時

$$RE_2 = \left\{ \frac{1.163}{\varepsilon} \cdot \frac{Ks}{Z'm} \cos\theta s \cdot \frac{M_2'}{K} \right\} fv_2$$

$$= \left\{ \frac{1.163}{\boxed{59}} \cdot \boxed{60} \cdot \frac{\boxed{19}}{\boxed{8}} \right\} \times \boxed{38} = \boxed{62}$$

⑥² ：RE_2 上述計算結果為 RE_2。

(4) $RE_3 = \frac{fv_3}{r} \left\{ 1.368d + (1.163 \frac{Ks}{Z'm} \cos\theta s - 1.368d) \frac{M_3'}{K} \right\}$

$$= \frac{\boxed{39}}{\boxed{63}} \left\{ 1.368 \times \boxed{48} + (1.163 \times \boxed{64} - 1.368 \times \boxed{48}) \frac{\boxed{22}}{\boxed{8}} \right\}$$

$$= \boxed{65}$$

㊴ ：fv_3 有昇降機之 $fv_3 = 1.0$，無昇降機時由附錄六，2-1 求得而記入。

㊿ ㉓ ：r 由附錄六，3 求得而記入。

㊹ ：$\frac{Ks}{Z'm} \cos\theta s$ 負載表之 ⑳ M_3' 之 m_i 之 ㉞ $\frac{Ks}{Z'm} \cos\theta s$ 之數值填入之。

⑳ ：M_3' 負載表之 ⑳ M_3' 之值填入之。

㊻ ：RE_3 上述之計算結果即為 RE_3。

(5) 求 RE

㊽ ：由 ㊾、㊿ 、㉚ 與 ㊻ 各數值中，取最大值為 RE_3，且需要滿足 $1.3 \leq RE \leq 2.2$。

(6) 原動機額定輸出量

$E = 1.36RE \cdot K \cdot Cp$

$$= 1.36 \times \underset{\text{㊻}}{\boxed{}} \times \underset{\text{⑧}}{\boxed{}} \times \underset{\text{㊿}}{\boxed{}}$$

$$= \boxed{68} \rightarrow \boxed{69}$$

㊿ ：原動機輸出補正係數 Cp 值增入之。

⑱ ：上述之計算結果為原動機計算輸出量 ⑱。

⑲ ：取大於 ⑱ 之算出值的數值為原動機額定輸出量 ⑲。

(7) 整合

做為消防安全設備之緊急電源，要選定有效並適切的緊急發電設備，發電機輸出量與原動機輸出量有一定之關係，必需做適切的組合。

發電機額定輸出量 ㊼ 與原動機額定輸出量 ⑲ 若有下列之關係時，該輸出量可定為緊急發電設備之額定輸出量。

MR $\geqq$ 1.0

$$MR = \frac{E}{1.2G \cdot Cp} = \frac{⑥⑨\boxed{}}{1.2 \times ⑤⑦\boxed{} \times ⑥⑦\boxed{}}$$

$$= ⑦⓪\boxed{}$$

惟，MR ＜ 1.5 為宜。

附錄五　原動機輸出係數(RE)之計算式（詳細式）

一、定態負載輸出係數（RE₁）

$$RE_1 = \frac{1}{\eta L} \cdot D \cdot \frac{1}{\eta g}$$

ηL：負載之總合效率。

$$\eta L = \frac{K}{\sum \dfrac{m_i}{\eta_i}}$$

K　：各負載之輸出量合計（kW）

m_i：各負載機器之輸出量（kW）

η_i：該負載之效率

D　：負載之需量因數

ηg：發電機之效率

二、容許轉數變動輸出係數（RE₂）

$$RE = \frac{1}{\varepsilon} \cdot \frac{fv_2}{\eta g'} \left\{ (\varepsilon - a)\frac{d}{\eta b}\left(1 - \frac{M_2'}{K}\right) + \frac{Ks}{Z'm}\cos\theta s \cdot \frac{M_2'}{K} \right\}$$

$$= \frac{1}{\varepsilon} \cdot \frac{fv_2}{\eta g'} \left\{ (\varepsilon - a)\frac{d}{\eta b} + \left[\frac{Ks}{Z'm}\cos\theta s - (\varepsilon - a)\frac{d}{\eta b}\right]\frac{M_2'}{K} \right\}$$

ε　：原動機之無負載時投入容許量〔PU（本身容量為基準)〕

fv_2：瞬間頻率低下，電壓下降引起的投入負載減少係數

有昇降機時$fv_2 = 0.9$，無昇降機時由下式求得之值。

$$fv_2 = 1 - \frac{FV}{P}\left(\frac{M_2'}{K}\right)^n - 0.1\left\{1 - \left(\frac{M_2'}{K}\right)^n\right\}$$

原動機種類	發電機極數	FV	P	n
DE	2		2	
GE	4 以上	0.4		3
GT/2			4	
GT/1	－			2

ηg' ：發電機之過載時之效率。

a ：原動機之假想全負載時投入容許量（PU）。

d ：基本負載之需量因數。

ηb ：基本負載之效率。

Ks ：依負載之啟動方式而定的係數。

Z'm ：負載啟動時之阻抗（PU）。

cos θs ：負載啟動時之功率因數。

M₂' ：使負載投入時之轉數變動最大之負載機器輸出（kW）。

K ：負載之輸出量合計（kW）。

三、容許最大輸出係數（RE₃）

$$RE_3 = \frac{fv_3}{r} \cdot \frac{1}{\eta g'} \left\{ \frac{d}{\eta b} \left(1 - \frac{M_3'}{K} \right) + \frac{Ks}{Z'm} \cos \theta s \cdot \frac{M_3'}{K} \right\}$$

$$= \frac{fv_3}{r} \cdot \frac{1}{\eta g'} \left\{ \frac{d}{\eta b} + \left(\frac{Ks}{Z'm} \cos \theta s - \frac{d}{\eta b} \right) \frac{M_3'}{K} \right\}$$

fv₃ ：瞬時頻率低下，電壓下降引起的投入負載減少係數。

有昇降機時fv₃＝1，無昇降機時由下列公式求之：

$$fv_3 = 1 - \frac{FV}{P} \left(\frac{M_3'}{K} \right)^n$$

原動機種類	發電機極數	FV	P	n
DE	2		2	
GE GT/2	4 以上	0.4	4	3
GT/1	一			2

r ：原動機之短時間最大輸出量（PU）。

ηg' ：發電機之過載時之效率。

d ：基本負載之需量因數。

ηb ：基本負載之效率。

Ks ：依負載之啟動方式而定的係數。

Z'm ：負載啟動時之阻抗（PU）。

cos θs ：負載啟動時之功率因數。

M₂' ：使負載投入時之轉數變動最大之負載機器輸出（kW）。

K ：負載之輸出量合計（kW）。

附錄六　係數表

1. 緊急發電設備之輸出計算係數表

(1) 負載機器

項　　　目			記　號	值	$\dfrac{1}{\eta \cdot \cos \theta}$
功因及效率	總合一般	負載群之功因	$\cos \theta_L$	0.8	1.47
		基本負載功因	$\cos \theta_b$	0.8	
		負載群之效率	η_L	0.85	
		基本負載效率	η_b	0.85	
昇降機依照(5)	電燈插座等	白熾燈　功因	$\cos \theta_L$	1.0	1.0
		效率	η_L	1.0	
		日光燈　功因	$\cos \theta_L$	1.0	1.25
		效率	η_L	0.8	
		插座負載　功因	$\cos \theta_L$	1.0	1.0
		效率	η_L	1.0	
		電熱負載　功因	$\cos \theta_L$	1.0	
		效率	η_L	1.0	
		單相負載　功因	$\cos \theta_L$	0.9	1.23
		一　　般　效率	η_L	0.9	
	整流器	功　因	$\cos \theta_v$	0.85	1.47
		效　率	η_v	0.8	
	CVCF	功　因	(一次側/二次側) $\cos \theta_v$	0.9	1.23
		效　率	η_v	0.9	
		並聯重複（parallel redundant）時 K 值計算，需乘以並聯重複係數 $(\frac{n-1}{n})$ ，（K：對象負載機器之合計值） R 之計算，將並聯重複係數設定為 1 n 為 CVCF 之組合數量			
	VVVF 方式電動機	功　因	$\cos \theta_v$	0.85	1.47
		效　率	η_v	0.8	
		其效率為電動機與 VVVF 裝置之總合效率			
	繞線形電動機	功　因	$\cos \theta_L$	0.8	1.47
		效　率	η_L	0.85	
需量因數		負載之需量因數　防災設備	D	1.0	
		一般設備		實際值(0.4~1.0)	
		基本負載之需量因數　防災設備	d	1.0	
		一般設備		實際值(0.4~1.0)	

(2) 發生高諧波之機器（R/K ≦ 0.5）時

發 生 高 諧 波 之 裝 置 種 類			記 號	高諧波流入率
1	整流裝置 蓄電池充電器	3 相全波（6 相整流）		0.35
2	CVCF	3 相全波（6 相整流）		0.35
		6 相全波（12 相整流）		0.20
3	VVVF 方式 可變速度電動機	Thyristor 方式	hi	0.35
		Diode 方式		0.35
4	昇降機	直流 Thyristor Leonard 方式		0.35
		交流反饋控制方式		
		交流 VVVF 控制方式		

備註：1. 通常日光燈也會發生高諧波，惟在此計算方法，未將其當作高諧波發生
　　　　負載處置。
　　　2. 高諧波流入率：該機器發生之高諧波電力換算爲等價逆相電力，流入發
　　　　電機之係數。

(2-1) 使用詳細式計算發生高諧波之機器

發 生 高 諧 波 之 機 器 種 類			發生率 (hk)	分流引起之流入 係數 (hb)	移相補正係數 (hph)
1	整流器	單相全波整流　RF1 　　　　　　　RF1￥	0.491	hb = 1.3÷ 　[2.3－(R/K)]	hph = 1.0－0.413× 　　　　(RB/RA)
		3 相全波整流　RF3 (6 相整流)　　RF3￥			
2	CVCF	單相全波整流　CV1 　　　　　　　CV1￥			
		3 相全波整流　CV3 (6 相整流)　　CV3￥			
		6 相全波整流　CV6 (12 相整流)　　CV6￥	0.288		
3		VVVF 方式　　VF 可變速度電動機　VF￥			
4	昇降機	直流 Thyristor　ELT Leonard 方式　ELT￥	0.491		
		交流反饋　　　ELK 控制方式　　　ELK￥			
		交流　　　　　ELV VVVF 控制方式　ELV￥			

備註：1. 通常日光燈也會發生高諧波，惟在此之計算方法，未將其當作高諧波發生負載處置。
　　　2. 高諧波流入率：該機器發生之高諧波電力換算爲等價逆相電力，流入發電機之係數。
　　　3. 分流引起之流入係數：該發生高諧波機器所發生之高諧波電力考慮其分流於發電機與其
　　　　他負載機器，而將其流入發電機之分流計算之係數。
　　　4. 移相補正係數：複數之發生高諧波機器分爲 A、B 兩群，A 群之輸入相位（基準相）與
　　　　B 群之輸入相位（移相 30 度）之結線法，使其合成的電流波形流入發電機之高階波電流
　　　　減少，而評價的補正係數。

(3) 低壓電動機

負載	啓動方式		ks	Z'm	ks/Z'm	cos θs	ks/Z'm · cos θs
感應電動機	全壓啓動		1.00		7.14	① 0.70	5.00
						② 0.60	4.28
						③ 0.50	3.57
						④ 0.40	2.86
	Y-△啓動		0.67		4.76	① 0.70	3.33
						② 0.60	2.86
						③ 0.50	2.38
						④ 0.40	1.90
	閉路 Y-△啓動	RG₂ 用	0.33		2.38	① 0.70	1.67
						② 0.60	1.43
						③ 0.50	1.19
						④ 0.40	0.95
		RG₃ RE₂ 用 RE₃	0.67	0.14	4.76	① 0.70	3.33
						② 0.60	2.86
						③ 0.50	2.38
						④ 0.40	1.90
	電抗器啓動		0.70		5.00	① 0.70	3.50
						② 0.60	3.00
						③ 0.50	2.50
						④ 0.50	2.00
	自耦變壓器啓動		0.49		3.50	① 0.70	2.45
						② 0.60	2.10
						③ 0.50	1.75
						④ 0.40	1.75
	特殊自耦變壓器啓動	RG₂ 用	0.25		1.80	0.50	0.90
		RG₃ RE₂ 用 RE₃	0.42		3.00	① 0.82	2.45
						② 0.70	2.10
						③ 0.58	1.75
						④ 0.58	1.75
	連續電壓控制啓動	RG₂, RE₂ 用	0.30	0.30	1.00	0.40	0.40
		RG₃, RE₃ 用	1.00		3.33	0.40	1.33
VVVF 方式電動機		RG₂, RE₂ 用	0	—	0	—	0
		RG₃, RE₃ 用	1.00	0.68	1.47	0.85	1.25
繞線型電動機			1.00	0.45	2.22	0.70	1.55
電燈,插座			1.00	1.00	1.00	1.00	1.00
靜止型 CVCF			1.00	0.90	1.11	0.90	1.00
整流器			1.00	0.68	1.47	0.85	1.25
昇降機	直流 thyristor Leonard	RG₂, RE₂ 用	0	—	0	—	0
		RG₃, RE₃ 用	1.00	0.34	2.94	0.80	2.40
	直流 MG	RG₂, RE₂ 用	1.00	0.27	3.77	0.50	1.89
		RE₃ 用	1.00	0.40	2.52	0.85	2.14
	交流反饋	RG₂, RG₃ 用 RE₂, RE₃ 用	1.00	0.20	4.90	0.80	3.92
	交流 VVVF	RG₂, RE₂ 用	0	—	0	—	0
		RG₃, RE₃ 用	1.00	0.34	2.94	0.80	2.40
	油壓控制	RG₂, RG₃ 用 RE₂, RE₃ 用	1.00	0.20	5.00	0.50	2.50

備註：cos θs 欄之電動機輸出分別如下： ① 5.5KW 未滿　② 5.5KW 以上 11KW 未滿　③ 11KW 以上 30KW 未滿　④ 30KW 以上

(4) 高壓電動機

負　　　載	啓　動　方　式		Ks	Z'm	$\dfrac{Ks}{Z'm}$	$\dfrac{Ks}{Z'm}\cos\theta\,s$
感應電動機	全壓啓動		1.0	0.18	5.55	2.22
	Y-△啓動		0.67		3.66	1.46
	電抗器啓動		0.7		3.88	1.55
	自耦變壓器啓動		0.49		2.72	1.09
	特殊自耦變壓器啓動	RG$_2$	0.25		1.39	0.69
		RG$_3$ RE$_2$ RE$_3$ 用	0.42		2.33	1.09
VVVF 方式電動機	RG$_2$, RE$_2$		0	—	0	0
	RG$_3$, RE$_3$		1.0	0.68	1.47	1.25
繞線形電動機			1.0	0.45	2.22	1.55

(5) 昇降機

項　　　目	輸出換算係數 E_v	換算效率 η_v	功因 $\cos\theta$	$\dfrac{E_v}{\eta_v\cos\theta}$
直流 MG 方式	1.590	0.85	0.85	2.20
直流 thyristor Leonard 方式	1.224		0.80	1.80
交流反饋控制方式				
交流 VVVF 方式				
油壓控制方式	2.000	0.95	0.85	2.48

(6) 昇降機 （同時使用時）

控制方式	啓　動　瞬　時				啓　　動　　中											
					RG$_2$, RE$_2$				RG$_3$			RE$_3$				
	ks	Z'm	$\dfrac{ks}{Z'm}$	$\dfrac{ks}{Z'm}\cos\theta$	ks	Z'm	$\dfrac{ks}{Z'm}$	$\dfrac{ks}{Z'm}\cos\theta$	ks	Z'm	$\dfrac{ks}{Z'm}$	ks	Z'm	$\dfrac{ks}{Z'm}$	$\dfrac{ks}{Z'm}\cos\theta$
直流 thyristor Leonard 方式	0	0	0	0	0	0	0	0	1.00	0.34	2.94	1.00	0.34	2.94	2.35
直流 MG 方式	1.00	0.54	1.85	0.93	1.00	0.27	3.70	1.85	1.00	0.27	3.70	1.00	0.42	2.50	2.13
交流反饋控制方式	1.00	0.20	4.90	3.92	0	0	0	0	1.00	0.20	4.90	1.00	0.20	4.90	3.92
交流 VVVF 方式	0	0	0	0	0	0	0	0	1.00	0.34	2.94	1.00	0.34	2.94	2.35
油壓控制方式	1.00	0.54	1.85	0.93	1.00	0.27	3.70	1.85	1.00	0.27	3.70	1.00	0.40	2.50	2.13

(7) 昇降機台數而定之換算係數

台數而定之換算係數	台數(n)	1	2	3	4	5	6	7	8	9	10
	Uv	1.0	2.0	2.7	3.1	3.25	3.3	3.71	4.08	4.45	4.8

(8) 負載機器（同時啟動時）

負載	啟動方式	啟動瞬時				啟動中 RG₂, RE₂				RG₃, RE₃			
		ks	Z'm	$\frac{ks}{Z'm}$	$\cos\theta s$	ks	Z'm	$\frac{ks}{Z'm}$	$\cos\theta s$	ks	Z'm	$\frac{ks}{Z'm}$	$\cos\theta s$
感應電動機	全壓啟動	1.00		7.14	①0.70 ②0.60 ③0.50 ④0.40					1.00	0.67	1.50	0.80
	Y-△及閉路式Y-△	0.33		2.38	①0.70 ②0.60 ③0.50 ④0.40					額定輸出量最大與次大者以外 1.00	0.67	1.50	0.80
			0.14			額定輸出量最大與次大者 0.67	0.14	4.76	①0.60 ②0.50 ③0.40	額定輸出量最大與次大者 0.67	0.14	4.76	①0.60 ②0.50 ③0.40
	電抗器啟動	0.7		5.00	①0.70 ②0.60 ③0.50 ④0.40					0.70		5.00	①0.70 ②0.60 ③0.50 ④0.40
	自耦變壓器啟動	0.49		3.50	①0.70 ②0.60 ③0.50 ④0.50					0.49	0.14	3.50	①0.70 ②0.60 ③0.50 ④0.50
	特殊自耦變壓器啟動	0.25		1.80	0.50					0.42		3.00	①0.82 ②0.70 ③0.58 ④0.58
	連續電壓控制	0.30	0.30	1.00	0.40					1.00	0.30	3.33	0.40
VVVF方式電動機		0	0.14	0	0					1.00	0.68	1.47	0.85
繞線型電動機		1.00	0.45	2.22	0.70					1.00	0.45	2.22	0.70
電燈、插座		1.00	1.00	1.00	1.00					1.00	1.00	1.00	1.00
靜止型 CVCF		1.00	0.98	1.11	0.90					1.00	0.90	1.11	0.90
整流器		1.00	0.68	1.47	0.85					1.00	0.68	1.47	0.85

備註：$\cos\theta s$ 欄之電動機輸出分別如下：①5.5KW未滿 ②5.5KW以上11KW未滿 ③11KW以上30KW未滿 ④30KW以上

(9) 使用詳細式計算之電動機（低壓型、繞線型、VVVF方式）之功因、效率表

m_i (kW)	η_i	$\cos \theta_i$
0.75	0.745	0.720
1.5	0.785	0.775
2.2	0.810	0.800
3.7	0.835	0.800
5.5	0.850	0.800
7.5	0.860	0.805
11	0.870	0.810
15	0.880	0.815
18.5	0.890	0.820
22	0.895	0.820
30	0.900	0.825
37	0.900	0.830

例：$m_i = 4.5$kW 時採用 $\eta_i = 0.835$ ；$m_i > 37$kW 以上時採用 $\eta_i = 0.900$

(10) 使用詳細式計算之電動機（高壓型）之功因、效率表

m_i (kW)	η_i	$\cos \theta_i$
37	0.855	0.800
40	0.860	0.805
50	0.870	0.815
55	0.875	0.820
60	0.875	0.825
75	0.880	0.830
100	0.890	0.845
110	0.890	0.845
125	0.895	0.850
150	0.900	0.855
200	0.905	0.860

2. 發電機之輸出之計算用係數

項	目	記 號	值	記 事
效率	定態負載時效率	ηg	0.9	
	短時間過負載時效率	$\eta g'$	0.86	ηg 95%
過電流耐力	發電機之短時間(15 秒)過電流耐力	KG_3	*1.5	
容許逆相電流	發電機之容許逆相電流而定之係數	KG_4	0.15 (0.15~0.3)	
發電機定數	負載投入時電壓降加以評估之阻抗	$xd'g$	0.25 (0.125~0.43)	
容許電壓降	不含昇降機	$\triangle E$	0.25 (0.2~0.3	
	含昇降機		0.20	
功因	發電機之定格功因	$\cos \theta g$	0.8	
回轉數低下電壓下降	瞬時回轉數低下，電壓下降而引起之投入負載減少係數	fv_1	1.0	若無昇降機時依據 2-1
		fv_2	0.9	
		fv_3	1.0	

備註：( )內數值，表使用於特殊規格時。

註：$K \leqq 50kW$ 時，限於取得形式認定之發電機裝置，其 KG_3 得 $\leqq 1.65$

2-1 瞬時回轉數低下，電壓下降引起之投入負載減少係數（fv）值

	原動機種別	發電機極數	M/K			
			0~	0.8	0.9	1.0
RG_3 用 fv_1 RE_3 用 fv_3	DE GE GT/2	2	1.0	0.90	0.85	0.8
		4 以上	1.0	0.95		0.9
	GT/1	—	1.0	0.95		0.9
RE_2 用 fv_2	DE GE GT/2	2	0.9	0.85		0.8
		4 以上	0.9			
	GT/1	—	0.9			

2-2 使用詳細式計算之發電機效率

額　定　輸　出		效　率　%	
kVA	kW	2 極~8 極	10 極~18 極
20	16	79.0	——
37.5	30	82.5	——
50	40	84.3	——
62.5	50	85.2	——
75	60	85.7	——
100	80	86.7	——
125	100	87.6	——
150	120	88.1	——
200	160	88.9	——
250	200	89.5	——
300	240	90.0	——
375	300	90.6	——
500	400	91.3	——
625	500	91.9	——
750	600	92.3	91.7
875	700	92.5	92.0
1000	800	92.8	92.3
1250	1000	93.2	92.8
1500	1200	93.4	93.1
2000	1600	93.8	93.5
2500	2000	93.9	93.7
3125	2500	94.0	93.8

3. 原動機之輸出計算用係數

項　目　記　號	發電裝置輸出 (kW)	柴油引擎	瓦　斯　輪　機	
			一　軸　形	二　軸　形
ε	125 以下	0.8 ~ 1.1 (1.0)		
	超過 125 250 以下	0.6 ~ 1.1 (0.8)	1.0 ~ 1.1 (1.0)	
	超過 250 400 以下	0.5 ~ 1.0 (0.7)	0.85 ~ 1.0 (1.0)	
	超過 400 800 以下	0.5 ~ 1.0 (0.6)	0.7 ~ 1.0 (1.0)	0.7 ~ 0.85 (0.75)
	超過 800 3000 以下	0.5 ~ 1.0 (0.5)	0.7 ~ 1.0 (0.85)	0.5 ~ 0.75 (0.7)
γ (15 秒)	—	1.0 ~ 1.3 普通形 1.0 長時間形 1.1	1.05 ~ 1.3 (1.1)	1.05 ~ 1.3 (1.1)
γ (1 秒)	250 以下	1.0 ~ 1.3	1.1 ~ 1.5 (1.3)	1.1 ~ 1.3 (1.1)
	超過 250 400 以下	普通形 1.0 長時間形 1.1	1.1 ~ 1.5 (1.2)	
a	—	0.1ε ~ ε (0.25ε)	ε	ε

備註：1. 輸出量超出本表之大容量之原動機，以該原動機之實測值爲準。

2. 此 ε、γ 與 a 之數值，以發電裝置固有之特性表示如此表。於計畫階段未限定發電裝置時，ε、γ 與 a 之值可以使用括弧內之數值。

3. γ 之值用 γ（15 秒）之數值。

4. 若使用廠商之保證值時，此值可做爲係數進行計算。

5. 此值爲

　ε：原動機無負載時之投入容許量（pu）

　γ：原動機短時間最大輸出量（pu）

　a ：原動機於模擬全負載時之投入容許量（pu）

6. 發電裝置輸出量在24KW 以下，以柴油引擎驅動，近於單一負載時，限定緊急發電裝置之認定取得者可定 ε ≦1.2 ，γ ≦1.4 。

緊急發電設備輸出計算表

中華民國　　年　　月　　日

自備發電設備

(1)	種類	
(2)	型式編號	
(3)	發電機輸出	
	額定輸出量 ＿＿ KVA	極數 ＿＿ 極
	額定電壓 ＿＿ V	額定回轉數 ＿＿ r.p.m.
	額定功因 ＿＿ (註：)	
(4)	原動機輸出	
	原動機之種別 ＿＿	
	額定輸出量 ＿＿ ps	額定回轉數 ＿＿ r.p.m.
	使用燃料 ＿＿	整合率 ＿＿

特性等

(1)	對象負載機器	如附表2-1
(2)	發電機 特性	$xd'g =$
		$\triangle E =$
		$KG_3 =$
		$KG_4 =$
		$\eta g / Cp =$
(3)	引擎 特性	$\alpha =$
		$\varepsilon =$
		$\gamma =$
(4)	負載機器	$D =$
		$d =$

簽證者		
電機技師姓名		
執業職照號碼		內政部許可文號
事務所名稱		
事務所地址		
事務所電話		事務所傳真

註明：公制 PS = 736 瓦特，英制 PS = 746 瓦特。

附表2-1

緊急發電設備輸出量計算表（負載表）

件名 ①

② 機器編號	③ 負載名稱	④ 台數(單台)	⑤ 必要換算之輪入或輪出(HP)(KW.KVA)	⑥ 輪出換算係數	⑦ 輪出量mi(KW)(單台)	⑨ 啟動或控制方式	M2之選定 ⑩ $\frac{ks}{z'm}$	⑪ $\frac{ks}{z'm}\cdot mi$=⑦×⑩	M3之選定 ㉝ $\frac{ks}{z'm}$	⑬=㉝-1.47 $\frac{ks}{z'm}-1.47$	⑭=⑦×⑬ $(\frac{ks}{z'm}-1.47)\cdot mi$	M2之選定 ⑰ $\frac{ks}{z'm}\cos\theta s$	⑱=7×⑰ $\frac{ks}{z'm}\cos\theta s\cdot mi$	M3之選定 ㉞ $\frac{ks}{z'm}\cos\theta s$	⑳=㉞-1 $\frac{ks}{z'm}\cos\theta s-1$	㉑=7×⑳ $(\frac{ks}{z'm}\cos\theta s-1)mi$	㉓ 發生高諧波負載R(kw)	㉕ 不平衡負載(kw) R-S / S-T / T-R

合計 ⑧ 負載輸出合計值 K=Σmi   K=[ ]

反選定

⑫ $\frac{ks}{z'm}\cdot mi$ 最大之mi=M2   M2=[ ]

⑮ $(\frac{ks}{z'm}-1.47)\cdot mi$ 之值最大之mi=M3   M3=[ ]

⑲ $\frac{ks}{z'm}\cos\theta s\cdot mi$ 最大之mi=M2'   M2'=[ ]

㉒ $(\frac{ks}{z'm}\cos\theta s-1)mi$ 之值為最大之mi=M3'   M3'=[ ]

㉔ΣRi=R   ㉖[ ]   ㉗[ ]   ㉘[ ]

最大值：A ㉙[ ]
次大值：B ㉚[ ]
最小值：C ㉛[ ]

備考：1. 感應電動機之啟動方式，L表全壓啟動，Y表Y－△啟動，YC表閉路Y－△啟動，R表電抗器啟動，C表特殊自耦變壓器啟動，SC表特殊自耦變壓器啟動，CV表連續電壓啟動，VF表VVVF控制方式，WR表繞線型電動機。
2. 昇降機之控制方式，ELT表直流thyristor leonard方式，ELM表直流M－G方式，ELK表交流反饋方式，ELV表示交流VVVF方式，ELO表油壓控制方式。
3. 其他控制方式：LR表電燈、插座，UPS表CVCF、RCF表整流器。

附表2-2

緊急發電設備輸出量計算表（負載表）（昇降機同時使用計算用）

件名

機器編號	負載名稱	合載數（單台）①	必要換算之輸入量或輸出量（KW）	輸出換算係數	輸出量mi(KW)	啟動或控制方式	計 算 值									發生高諧波負載Ri(kw)
							啟動瞬間			啟動中						
										RG2 RE2 用		RG3 用		RE3 用		
							② $\dfrac{ks}{z'm}\cos\theta s$	$\dfrac{ks}{z'm}\cdot mi$	③ $\dfrac{ks}{z'm}\cos\theta s\cdot mi$	④ $\dfrac{ks}{z'm}\cdot mi$	⑤ $\dfrac{ks}{z'm}\cos\theta s$	$\dfrac{ks}{z'm}\cos\theta s\cdot mi$	⑥ $\dfrac{ks}{z'm}\cdot mi$	⑦ $\dfrac{ks}{z'm}\cos\theta s$	⑧ $\dfrac{ks}{z'm}\cos\theta s\cdot mi$	
1	緊急電梯															
2	緊急電梯															
3	緊急電梯															
4	緊急電梯															
5	緊急電梯															
合計		MP=Σ①=					Σ②=		Σ③=	Σ④=	Σ⑤=		Σ⑥=	Σ⑦=	Σ⑧=	

選定

Mp=

RG2：Z'mp=　　$\dfrac{1}{z'mp}=\dfrac{1}{Mp}\Sigma②$

RG3：Z'mp=

RE2：Z'mp=　　$\dfrac{1}{z'mp}=\dfrac{1}{Mp}\Sigma④$

COSθsp=　　$COS\theta sp=\dfrac{\Sigma③}{\Sigma②}$　　$COS\theta sp=\dfrac{\Sigma⑤}{\Sigma④}$

RE3：Z'mp=　　$\dfrac{1}{z'mp}=\dfrac{1}{Mp}\Sigma⑥$　　$\dfrac{1}{z'mp}=\dfrac{1}{Mp}\Sigma⑦$

COSθsp=　　$COS\theta sp=\dfrac{\Sigma⑧}{\Sigma⑦}$

備考：1. RG2：Z'mp表Σ②與Σ④中較大者。
2. RE2：Z'mp與COSθsp表Σ③與Σ⑤中較大者。
3. RG3：Z'mp表啟動中之RG3用之Z'mp。
4. RE3：Z'mp與COSθsp啟動中之RE3用Z'mp與COSθsp。
5. 昇降機之控制方式，ELT表直流控制方式，ELM表直流leonard方式，ELK表交流反饋thyristor leonard方式，ELM表直流M—G方式，ELV表示交流VVVF方式，ELO表油壓控制。

緊急發電設備輸出量計算表（發電機）

			RG₁ ㊸ ☐

RG₁

$=1.47D \cdot Sf = 1.47 \times$ ☐ $\times$ ㊶ ☐ $=$ ㉜ ☐

$\Delta P = A + B - 2C =$ ㉙ ☐ $+$ ㉚ ☐ $- 2 \times$ ㉛ ☐ $=$ ㉜ ☐

$Sf = \sqrt{1 + \dfrac{\Delta P}{K} + \dfrac{\Delta P^2}{K^2}(1-3u+3u^2)} = \sqrt{1 + \dfrac{㉜☐}{⑧☐} + \dfrac{㉜☐}{⑧☐}^2 (1-3\times㉜☐ +3\times㊼☐)} =$ ㊷ ☐

RG₂　RG₂ ㊼ ☐

$= \dfrac{1-\Delta E}{\Delta E} \cdot xd'g \cdot \dfrac{ks}{Z'm} \cdot \dfrac{M_2}{K} = \dfrac{1-㊹☐}{㊹☐} \times ㊺☐ \times ㊻☐ =$ ㊸ ☐

RG₃　無EV　RG₃ ㊿ ☐

$= \dfrac{fv_1}{KG_3}\left\{1.47d + \left(\dfrac{ks}{Z'm} - 1.47d\right)\dfrac{M_3}{K}\right\}$

$= \dfrac{㊱☐}{㊲☐} \times \{1.47 \times ㊽☐ + (㊾☐) - 1.47 \times ㊽☐\} = \dfrac{⑮☐}{⑧☐} =$

RG₄　RG₄ �54 ☐

$= \dfrac{1}{KG_4}\sqrt{(0.432 \times \dfrac{R}{K})^2 + (1.23 \times \dfrac{\Delta P}{K})^2(1-3u+3u^2)}$

$= \dfrac{1}{�51☐}\sqrt{(0.432 \times \dfrac{㉔☐}{⑧☐})^2 + (1.23 \times \dfrac{㉜☐}{⑧☐})^2(1-3\times�52☐ +3\times㊳☐)} =$

$u = \dfrac{A-C}{\Delta P} = \dfrac{㉙☐ - ㉛☐}{㉜☐} = �52☐$　　$u^2 = �53☐$

RG　RG₁、RG₂、RG₃、RG₄ 中最大值　RG = RG ☐ �55

$RG \times K = �55☐ \times ⑧☐ = �56☐$ KVA

發電機額定輸出 G(KVA)　�55 ☐ $\longrightarrow$ �57 ☐ KVA

備考：1.有EV時，△E 為 0.2 以下。
2.有EV時，fv₁ = 1.0；無EV時 fv₁ 參照表 2–1

附表3

緊急發電設備輸出量計算表（發電機）

RG₁	$=1.47D \cdot Sf = 1.47 \times \boxed{㊶} \times \boxed{㊷} =$ RG₁㊸ $\boxed{}$ $\Delta P = A + B - 2C = \boxed{㉙} + \boxed{㉚} - 2 \times \boxed{㉛} = \boxed{㉜}$ $Sf = \sqrt{1 + \dfrac{\Delta P}{K} + \dfrac{\Delta P^2}{K^2}(1\text{-}3u+3u^2)} = \sqrt{1 + \dfrac{\boxed{㉜}}{\boxed{⑧}} + \left(\dfrac{\boxed{㉜}}{\boxed{⑧}}\right)^2 \left(1 - 3\times\boxed{㊾}+3\times\boxed{㊿}\right)} = ㊷$
RG₂	$= \dfrac{1-\Delta E}{\Delta E} \cdot xd'g \cdot \dfrac{ks}{Z'm} \cdot \dfrac{M_2}{K} = \dfrac{1-\boxed{㊹}}{\boxed{㊹}} \times \boxed{㊺} \times \boxed{㊻} =$ RG₂㊼
RG₃	無EV $= \dfrac{fv_1}{KG_3}\left\{1.47d + \left(\dfrac{ks}{Z'm}-1.47d\right)\dfrac{M_3}{K}\right\}$ $= \dfrac{\boxed{㊱}}{\boxed{㊲}} \times \left\{1.47\times\boxed{㊽} + \left(\boxed{㊾} - 1.47\times\boxed{㊽}\right)\dfrac{\boxed{⑮}}{\boxed{⑧}}\right\} =$ RG₃㊿
RG₄	$= \dfrac{1}{KG_4}\sqrt{\left(0.432\times\dfrac{R}{K}\right)^2 + \left(1.23\times\dfrac{\Delta P}{K}\right)^2 (1\text{-}3u+3u^2)}$ $= \dfrac{1}{\boxed{㊶}}\sqrt{\left(0.432\times\dfrac{\boxed{㉔}}{\boxed{⑧}}\right)^2 + \left(1.23\times\dfrac{\boxed{㉜}}{\boxed{⑧}}\right)^2 \left(1-3\times\boxed{㊾}+3\times\boxed{㊿}\right)} =$ RG₄⑤④ $u = \dfrac{A-C}{\Delta P} = \dfrac{\boxed{㉙}-\boxed{㉛}}{\boxed{㉜}} = \boxed{㊾} \qquad u^2 = \boxed{㊿}$
RG	RG₁、RG₂、RG₃、RG₄中最大値 RG = RG ⑤⑤ RG×K=⑤⑤ $\boxed{}$ × ⑧ $\boxed{}$ = ⑤⑥ $\boxed{}$ KVA
發電機額定輸出 G (KVA)	→ ⑤⑦ $\boxed{}$ KVA

備考：1.有 EV 時，ΔE 爲 0.2 以下。
2.有 EV 時，$fv_1 = 1.0$；無 EV 時 fv_1 參照表 2-1

121

緊急發電設備輸出量計算表（原動機、整合）

RE₁	$=1.3\,D=1.3\times\boxed{\ }\ \boxed{41}=$		$RE_1\,\boxed{58}$
RE₂ 柴油引擎	$=fv_2\left\{1.026d+\left(\dfrac{1.163}{\varepsilon}\cdot\dfrac{ks}{Z'm}\cos\theta s-1.026d\right)\dfrac{M_2'}{K}\right\}$		$RE_2\,\boxed{61}$
	$=\boxed{38}\left\{1.026\times\boxed{48}\ \boxed{\ }+\left(\dfrac{1.163}{\boxed{59}}\times\boxed{60}\ \boxed{\ }-1.026\times\boxed{48}\ \boxed{\ }\right)\times\dfrac{\boxed{19}}{\boxed{8}}\ \boxed{\ }\right\}=$		
RE₂ 瓦斯輪機 無EV	$=fv_2\left(\dfrac{1.163}{\varepsilon}\cdot\dfrac{ks}{Z'm}\cos\theta s\cdot\dfrac{M_2'}{K}\right)=\boxed{38}$		$RE_2\,\boxed{62}$
	$=\boxed{38}\ \boxed{\ }\times\left(\dfrac{1.163}{\boxed{59}}\times\boxed{60}\ \boxed{\ }\times\dfrac{\boxed{19}}{\boxed{8}}\ \boxed{\ }\right)=$		
RE₃	$=\dfrac{fv_3}{\gamma}\left\{1.368d+\left(1.163\cdot\dfrac{ks}{Z'm}\cos\theta s-1.368d\right)\dfrac{M_3'}{K}\right\}$		$RE_3\,\boxed{65}$
	$=\dfrac{\boxed{39}}{\boxed{63}}\left\{1.368\times\boxed{48}\ \boxed{\ }+\left(1.163\times\boxed{64}\ \boxed{\ }-1.368\times\boxed{48}\ \boxed{\ }\right)\times\dfrac{\boxed{22}}{\boxed{8}}\ \boxed{\ }\right\}=$		
RE	RE₁、RE₂、RE₃ 中最大值　RE＝RE $\boxed{\ }$		$RE\,\boxed{66}$
原動機額定輸出 E (PS)	$=1.36\,RE\cdot K\cdot CP$ $=1.36\times\boxed{66}\ \boxed{\ }\times\boxed{8}\ \boxed{\ }\times\boxed{67}\ \boxed{\ }=\boxed{68}\ \boxed{\ }$ ps		$\rightarrow\ \boxed{69}$ ps
整合 (詳細式) MR	$MR=\dfrac{E}{G\times0.8/0.736/\eta g}=\dfrac{\boxed{69}\ \boxed{\ }}{\boxed{57}}\times\dfrac{\boxed{\ }}{0.8/0.736/\boxed{67}}=\boxed{70}\ \boxed{\ }$		

緊急發電設備之輸出量	G＝$\boxed{57}$ KVA	功因＝0.8	E＝$\boxed{69}$ ps

備註：1. 有 EV 時，fv2＝0.9、fv3＝1.0；無 EV 時 fv2、fv3 參照係數表 2－1。
2. MR＜1.0 時增加 E 值使 MR≧1.0，最好使 MR＜1.5。

第 **4** 章

漏電火災警報器

4 漏電火災警報器

4-1 漏電火災警報器之設置意義

漏電火災警報器是，由屋內電氣配線或電氣機器之絕緣不良，經平常電路以外，將檢知之漏電電流發出警報之設備。

一般之防火構造是以不燃材料，準不燃材料以外材料配裝鐵網之灰泥牆壁建築物。鐵網通過電流時，由焦耳效應發熱，對接觸之木材等著火，可能引起火災，因在牆壁內不易發現，將延燒至天花板或屋頂。

為防止這種火災之發生，必須裝置可自動發現漏電現象，發出警報之漏電火災警報器。惟我國消防法令並未對漏電火災警報器有所規定，為免遺漏，茲擇日本相關設置方法說明，以供參考。

4-2 用語之定義

一、漏電火災警報器：

檢出電壓 600V 以下警戒電路之漏電電流，並報知防火對象物管理權人之設備，由比流器及受信機構成。

二、比流器：

自動檢出警戒電路之漏電電流，傳送至受信機。

三、受信機：

接受自比流器傳送之信號，向防火對象物之管理權人（包括有遮斷設備結構者）通報漏電發生之機器。

四、集合型受信機：

組合二個以上之比流器之受信機及一組電源裝置，音響裝置等構成。

五、警戒電路之額定電流：

該防火對象物之警戒電路之最大使用電流。

六、契約種別：

依需要區分為包燈、表燈、臨時燈、綜合電力、低壓電力、高壓電力、臨時用電力、備用電力、離峰電力等。

4-3 漏電檢出之原理

「漏電」係一般電路之配線或機器失去絕緣效果，產生大地為回路之循環電流之現象。特高壓，高壓之三相電路發生接地時之故障計算，用對稱座標法之「零相電流」為廣意之循環電流之領域。漏電火災警報器之對象為 600V 以下之低壓電路，尤其是單相二線或三線式，不必採用對稱座標法之分析，可採用單相二線式說明。

圖 4-1 之 g 點漏電時，往路電流為 I 之回路，其回路電流為 I 扣除洩漏電流 i_g 之 $I - i_g$，比流器由洩漏電流 i_g 之磁通作用，產生感應電壓。

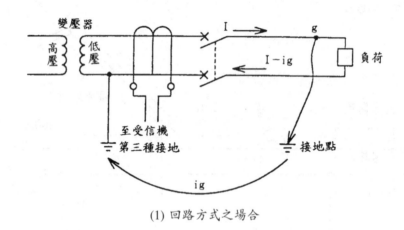

(1) 回路方式之場合

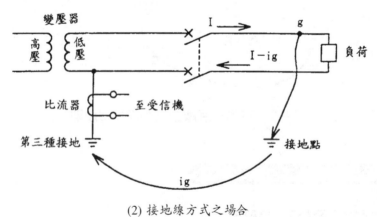

(2) 接地線方式之場合

圖 4-1　漏電檢出之原理

圖 4-1 之 (1)(2) 表示同樣可檢出洩漏電流之回路方式，及接地線方式，如圖 4-1 之 (2) 洩漏電流單獨存在之接地線設置比流器時，健全系統接地線無電流存在，如有電流時可判斷系統有漏電現象，此種設置方法稱為接地線方式。圖 4-1 之 (1) 在接戶點設置比流器時，應將與負載電流混合之洩漏電流區別檢出，無關負載電流之設置，稱為回路方式。兩種方式均利用檢出之洩漏電流，在比流器二次線圈產生感應電壓，對受信機增幅器（放大器）送出信號，電

驛動作發出警報。

　　圖4-2，在鐵網灰泥牆壁貫穿部g點漏電，發生1A洩露電流時，負載電流線，g點之電源側為101A，g點之負載側100A，因此在比流器之一次側有1A（101A-100A）之輸入信號產生二次線圈之感應電壓。如接地線方式時，不關負載電流，僅檢出1A之洩漏電流。

　　比流器二次線圈之感應電壓E之有效值為

$E = 4.44fN\psi_g \times 10^{-8}$ (V)………送出受信機之信號電壓

f　＝頻率

N　＝二次線圈之圈數

ψ_g＝磁通（Wb）

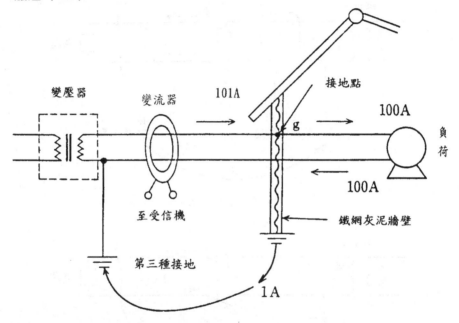

圖4-2　鐵網灰泥牆壁之漏電檢出原理

4-4 漏電火災警報器之種類、構造

4-4-1 漏電火災警報器之種類

1. 受信機：依警戒電路及比流器之互換性及設置方法分類如下；
   (1) 依警戒電路之分類
      (a) 1級受信機：使用於額定電流超過60A之警戒電路。
      (b) 2級受信機：適用於額定電流60A以下警戒電路。
   (2) 依與比流器之互換性分類
      (a) 非互換性：受信機與比流器必須依編號組合。
      (b) 互換性：受信機與比流器不必依編號組合。

(3) 依外形構造之分類
    (a) 露出形：在屋內牆壁等露出設置之形狀。
    (b) 埋入形：在屋內及配電盤等埋入設置之形狀。
由上列之分類，可再細分如下；

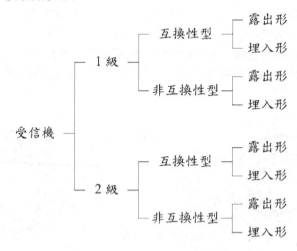

圖4-3　漏電火災警報器受信機分類

2. 比流器：依與受信機之互換性及設置方法分類如下。
    (1) 依與受信機之互換性分類。
        (a) 非互換性：受信機與比流器必須依編號組合。
        (b) 互換性：受信機與比流器不必依編號組合。
    (2) 依構造之設置場所分類。
        (a) 屋外型：有防水性可設置於屋內外者。
        (b) 屋內型：無防水性設置於屋內或雨檐內者。
    (3) 依構造之設置方法分類。
        (a) 貫通形：電線貫通孔無法分割者。
        (b) 分割形：電線貫通孔可分割者
由上列之分類，可再細分如下；

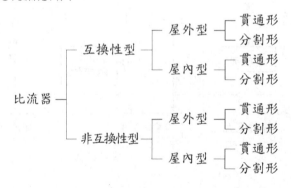

圖4-4　漏電火災警報器比流器分類

4-4-2 漏電火災警報器之構造

一、比流器

比流器一般如圖4-5所示,由環狀鐵心繞紮檢出用二次繞線放入外殼內或模樹脂型化。將檢出漏電之電線,貫通中央孔,在警戒電路之配線為,單相二線式時,插入貫通孔二線,三相或單相三線式時插入三線。如果利用接地線警戒時,將第三種接地線插入貫通孔。

依構造之比流器分類,有貫通形與分割形兩種,分割形主要為使用於既設警戒電路之配線。

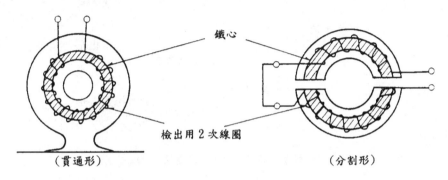

圖4-5　比流器構造

二、受信機

受信機為接受比流器二次線圈發生之微小電壓,將電壓放大啟動電驛,由音響裝置發出警報。放大器(增幅器),一般多採用IC方式,因此具有直流電源裝置,插入輸入信號回路之輸入保護回路,感度切換回路等,受信機之方塊圖如圖4-6所示。

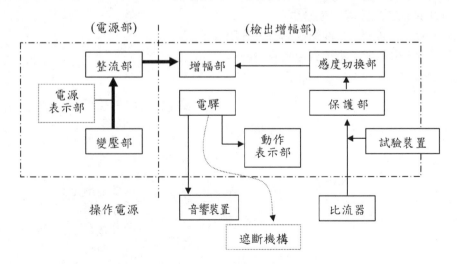

圖4-6　受信機方塊圖

三、音響裝置

音響裝置，為將漏電發生時對管理權人發出警報之必要設備，一般採用蜂鳴器或電鈴等，由不同製造方式，有內藏於受信機者，及外附有受信機者，其音壓在距離音響中心1m點，1級品為70dB，2級品為60dB，並可連續6小時鳴動。

4-5 漏電火災警報器之設置基準

4-5-1 設置對象建築物

參照日本消防法實行令，需設置漏電火災警報器之防火對象建築物規定如下；
1. 建築物之小柱，缺口，天花板邊緣或底子採用不燃，準不燃材料以外材料配裝鐵網之灰泥牆壁、地板面、或天花板時設置。
2. 特別指定之配裝鐵網之灰泥建築物，契約電流容量超過50A防火對象物，不關面積大小應設置。
　　漏電火災警報器設置對象建築物如表4-1所示

表4-1　漏電火災警報器之設置象建築物

	防　火　對　象　物	地板面積	契約電流
1	劇院、電影院、視聽歌唱場所、集會堂、遊藝場所、酒吧、酒家、夜總會及其他類似場所、歌廳、舞廳、餐廳、飲食店、百貨商場、零售市場、展覽場	300m² 以上	超過50A者
2	觀光旅館、旅(賓)館、招待所(限有寢室客房者)	150m² 以上	
3	醫療機構(醫院、診所)、療養院、養老院、安養中心、兒童福利設施、幼稚園、啓明、啓智、啓聰等學校	300m² 以上	
4	國小、國中、高中、專科學校、大學、各種學校及類似場所、圖書館、博物館、美術館、其他類似場所	500m² 以上	
5	三溫暖、公共浴室、其他類似場所	150m² 以上	
6	車站、飛機場大廈、候船室、寺廟、教堂之類	500m² 以上	
7	工場、作業場、電影攝影場、電視播送場	300m² 以上	
8	車庫、室內停車場、飛機庫	—	
9	倉庫	1000m² 以上	
10	不屬上項之辦公處所	—	超過50A者
11	複合用途防火對象物中，供特定防火對象物用途者	500m² 以上	
12	上項中屬前 1、2、3、5項用途者	300m² 以上	
13	地下街	300m² 以上	
14	準地下街	—	
15	史蹟資料館、紀念館及其他類似場所	全部	
	總長50公尺以上之連拱廊	—	
(註) 1. 未註明地板面積部分，依設置對象建築物所列該項構造物。 2. 表中設置對象物之地板面積或契約電流超過者應設置漏電警報器。			

註：1. 未註明地板面積部分，依設置對象建築物所列該項構造物。
　　2. 表中設置對象物之地板面積或契約電流超過者應設置漏電警報器。

4-5-2 契約電流容量之計算方法

必須依據契約電流容量設置之場合，其契約容量之算法如下：

1. 防火對象建築物之管理權人與電力公司間訂定之契約容量採用安培(A)契約時，以該安培(A)，採用kVA契約或kW契約時，依下列公式求其(A)值。

$$電流值(A) = \frac{契約容量\,(kVA\ 或\,kW) \times 1,000}{標準電壓\,(110V\ 或\,220V) \times 功因\,(1.0)}$$

◎ 電氣方式為三相三線式時，標準電壓乘$\sqrt{3}$

◎ 電氣方式為單相三線式時，標準一電壓為220V

2. 同一建地內之防火對象物有2以上，契約種別為1時，該防火對象物之契約電流容量，由連接於該防火對象物屋內低壓電路負荷設備容量，依下列公式求其(A)值。

$$電流值(A) = \frac{負荷設備總容量\,(kVA\ 或\,kW) \times 1,000}{標準電壓\,(110V\ 或\,220V) \times 功因\,(1.0)} \times 需量因數\,(0.6)$$

◎ 電氣方式為三相三線式時，標準電壓乘$\sqrt{3}$

◎ 電氣方式為單相三線式時，標準電壓為220V

3. 高壓或特高壓有變電設備之防火對象建築物之契約電流容量，在低壓側，以2之公式計算。

4. 在同一防火對象建築物，有同一契約種別2以上時之契約電流容量為其合計值。

4-6 漏電火災警報器之設置要領

4-6-1 漏電火災警報器種別之選定

1. 警戒電路之額定電流超過60A之電路，設置1級漏電火災警報器，60A以下之電路設置1級或2級漏電火災警報器，參照圖4-7(a)。。

2. 在警戒電路有分歧回路各為60A以下，而各分歧回路設置2級漏電火災警報器時，可視同為在該警戒電路設置1級漏電火災警報器。參照圖4-7(b)

4-6-2 漏電火災警報器之設置場所

1. 漏電火災警報器依【4-5-1之1, 2】規定外，必須能感知建築物屋內電氣配線有關之火災設置。

2. 漏電火災警報器不得設置於下列場所，但該漏電火災警報器有防爆，防蝕，防濕，防震，靜電性遮蔽等防護措置，或設置在有防護措置之場所不在此限。

   (1) 可燃性蒸汽，可燃性瓦斯，有可燃性粉塵等多量滯留顧慮之場。

   (2) 製造火藥類，儲存或處理之場所。

   (3) 有多量產生腐蝕性蒸汽，瓦斯等顧慮之場所。

   (4) 溫度高之場所。

   (5) 溫度變化劇烈之場所。

第 4 章 漏電火災警報器

(6) 震動厲害，有機械性損傷顧慮之場所。

(7) 受大電流或高周波發生回路等，有影響顧慮之場所。

3. 受信機應設置於屋內易於點檢之處所。

4. 音響裝置，設置於守衛等，人常在之場所（防災中心或設有中央管理室等之處室），其音壓及音色應可與其他警報音，噪音等區別。

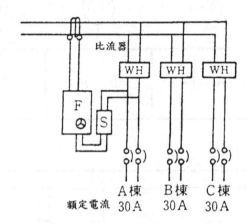

(a) 應設置 1 級漏電火災警報器之場合

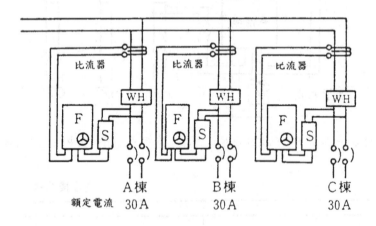

(b) 可設置 2 級漏電火災警報器之例

圖 4-7　警戒電路與漏電火災警報器之選定

4-6-3　漏電火災警報器之設置方法

漏電火災警報器之設置方法依下列原則辦理：設置例可參照圖 4-8～ 圖 4-14 。

1. 比流器應設置持有警戒電路額定電流以上者，但如設置在契約電流容量之電流值 125% 以上者，得認為符合警戒電路額定電流以上。

對於安培(A)契約，電氣方式為單相三線式時，計算中性線與各電壓側之電流，採用其中大的電流以上者。

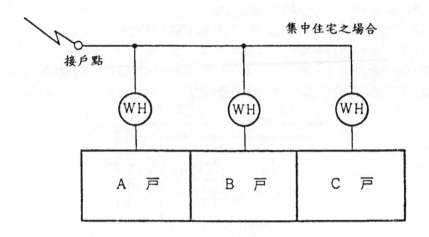

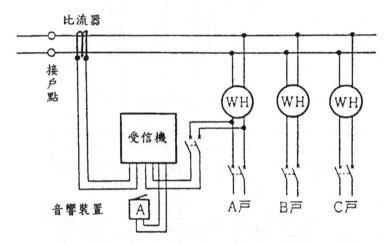

(1) 接戶點以下的配線（連接接戶線）爲用戶自備時集中住宅之場合

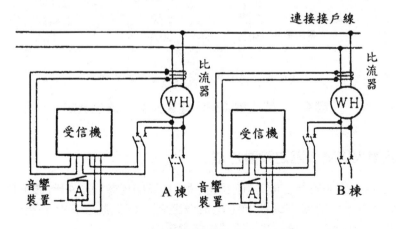

(2) 連接接戶線爲電力公司之設備時

圖4-8　同一建地內設置對象物2以上時之設置例

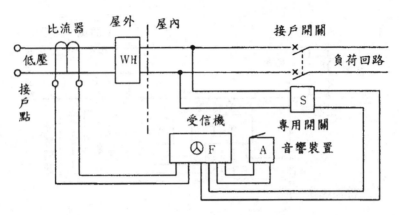

圖4-9　比流器屋外裝置之場合

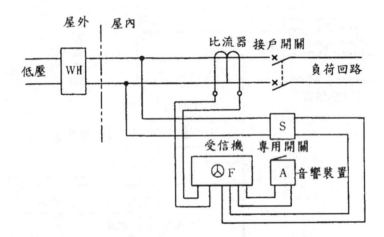

圖4-10　變流器屋內裝置之場合

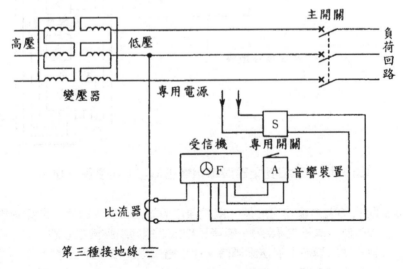

圖4-11　三相變壓器回路裝置之場合

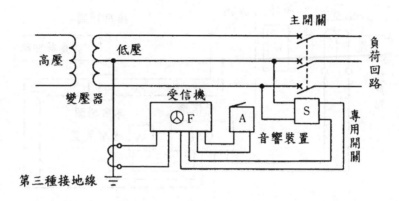

圖4-12　單相3線式變壓器之接地線裝置之場合

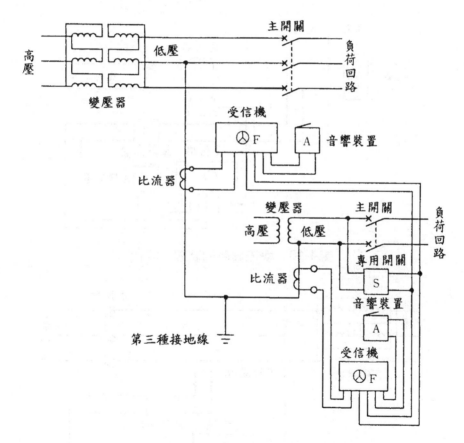

圖4-13　三相變壓器與單相變壓器之各組裝置之場合

2. 比流器應配合防火對象物之形態，接戶線之設施方法等，設置於房屋側接戶線之第一支持點之負荷側（屋外之電路），或第三種接地線容易點檢之位置。但，由接戶線之形態或防火對象物之構造上無法設置時，可設置接近於接戶線之屋內。

3. 比流器設置於屋外電路時，採用屋外型，但如在有效防水措施下得不採用屋外型。

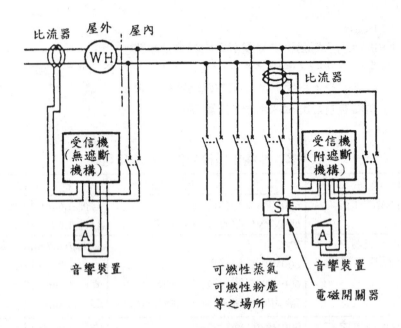

圖4-14 可燃性蒸汽，可燃性粉塵等滯留顧慮場所之設置方法之例

4. 受信機及比流器為非互換性型時，應設同一製造編號之組合者。

6. 可燃性蒸汽，可燃性粉塵等滯留顧慮場所之電氣回路，採用可切斷該部分電氣回路之遮斷設備受信機，該遮斷設備部分，應設在該場以外之安全場所。

7. 受信機公稱動作電流設定值，應考慮警戒電路之負荷，使用之電線，電線長度等，採用適當值。

一般設於警戒電路時設定為100mA~400mA，設於第三種接地線時設定為400mA~1,000mA 之範圍，但由警戒電路之特質等有困難時，或無電流設定值切換裝置時可除外。

8. 操作電源及配線

漏電火災警報器之配線，依屋內線路裝置規則及製造指定之結線方法辦理：

(1) 受信機之操作電源

漏電火災警報器作電源，由主開關一次側以專用回路分岐，專用回路設額定20A以下無熔線斷路器，專用回路所設開關，應標示「漏電火災警報器用」紅色字樣。

(2) 比流器之二次側配線

比流器之二次側配線採用表4-2 配線用電線，其配線依屋內線路裝置規則之特別低壓設施辦理。

(3) 音響裝置之配線

電源電壓超過60V 時，採用操作電源配線用電線或電纜，電源電壓60V 以下之回路，如下設置。

(a) 最大使用電壓超過60V，與對地電壓300V 以下之電流回路及變壓器結合時，

如下處理：

◎ 供特別低壓回路之變壓器採用絕緣變壓器。

◎ 配合二次最大使用電壓，二次短路電流，如表3所示。但設置表4-3所示值以外過電流斷路器於二次電路時不在此限。

◎ 音響裝置之配線採用表2之電線。

表4-2　漏電火災警報器之配線用電線

電線種類	電線規格	線徑
使用於操作電源之配線電線	600VPVC 絕緣電線	直徑 1.6mm 以上
	600VPVC 絕緣及被覆電纜	直徑 1.6mm 以上
使用於比流器之二次側屋內配線之電線	PVC 花線	截面積 0.75mm^2 以上
	600VPVC 絕緣電線	直徑 1.0mm 以上
	600VPVC 絕緣及被覆電纜	直徑 1.0mm 以上
	警報用 PE 絕緣 PVC 被覆電纜(1)	直徑 0.5mm 以上
使用於比流器之二次側屋外配線之電線	600VPVC 絕緣電線	直徑 1.0mm 以上
	屋外用 PVC 絕緣電線	直徑 2.0mm 以上
	600VPVC 絕緣及被覆電纜	直徑 1.0mm 以上
	警報用 PE 絕緣 PVC 被覆電纜(1)	直徑 0.5mm 以上
使用於比流器之二次側架空配線之電線	600VPVC 絕緣電線	直徑 2.0mm 以上之硬銅線(2)
	屋外用 PVC 絕緣電線	直徑 2.0mm 以上
	600VPVC 絕緣及被覆電纜	直徑 1.0mm 以上
	警報用 PE 絕緣 PVC 被覆電纜(1)	直徑 0.5mm 以上
地下配線使用之電線	600VPVC 絕緣及被覆電纜	直徑 1.0mm 以上
音響裝置配線使用之電線 / 使用電壓超過 60V 者 / 地下配線者	600VPVC 絕緣及被覆電纜	直徑 1.6mm 以上
架空配線者	屋外用 PVC 絕緣電線	直徑 2.0mm 以上
前列以外者	600VPVC 絕緣電線	直徑 1.6mm 以上
使用電壓在 60V 以下者(3)	警報用 PE 絕緣 PVC 被覆電纜(1)	直徑 0.5mm 以上

備註：(1) 限使用於屋內型比流器。

(2) 桿距 10m 以下得使用導體直徑 2.0mm 以上之軟銅線。

(3) 使用電壓 60V 以下配線使用之電線，得使用警報用電纜以外所適合規格之電線及導體線徑。

＊PVC 絕緣電線：聚氯乙烯絕緣電線。

＊PE 絕緣：聚乙烯絕緣。

表4-3　二次短路電流

二次最大使用電壓	二次短路電流	過電流斷路器之額定電流
15V 以下	8A	5A
超過 15V，30V 以下	5A	3A
超過 30V，60V 以下	3A	1.5A

(b) 電線之連接

　　電線之連接除不得增加導體之電阻外，以下列方式辦理。

　　(i)　不得減少電線強度20% 以上，但跳線連接時不在此限。

　　(ii) 連接處，除採用套管，線用接頭等之連接外，必須焊接並充分包紮被覆。

(c) 牆壁等之穿通

　　配線穿過牆壁時應有適當之防護措置，參照圖4-15 之例

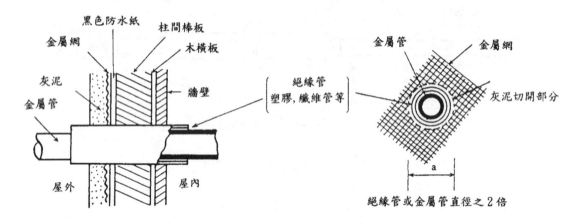

圖4-15　　防護措置之例

9. 感應障礙

　　感應障礙多發生於漏電火災警報器設置於電台強廣播波之電場內，或高周波電氣機器附近，有時比流器二次側配線接近大電流回路仍會發生，其對策如下：

　　(1) 有二次側配線採用金屬遮蔽電線，並將遮蔽部分接地之靜電感應防止法及使用鐵，鋼管之電磁感應防止法。

　　(2) 受信機比流器連接用端子，操作電源端子接感應防止用電容器。

　　(3) 二次側配線採用遮蔽電纜，或靠緊二次側電線相互間配線並儘量縮短配線長度。

　　(4) 儘量與大電流回路隔離（參照圖4-16）

10. 金屬管等之比流器設置

　　雖然比流器穿通金屬管或金屬遮蔽電纜不影響其特性，但如圖4-17 比流器之裝置位置外，在金屬管或遮蔽電纜之金屬遮蔽電源側接地時，金屬管內發生漏電，有時漏電火災警報器無法正常動作，因此該時應將接地移到比流器負荷側，如無法做到時，可考慮去掉比流器之金屬裝置部分等適當處置。

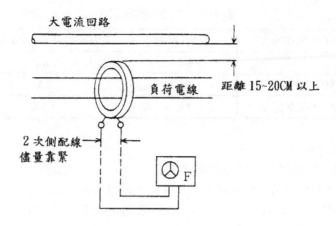

圖4-16　大電回路之影響

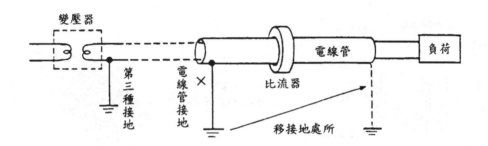

圖4-17　金屬管工程之場合

4-7　漏電火災警報器裝置後之試驗

漏電火災警報器裝置完成後，依試驗標準所定之試驗項目以下列方式試驗。
洩漏電流檢出試驗及動作電流試驗方法如下：

4-7-1　洩漏電流檢出試驗（包括音響裝置及動作表示燈試驗）

一、試驗方法

由漏電火災警報器，慢慢地加接近檢出洩漏電流值之電流於比流器確認音響裝置及表示燈正常鳴動及點燈，並測定其電流值。

二、符合標準之判定

1. 音量及音色與其他騷音能區別聽取
2. 動作表示燈，在復舊操作前應繼續點燈，但如無保持功能回路時，操作後同時得失燈
3. 附加遮斷機構時，遮斷後動作表示燈仍應繼續點燈。
4. 音響裝置及動作標示燈之動作電流值為檢出洩漏電流設定值之40% 以上150% 以下。

4-7-2 動作電流試驗

一、漏電火災警報器試驗器

如圖4-18所示包括測定用電流表，電流調整機構，電流引接用端子等裝入攜帶用小袋，在現場將電源插頭插110V插座，並連接洩漏電流端子至比流器間之試驗用電線後即可測定。

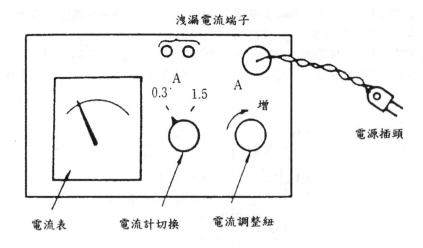

圖4-18　漏電火災警報器測定器

二、使用與測定方法

測定時之連接如圖4-19所示。

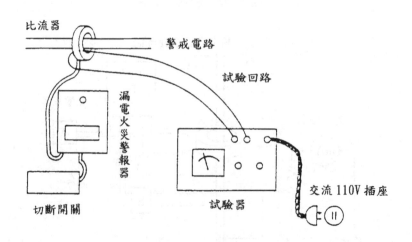

圖4-19　連接之例

三、其他之試驗方法

其他之試驗方法有，在現場組合各種測定器具構成迴路之方法或作人工事故之測定方法。

圖4-20假負荷之例，通常採用滑動變壓器調整電流，主先放在警報器之動作電流端頭，由滑動變壓器慢慢地昇高比流器一次側電流，測定警報器之動作電流值。

圖4-21實負荷之例，電阻可採用水電阻器，但應注意短路極板燒損電流表。

另種實負荷法如圖4-22，滑動變壓器之輸出入共通端子連接於電源之接地極，經過輸出端子至限制電阻（電泡）通漏電電流之方法。

簡易之試驗方法，有如圖4-23採用電泡之例，例如電泡120V，120W之電流約為100mA，但要注意點燈時之瞬間電流為通常電流有的達10幾倍，因此為一種概略簡易試驗法。

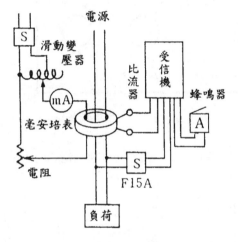

圖4-20　假負荷之例

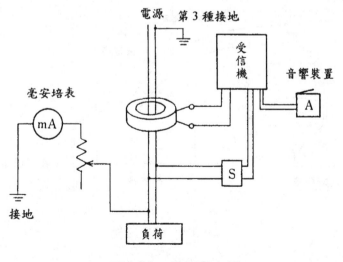

圖4-21　實負荷之例

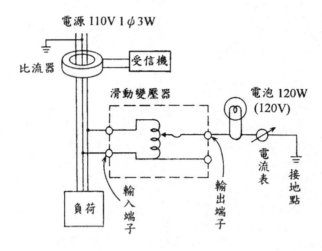

圖 4-22　人工漏電法（電壓法）

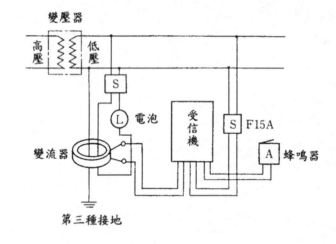

圖 4-23　利用電池之試驗

4-7-3 電源回路等配線之試驗方法

一、外觀試驗

1. 電源回路之開關，遮斷器等狀況
2. 耐熱保護配線之狀況

二、機能試驗

1. 接地電阻試驗
2. 絕緣電阻試驗

NOTES

第 **5** 章

無線電通信
　　輔助設備

5 無線電通信輔助設備

5-1 無線電通信輔助設備之設置意義

在火災現場等之消防活動上，無線電為指揮命令或情報傳達不可缺之設備，而且超高層大樓及特殊建築物、捷運車站、地下街等因地上傳來之電波明顯被衰減，地上與地下之無線無法連絡，將影響消防活動。

因此，在特殊建築物及地下街等，無線通信輔助設備為消防活動上必要之設置。

5-2 用語之定義

一、洩波同軸電纜：

洩波同軸電纜由內外導體製成之同軸電纜，其內導體常為銅管材質，或使用鋁管材質，外導體可為平面銅（鋁）質或波浪形銅（鋁）帶附洩波孔，允許電波沿著整條纜線輻射出來，參照圖5-1。

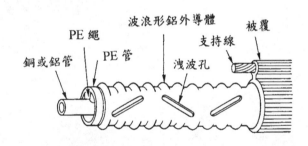

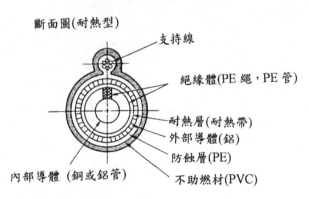

圖5-1　洩波同軸電纜（LCX）之構造

二、無線機：

消防隊攜帶用按式對講方式無線機，同一頻率可發信及受信，發信時之額定輸出為1W。

三、連接端子：

無線機與無線通信輔助設備相互間電氣性連接用之器具，而固定於建設物或工作物之牆壁等。

四、混合器：

混合 2 個以上的輸入信號的裝置，輸入端相互間之結合不應影響無線機功能衰減性能者。

五、分配器：

加於輸入端子之信號分配 2 以上之裝置，將 1 個發受信機連接在多數饋線纜線的裝置，而無方向性者。

六、共用器：

由混合器，分波器構成，係 1 個天線欲使多數的無線發受信機同時使用，而相互不干擾，將 2 個以上的頻率予以混合，分波之裝置。

5-3 無線電通信輔助設備之運用方式

5-3-1 運用範圍

無線通信輔助設備設置於，分別在防火對象物消防隊相互容易連絡外，以下列方式辦理，其使用形態概念如圖5-2 所示。

1. 連接無線機於連接端子，與防火對象內移動之無線機通信時，可在全區域範圍無線連絡，但下列部分不在此限。

    (1) 防火構造及甲種門窗區劃，地板面積合計100m² 以下之倉庫，機械室，電氣室及其他類似部分。

    (2) 室內各部分至其中一個出入口之步行距離為20m 以下之房間，並各出入口之門窗關閉狀態之該室內部分。

    (3) 柱子，牆壁，金屬物等存在場所中，嚴重遮蔽電波之極少部分。

2. 在一個連接端子連接無線機時，與其他連接端子連接之無線機可通話者。

3. 與警察之無線通信及共用其他用途時，應有不影響消防隊相互無線連絡之措施。

    如無線通信補助設備與其他用途共用時，不設下列用途以外之連接端子。

    (1) 警察用之無線通信

    (2) 防災管理用之無線通信

    (3) 汽車用之無線電話及前列(1)，(2) 兩項外政府認定之有線無線通信。

4. 無線通信輔助設備共用上列第 3 項通信用途時，應設共用器，但如不設共用器仍不影響使用頻率數之感度控制，相互調頻等時不在此限。

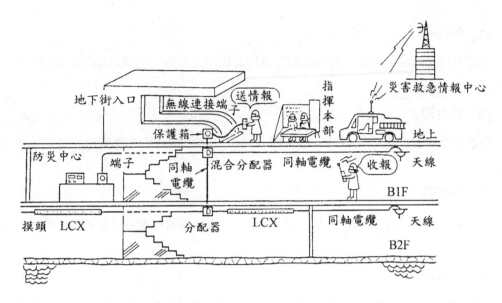

圖5-2　無線通信補助設備之使用狀況

5-3-2　設置方式

無線通信輔助設備包括洩波同軸電纜，洩波同軸電纜與連接之空中線，其設備方式如下列各種。

一、洩波同電纜方式：

連接端子，同軸電纜，分配器，洩波同軸電纜，其他類似器具構成者，如圖5-3所示。

二、洩波同軸電纜及空中線方式（複合方式）：

連接端子，同軸電纜，分配器，空中線，洩波同軸電纜，其他類似器具構成，並由設置空間將洩波同軸電纜與空中線分開使用者，其構成概要如圖5-4所示。

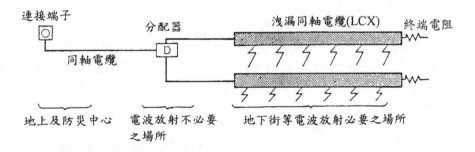

※如隧道等細長之建築物內部，電波傳播不良知場所，仍能均一放射電波能（電場）

圖5-3　漏洩同軸電纜方式（LCX方式）

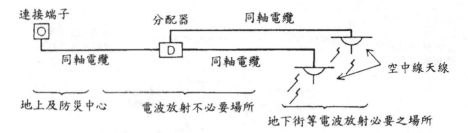

連接端子　　　　　分配器　　　　　同軸電纜
　　　　　　　　　　　　　　　　　　　　空中線天線
同軸電纜　　　　　同軸電纜
地上及防災中心　　電波放射不必要場所　　地下街等電波放射必要之場所

※適合大廳，中央大樓等障礙物比較少之廣闊場所，有時比 LCX　經濟，同軸
　電纜部可埋設於水泥等。

圖5-4　空中線方式（天線方式）

三、空中線方式（天線方式）

連接端子，同軸電纜，分配器，空中線，其他類似器具構成者，如圖5-5 所示。

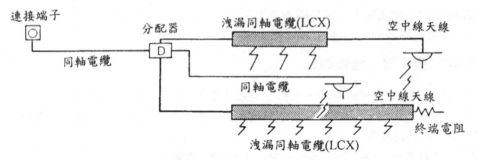

連接端子　　　　　分配器　　洩漏同軸電纜(LCX)　　空中線天線
同軸電纜
　　　　　　　　　　　　　同軸電纜　　　　空中線天線
　　　　　　　　　　　　　　　　　　　　　　終端電阻
　　　　　　　　　洩漏同軸電纜(LCX)

※組合 LCX　方式與天線方式之特徵者

圖5-5　複合方式

5-3-3　使用頻率數

無線通信輔助設備適用於150MHZ 或中央消防機關指定之頻率數，日本東京消防廳為擴大其活動功能，設計時採用400MHZ 及 150MHZ 兩種頻率，150MHZ 之頻率帶為149MHZ~155MHZ ，400MHZ 之頻率帶為466MHZ~467.0MHZ 。

5-4 無線電通信輔助設備之構造

5-4-1 洩波同軸電纜，同軸電纜，空中線

1. 洩波同軸電纜或同軸電纜之標稱阻抗應為 50 Ω，連接之空中線分配器，其他裝置應統一為該阻抗如圖5-6 所示。
2. 洩波同軸電纜等為耐燃性，且不受濕氣影響電氣特性之劣化者。

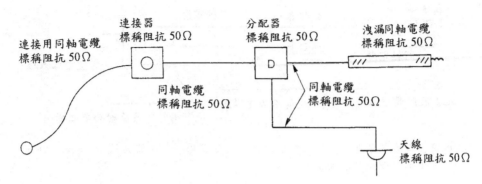

圖 5-6　無線通信補助設備與各器具之標稱阻抗

5-4-2　分配器、混合器、分波器等

1. 分配器，混合器，分波器及其他類似器具，應使用介入衰耗少，且接頭部分有適當防水措施者。
2. 由塵埃，濕氣等不產生功能異常者。
3. 公稱阻抗統一為洩波同軸電纜或同軸電纜之阻抗50 Ω。

5-4-3　放大器（增幅器）

1. 放大器之外箱為厚度0.8mm 以上之鋼板或同等以上強度所造成者。
2. 放大器內部應設開閉主電源回路之開關及過電流斷路器，但以遙控操作自動投入電源時，得不設開關。
3. 放大器前面，設主回路電源正常之表示燈或電壓表。
4. 放大器應有雙方向性，不影響發信及受信。
5. 放大器之電源電壓在額定電壓90% 至110% 範圍內變動時，不影響功能。
6. 由塵埃，濕度等不致產生功能異常。

5-4-4　連接端子

連接端子應比照 JISC5411 之 C01 形接頭適用者，其形狀如圖 5-7 ，圖 5-8 所示。

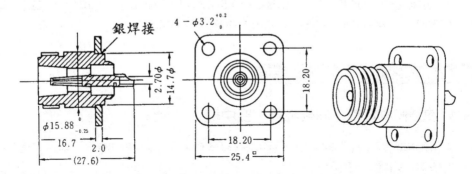

圖5-7　連接端子（SRF 形之場合）

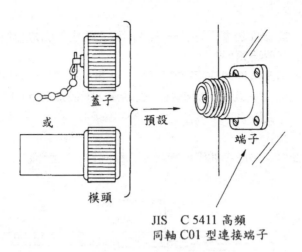

JIS　C 5411 高頻
同軸 C01 型連接端子

圖5-8　連接端子

5-5　無線電通信輔助設備之設置基準

　　參照日本消防法令需要設置無線通信輔助設置之防火對象，設置基準如表 5-1 所示，惟消防機關除該基準外，建議於地下鐵車站，道路隧道，大規模建築物之地下部分等設置。

　　我國之規定為樓高在 100m 以上建築物之地下層 或總樓地板面積在 1000m² 以上之地下建築物，應設置無線電通信輔助設備。

表5-1　無線電通信輔助設備之設置基準

設置對象物	設　置　對　象　物　規　模
表 4-1 1-12 項防火對象物	地下層數 4 以上，並地下樓地板面積合計 3,000m² 以上
表 4-1 13 項防火對象物	總面積 1,000m² 以上

5-6　無線電通信輔助設備之設置要領

5-6-1　連接端子

無線電之接頭應符合下列規定

1. 應設於地上消防人員有效應用之場所及值日室等平時有人之處所，地上接頭之設置位置，應注意下列各點：

　　(1) 可確保消防隊現場指揮所有效空間。

　　(2) 泵車或無線車易於接近，並由車上無線可與基地局通信者。

　　(3) 消防活動上，無妨礙之場所。

2. 前項設於地面上之接頭數量，在任一出入口與其他出入口之步行距離大於300m 時，應設置二個以上（參照圖5-9）。
3. 應設於距樓地板面或基地地盤面高度0.8m 至1.5m 間（參照圖5-10）。
4. 接頭之終端，為保護電氣性、機械性，設端帽（限接頭1 時）或無反射終端電阻器，但在經常連接之同軸電纜時，不在此限（參照圖5-8）。
5. 接頭應裝設於保護箱內。
6. 設在地上之接頭，與供用其他用途之接頭，保持5m 以上距離。

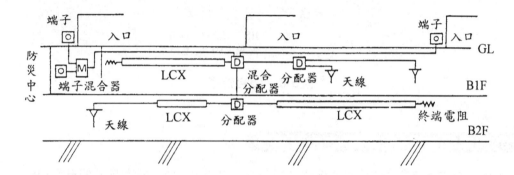

圖5-9　大規模地下街之設置例（設地上端子兩處所以上）

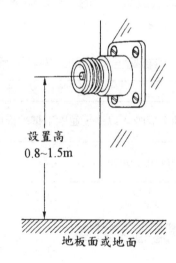

圖5-10　連接端子之設置高度

5-6-2　保護箱

裝設接頭保護箱如下處理（參照圖5-11）：

1. 保護箱之材質為，防鏽加工，厚度1.6mm 以上鋼板或同等以上強度者，但設於屋內者，得用厚度0.8mm 以上者。

2. 保護箱應有易於開關之門扉，並為容易操作之大小者。

3. 設置於地上之保護箱應構造堅固，無法隨意開閉之構造，且有防水及防塵措施。

4. 設置於地上之保護箱內，在明顯看出之處所，標示最大容許輸入電力，使用頻率帶及注意事項等（參照圖5-12）。

5. 保護箱面應漆紅色，並標明「消防隊專用無線電接頭」字樣。

6. 保護箱內應設長度 2m 以上之同軸（射頻）電纜。

   (1) 保護箱內設同軸電纜，應不影響箱門之開閉及電纜之裝置。

   (2) 同軸電纜兩端，設適合高頻同軸形接頭（參照圖5-13）。

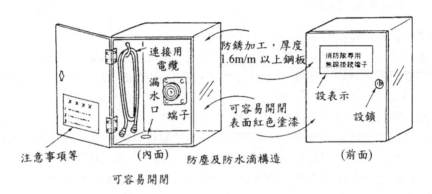

圖5-11　保護箱

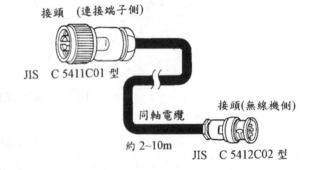

圖5-12　注意事項記載例　　　　　圖5-13　連接用同軸電纜

5-6-3　分配器，混合器，分波器等

混合器，分配器，分波器，其他類似器具如下處理：

1. 由腐蝕影響功能顧慮之部分，應有防蝕措施。

2. 連接處應有防水措施，但裝設於防水措施之箱內時不在此限。

3. 裝設於厚度 0.8mm 以上鋼板或同等以上強度之箱。

4. 設置位置應為易於維護、點檢及處理之場所外，應為下列場所，但裝設於耐熱性之箱時，不在此限；

   (1) 防災中心，中央管理室，電氣室等之牆壁、地板、天花板由耐燃材料造成，且開口部設有甲種防火門窗或乙種防火門窗之室內。

   (2) 耐燃材料區劃之天花板內。

   (3) 耐火性能之管道內。

   (4) 特別避難樓梯構造之樓梯間。

5. 其他類似場所，而無延燒顧慮之場所。

5-6-4 洩波同軸電纜等

1. 有腐蝕影響功能顧慮部分，應有防蝕措施。

2. 連接處應有防水措施，但裝設於防水措施之箱內時不在此限。

3. 連接部分採用接塞，接塞相互間之連接，接用可撓性同軸電纜，並保持適當餘量長度（參照圖5-14）。

4. 露出設置時，在避難及通行上不發生障礙之位置。

5. 洩波同軸電纜等，應為耐熱性，且設於不由金屬板等降低電波輻射特性之位置。

6. 洩波同軸電纜及同軸電纜應以玻璃纖維，硅藻土等包紮（參照圖5-15），或布設於不燃材料區劃之天花板內等，同等以上耐熱措施，但採用耐熱形洩波同軸電纜或消防機關認定之場合，可以露出布設。

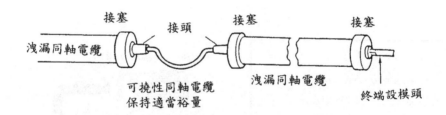

圖5-14　洩漏軸電纜之連接方法

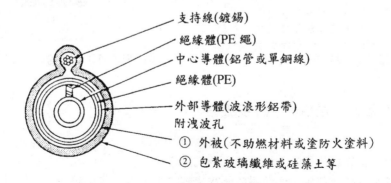

圖5-15　洩漏同軸電纜之耐熱方法

7. 洩波同軸電纜應以支持金屬物固定,為防止火災時外皮燒失之掉落,金屬或磁器製等支持物,以 5m 以內間隔固定於牆壁,天花板柱子等(參照圖5-16)。

8. 洩波同軸電纜之彎曲半徑應為該電纜外徑之 30 倍以上。

9. 空中線(天線)應以金屬或不燃材料之支持物固定於天花板、柱子、牆壁等(參照圖 5-17)。

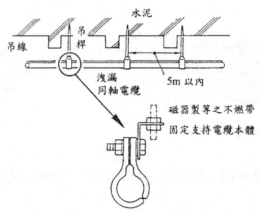

圖 5-16　洩漏同軸電纜之支持固定方法

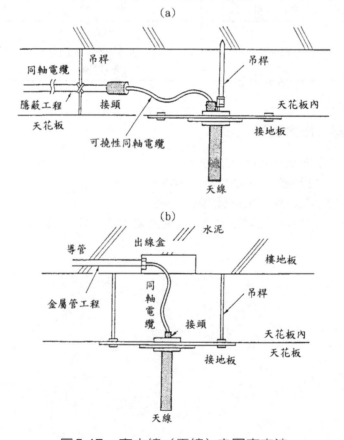

圖 5-17　空中線(天線)之固定方法

10. 洩波同軸電纜應與特別高壓或高壓線路保持1.5m以上間隔，惟如有效遮蔽該線路之靜電現象時不在此限。

11. 洩波同軸電纜之終端，應裝設無反射終端電阻器，以防止傳送電波反射至送信機。無反射終端電阻器之外觀如圖5-18，特性概要如表5-2。

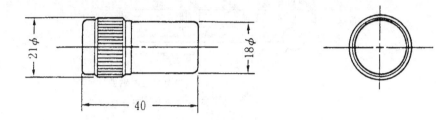

圖5-18　無反射終端電阻器之外觀圖（例）

表5-2　無反射終端電阻器之特性概要

項　　目	特　　性
阻　抗	50Ω
VSWR	100~500MHZ 之 1.2 以下
容許電力	1W (連續)

5-6-5　增幅器（放大器）

1. 增幅器應裝設於防火有效措施之場所。

2. 有腐蝕影響功能顧慮部分，應有防蝕措施。

3. 設置位置應為易於維護、點檢及處理之場所。

4. 設增幅器時，該增幅器之緊急電源，應使用蓄電池設備，其容量應能使其有效動作30分鐘以上。

第 **6** 章

緊急電源
插座設備

6 緊急電源插座設備

6-1 緊急電源插座設備之設置意義

　　緊急電源插座設備為消防活動上必要設施之一，高層建築物之高層部分或地下街等發生火災時，對消防隊進出滅火或人命之援救，顯然有很多阻礙，尤其是建築物之消火活動或人命援救活動，需要使用消防機械，器具動力之場合多。因此事先確保消防機械，器具之電源先行規劃設置緊急電源插座。

6-2 緊急電源插座設備之構造、性能

6-2-1 緊急電源插座設備之性能

　　緊急電源插座之電源供應容量為交流單相110V（或120V）15A，其容量約為1.5KW以上。

6-2-2 插座之構造

1. 插座為接地型交流單相110V供電，額定125V 15A，如圖6-1所示。
2. 同一保護箱內，設插座兩個

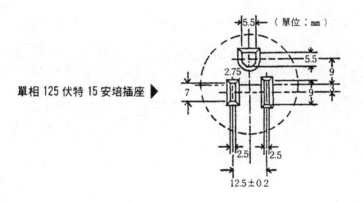

單相 125 伏特 15 安培插座 ▶

圖6-1　緊急電源插座

6-2-3 保護箱

1. 緊急電源插座應裝設二個於符合規定之嵌裝式保護箱。
2. 保護箱長邊及短邊分別為25cm及20cm以上。
3. 保護箱應為鋼板或具同等性能以上之不燃材料製，其厚度在1.6mm以上。
4. 保護箱內應有防止插頭脫落之適當裝置（L型或C型護鉤）。

5. 保護箱蓋為易於開閉之構造。

6. 保護箱須接地。

7. 保護箱蓋標示「緊急電源插座」字樣，每字在 2cm^2 以上。

8. 保護箱與室內消防栓箱等併設時，須設於上方且保護蓋須能另外開啟。

9. 緊急電源插座應在保護箱上方設紅色表示燈。

6-3 緊急插座設備之設置基準

依照消防安全設備設置基準，下列供公眾使用建築物之場所應設置緊急電源插座：

1. 11 層以上建築物之各樓層。

2. 總樓地板面積在 1,000m^2 以上之地下建築物。

3. 依建築技術規則應設置之緊急昇降機間。

6-4 緊急插座設備之設置要領

6-4-1 基本要領

緊急插座為避免受火災、機械上損傷，裝設於嵌裝保護箱內，但依照緊急用配電盤箱設置不在此限。又接地極應以規定予以接地，對於保護箱內接地端子仍應施以第三種接地。

6-4-2 緊急插座之設置位置

緊急電源插座裝設於樓梯間或緊急昇降機間等（含各該處 5m 以內之場所）消防人員易於施行救火處，且每一層任何一處至插座之水平距離在 50m 以下（參照圖6-2）。

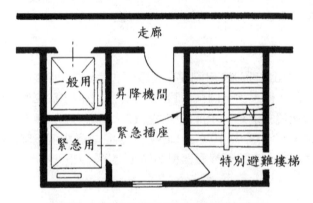

圖6-2　緊急電源插座之設置位置例

6-4-3 緊急插座設置高度

緊急插座裝設高度應距離樓地板 1.0m 以上 1.5m 以下之位置（參照圖6-3）。

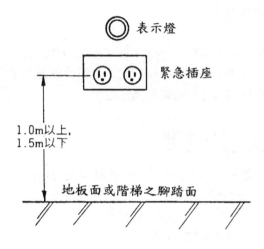

圖6-3　緊急插座之設置高度

6-4-4　電源及配線

1. 電源為蓄電池或無其他分歧配線之緊急供電低壓屋內幹線，其電源開關應標示「緊急插座設備用」字樣。
2. 前款之專用回路不得設漏電斷路器。
3. 各插座應設容量110V、15A以上之無熔絲斷路器，專用回路至各樓之緊急插座分歧時，分歧用配線斷路器設於保護箱內。
4. 分歧用拉線盒採用防銹加工，厚度1.6mm以上之金屬製品。
5. 保護箱內之配線及連接點等之充電部分，應有不露出保護措施。
6. 緊急插座設備應附設緊急電源，其緊急電源之種類，容量及耐燃保護配線，依室內消防栓設備規定設置。

6-4-5　幹線

1. 緊急插座應從主配電盤設專用回路，各層至少應設二回路以上之供電線路，且每一回路之連接插座數不得大於十個（每回路電線容量不得小於二個插座同時使用之容量）。
2. 幹線原則上採用縱式配線，不採用橫式配線，配線方式如圖6-4。
3. 幹線容量以每一回路可供110V，15A以上容量之各樓所設緊急插座，其電壓降為2%以下（電氣使用場所內設置變壓器供給時，為3%以下）。

6-4-6　表示燈

1. 緊急插座之保護箱之上面設紅色表示燈。
2. 表示燈回路之配線，依室內消火栓設備燈回路之例，採用耐熱保護配線。
3. 表示燈設置方法，參照圖6-5及圖6-6。

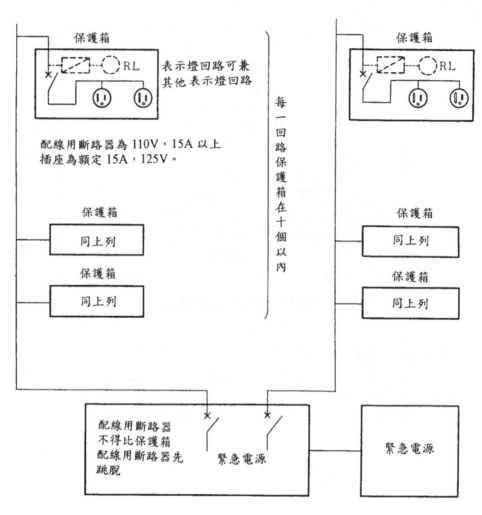

圖 6-4 緊急插座設備之配線方法

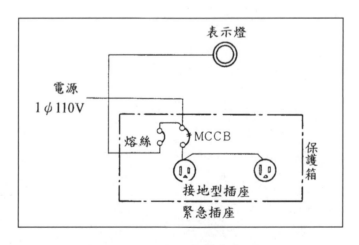

圖 6-5 表示燈之分歧方法例

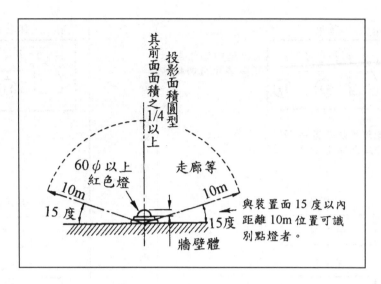

圖6-6 表示燈之設置方法

4. 緊急插座之保護箱,應在消防栓箱上面。

5. 消防設備及警報設備之門扇部分與緊急電源插座之門扇部分,以不燃材料區劃。

6. 消防設備之門扇與緊急電源插座之門扇,應可分別開閉。

7. 緊急電源插座設備之紅色表示燈與室內消防設備之紅色表示燈可兼用。

第 **7** 章

火警自動 警報設備

7 火警自動警報設備

7-1 火警自動警報設備及應用

火警自動警報設備在消防設備之分類中屬於警報設備之一，為火災發生時自動探測及向防火對象物之有關人員告知火災信號及連動控制之設備，由於火災之早期發現，可有效誘導避難及能提前初期滅火，可有效防止人命危險及火災之擴大。

從前，常因非火災原因響鈴，致輕意將警鈴回路切斷，引起大災害之實例。至最近有防止非火災動作對策之探測器、受信機之採用，警報音響由響鈴改變為聲音合成回路之聲音警報，提高了火警自動警報設備之可靠性。

7-1-1 火警警報設備

包括火警自動及手動警報設備中之探測器、火警發信機、火警警鈴、標示燈、中繼器、受信總機、防災連動控制設備。

7-1-2 火警分區

裝設火警自動警報器之建築物，應依下列規定劃定火警分區。

1. 每一火警分區不得超過一樓層，且不得超過樓地板面積600m²。但上下兩層樓地板面積之和不超過500m²者，得二層共用一分區。
2. 每一分區之任一邊長在50m以下。但裝設光電式分離型探測器時，其邊長得在100m以下。
3. 如由主要出入口，或直通樓梯出入口能直接觀察該樓層任一角落時，第一款規定之600m²得增為1000m²。
4. 樓梯、斜坡通道、昇降機之昇降路及管道間等場所，在水平距離50m範圍內，且其頂層相差在二層以下時，得為一火警分區。但應與建築物各層之走廊、通道及居室場所分別設置火警分區。
5. 樓梯或斜坡通道，垂直距離每45公尺以下為一火警分區。但其地下層部分應為另一火警分區。

7-1-3 探測範圍

依照各類場所消防安全設備設置標準之規定，探測器之有效探測範圍，如表7-1所示。

探測器裝置於四週均為通達天花板牆之房間內時，其探測範圍，除照表7-1規定外，並不得大於該房間樓地板面積。探測器裝置於四週均為淨高40cm以上之樑或類似構造體之平頂時（但差動式分布型及偵煙式探測器，其裝置面之四周淨高應為六十公分以上其探測範圍），除照表7-1規定外，並不得大於該樑或類似構造體所包圍之面積。至於各類場所消防安全設備設置標準之探測器有效探測範圍規定在120條、121條及122條，並可參照7-3-4節，火警探測器之裝置辦理。

表 7-1　探測器有效探測範圍

裝 置 面 高 度			未滿四公尺		四公尺以上 未滿八公尺 (偵煙式為未滿 二十公尺)	
建 築 物 構 造			防火構造 建 築 物	其 他 建 築 物	防火構造 建 築 物	其 他 建 築 物
探測器種類及 有效探測範圍 （平方公尺）	差動式 局限型 補償式 局限型	一種	90	50	45	30
		二種	70	40	35	25
	偵煙式 局限型	一種或 二種	150	150	75	75
		三種	50	50	—	—
	定溫式 局限型	特種	70	40	35	25
		一種	60	30	30	15
		二種	20	15	—	—

7-2 火警自動警報設備之種類、構造

7-2-1 設備之構成

火警自動警報設備由受信總機、探測器、中繼器、火警發信機、火警警鈴及標示燈構成（圖7-1），其各單元之標準規範在 CNS 之編號如下：

1. 火警警報設備總則—CNS8873
2. 火警探測器—CNS8874
3. 火警中繼器—CNS8875
4. 火警發信機及其火警警鈴，標示燈—CNS8876
5. 火警受信總機—CNS8877

7-2-2 火警受信總機之種類，構造

一、火警受信總機之種類

1. 受信總機型式分為 P 型（一般機種）及 R 型（特殊機種），參照圖7-2，例：

    (1) P 型：火警受信總機，防排煙受信總機，自動撒水受信總機，自動泡沫受信總機，滅火連動控制盤及防火鐵捲門控制盤。

    (2) R 型：R 型火警受信總機

    (3) P 型複合式受信總機則稱為「複合式受信總機」；R 型複合式受信總機則稱為「R 型複合式受信總機」。

2. 具有連接火警發信機、火警警鈴、標示燈或其它附屬設備之功能者稱火警受信總機。

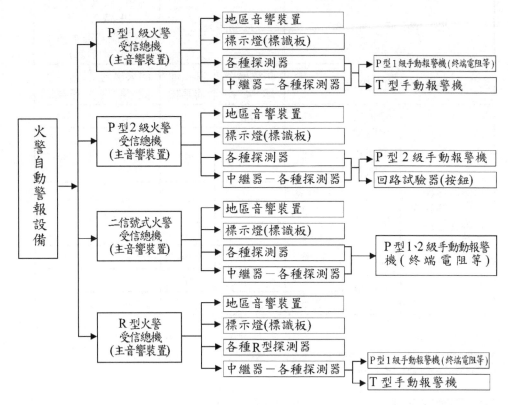

圖7-1 火警自動警報設備之構成

3. 具有防災連動控制之設備者,則依其所連動控制之區別,分為排煙受信總機、自動撒水受信總機、自動泡沫受信總機、滅火連動控制盤及其他防火連動用控制盤。(對滅火及防火連動用控制盤,在機器銘板須標明控制用途名稱,例:CO_2連動控制盤或防火門連動控制盤)。

4. 一機體同時具有兩種以上之控制功能者,則稱為複合式受信總機。

5. 複合式受信總機回路表示部之燈殼須有顏色區分或文字說明,(但已採有效措施及R型系統者除外)。

二、火警受信總機之構造

1. 受信總機之內部須裝設能同時開關主電源雙極之開關。

2. 在輸入主電源以及由受信總機對外部負載直接供應大於0.5A電流之構造者,其回路中應裝設保險絲或斷路器。

3. 在受信總機內部應裝設備用電源,但對已採有效措施者不在此限。

4. 受信總機正面應裝設能監視主電源之裝置。

5. 受信總機正面應裝設能監視主回路之電壓裝置,而此監視裝置應能探測電壓異常變化

之功能，且應裝設在交直流電源切換裝置之後，復原開關等負載這一方。（單回路者除外）

6. 復原及音響停止開關：應設專用之開關，且復原開關應為自動彈回型。

7. 不能自動恢復原位置之開關者，應加設聲音信號裝置或以閃滅表示燈等來提醒人員注意。

8. 受信總機之外殼應為良導體，其厚度須1.2mm以上，並設置接地端子，且須有 ⎓ 或 E 英文字任一標示。

9. 應有能表示火警發信機動作之裝置（單回路者除外）。

10. 受信總機須有防止誤報之功能。

(1) 當外部配線（回路信號線除外）發生故障時。

(2) 受到振動、外力衝擊電力開關之開關動作或其他電氣回路干擾時。

(3) 設有蓄積回路者，應有回路蓄積與非蓄積切換之裝置。

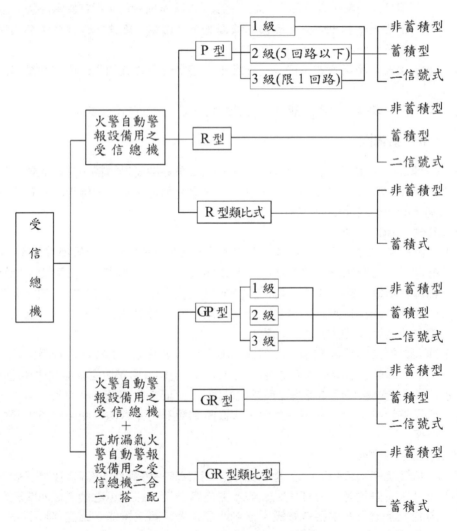

圖 7-2　火警受信總機之形式

11. 除一回路受信總機外，設有蓄積回路功能者，應標示標稱蓄積時間及設有蓄積與非蓄積之切換裝置（標稱蓄積時間應在 5 秒以上，總動作時間須在 60 秒以下）。

12. 主電源超過 60V 以上，其電源部分須有防觸電之裝置。

13. 附有防災連動控制功能者應符合下列規定。

    (1) 應能同時連動控制附屬之相關設備。

    (2) 連動輸出裝置應有適當之保護裝置，在輸出異常時能確保受信總機功能正常，並須設有端子記號及接線圖之明確標示。

    (3) 撒水與泡沫回路動作時，其回路區域表示裝置可與外部感知動作信號同步。

    (4) 具有防災連動控制裝置者，其受信回路部分則依火警受信總機之規範檢驗之：但連動控制部分之檢驗，其連動控制之電氣特性如下：

        (a) 所用接點應使用 G，S 合金（金，銀合金或其他有效電鍍處理者）

        (b) 接點能適合最大使用電流容量，在最大使用電壓下，經由電阻負載於最大使用電流反覆動作試驗 30 萬次之後，其功能構造均不得有異常障礙發生。

        (c) 電驛除密封型以外者應裝設適當護蓋，以避免塵埃等附著於電驛接點及可動作部位。

        (d) 接點之應用方式：由同一接點不得接至內部負載和外部負載作直接供應電力之用。

        (e) 同一電驛不得同時使用於主電源變壓器之一次側及二次側。

三、P 型受信總機

接收由探測器或手動報警機所發出信號，將此信號由中繼器轉換成共同信號，於收到信號後告知防火對象物之有關人員，分為 P 型 1 級與 2 級兩種，P 型 1 級用於一般居室場所，而 P 型 2 級則用於小規模建築物之場所。

1. P 型受信總機之功能

    (1) 除能個別試驗回路火災動作及斷線表示裝置外（單回路受信總機可免設），應具有能自動檢知經由探測器回路端至終端器間外部配線通電狀況之功能；此功能包括斷線表示燈、斷線故障音響、斷線區域表示設備（單回路除外），且此裝置在操作中如其他回路接收到火警信號時，應同時作火警區域表示。若同一回路接收到火警信號表示時應以火警表示優先。

    (2) 應裝設當主電源停電時能自動切換由備用電源供電，而主電源恢復供電時，又能自動由備用電源改換為主電源供電之設備，且切換時不得影響警報信號之表示。

    (3) 應裝設能試驗備用電源是否良好之裝置。（但已採有效措施者除外）

    (4) 標示燈輸出，平常為直亮狀態，火警時須變為閃亮狀態，使用預備電源供電時可不亮。

2. P 型 1 級受信總機

    P 型 1 級受信總機具有下列之構造及機能，其代表性外觀及各部各稱如圖 7-3 所示。

    (1) 接到火災信號時，由紅色火災燈及主音響裝置，將火災之發生經地區表示裝置，自動表示火災發生警戒區域，啟動地區音響裝置之機能（單回路時不設火災燈及地區表示裝置）。

(2) 除以手動復舊火災之表示外，可保持機能（自保機能）。

(3) 火災表示動作之試驗裝置。

(4) 外部配線之導通試驗裝置（單回路除外）。

(5) (3)及(4)裝置之操作中，接受其他回路之火災信號可表示火災之機能。

(6) 主電源與備用電源可自動切換之裝置。

(7) 備用電源良否之試驗裝置。

(8) 接到中繼器電源中斷，熔絲熔斷等信號時，自動經音響裝置及故障表示燈，表示故障裝置。

(9) 電話連絡裝置（單回路除外）。

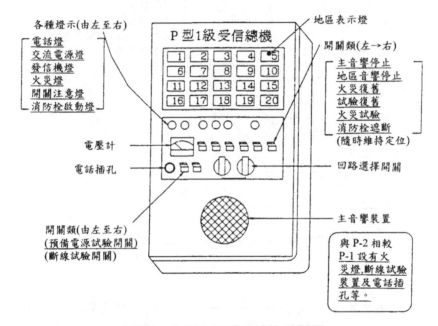

圖7-3　P 型 1 級受信總機外觀圖

3. P 型 2 級受信總機

P 型 2 級受信總機與 P 型 1 級受信總機之構造，機能大致相同，主要相異點如下，其代表性外觀及各部名稱如圖 7-4 所示。

(1) 連接電路在 5 回路以下。

(2) 無 P 型 1 級受信總機(1)項中之火災燈（單回路時，包括火災燈，地區表示裝置及地區音響裝置）。

(3) 無外部配線之導通試驗裝置及電話連絡裝置。

4. P 型 3 級受信總機

P 型 3 級受信總機之構造，機能大致與單回路之 P 型 2 級受信總機相同，但並無火災表示保持機能之簡易化受信總機，設置於共同住宅之「住宅情報盤」其代表性外觀及各部名稱如圖 7-5 所示。

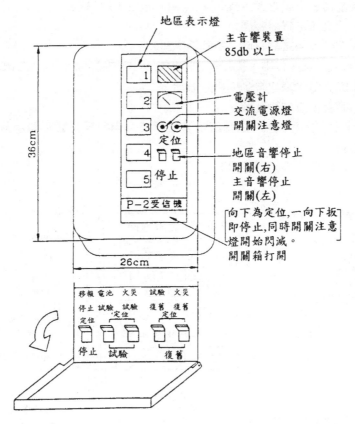

地區表示燈

主音響裝置
85db 以上

電壓計
交流電源燈
開關注意燈

定位

地區音響停止
開關(右)
主音響停止
開關(左)

停止

P-2受信機

向下為定位,一向下扳
即停止,同時開關注意
燈開始閃滅。
開關箱打開

36cm

26cm

移報 電池 火災　試驗 火災
停止 試驗 試驗　復舊 復舊
定位　　定位　　　定位

停止　　試驗　　　復舊

圖7-4　P型2級受信總機外觀圖

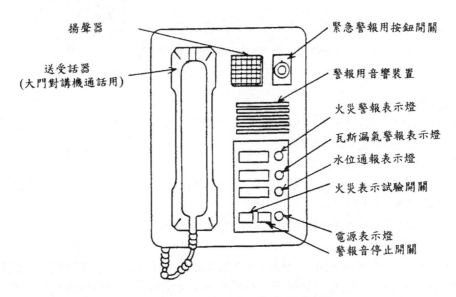

揚聲器

送受話器
(大門對講機通話用)

緊急警報用按鈕開關

警報用音響裝置

火災警報表示燈

瓦斯漏氣警報表示燈

水位通報表示燈

火災表示試驗開關

電源表示燈
警報音停止開關

圖7-4　P型3級受信總機外觀圖

四、R 型受信總機

1. R 型受信總機之功能
   (1) 應具有能個別試驗火警表示動作之裝置，同時應具能自動檢知中繼器回路端至終端器配線有無斷線，以及受信總機至中繼器間電線有無短路及斷線現象之裝置，且這些裝置在操作中如其他回路有火警信號時，應能優先作火警表示（若同時其他有斷線信號亦應能保有斷線表示），但當火警信號以手動復原後，應能回復原斷線區域表示。
   (2) 應裝設當主電源停電時能自動切換由備用電源供電，而主電源恢復供電時，又能自動由備用電源改換為主電源供電之設備，且切換時不得影響警報信號之表示。
   (3) 應裝設能試驗備用電源是否良好之裝置（但已採有效措施者除外）。
   (4) 當接到中繼器發出之故障信號時，能自動發出聲音信號及表示燈表示有故障已經發生之裝置。
   (5) 標示燈輸出，平常為直亮狀態，火警時須變為閃亮狀態。使用預備電源供電時，可不亮。

2. R 型受信總機與 P 型受信總機之比較
   R 型受信總機之機能大致與 P 型 1 級受信總機相同，P 型 1 級受信總機是接收由探測器或火警發信機所發出之共通信號，設有個別表示火災地區，R 型受信總機是接收直接由探測器或發信機，或經中繼器之火災固有信號，以數字顯示火災地區的關係可少用信號線（可共用一條通信線），代表性外觀及各部名稱如圖7-6 所示。

3. R 型類比式受信總機
   類比式受信總機是，對各探測器所檢出廣範圍溫度內（類比式熱探測器）或廣範圍煙濃度內（類比式煙探測器）之溫度、煙濃度經中繼器或直接送至受信總機，於受信機設定值啟動警戒表示，或火災表示（圖7-7 類比式探測器之信號輸出值）。因此可從尚未達到火災之異常燃燒狀態起發出警戒警報，並配合設置場所之環境變化，變更靈敏度可得先期非火災報之對策，類比式受信總機之主要機能如下：
   (1) 接收火災警報信號中，達到表示警戒設定動作值時，由警戒燈及警戒音響裝置，經地區表示裝置自動表示警戒區域。
   (2) 對火災表示及警戒表示設定溫度或濃度，其靈敏度設定裝置如下
      (a) 可設定表示溫度等之特定探測器，且易於確認探測器之溫度等之表示。
      (b) 必須二道手續以上之操作，始可變更表示溫度等之設定。
      (d) 溫度等之表示，在感熱式探測器由溫度；離子式探測器、光電式探測器由減光率表示，其單位為度或百分率。
   (3) 接收火災信號或火災警報信號達到設定動作值時，紅色火災燈及主音響裝置自動表示火災之發生，並自動啟動地區音響裝置。
   (4) 火災表示試驗裝置，警戒表示試驗裝置，並能檢出至終端器外部線之斷線及受信機至中繼器外部配線短路之裝置，以測試之機能。
   (5) 火災表示試驗裝置，警戒表示試驗裝置及外部配線試驗裝置之操作中，接收其他警戒區域之火災信號或火災警報信號時，仍可火災信息之表示。

(6) 火災信號或火災警報信號從受信開始至火災表示（地區音響裝置之啓動除外），所需時間為 5 秒鐘以內。

(7) 發信機發出信號（達到警戒表示之值）起受信機開始受信至警戒表示所需時間為 5 秒鐘以內。

(8) 二回線同時接受火災信號或火災警報信號時，仍可以火災信息表示。

(9) 感熱類比式局限型探測器之火災警報信號之公稱受信溫度範圍為，上限 60 度以上 165 度以下，下限 10 度以上，低於上限值 10 度以下之溫度。

(10) 離子化類比式局限型探測器，或光電類比式局限型探測器之火災警報之公稱受信溫度範圍為，每公尺之換算減光率之上限 15% 以上 25% 以下，下限 12% 以上低於上限值 7.5% 以下之濃度。

(11) 光電類比式分離型探測器有關之火災警報信號之公稱受信濃度範圍為，每公尺之減光率換算值如表 7-2 所示。

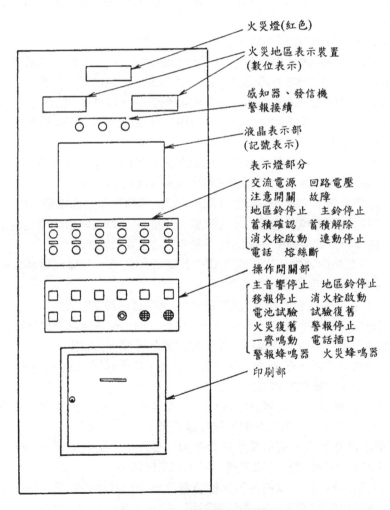

圖 7-6 R 受信總機外觀圖

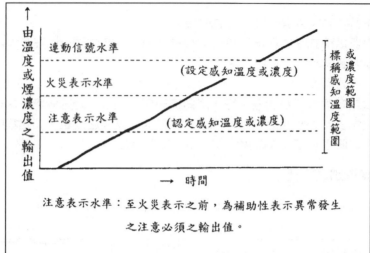

注意表示水準：至火災表示之前，為補助性表示異常發生
之注意必須之輸出值。

火災表示水準：為表示火災之發生及火災發生場所等，必須
之輸出值。

連動信號水準：為啟動防火門窗，防火調節風門，自備發電
設備等之防火設備，必須之輸出值。

圖7-7　類比式探測器之信號輸出值

表7-2　光電類比式分離型探測器之標稱感知濃度範圍

區　　分	標　稱　感　知　濃　度　範　圍	
	上　限　值	下　限　值
L1 未滿 45m 者	(0.8×L1＋29)%以上 1.1×(L1＋40)%以上	(0.15×L2)%以上上限值起， (0.15×L2+11)%低濃度以下
L1 在 45m 以上者	65%以上 94%以下	(0.15×L2)% 以 上 上 限 值 起，20%低濃度以下

註：L1：標稱監視距離之最小值　L2：標稱監視距離之最大值

五、GP 型受信機或 GR 型受信機

GP 型或 GR 型受信機為，接收火災發生信號及瓦斯漏氣信號發出警報，並具有 P 型受信機或 R 型受信機及 G 型受信機之功能。

※ G 型受信總機係指從探測器發出之瓦斯漏氣信號，可以直接或透過中繼器加以受信，而將瓦斯漏氣之訊息自防火對象物之關係人加以報知的受信總機。

六、蓄積式及二信號式受信總機

1. 蓄積式受信總機

接受火災探測器之火警信號後，依其蓄積功能，在一定時間（5~60 秒）內才會動作，

響起警鈴並啓動火警標示燈之受信總機。

※相對的非蓄積式受信總機在接受火災探測器之火警信號後，在5秒內立即響起警鈴並啓動火警標示燈之受信總機。

2. 二信號式受信總機

採複合式或多信號式探測器，有不同蓄積時間之組合，乃透過第一信號和第二信號之受信線路設計，以防止因暫時性原因而引起火災誤報之現象，如此經由二個以上信號之確認，以真正判定火災確實發生，以增加準確性。

七、受信總機別之功能

R型，P型1級，2級，3級受信總機功能，構造之差異如圖7-8所示

機能 構造 ＼ 受信總機種類	R型	P型1級 (多回路)	P型1級 (1回路)	P型2級 (多回路)	P型2級 (1回路)	P型3級
(一)火災燈	○	○	×	×	×	×
(二)地區表示燈	○	○	×	○	×	×
(三)主音響裝置音壓(dB)	85	85	85	85	85	70
(四)地區音響裝置	○	○	○	○	×	×
(五)火災表示保持功能	○	○	○	○	○	×
(六)回路數限制	無	無	1回路	5回路以下	1回路	1回路
(七)預備電源	○	○	○	○	×	×
(八)電話聯絡裝置	○	○	×	×	×	×
(九)斷線試驗裝置	○	○	×	×	×	×
(十)火災試驗裝置	○	○	○	○	○	×
符號說明	○：表具備該項機能 ×：表不具備該項機能					

圖7-8　R型，P型1級，2級，3級受信總機功能，構造之差異。

7-2-3 探測器之種類、構造

探測器是將火災發生之熱、煙或焰之感知，自動送出火災發生信號至受信機，有熱感知之感熱式探測器，煙感知之偵煙式探測器及焰感知之火焰式探測器，另有一個探測器由二個以上不同探測器性能組合之複合式探測器，更有同時具有二種以上不同種別，性能，標稱動作溫度，且能發出二種以上不同火災信號之多信號探測器，各種探測器之構成如圖7-9所示。

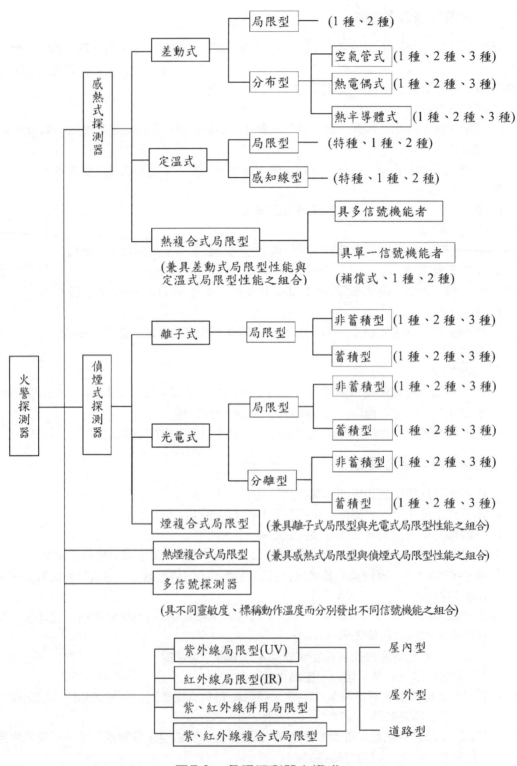

圖7-9　各種探測器之構成

一、火警探測器之種類

　　按防水性能分為防水型及非防水型；按防蝕性能分為耐酸，耐鹼型或普通型；有無再用性可分為再用型或非再用型，對有無防爆功能分為防爆型及非防爆型，對蓄積動作之有無亦分為蓄積型或非蓄積型，對於靈敏度之規定亦應予以劃分。

1. 差動式局限型：
   周圍溫度上昇率在超過一定限度時就動作，係針對某一局限地點之熱效率有反應者。
2. 差動式分布型：
   周圍溫度上昇達某一限度就會動作而對廣大地區熱效率之累積產生反應者。
3. 補償式局限型：
   兼具差動式局限型及定溫式局限型二種性能者。
4. 定溫式線型：
   在一固定地點周圍溫度達到一定溫度以上時就會動作而其外觀為電線狀。
5. 定溫式局限型：
   在一個定地點周圍溫度達到一定溫度以上時，即會動作而其外觀則非電線狀。
6. 離子化型：
   周圍空氣中含煙濃度達到某一限度即會動作，其係利用離子化電流受煙影響而產生變化之原理。
7. 光電式型：
   周圍空氣所含煙濃度達到某一限度時，即發生動作者，係光電束子之受光量受到煙之影響而產生變化之原理，分為散亂光型及減光型二種。
8. 同一偵測體具有上列兩種之偵測功能者，須各別符合相關之規定。

二、火警探測器之構造

1. 不得因氣流方向之改變而影響探測功能。
2. 離子式之探測器，其輻射量應低於 $1.0\ \mu Ci$ 且不得對人體有危害。
3. 探測器之構造應有排除水份侵入之功能。
4. 接點部之間隙，以及其調節部應牢固固定，不得因作調節後會有鬆動之現象。
5. 差動式局限型，有排氣裝置者，其排氣裝置不可使用因氧化之物質而影響其正常排氣功能物質。
6. 探測器之底座視為探測器的一部位，且可與本體連結試驗1000次後，內部接觸彈片不得發生異狀及功能失效。
7. 差動式分布型探測器而裝有空氣管者，應符合下列規定。
   (1) 容易測試其漏氣，阻力及接點水位高者。
   (2) 容易測試空氣管之漏氣或阻塞，且應具有當測試畢後，不致有忘記將試驗復原至一定位置之裝置。
   (3) 應使用整條空氣管而全長應有20公尺以上，其內徑及管厚應均勻，不得有傷痕、裂痕、扭曲、腐蝕等有害瑕疵。
   (4) 空氣管之厚度應在0.3mm以上。

(5) 空氣管之外徑應在 1.94mm 以上。

8. 差動式分布型探測器中,採用熱電偶或熱晶體者,應符合下列規定:

(1) 易於測試出檢測體之動作電壓。

(2) 能容易測試熱電偶部有無斷線及導電體電阻之構造,而且應具有當測試完畢後,不致忘記將試驗裝置恢復至一定位置的裝置。

9. 局限型之離子化型及光電式探測器與平面位置有 45°傾斜時,差動式者則傾斜 5°時,仍不致有功能異狀。探測器應裝設能表示已有動作之指示設備,但補償式探測器在動作時有連接至受信總機表示確有動作之機能者,則不在此限。

10. 光電式探測器之標準如下規定

(1) 所使用光源之光束變化應少,且能耐長時間之使用。

(2) 光電元件應不得有靈敏度之劣化或疲勞現象,且能耐長時之使用。

(3) 能容易清潔檢知部位。

11. 採用射線物質者,應將該物質密封且不容易由外部接觸,當火災發生時亦不容易破壞者才行。

12. 感知部與外線接觸端,應採用不生銹之材質。

三、感熱式探測器

1. 差動式局限型探測器

當周圍溫度上升率超過一定限度時就會動作,而針對某一局限區域之熱效果而動作之探測器,配合靈敏度分為 1 種、2 種,其構造如下:

(1) 利用空氣膨脹原理動作者

由感應室、膜片、排氣孔及接點機構構成,火災時,溫度急劇上升,感應室內部之室氣膨脹,推上壓縮膜片使接點閉合,線路連通發生信號至受信總機(參照圖 7-10)

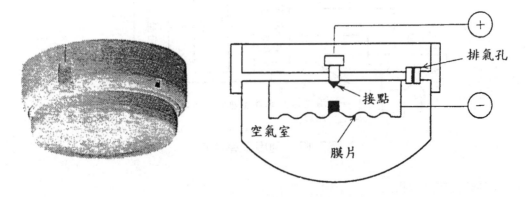

圖 7-10　利用空氣膨脹式

對於平時非火災之緩慢溫度上升,其熱氣可經由排氣孔排放,使感應式內外壓力保持平衡,不致接點閉合。

(2) 利用熱起電力原理動作者

由半導體熱電偶、溫接點、冷接點、高感應繼電器及感熱蓋構成，當火災之溫度急劇上升，使得固定在感熱蓋之半導體熱電偶產生熱起電力，使高感度繼電器接點閉合，向受信總機傳送信號（參照圖7-11）。

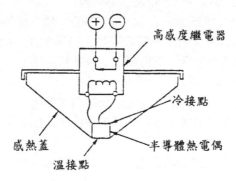

圖7-11　利用熱起動力式

對於平時非火災之緩慢溫度上升，半導體電偶之冷接點側將產生逆熱起電壓與溫接點側之熱起電壓相抵消，不致使繼電器動作，則接點不能閉合。

(3) 利用半導體者

由溫度檢知元件（熱敏電阻等）、保護蓋及配合之溫度上升檢知回路、比較回路、開關回路等構成，當溫度檢知元件周圍溫度變換為電壓信號與滯後之回路電壓信號，得溫度上升率之電壓信號，其溫度上升率信號超過所定值時，發出火災信號（參照圖7-12）。

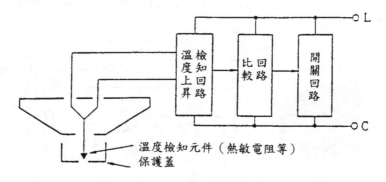

圖7-12　利用半導體式

2. 差動式分布型探測器

當周圍溫度上升率達一限度時就會動作，而針對廣範圍之熱效果累積而動作之探測器，其型式及動作原理可分為以下三種；

(1) 利用空氣管式

由受熱部與檢出部兩部分構成，受熱部之外徑應在1.94mm以上，厚度在0.3mm以上之鋼管構成，檢出部有膜片、排氣孔、接點等構成。

當火災溫度由於室內之累積熱急劇上升，空氣管內部之空氣膨脹，檢出部之膜片膨脹，而使接點閉合，發出火災信號（參照圖7-13），平時溫度的變化可由排氣孔，排掉其膨脹之空氣，不致接點閉合。

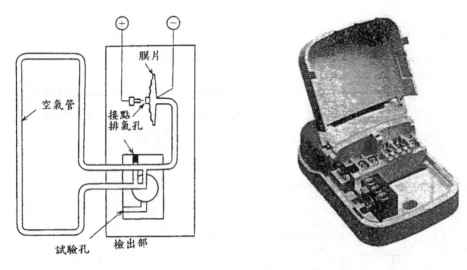

圖7-13　利用空氣管式

(2) 利用熱電偶式

由熱電偶之感熱部及備有試驗用端子之半導體回路元件構成，當熱電偶部因火災發生急劇加熱後，會產生熱起電力，當電流流到繼電器時，使接點閉合，而將火災信號傳到受信機，平時因暖氣等因素引起室內溫度之緩慢上升，則產生少量熱起電力，將不致造成探測器之動作。

(a) 熱電偶部圖示：

(b) 內部構造圖示：

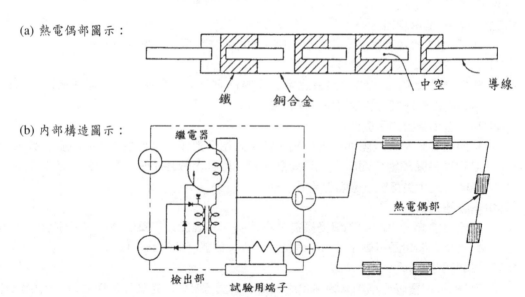

圖7-14　利用熱電偶式

熱電偶由異種金屬鐵與銅合金相互接合而成，其接點給予溫度差時會產生電力，在中空部與斷面接續部於溫度急遽上升時產生溫度差，而產生熱起電力，檢出部之繼電器，依熱起電力使繼電器動作，而使接點閉合，熱電偶與內部構造如圖7-14(a)(b)。

(3) 熱半導體式

由感熱部和檢出部而成，感熱部為熱半導體元件和受熱板，檢出部由利用半導體熱電特性之電驛構成

在火災發生溫度急劇上升之情形下，熱半導體元件將伴生熱起電力使繼電器動作而將火災信號傳至送信機，平時，因暖氣等因素引起室內溫度之緩慢上升，則產生之少量熱起電力，將不致造成探測器之動作（參照圖7-15）

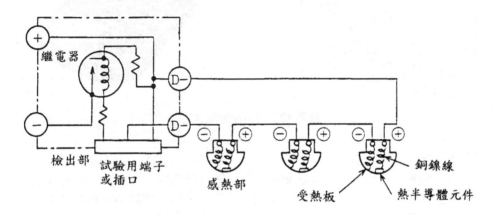

圖7-15　熱半導體式

3. 定溫式局限型探測器

針對局部場所周圍溫度達一定值以上時，即能動作發信之火警探測器。

(1) 利用雙金屬片之變位動作者

雙金屬片受熱後，由於偶合金屬之膨脹係數不同致反轉變化，迫使接點上移閉合，向受信機發出火災信號（參照圖7-16）。

(2) 利用金屬膨脹原理動作者

利用金屬膨脹係數差而雙向位移，藉由膨脹係數較大之金屬外筒與膨脹係數較小之內部金屬皮組合而成，一旦受熱，藉由膨脹係數差而使接點閉合，進而向受信總機發出火災信號（參照圖7-17）。

(3) 半導體式者

將溫度檢知元件周圍溫度變換為電壓信號，其溫度之電壓信號超過所定值時，比較回路之開關回路動作，向受信機發出火災信號（參照點7-12）。

4. 定溫式線型探測器

由二條鋼琴線覆以可熔絕緣物，當局部場所周圍溫度達一定值溫度以上時，該絕緣物熔解，使得二條導線接觸，將火災信號傳送給受信總機。（參照圖7-18）

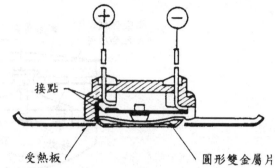

圖 7-16　定溫式局限型探測器（利用雙金屬片之變位動作者）之例

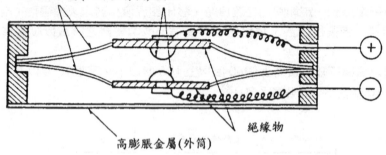

圖 7-17　定溫式局限型探測器（利用金屬膨脹係數之差雙向位移者）之例

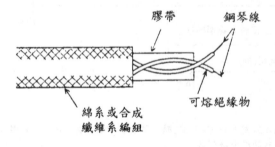

圖 7-18　定溫式線型探測器

5. 熱複合式局限型探測器

　　熱複合式局限型探測器分為多信號功能及無多信號功能兩種，多信號功能者，同時具有差動式局限型及定溫式局限型二種性能之探測器。

　　無多信號功能者，稱為補償式局限型探測器，當周圍溫度急劇上升時之動作同差動式局限型探測器；當溫度緩慢上升時，由於差動式特性之排氣孔作用，接點不能閉合；溫度達到一定溫度時，由定溫式特性閉合接點。（參照圖7-19）

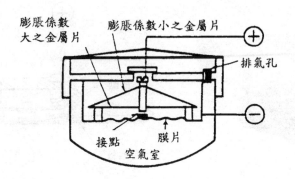

圖7-19　熱複合式局限型探測器

6. 熱類比式局限型探測器

　　某局部周圍達到一定範圍內之溫度時，發出該溫度相對之火災信號，用感知元件之熱敏電阻發出連續性信號，類比信號在受信機或中繼器之靈敏度設定裝置設定表示溫度。

　　探測器之公稱感知溫度為上限60度以上165度以下，下限10度以上，低於上限值一度刻之10度以下（參照圖7-20）

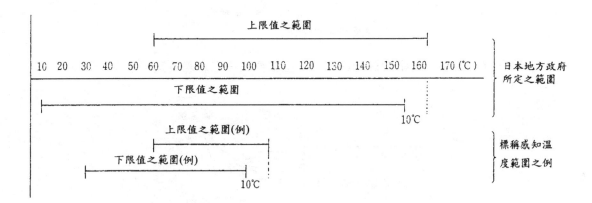

・火災表示溫度在上限值之範圍為60℃~110℃時、注意表示溫度在下限值之範圍為30℃~100℃。
・有關設置依照特種定溫式局限型探測器。

圖7-20　熱類比式探測器之感知溫度範圍

四、偵煙式探測器

　　偵煙式探測器有離子式局限型和光電式局限型，光電式分離型及煙複合式局限型，更可分為蓄積型和非蓄積型。

1. 離子式局限型探測器（利用煙粒子電流變化原理動作者）

　　當探測器周圍之空氣達一定濃度以上之煙時即動作，其原理乃利用燃燒初期所產生之

離子電流變化而使探測器動作。

火災時，由於煙粒子進入外部離子室，其煙粒子電流（I）與電壓（V）變化關係如圖 7-21(b) 曲線 B 所示，離電流由 I_1，變為 I_2，電壓由 V_1 變為 V_2，若 V_1 與 V_2 之電壓差值△ V 大於設定值以上，則開關回路將起動，而將火災信號傳至受信機。

平時，無煙粒子時，外部離子室（負極）與內部離子室（正極）維持一定電壓值（V）如圖 7-21(b) 之曲線 A 。

探測器之內部構造係由煙可以進入之外部離子室和密閉之內部離子室構成，放射線源為鎇（Am21），如圖 7-21(a) 所示。

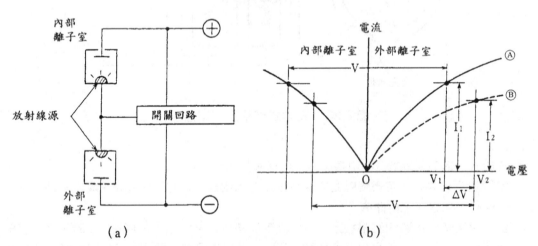

圖 7-21　離子式局限型探測器

2. 光電式局限型探測器（利用煙之散亂光原理動作者）

當周圍空氣達到一定濃度以上之煙時動作之探測器，是利用某局部煙之光電元件受光量之變化動作者。

發生火災時，煙粒子進入暗箱內部後，引起了光束散射現象，至光電元件接受到一定值之受光量後，產生電阻值的變化，因而增加電流，由開關回路檢出後，立即向受信機傳送火警信號。

平常無煙粒子時，因光源與光電元件成90°垂直，故光電元件無法接收光源，內部構造如圖7-22。

光電式局限型煙探測器

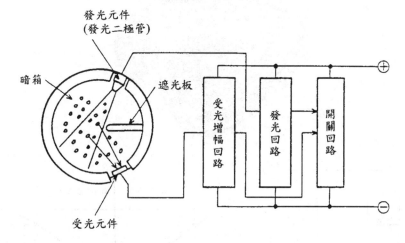

圖7-22　光電式局限型探測器

3. 光電式分離型探測器（利用煙之減光原理動作者）

當周圍空氣達到一定濃度以上之煙時動作之探測器，是利用廣範圍由煙之累積，光電元件受光量之變化動作者。

發生火災時，由開關回路檢出後立即向受信機傳送火災信號，無煙粒子時，光源直射光電元件，受光量無變化（參照圖7-23）。光電式分離型探測器之感知濃度範圍如圖7-24 所示。

4. 煙複合式局限型探測器

同時具有光電式局限型與離子式局限型探測器之性能，且能發出多信號者。

5. 偵煙類比式探測器

偵煙式探測器之類比式者有離子類比式局限型探測器、光電類比式局限型探測器、光電類比式分離型探測器。

(1) 離子類比式局限型探測器

當周圍之空氣達一定範圍內煙之濃度時，發出該濃度相對之火災信號，是利用某

局部煙之離子電流之變化，其類比信號，在受信機或中繼器之靈敏度設定裝置設定表示濃度。

探測器之公稱感知濃度範圍為每 1 公尺之減光率換算值，上限為 15% 以上 25% 以下，下限為 1.2% 以上，低於上限值，0.1% 刻度之 7.5% 以下濃度。（參照圖 7-24）。

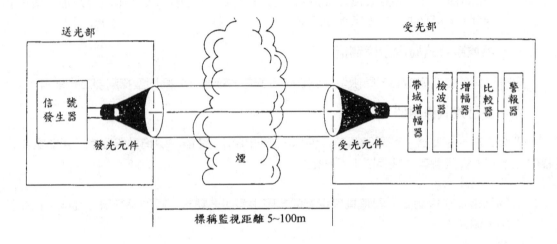

圖 7-23　光電式分離型探測器

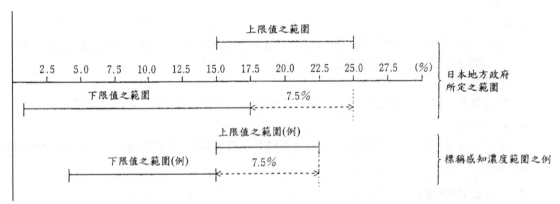

- 火災表示濃度在上限值為 15.0%~22.5% 時，注意表示濃度在下限值為 4.0%~17.0%。
- 有關設置依照表示濃度之設定值 1 種、2 種或 3 種。

圖 7-24　離子化類比式探測器之感知濃度範圍

(2) 光電類比式局限型探測器

當周圍之空氣達一定範圍內之濃度時，發出該濃度相對之火災信號，是利用某局部煙之光電元件受光量之變化，其類比信號，在受信機或中繼器之靈敏度設定裝置設定表示濃度。

探測器之公稱感知濃度範圍，同離子類比式局限型探測器。

(3) 光電類比式分離型探測器

當周圍之空氣達一定範圍內之濃度時，利用廣範圍內煙之累積，光電元件受光量之變化而動作發出火災信號，其類比信號，在受信機或中繼器之靈敏度設定裝置設定表示濃度。

探測器之公稱感知濃度範圍為每 1 公尺之減光率上限值及下限值分為最小值未滿 45m，45m 以上，表示於表 7-2

五、熱煙複合式局限型探測器

同時具有差動式或定溫式局限型探測器，及光電式或離子式局限型探測器之性能者。

六、多信號式探測器

外觀上為一探測器，卻同時具有二種以上不同種別、性能、標稱動作溫度，且能發出二種以上不同火災信號者，共有以下五種組合：

1. 第一種組合：

   為熱複合式探測器，同時具有定溫度式局限型與差動式局限型探測器之性能，且能發出多信號者。

2. 第二種組合：

   為煙複合式探測器，同時具有光電式局限型與離子式局限型探測器之性能，且能發出多信號者。

3. 第三種組合：

   為熱煙複合式探測器，同時具有差動式或定溫式局限型探測器，及光電式或離子式局限型探測器之性能，且能發出多信號者。

4. 第四種組合：

   為同是定溫式局限型探測器，卻擁有標稱動作溫度各為 60 °C 與 70 °C 之二種性能。

5. 第五種組合：

   為同是離子式局限型探測器，卻擁有蓄積型及非蓄積型之不同機能，或具不同標稱蓄積時間之組合。

七、火焰式探測器

利用火災發生時，所產生之火焰強度自動偵測，將火災信號傳送至受信機。火焰探測器是利用偵測火焰中之特定領域之波長，即可視光波長帶（人眼視覺之 0.38~0.72 μm 波長帶）範圍外之紫外線（0.18~0.26 μm 波長帶）及紅外線（4.3~4.5 μm 波長帶），檢出元件具有將波長持有放射能變換為電氣能之特性。

1. 火焰式探測器之性能及種別

   (1) 紫外線式局限型探測器

   當火焰放射之紫外線變化達到一定量以上時動作者，即某局部由紫外線之受光素子受光量變化而動作。

   探測器之檢出元件如圖 7-25 所示，在 UV 管利用外部光電效果（光照射於元件其

固體內產生之激發電子在空中放射之光電子放射）之放電管（一對陽極與陰極之封入特殊瓦斯放電管），檢出含在火焰中之紫外線，計測一定時間或繼續時間，達到規定值時對受信機傳送火災信號。

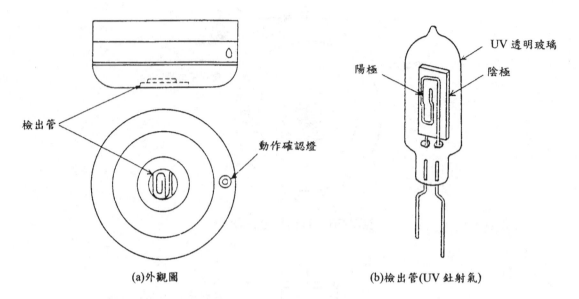

(a)外觀圖　　　　　　　　　　　(b)檢出管(UV 鉗射氣)

圖 7-25　　紫外線式局限型

(2) 紅外線式局限型探測器

當火焰放射之紅外線變化達到一定量以上時動作者，即某局部由紅外線之受光元件受光量變化而動作。

藉物體燃燒熱之 CO_2 經加熱產生之 CO_2 特有光譜之波長，在 $4.4\,\mu m$ 附近急劇增強放射之特性，經探測器檢出元件前面之特殊光學性過濾器，檢出波長 $4.4\,\mu m$ 附近之紅外線如圖 7-26 所示，從檢出含在火焰中之紅外線，計測一定時間或繼續時間，達到規定值時對受信機傳送火災信號。

(3) 紫外線，紅外線併用式局限型探測器

當火焰放射之紫外線及紅外線變化達到一定量以上時動作者，即某局部由紫外線及紅外線之受光元件受量變化而動作，向受信機發出火災信號。

(4) 火焰複合式局限型探測器

同時具有紫外線與紅外線局限型探測器之性能，且能發出多信號者。

2. 火焰探測器之公稱監視距離‧視野角

探測器為在一定時間以內感知發信，需要有效監視距離及有效監視角度，如圖 7-27 之例，由視野角有不同之監視距離。

火焰感知器之公稱監視距離，以每 5 度視野角訂定，未滿 20m 之場合為 1m 刻，20m以上之場合為 5m 刻。

道路型之火焰探測器之最大視野角為 180 度以上。

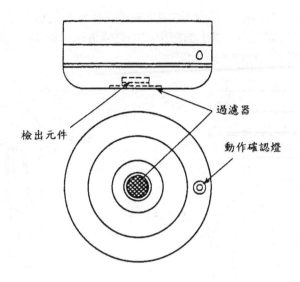

圖 7-26　紅外線式局限型

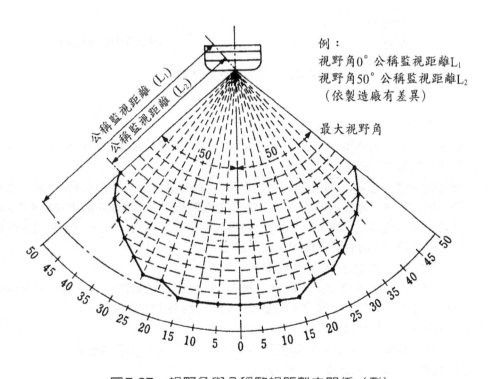

圖 7-27　視野角與公稱監視距離之關係（例）

八、探測器之靈敏度（依 CNS 標準）

1. 差動式局限型探測器

表7-3　差動式局限型探測器靈敏度標準

種別	動作試驗					不動作試驗				
	階段上昇			直線上昇		階段上昇			直線上昇	
	K	V	N	T	M	k	v	n	t	m
1 種	20	70	30	10	4.5	10	50	1	2	15
2 種	30	85		15		15	60		3	

(1) 動作試驗

(a) 室溫加 K ℃溫度下用風速 Vcm/sec 之垂直氣流直接吹向時，在 N 秒內動作。

(b) 室溫狀態下以平均每分鐘 t ℃之直線升溫速度之水平氣流吹向時，應在 M 分鐘以內動作。

(2) 不動作試驗

(a) 高室溫 k ℃而風速 Vcm/sec 之高溫氣流以垂直方向吹向時，在 n 分鐘以下不動作。

(b) 室溫開始以平均每分鐘 t ℃之昇溫率之水平氣流吹向時，在 m 分鐘以內不動作。

2. 差動式分布型探測器

表7-4　差動式分布型探測器靈敏度標準

種　別	t_1	t_2	備　註
1 種	7.5	1	不用空氣管型亦可適用
2 種	15	2	
3 種	30	4	

(1) 動作試驗：離檢出部位（感知部）最遠處之空氣管 20 公尺部份每分鐘 t_1 ℃之昇溫速度下直線昇溫時，應在 1 分鐘以內動作。

(2) 不動作試驗：空氣管全部在每分鐘 t_2 ℃之昇溫速度上直線上昇 7 分 30 秒內亦不動作。

3. 補償式局限型探測器

(1) 動作試驗（室溫 20 ℃以下進行試驗）（表7-5）

(a) 高室溫 k ℃之氣溫，以風速 Vcm/sec 之垂直氣流吹向時，應在 N 秒鐘以內動作。

(b) 自室溫開始以每分鐘 t ℃之直線昇溫速度之水平氣流吹向時，應在 M 分鐘以內動作。

(c) 自室溫開始以每分鐘 1 ℃之直線昇溫速度之水平氣流吹向時，應在較S 低10 ℃

溫度至較 S 高 10 ℃溫度範圍內動作。

(2) 不動作試驗（室溫 20 ℃以下進行試驗）

    (a) 高室溫 k ℃而以風速 Vcm/sec 之垂直氣流吹向時，在 n 分鐘以內不得動作。

    (b) 自室溫開始以每分鐘 1 ℃之直線上昇速度之水平氣流吹向時，應在較 S 低 10 ℃溫度範圍下 m 分鐘以內不得動作。

表7-5　補償式局限型探測器靈敏度標準

種別	動　作　試　驗					不　動　作　試　驗				
	階段上昇		直線上昇		定溫式	階　段　上　昇			直　線　上　昇	
	K	V	N	T	M	S	k	v	n	t	m
1 種	20	70	30	10	4.5	55 150 以上 以下	10	50	1	2	10
2 種	30	85		15			15	60		3	

4. 定溫式探測器

表7-6　定溫式探測器標稱動作及靈敏度

種　別	室　　　溫	
	零　度	零　度　以　外
特種	40 秒	室溫 θ(度)時之動作時間 t(秒)按下列公式算出
1 種	120 秒	$$t = \dfrac{t_0 \log_{10}\left(1 + \dfrac{\theta - \theta_\gamma}{\delta}\right)}{\log_{10}\left(1 + \dfrac{\theta}{\delta}\right)}$$
2 種	300 秒	

備註：t_0：室溫零度℃時之動作時間（秒）

    θ：標稱動作溫度（℃）　　θ_γ：室溫（℃）

    δ：延遲動作溫度，即標稱動作溫度與動作試驗溫度之差（℃）

(1) 動作試驗：標準動作溫度之125% 熱風以 1m/sec 之垂直氣流吹向時應在表7-6 之時間內動作。

(2) 不動作試驗：用較標稱動作溫度低 10 ℃而以每 1m/sec 之風速垂直吹向時在 10 分鐘以內不動作為準。

5. 離子式探測器

(1) 動作試驗：含有電離電流變化率 1.35K 濃度煙之氣流，以風速 Vcm/sec 之速度吹向時，對非蓄積型者在 T_1 秒內，對於蓄積型者應在標稱蓄積時間以上動作，但此時間不得超過標稱蓄積時間加 T_1 秒（但總時間不得超過 60 秒）。

(2) 不動作試驗：含有電離電流變化率0.65K 濃度煙之氣流，以風速Vcm/sec 吹向時，在t 分鐘以內不動作。

表7-7　離子式探測器靈敏度標準

種　別	K	V	T_1	t
特種	0.19			
1種	0.24	從 20-40	30	5
2種	0.28			

備註：K 為「標稱動作電離電流變化率」即二片平行電極板之間加20V 直流電壓時，由煙所引起之電離電流之變化率。

6. 光電式探測器

表7-8　光電式探測器靈敏度標準

種　別	K	V	T_1	t
1種	5			
2種	10	從 20-40	30	5
3種	15			

(1) 動作試驗：含有每公尺減光率1.5K 濃度之煙，用風速 Vcm/sec 之氣流吹向時，對非蓄積型者應在T_1秒內，對於蓄積型者應在標稱蓄積時間以上動作，但此時間不得超過標稱蓄積時間加T_1秒（但總時間不得超過60 秒）。

(2) 不動作試驗：含有每公尺減光率0.5K 濃度之煙，用風速Vcm/sec 之氣流吹向時，在7 分鐘以內不得動作。

備註：1. K 為「標稱動作濃度」亦即用減光率來表示，所謂減光率即發光部與受光部相隔一定距離，而在此空間中有煙存在時會減少其光度，利用此物理性質來測定其變比，光源則使用色溫2800 度之白熱電燈泡，受光部則近似人眼視感度者。
2. 以標示靈敏度為種類者：K 值係以探測器本身濃度標示值（％），以其標示值之130% 為動作試驗值（％），以標示值之70% 為不動作試驗值（％）。（但K 值不得超過5 不得小於2，並歸類於1 種之種別）。

7-2-4 火警中繼器之種類、構造

中繼器係指接受由探測器或受信機發出之火災信號、火災表示信號、火災情報信號、瓦斯漏氣信號或設備動作信號，而將此信號轉換並至受信總機，或對排煙、撒水、泡沫等相關滅火設備發出控制信號，而使其連動之設備。

一、構造及功能

1. 輸入電源端以及外部負載直接供應電力回路者（超過0.5A 時），應裝設保險絲或斷路器，而且當主電源停電，保險絲斷路及火警偵測失效時應能自動向受信機發出故障之信號。
2. 由受信總機供應電力方式之中繼器，應符合下列規定：
   (1) 外部不得裝設可能會影響火災信號之操作部。
   (2) 備有使區域音響裝置鳴響者，除非在受信總機操作外，應使鳴響繼續不停。
3. 不由受信總機供應電力方式之中繼器者除應具備前項2.(1)(2)款之規定外，尚須符合下列之條件；
   (1) 內應設預備用電源，但已採有效措施者除外。
   (2) 主電源應有能連續耐最大負載之容量。
   (3) 應裝設當主電源停電時能自動切換由備用電源供電，而主電源恢復供電時，又能自動由備用電源改換為主電源供電之設備，且切換時不得影響警報信號之表示。
   (4) 應裝設能測試備用電源是否良好之裝置，並符合CNS-8877（火警受信總機）第9.3 節之規定，但於受信總機已採有效監視措施者除外。

二、中繼器之分類

1. 固有信號型：
   在中繼器發出之信號，附置地址碼，等於受信機可將其解讀作為固有信號，而施予警報控制。
2. 信號變換型：
   探測器之信號，藉電壓之變化使其發出時，掌握該電壓之變化，對受信機發出「正常監視」、「故障」、「火災狀況」等個別信號。
3. 接點出力型：
   根據探測器之瓦斯洩漏動作信號，使繼電器之接點動作，並將受信總機發出警報控制信號。

三、蓄積式中繼器

蓄積式中繼器之蓄積機能同蓄積式受信機，並符合下列各項；
1. 蓄積時間（檢出自探測器之信號起繼續檢出，至開始受信之時間）調整裝置，應設於中繼器內部。
2. 蓄積時間應在 5 秒以上，60 秒以下。
3. 檢出自發信機之火災信號時，自動解除蓄積機能。

四、類比式中繼器

類比式中繼器為接受來自探測器之火災信號中繼器，具有表示溫度等（火災表示及警戒表示之溫度或濃度）之感度設定裝置，構造及機能如下；
1. 發出熱類比式局限型探測器之火災信號有關之標稱受信溫度範圍準照熱類比式局限型

探測器之標稱感知溫度範圍之規定。

2. 發出離子類比式局限型探測器或光電類比式局限型探測器之火災信號有關之標稱受信濃度範圍，準照離子類比式局限型探測器之標稱感知濃度範圍之規定。

3. 感度設定裝置如下：

(1) 可特定設定表示溫度等之探測器，且可容易確認該探測器之表示溫度等。

(2) 表示溫度等之變更，應有2以上之操作程序。

(3) 表示溫度等之表示，在熱類比式局限型探測器時以溫度，離子類比式局限型探測器，光電類比式局限型探測器及光電類比式分離型探測器時以減光率表示，其單位為「度」或「百分率%」。

7-2-5 火警發信機之種類、構造

發信機有利用手動按鈕方式之 P 型與電話式之T 型發信機，由防水性分為屋內型與屋外型。

一、火警發信機之構造功能

1. 火警發信機外殼露在外面部份為紅色；但修飾部位及文字標示除外。

2. 啟動開關時即能送出火警信號。

3. 火警發信機之發信開關應設有下列之保護裝置。

(1) 使用強壓型者，須符合下列規定。

(a) 將予打破或作壓下後，即能容易操作之裝置。

(b) 用手指頭壓破或壓下即能操作之保護裝置，其強度之規定如在保護裝置中央用直20mm 且其尾端能均勻與板面接觸之物體加以 2kg 之靜重時，不得有異狀，而以8kg 壓下時，則能操作或被壓下者為準。

(2) 使用板動型者，不在此限。

4. 強壓型火警發信機應有動作確認及與受信總機連絡對講機用插座之裝置。

5. 反覆試驗：以額定電壓及額定電流予以火警發信機做反覆1000 次通電試驗後，對其構造及功能不得發生異常現象。

6. 火警發信機內部之開關接點須為銀鈀合金或同等以上導電率及耐腐蝕之材質。

7. 開關連動部位須有防腐蝕之處理。

8. 火警發信機與外線連接部位須有接線端子設計，使用扳動型者不在此限。

二、P 型火警發信機

P 型火警發信機是藉手動方式可發出共同信號傳送受信機，在發信的同時無法同時通話。分為 P 型1 級及 P 型2 級發信機（參照圖7-28）。

1. P 型1 級與 P 型2 級之共同點。

(1) 按鈕按下時，應能即刻發出火警信號及音響。

(2) 按鈕前有防止隨意撥弄之保護板。

(3) 裝置於屋外之手動報警機，應具有防水性能。

2. P 型1 級與 P 型2 級之不同點。

(1) 受信總機之型式：

   (a) P 型 1 級火警發信機連接之受信總機。

       P 型 1 級受信總機（P 型 1 級回線用者除外）及 R 型受信總機。

   (b) P 型 2 級火警發信機連接之受信總機。

       P 型 2 級受信總機。

(2) 受信機受信確認表示燈；P 型 1 級發信機有，P 型 2 級發信機無。

(3) 受信機與發信機間之通話插孔；P 型 1 級發信機有，P 型 2 級發信機無。

三、T 型火警發信機

    T 型火警發信機是藉手動方式可發出共同信號，且發信的同時亦能同時通話之發信機（參照圖 7~29）。

    其主要功能如下：

1. 提起送收話機時，能立即發出火災信號。

2. 能與受信機互相同時通話。

1. P 型 1 級手動報警機：   2. P 型 2 級手動報警機(無確認燈與電話插孔)：

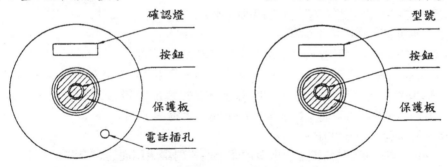

圖 7-28　P 型火警發信機

3. T 型手動報警機(發信的同時亦能同時通話)：

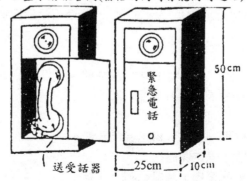

圖 7-29　T 型火警發信機

7-3 火警自動警報設備之設置基準

7-3-1 設置基準概要

發生火災時，為使災害損失減少至最小限度之需求，則如何及早探測火災之發生，能獲得正確之信息，及採取一連串相關之對策，便是極重要之問題，因此對於火警自動警報設備向來極為重視。

應設置火警自動警報設備之場所，訂定在「各類場所消防安全設備設置標準」第十九條，內容如下；

1. 五層以下之建築物
   (1) 供甲類場所及幼兒園使用，任何一層樓地板面積在300m²以上者，全棟設置。
   (2) 供乙、丙、丁類場所使用(幼兒園除外)，任何一層樓地板面積在500m²以上者，全棟設置。
2. 六層以上十層以下之建築物，任何一層樓地板面積在300m²以上者，全棟設置。
3. 十一層以上建築物，全棟設置。
4. 供地下層或無開口樓層。
   (1) 供甲類場所第一目、第五目使用之場所，樓地板面積在100m²以上者，該樓層設置。
   (2) 複合用途建築物中供甲類場所第一目、第五目使用場所，樓地板面積在100m²以上者，該樓層設置。
   (3) 供甲類場所第一目、第五目以外之其他各目及其他各款所列場所使用，樓地板面積在300m²以上者，該樓層設置。
5. 供甲類複合用途之建築物，總樓地板面積在500m²以上，且其中甲類場所樓地板積合計在300m²以上者，全棟設置。
6. 供甲類場所及地下建築物使用，總樓地板面積在300m²以上者，該場所設置。
7. 供甲類場所第六目所定長期照護機構(長期照護型、養護型、失智照顧型)及身心障礙福利機構(限照顧植物人、失智症、重癱、長期臥床或身心功能退化者)、護理之家機構場所使用
8. 免設火警自動警報設置條件
   (1) 設置自動撒水、水霧或泡沫滅火設備（限使用標示攝氏溫度75度以下，動作時間60秒以內之密閉型撒水頭）之有效範圍內，得免設置。
   (2) 甲類場所、地下建築物、高層建築物或應設置偵煙式探測器之場所，為例外條件仍應設置。

7-3-2 火警自動警報設備之火警分區之劃定

將一棟建築物(或營業場所)劃分若干區域，在每一區域設一火警分區，在發生火災時，由火警分區裝置火警自動警報設備的一回線路能迅速有效探測該一區域內之火災發生，進而有效滅火，所劃定之區域稱為「火警分區」。

1. 火警分區依水平區劃與垂直區劃之劃分規定，如表7-9。
2. 火災發生區域與其他區域識別之最小單位區域之例，如圖7-30。

3. 建築物二層共用一火警分區之例，如圖7-31。

4. 每一火警分區一樓層最大樓地板面積之例，如圖7-32。

5. 水平距離50m以下範圍內之樓梯，斜坡通道，昇降機之昇降路及管道間場所，(管道間等可跨越二樓層)為一火警分區之例，如圖7-33。

6. 地下樓可設定另火警分區之例，如圖7-34。

7. 樓梯，斜坡通道，昇降機昇降路及管道間設置探測器時，設定火警分區之例，如圖7-35。

表7-9 火警分區之劃分規定

劃　分　原　則		劃　分　規　定
水平區劃	1.依樓層及各層樓地板面積	(1) 每一火警分區不得超過一樓層，且樓地板面積≦600m^2。 (2) 上下二層樓地板面積之和≦500m^{2}者：得二層共用一分區。 (3) 如由主要出入口或直通樓梯出入口，能直接觀察該樓層任一角落時：每一火警分區樓地板面積≦1000m^2。
	2.依邊長	(1) 每一分區之任一邊長≦50m。 (2) 裝設光電分離型探測器時：火警分區邊長≦100m。
垂直區劃	3.依水平距離	樓梯、斜坡通道、昇降機昇降路及管道間等場所：在水平距離≦500m，且其頂層相差在二層以下時，得為一火警分區。（但應與建築物各層走廊、通道、居室等場所分別設置火警分區）
	4.依高度	樓梯、斜坡通道：垂直距離每 45m 以下為一火警分區。但其地下層部分應為另一火警分區。

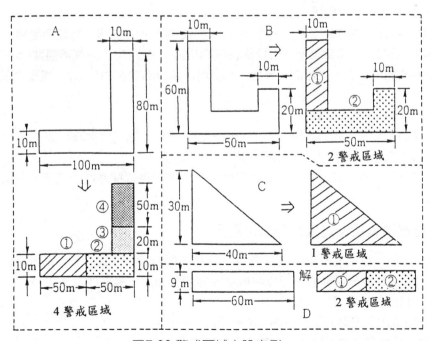

圖7-30 警戒區域之設定例

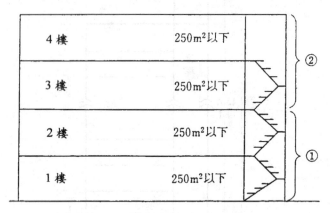

圖 7-31　二層共用一火警分區之例

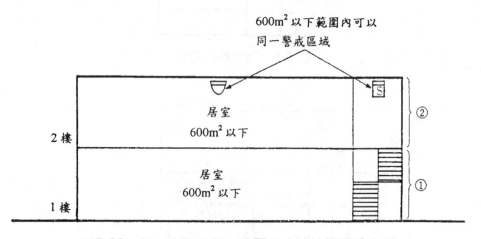

圖 7-32　每一火警分區一樓層最大樓地板面積之例

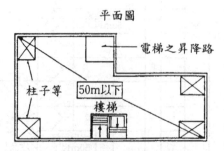

圖 7-33　樓梯，斜坡通道，電梯昇降路，管道間之例

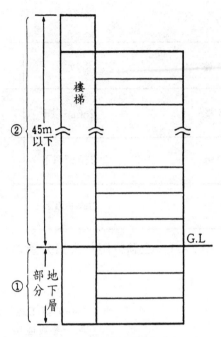

圖7-34　另設警戒區域之例

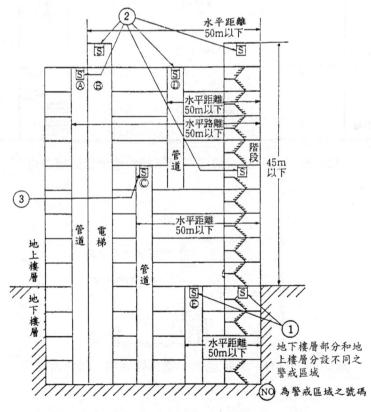

圖7-35　可以同一警戒區域設定之例

註：1. Ⓐ Ⓑ Ⓓ之管道間與樓梯之水平距離爲50m 以下，因此可將地上樓層設爲同一火警分區。

2. Ⓒ之水平距離爲50m 以下，頂部與其他管道間Ⓐ Ⓑ Ⓓ相差 3 層以上，因此可另設爲其他火警分區。

3. Ⓔ與地下層樓梯水平距離在50m 以下，且頂部同高，因此共用一火警分區。

7-3-3 火警受信總機之裝置

一、火警受信總機裝置之目的

火警受信總機是由探測器或報警機發出之火災信號，直接或經中繼器受信之總機，設置於大樓防災中心或守衛室，將火災之發生狀況通知建築關係人員之火警自動警報系統之重心設備。

二、火警受信總機裝置原則

1. 火警分區：應具有火警區域表示裝置，指示火警發生之分區。
2. 音響：火警發生時，應能發出促使警戒人員注意之音響。
3. 通話裝置：應附設與手動報警機通話之裝置。
4. 同時相互通話設備：一棟建築物內設有二台以上火警受信總機時，該受信總機處應設有能相互同時通話連絡之設備。
5. 圖面資料：受信總機附近應備有識別火警分區之圖面資料。
6. 蓄積式探測器或中繼器：裝置蓄積式探測器或中繼器之火警分區，該分區在受信總機不得有雙信號功能。
7. 蓄積時間：受信總機、中繼器及偵煙式探測器，有設定蓄積時間時，其蓄積時間之合計，每一火警分區不得超過 60 秒，使用其他探測器時，不得超過 20 秒。
8. 選定受信總機：受信總機之機種依表 7-10 選定，如預測有增設工程時，應考慮受信總機之預留回數。

表 7-10　受信總機機種之選定

機　　　種	火警分區數‧總面積
R 型，GR 型 P 型 1 級，GP 型 1 級	設置於火警分區超過 5 者
P 型 2 級，GP 型 2 級	設置於火警分區 5 以下者
P 型 2 級(1 回線) GP 型 2 級(1 回線)	總面積(以樓層爲單位設置者，該樓層之樓地板面積)爲 350m² 以下設置
P 型 3 級(1 回線) GP 型 3 級(1 回線)	總面積(以樓層爲單位該置者，該樓層之樓地板面積)爲 150m² 以下設置

9. 依受信總機之種別,屬於下列機種對於一個防火對象物(以樓層為單位設置者為該樓層)不設 3 台以上為原則。
   - P 型 1 級及 GP 型 1 級可連接 1 回線
   - P 型 2 級及 GP 型 2 級
   - P 型 3 級及 GP 型 3 級

10. 一棟建築物,原則上以一台受信總機監視,但如同一建地內,有二以上建築物時,在管理上不得已之狀況下,儘量將受信總機設於一處,各該建築物與受信機場所間,應設有能相互同時通話連絡之設備以能設備之集中管理。

11. 設置於防災中心等之受信總機及綜合操作盤之處置重點如下;
    (1) 火警自動警報設備有關之火警表示CRT 等附屬裝置,儘量附置緊急電源。
    (2) 綜合操作盤應配置於能明顯判別而易於操作之位置。
    (3) 綜合操作盤,應能對防火對象物樓層之使用狀態等,以系統別或設備別表示。
    (4) 如需設操作桌時,應設於能明顯判別綜合操作盤之表示,且不妨礙操作之位置。

三、火警受信總機之設置場所

1. 設置原則:裝置於值日室等經常有人之處所,但設有防災中心時,應設於該處。
2. 無日光照射:裝置於日光不直接照射之位置。
3. 防震與外殼接地:不受地震等震動之障礙,且避免傾斜裝置,其外殼應接地。(參照圖7-36)
4. 操作高度:操作開關距離樓地板面之高度,壁掛型為0.8~1.5m ,座式型為0.6~1.5m 。(參照7-37)

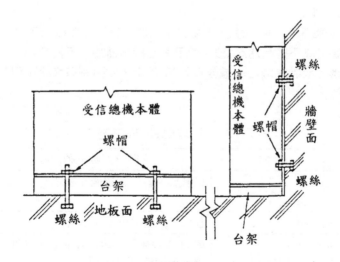

圖7-36　受信總機之裝置例

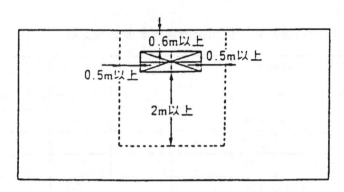

圖 7-37　座式型受信總機之保持距離

7-3-4　火警探測器之裝置

一、火警探測器之裝置位置

1. 天花板上設有出風口時，應距離該出風口 1.5m 以上（但火焰式、差動式分布型及光電式分離型探測器除外）。
2. 牆上設有出風口時，應距離該出風口 1.5m 以上（但該出風口距天花板在 1m 以上時，不在此限）。
3. 天花板設排氣口或回風口時，偵煙式探測器應裝置於排氣口或回風口周圍 1m 範圍內。
4. 局限型探測器以裝置在探測區域中心附近為原則。不得傾斜 45°以上（火焰式探測器除外）。
5. 探測器下端應裝設在裝置面下方 30cm 範圍內（偵煙式，火焰式除外）。

二、裝置場所高度與探測器之種別

1. 配合裝置場所高度，依表 7-11 裝設探測器
   裝設於同一室內之天花板或屋頂板高度不同，或者傾斜天花板，其裝置場所高度，以平均高度計，參照下式計算。

$$裝置場所高度 = \frac{裝置場所最高部 + 裝置場所最低部}{2}$$

2. 裝置場所高度 8m 以上，且設置差動式分布型及偵煙式探測器認為不適當之場所，以定溫式或差動式局限型探測器可有效探測火災之部分，可考慮設置定溫式或差動式局限型探測器。

表 7-11　配合裝置場所高度之探測器

探測器種類		裝置場所高度	未滿 4m	4m 以上 未滿 8m	8m 以上 未滿 15m	15m 以上 未滿 20m	20m 以上
差動式	局限型	1 種	○	○	—	—	—
		2 種	○	○	—	—	—
	分佈型	1 種	○	○	○	—	—
		2 種	○	○	○	—	—
		3 種	○	○	—	—	—
補償式	局限型	1 種	○	○	—	—	—
		2 種	○	○	—	—	—
定溫式		特種	○	○	—	—	—
		1 種	○	○	—	—	—
		2 種	○	—	—	—	—
離子式 光電式	局限型	1 種	○	○	○	○	—
		2 種	○	○	○	—	—
		3 種	○	—	—	—	—
光電式	分離型	1 種	○	○	○	○	—
		2 種	○	○	○	—	—
		3 種	○	—	—	—	—
火焰式	紅外線型		○	○	○	○	○
	紫外線型						

註：1. ○符號表示適合設置場所
　　2. 熱複合式局限型、熱煙複合式局限型、煙複合式局限型、多信號式等探
　　　 測器，應依照各相當之探測器裝置場所高度。

三、免設探測器處所（設置標準僅規定第1~8項，9~14項參考日本規定）

1. 探測器裝置面高度超過20m 者（火焰式除外）。
2. 外氣流通無法有效探測火災之場所。
3. 洗手間，廁所或浴室。
4. 冷藏庫等設有能早期發現火災之溫度自動調整裝置者。
5. 主要構造為防火構造，且開口設有具有1 小時以上防火時效防火門之金庫。
6. 室內游泳池之水面或溜冰場之冰面上方。
7. 不燃性石材或金屬等加工場，未儲存或未處理可燃性物品處。
8. 其他經中央主管機關指定之場所。

9. 機械設備等之震動激烈場所及腐蝕性瓦斯發生之場所，無法保持探測器之場所。

10. 異常溫度之上昇或感應障害等，有發生非火災警報顧慮之場所。

11. 金屬等之溶解，鑄造或鍛造設備之場所中，由探測器無法有效感知火警部分。

12. 工場或作業場經常在作業，且容易知覺火警發生而可報告部分。

13. 天花板內，天花板與頂樓之地板間之距離未滿0.5m之場所。

14. 壁櫥等部分，在該場所出火時無延燒可能之構造，或其上面天花板內設置有探測器時，可省略該部分之一部分或全部之探測器設置。（參照圖7-38）

四、探測區域之設定

探測器探測區域，係指探測器裝置面之四周以淨高40cm以上之樑或類似構造體區劃包圍者，但差動式分布型及偵煙式探測器，其裝置面之四周淨高應為60cm以上。（參照圖7-39）

五、探測器設置個數之算定

探測器依其探測範圍配合探測器之種別及裝置面高度，並依表7-12所定之樓地板面積（探測面積），如下計算式算定1個以上之個數，有效設置，探測火警，惟多信號探測器時，配合其種別所定樓地板面積中，以最大樓地板面積算定。

$$同一探測區域內必要個數 = \frac{探測區域之面積(m^2)}{設置感知器1個之探測面積(m^2)}$$

六、探測器之選擇

探測器應適合使用場所之環境外，依下列規定辦理。

1. 對探測器型式有限定之場所。

　(1) 偵煙式或煙熱複合式局限型探測器不得設置處所

　　(a) 塵埃、粉末或水蒸氣會大量滯留之場所。

　　(b) 會散發腐蝕性氣體之場所。

　　(c) 廚房及其他平時煙會滯留之場所。

　　(d) 顯著高溫之場所。

　　(e) 排放廢氣會大量滯留之場所。

　　(f) 煙會大量流入之場所。

　　(g) 會結露之場所。

　　(h) 其他對探測器機能會造成障礙之處所。

　(2) 火焰式不得設置處所

　　(a) 前項第(b)、(c)、(d)、(f)、(g)款所列之處所。

　　(b) 水蒸氣會大量滯留之處所。

　　(c) 用火設備火焰外露之處所

　　(d) 其他對探測器機能會造成障礙之處所。

　(3) 上述場所應選擇之適當探測器種類如表7-13。

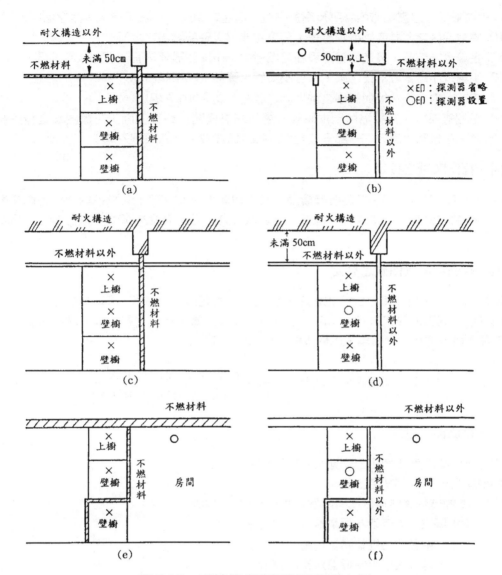

圖 7-38　壁櫥等省略探測器設置之例

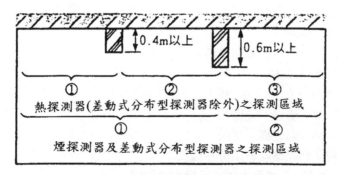

圖 7-39　探測區域之設定

表7-12　各種探測器之探測面積

裝置面高度			未滿 4m		4m 以上未滿 8m		8m 以上未滿 15m		15m 以上 20m 未滿
		建築物構造	防火建築物及防火構造建築物 m²	其他建築物 m²	防火建築物及防火構造建築物 m²	其他建築物 m²	防火建築物及防火構造建築物 m²	其他建築物 m²	m²
差動式	局限型	1種	90	50	45	30			
		2種	70	40	35	25			
	分布型	空氣管式	1.探測器之露出部分於每一探測區域，應為 20m 以上。 2.裝接於一個檢出器之空氣管長度，應為 100m 以下。 3.空氣管之相互間隔，於防火建築物或防火構造建物為 9m 以上，於其他建築物為 6m 以下。						
		熱電偶式	1.每一探測區域其樓地板面積在 72m²(防火構造建築物為 88m²)以下時，其熱電偶應設 4 個以上，每增 18m²(防火構造建築物為 22m²)含未滿，應增設 1 個熱電偶。 2.一檢出器所連接之熱電偶數應為 20 個以下。						
		熱半導體式	1.探測區域樓地板面積在本表所規定面積以下時，應設 2 個以上感熱部。但裝置面高度未滿 8m 時，其樓地板面積在本表所規定面積以下時，則應設 1 個以上感熱部。 2.一個檢出器所連接之感熱器數，應為 2 個以上 15 個以下。						
		1種	65	40	65	40	50	30	
		2種	36	23	36	23			
補償式	局限型	1種	90	50	45	30			
		2種	70	40	35	25			
定溫式	局限型	特種	70	40	35	25			
		1種	60	30	30	15			
		2種	20	15					
	感知線型	1種	在探測區域內由裝置面任一邊至感知線任一部分之水平距離應在 3m(防火建築物或防火構造建築則為 4.5m)以下。						
		2種	在探測區域內由裝置面任一邊至感知線任一部分之水平距離應在 1m(防火建築物或防火構造建築則為 3m)以下。						
偵煙式	光電式局限型 離子式局限型	1種	150		75		75		75
		2種	150		75		75		
		3種	50						

表7-13　探測器形式有限定場所

	場　　所	適　用　探　測　器								火焰式
		差動式局限型		差動式分布型		補償式局限型		定　溫　式		
		一種	二種	一種	二種	一種	二種	特種	一種	
1	灰塵、粉末會大量滯留之場所			○	○	○	○	○		○
2	水蒸氣會大量滯留之場所				○		○	○	○	
3	會散發腐蝕性氣體之場所			○	○	○	○	○	○	
4	平時煙會滯留之場所							○	○	
5	顯著高溫之場所							○	○	
6	排放廢氣會大量滯留之場所	○	○	○	○	○	○			○
7	煙會大量流入之場所	○	○	○	○	○	○	○		
8	會結露之場所			○	○	○	○	○	○	

註：(1) ○表可選擇設置。
　　(2) 場所1、2、4、8所使用之定溫式或補償式探測器，應具有防水性能。
　　(3) 場所3所使用之定溫式或補償式探測器，應依腐蝕性氣體別，使用具耐酸或耐鹼性能者；使用差動式分布型時，其空氣管及檢出應採有效措施，防範腐蝕性氣體侵蝕。

2. 特殊場所應選擇偵煙式、熱煙複合式或火焰式，如表7-14。

表7-14　偵煙式、熱煙複合式、火焰式探測器適合設置場

設　置　場　所	偵　煙　式	熱煙複合式	火　焰　式	註
樓梯或斜坡通道	○			註：○表可選擇設置。
走廊或通道（限供甲類、乙類第二目、第六目至第十目、丁類及戊類使用者）	○	○		
昇降機之昇降坑道或配管配線管道間	○			
天花板等高度在十五公尺以上，未滿二十公尺之場所	○		○	
天花板等高度超過二十公尺之場所			○	
地下層、無開口樓層及十一層以上之各樓層（限供甲類、乙類第二目、第六目、第八目至第十目及戊類使用者）	○	○	○	

七、探測器之設置要領

1. 差動式局限型、補償式局限型及定溫式局限型探測器，依下列規定設置：

　(1) 裝置位置

　　　(a) 探測器下端在裝置面下方30cm 範圍內（參照圖7-40）。

　　　(b) 探測器設距離出風口1.5m 以上位置（參照圖7-41）。

　　　(c) 探測器設置於可有效感知位置（參照圖7-42）。

　　　(d) 探測器裝置不得傾斜45°以上，如要設置於 45°以上傾斜面時，利用基座等，維持不傾斜之裝置（參照圖7-43）。

　　　(e) 各探測區域應設探測器數，應依表7-15 之探測器種類及裝置面高度，在每一有效探測範圍，至少設置一個。

　　　(f) 具有定溫式性能探測器，裝設在平時最高周圍溫度低於特定溫度20 ℃以上處所；特定溫度在補償式為「標稱定溫點」，定溫式為「標稱動作溫度」，當一個探測器有2個以上特定溫度時，採最低者。

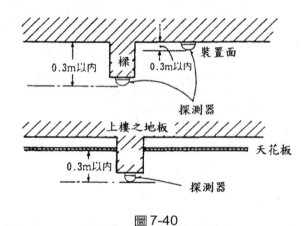

圖 7-40

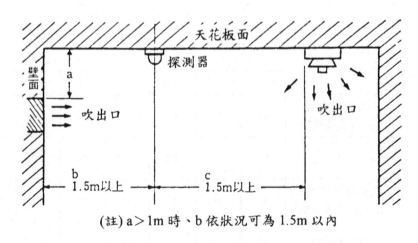

(註) a＞1m 時、b 依狀況可為 1.5m 以內

圖 7-41

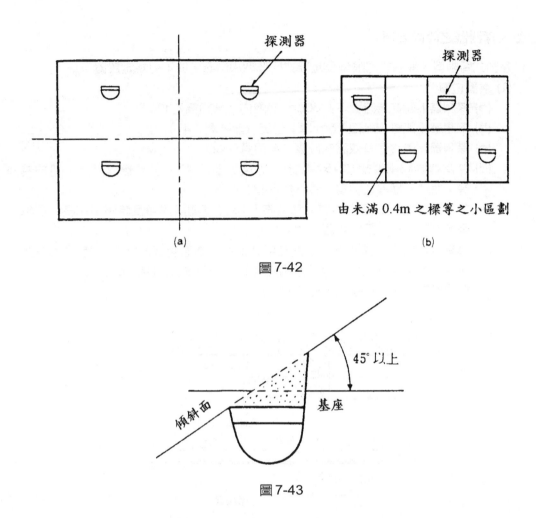

探測器

由未滿 0.4m 之樑等之小區劃

(a)   (b)

圖 7-42

45° 以上

傾斜面   基座

圖 7-43

表7-15 差動式補償式定溫式局限型探測範圍

裝置高度	建築物構造	探測器種類及有效探測範圍(m²)						
		差動式局限型		補償式局限型		定溫式局限型		
		一種	二種	一種	二種	特種	一種	二種
未滿四公尺	防火建築物及防火構造建築物	90	70	90	70	70	60	20
	其他建築物	50	40	50	40	40	30	15
四公尺以上未滿八公尺	防火建築物及防火構造建築物	45	35	45	35	35	30	—
	其他建築物	30	25	30	25	25	15	—

(2) 特殊場所

    (a) 狹小之起居室

        設於短邊未滿3m之細長起居室等之場合，步行距離在表7-16所列數值以內設置1個。

    (b) 小探測區域

        樑之深度在0.4m以上，未滿1m連續小區域時，表7-17所列各面積範圍，可為同一區域，惟其各區域應接在探測器設置區域（參照圖7-42 、圖7-44）。

表7-16　狹小起居室之裝置間隔（m）

探測器之種類 建築物構造	差動式局限型		定溫式局限型		偵煙式探測器
	1 種	2 種	特種	1 種	
防火建築物	15	13	13	10	沿著走廊，通道設置
其他建築物	10	8	8	6	

表7-17　樑等小區域之探測面積（m²）

探測器之種類 建築物構造	差動式局限型		定溫式局限型	
	1 種	2 種	特種	1 種
防火建築物	20	15	15	13
其他建築物	15	10	10	8

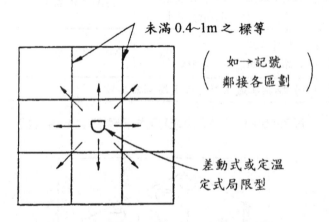

圖7-44　由樑等連續小區劃探測範圍

    (c) 高低不同天花板

        探測器設置於高低不同之天花板時，如圖7-45(a)之例裝置。

    (d) 傾斜天花板

        設置於傾斜在3/10以上之天花板時，計算同一區域內必要之探測器數，並如

圖7-45(b)，先設置於頂部，再由頂部依表7-18在各L(m)中間處所裝設，如傾斜大時，在L(m)範圍內，以頂部較密方式配置。

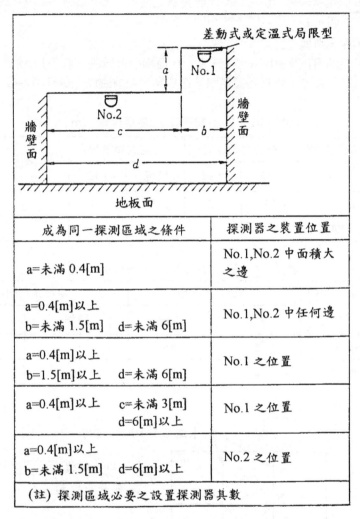

成為同一探測區域之條件	探測器之裝置位置
a=未滿 0.4[m]	No.1,No.2 中面積大之邊
a=0.4[m]以上 b=未滿 1.5[m]　d=未滿 6[m]	No.1,No.2 中任何邊
a=0.4[m]以上 b=1.5[m]以上　d=未滿 6[m]	No.1 之位置
a=0.4[m]以上　c=未滿 3[m] 　　　　　　　d=6[m]以上	No.1 之位置
a=0.4[m]以上 b=未滿 1.5[m]　d=6[m]以上	No.2 之位置
(註) 探測區域必要之設置探測器其數	

圖7-45(a)　高低不同天花板探測器之裝置位置

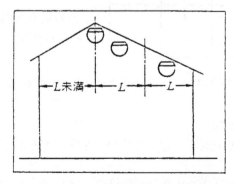

圖7-45(b)　傾斜天花板之探測器裝設位置

表 7-18　傾斜天花板之探測器裝設間隔

構　造 平均高度 感知器種別		感知器設定線 L(m)以下			
		耐　火		其　他	
		4m 未滿	4m 以上 8m 未滿	4m 未滿	4m 以上 8m 未滿
差動式 局限型	1 種	9	7	7	6
	2 種	8	6	6	5
補償式 局限型	1 種	9	7	7	6
	2 種	8	6	6	5
定溫式 局限型	特種	8	6	6	5
	1 種	7	5	5	4

(e) 設置隔板場所

　　裝置面下方0.6m 以上未滿1m 部分，有短邊3m 以上，長邊4.5m 以上突出隔板時，如圖7-46 之 a 、b 分別為探測區域。

(f) 功能試驗困難之場所，及對人有危險之場所

　　設置於電氣室之高壓線上面或裝置面高之差動式局限型探測器，補償式局限型探測器時，探測器之試驗器如下設置之；

(i) 試驗器設置於容易試驗處所，並距離樓地板面0.8m~1.5m 之高度。

(ii) 試驗器用開關箱，以露出式或埋入式設置（參照圖7-47）。

(iii) 探測器與試驗器之連接管，採用指定長度以內之空氣管，並裝入金屬管保護。

2. 差動式分布型探測器－空氣管式

(1) 露出長度

　　每一探測器區域內之空氣管長度，露出部分不得小於20m ，如露出部分未達20m 時，採用線圈狀或雙重繞方式保持20m 以上（參照圖7-48）。

(2) 空氣管之全長

　　裝接於1 個檢出器之空氣管長度不得大於100m（包括連接於檢出部引用空氣管長度）。

(3) 裝置位置

(a) 空氣管應裝置在裝置面下方30cm 範圍內。

(b) 空氣管應裝置在自裝置面任一邊起1.5m 以內之位置，其間距，在防火建築物或防火構造建築物，不得大於9m ，其他建築物不得大於6m（參照圖7-49），但依探測區域規模及形狀能有效探測火災發生者，不在此限（參照圖7-50~ 圖7-52）。

(c) 不同檢出部空氣管平行鄰接時，其相互間隔為1.5m 以內。

(d) 空氣管之檢出部不得傾斜5 度以上。

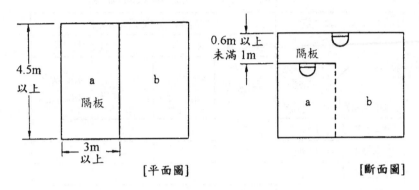

圖7-46　設置隔板場所探測器裝置位置

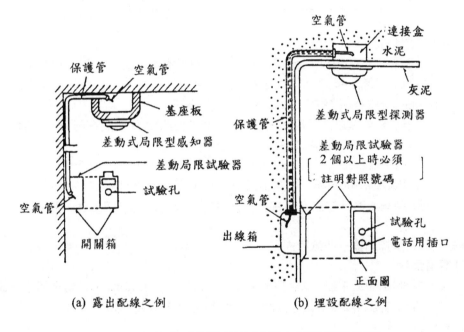

圖7-47　差動式局限型探測器之試驗器裝置例

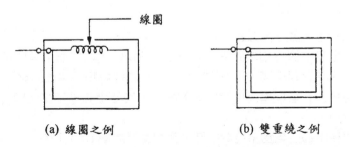

圖7-48　線圈狀雙重繞之例

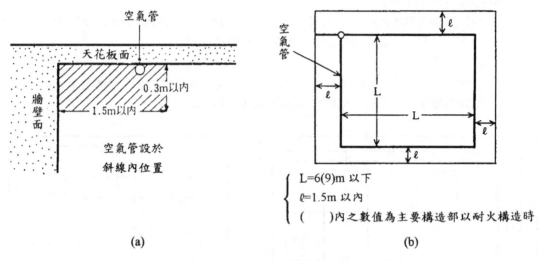

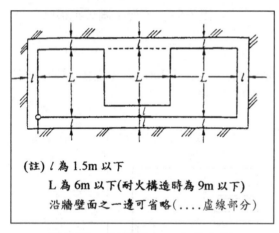

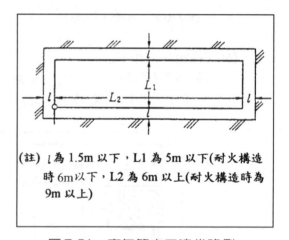

圖 7-49 空氣管之裝置位置

圖 7-50 空氣管之一邊省略例

圖 7-51 空氣管之二邊省略例

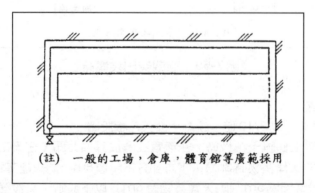

圖 7-52 空氣管之一邊省略與二邊省略之組合例

(4) 連續之探測小區域

樑之深度在0.3m以上，未滿0.6m隔成之小區域（樑間隔2m以下）連續時，平行各區域長邊設置1管以上之空氣管（參照圖7-53）。

(5) 高低不同天花板

天花板面相差0.6m以上時，探測器裝置於高的天花板，在這種情況下，如低天花板之長度3m以上時，以別探測區域處理（參照圖7-54）。

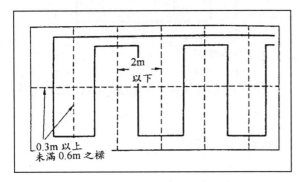

圖7-53　連續小區劃時

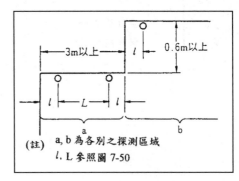

圖7-54　高低不同天花板時

(6) 設置棚或突出裝置

裝置面下方0.5m以上部分，短邊為3m以上，且面積20m² 以上之棚或突出裝置時，與天花板以別探測區域處理（參照圖7-55）。

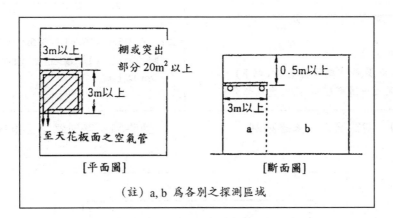

圖7-55　棚或突出裝置時

(7) 傾斜天花板

(a) 傾斜角度未滿3/10時，視為平面天花板設置。

(b) 3/10以上傾斜天花板時，空氣管設置於其頂上部，在天花板上方部分不超過2m（防火建築物時3m），下方部分不超過8m（防火建築物時9m）範圍，以平均設置間隔5m（防火建築物時6m）以下設置，又設置於相對天花板面之空氣管，應保持左右對稱（參照圖7-56）。

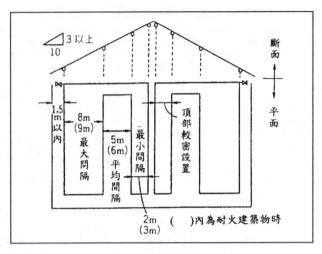

圖 7-56　傾斜天花板之場合

(8) 施工方法

 (a) 空氣管之連接

  空氣管之連接採用套管焊接。

  連接時，將空氣管端磨光拭淨，加焊錫插入套管後磨光拭淨套管面並焊接（參照圖 7-57）。

  為防止連接部分之腐蝕，配合空氣管之塗飾色予以塗飾，在 PVC 被覆之空氣管時，如圖 7-58 接觸部分套上 PVC 套管，兩管口作防蝕塗飾處理，連接完成時，應做流通試驗。

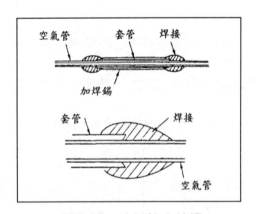

圖 7-57　空氣管之接續

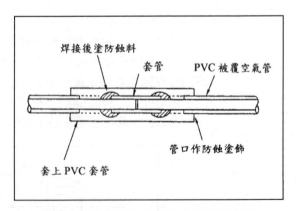

圖 7-58　PVC 被覆之空氣管連接

 (b) 空氣管之裝設

  空氣管裝設時，固定金屬配件之使用方法如表 7-19 所示，又空氣管不得在中間分岐。

表 7-19　空氣管之金屬裝置配件與使用方法

名稱	外　　　　觀	使 用 方 法	使 　 用 　 例
卡釘（一般用）	（長度通常有 15mm 與 20mm 者）	一般多採用之方法，直接打入營造材，或水泥等時，以鑽孔機預先鑽孔後打入卡針。	營造材　卡釘　空氣管　水泥　卡釘　空氣管　以鑽孔機鑽孔
黏貼	鋁板　粘接劑　長度通常有約 15~20mm 者	採用於無法直接打入營造材，或金屬材等時，以黏貼紙粘接。	黏貼紙　金屬等之營造材　空氣管
特殊管夾	長度通常有 15mm 與 20mm 者	採用於無法打入之特殊天花板，而無法粘接之場所時，以木螺絲固定於營造材。	管夾　木螺絲　空氣管
特殊管夾（角鐵用）		採用於固定在角鐵者，以緊貼金屬片與管夾固定於角鐵。	角鐵　緊貼金屬片　小螺釘　空氣管

(c) 固定配件之間隔

  (i)　直線部分之配件間隔為 35cm 以內，PVC 被覆空氣管之 PVC 損傷時，將由該部份產生腐蝕，因此固定配件時應十分留意。

  (ii)　彎曲部分之固定配件間隔為距離彎曲部分 5cm 以內，其彎曲部之半徑為 5mm 以上（參照圖7-59）。

  (iii)　空氣管採用套管連接時，其固定配件之間隔為距離連接部分 5cm 以內。

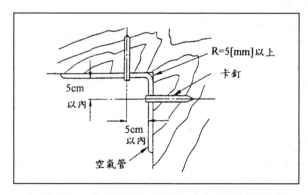

圖 7-59　彎曲部分之固定金屬配件使用例

(d) 空氣管之配置法

  (i) 木造天花板時,沿著邊緣配置。

  (ii) 天花板材料為木屑板,耐火板等時,配置於天花板表面。
如配置點在天花板之接縫時,採用墊木將空氣管露出配置。

  (iii) 設置在水泥天花板,灰漿天花板等硬質天花板面時,採用水泥鑽孔機穿孔裝置固定釘。

  (iv) 鐵骨構造,角鐵組合天花板構造之作業,配置空氣管時,採用吊線或吊掛式距離天花板面設置。
空氣管配置於距離天花板垂直0.3m 以內,以吊架或綁紮線之裝置間隔,採用同固定釘裝置間隔,套管連接時,在連接兩側支持之。

(e) 貫通處所

空氣管貫通之天花板,牆壁時,設保護管,且在保護管開口設貫通蓋。

(f) 檢出部之裝置

檢出部裝置在易於維護點檢之樓地板面上1.8~2.0m 為標準。

(g) 檢出部與空氣管之連接

在檢出部內部預留空氣管之空間,插入連接端子,確實焊接以免洩漏空氣。

3. 差動式分布型探測器─熱電偶式

(1) 裝置位置

(a) 熱電偶裝置在裝置面下方30cm 範圍內。

(b) 檢出器之裝設不得有5 度以上傾斜。

(c) 熱電偶與連接導線之最大合成電阻值,應在檢出器明示範圍內。

(d) 各探測區域應設熱電偶式探測器數,依表7-20 之規定(參照圖7-60)。

(e) 裝設於一個檢出器之熱電偶數,在 20 以下。

(f) 熱電偶之裝置時,前後a 與左右b 之間隔比率為1:4.5 以內(參照圖7-61)。

表 7-20　各探測區域應設熱電偶式探測器數

建築物構造	探測區域樓地板面積	應設探測器數
防火(構造)建築物	88m² 以下	至少 4 個
	超過 88m²	應設 4 個,每增加 22m²(含未滿),增設一個
其他建築物	72m² 以下	至少 4 個
	超過 72m²	應設 4 個,每增加 18m²(含未滿),增設一個

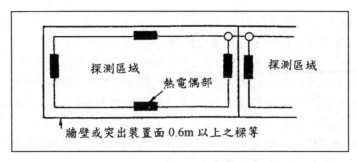

圖7-60　熱電偶之設置個數

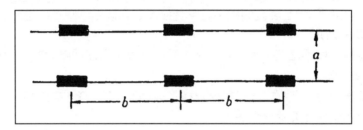

圖7-61　熱電偶之相互間隔

(2) 施工方法

　　(a) 熱電偶與導線之連接，如圖7-62所示，熱電偶兩端為套管形之關係，將連接導線插入後以壓縮工具壓接，熱電偶與導線之連接者稱為熱電偶線。

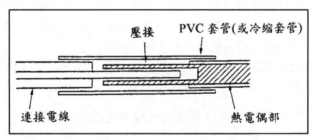

圖7-62　熱電偶之連接方法

　　(b) 熱電偶具有極性關係，對於熱電偶與檢出器之連接應如圖7-63，確認極性後串聯連接。

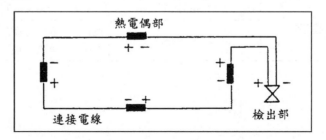

圖7-63　熱電偶之極性與連接

(c) 直接裝設於天花板面時,其固定配件之間隔如圖 7-64 ,在 35cm 以內,熱電偶兩端 5cm 以內處所固定。

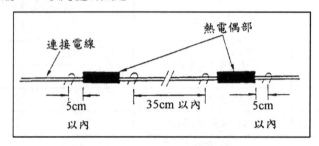

圖 7-64　熱電偶之裝置方法

(d) 採用吊線或貫通牆壁時之施工方法,依空氣管式之例處理。

4. 差動式分布型探測器－熱半導體式

(1) 裝置位置

(a) 探測器下端,應設於裝置面下方 30cm 範圍內。

(b) 各探測區域應設探測器數,應依探測器種類及裝置面高度,在每一有效探測範圍,至少設置 2 個。但裝置面高度未滿 8m 時,每一有效探測範圍,至少設置 1 個。(參照圖 7-65)

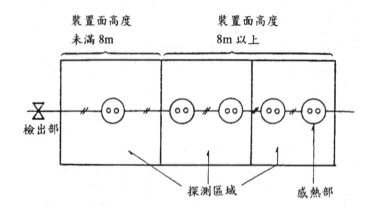

圖 7-65　熱半導體式探測器裝置原則

(c) 裝接於一個檢出器之感熱器數量,應在 2 個以上 15 個以下。

(d) 各探測區域應設熱半導式探測器數,應依表 7-21 規定計算。

(e) 檢出器應設在便於檢修處,且與裝置面不得傾斜 5 度以上。

(f) 感熱器與連接導線之最大合成電阻值,應在檢出器明示範圍內。

(2) 施工方法

(a) 感熱器之設置方法同差動式局限型探測器之例。

(b) 感熱器與檢出器之連接,應注意各感熱器電動力可累積之極性,以串聯連接,如有電磁感應障礙之顧慮時,往回平行布設配線。

表7-21　各探測區域應設熱半導體式探測器數

裝置面高度	建築物構造	探測器種類及有效探測範圍(m²)	
		一種	二種
H＜8m	防火(構造)建築物	65	36
	其他建築物	40	23
8m≦H＜15m	防火(構造)建築物	50	—
	其他建築物	30	—

(3) 定溫式線型之裝置

　　(a) 探測器應設在裝置面下方30cm 範圍內。

　　(b) 探測器在各探測區域內自裝置面任一邊之水平距離如表7-22 規定設置。（參照圖7-66）

表7-22　探測器之設置規定

建築物構造	定溫式(感知)	線型水平距離
	一種	二種
防火建築物或防火構造建築物	≦4.5m	≦3m
其　　他	≦3m	≦1m

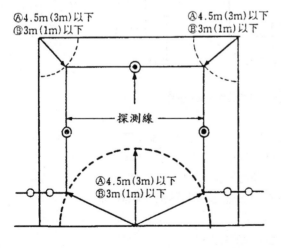

Ⓐ4.5m(3m)以下
Ⓑ3m(1m)以下

探測線

Ⓐ4.5m(3m)以下
Ⓑ3m(1m)以下

(註)
① Ⓐ為表示主要構造部以耐火構造之防火對象物或其部分之場合。
② Ⓑ為表示Ⓐ以外構造之場合。
③ 各數值為表示至各部分之水平距離。
④ (　　)內之數值為表示2種探測器之場合。

圖7-66　定溫式線型探測器裝置原則

5. 偵煙式探測器－離子式及光電式局限型

(1) 裝置位置及間隔

(a) 居室天花板距樓地板高度2.3m 以下或樓地板面積 40m² 以下時，應設在其出入口附近（參照圖7-67）。

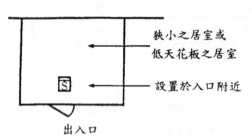

※：低天花板之居室為地板面至天花板面
　　之距離約 2.3m 以下之居室。
※：狹小居室為約未滿 40m² 之居室。

狹小之居室或
低天花板之居室

設置於入口附近

出入口

圖7-67　狹小居室或天花板低之居室之探測器設置位置

(b) 探測器下端，應裝設在裝置面下方60cm 範圍內。

(c) 探測器應裝設於距離牆壁或樑60cm 以上位置（參照圖7-68）。

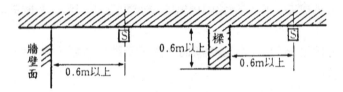

圖7-68　局限型偵煙探測器設置位置

(d) 天花板附近有吸氣口之起居室時，探測器設於吸氣口附近（圖7-69）。

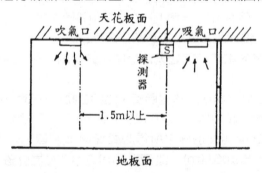

圖7-69　有吸氣口居室時之裝置位置

(e) 探測器設置於距離換氣吹氣口1.5m 以上位置。但該出風口距天花板在 1m 以上時，不在此限。

(f) 探測器除走廊，通道，樓梯及傾斜路面外，依表 7-23 每一有效探測範圍，至少設置一個。

表7-23　偵煙式探測器裝置原則

裝置面高度	探測器種類及有效探測範圍(m^2)	
	一種或二種	三種
H＜4m	150	50
4m≦H＜20m	75	—

(g) 探測器在走廊及通道之設置原則

- 步行距離每30m 至少一個；使用第三種探測器每20m 至少一個，且距盡頭之牆壁在 15m 以下，使用第三種探測器應在10m 以下至少設置1 個。
- 如至樓梯步行距離10m 以下，且樓梯設有平時開放式防火門或居室有面向該處之出入口時，得免設（參照圖7-70）。

(h) 在樓梯、斜坡通道及電扶梯，垂直距離每15m ，至少設置一個；使用第三種探測器時，垂直距離每10m 至少設置一個（參照圖7-71）。

(i) 昇降機坑道及管道間（管道截面積1m^2 以上者）設在最頂部，但昇降路頂部有昇降機機械室，且昇降路與機械室間有開口者，應設於機械室，昇降路頂部得免設。

(j) 設於有風速超過5m/s 之場所時，探測器應設遮板，以免受直接風壓發生誤報火警信息。

(2) 特殊場所

(a) 設於短邊未滿3m 之細長起居室等之場合，比照走廊及通道設置。

(b) 樑之深度在0.6m 以上，未滿1m 如圖7-72 之小區域時，在表7-24 所示面積範圍內，鄰接於探測器小區域部分，可省略其設置。
又，如圖7-73 所示，一個10m^2 以下小區域鄰接時，包括該小區域可視為同一探則區域，惟探測器應近接於該小區域設置。

(c) 探測器設置於高低不同之天花板時，適合圖7-74 之條件時，可做為同一探測區域。

(d) 突出裝置或棚等場所之探測區域，比照差動式分布型探測器辦理。

(e) 傾斜天花板（傾斜角度 3/10 以上）時，同一探測區域內之樓地板面積，以一個探測器之探測面積除之所得必要探測器個數，如圖7-75 ，除在頂部設置外，由頂部起每隔L(m) ，設置於L(m)之中間左右位置。

(f) 隔間牆壁之上面有開口部，上方部分（裝置面下方未滿0.6m）設空氣流動有效開口部（0.2m 以上×1.8m 以上間隙）時，鄰接2 以上探測區域可視為1 個探測區域（參照圖7-76）。

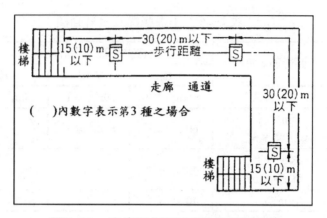

圖 7-70　走廊及通道之設置位置原則

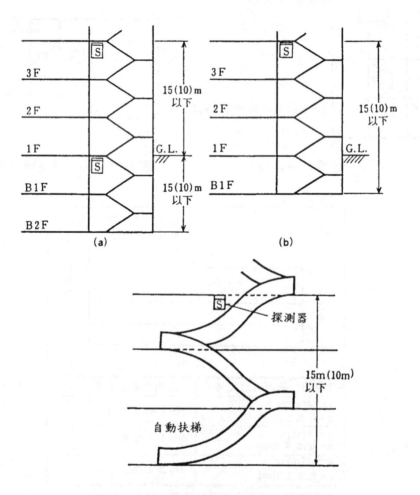

圖 7-71　樓梯間及電扶梯間之設置位置

表 7-24　小區域探測合計面積

裝置面高度	感知區域之合計面積		
	1 種	2 種	3 種
4m 未滿	60m² 以下	60m² 以下	20m² 以下
4m 以上 未滿 8m	60m² 以下	60m² 以下	
8m 以上 未滿 15m	40m² 以下	40m² 以下	
15m 以上	40m² 以下		

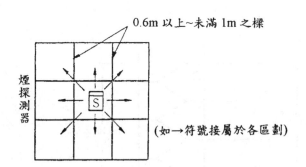

圖 7-72　小區域時之設置

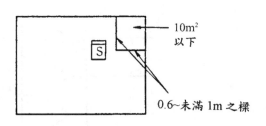

圖 7-73　探測區域有一小區域場合

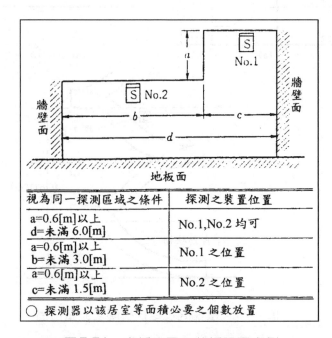

視為同一探測區域之條件	探測之裝置位置
a=0.6[m] 以上 d=未滿 6.0[m]	No.1,No.2 均可
a=0.6[m] 以上 b=未滿 3.0[m]	No.1 之位置
a=0.6[m] 以上 c=未滿 1.5[m]	No.2 之位置
○ 探測器以該居室等面積必要之個數放置	

圖 7-74　高低不同天花板設置之例

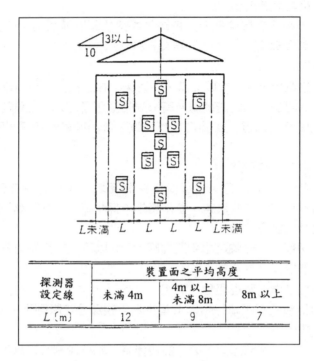

圖 7-75　設置於傾斜天花板之例

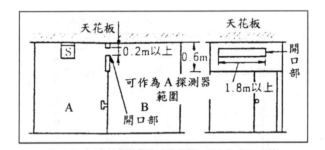

圖 7-76　隔間牆壁有開口部之探測區域

6. 偵煙式探測器－光電式分離型

　(1) 平面天花板之裝置位置。

　　(a) 探測器之受光面應設在無日光照射之處。

　　(b) 探測器裝設於與探測器光軸平行牆壁距離0.6m 以上之位置。

　　(c) 探測器之受光器及送光器，應設在距其背部牆壁1m 範圍內（參照圖7-77）。

　　(d) 應設在天花板高度20m 以下之場所（參照圖7-78），如天花板高為15m 以上時，採用第1 種探測器。

　　(e) 探測器之光軸高度，應在天花板等高度80% 以上之位置。

　　(f) 探測器之光軸長度，不得大於該探測器之標稱監視距離。

　　(g) 探測器之光軸與警戒區任一點水平距離，在 7m 以下。

(2) 傾斜天花板之裝置位置。

有效包含天花板之最高部分，依順著鄰接探測區域設置，如屋簷高度高於天花板最高部分80%時不在此限（參照圖7-79）。

(3) 越高屋頂之傾斜天花板之裝置位置。

越高屋頂之寬w為1.5m以上時，不管天花板之傾斜，應可有效包括該部之設置，如以換氣為目的使用之越高屋頂時，光軸應可通過大樑之設置，在寬w為1.5m以下時，光軸應可通過大樑間之中心附近，並仍順著鄰接探測區域設置（參照圖7-80）。

(4) 弧形天花板之裝置位置。

包括天花板之最高部分，順著鄰接探測區域，保持光軸在天花板各部分高度之80%以內是有效的探測裝置，並不產生未探測區域（參照圖7-81）。

(5) 凹凸牆壁面之裝置位置。

牆壁之最深部位與光軸之水平距離應為7m以下，如有超過7m之部分，以裝設局限型探測器補充（參照圖7-82）。

(6) 超過探測器之標稱監視距離之情況。

設於超過標稱監視距離時，以不產生未監視部分之原則下，採用如圖7-83之連續光軸方式設置。

如為維護，點檢，管理之需要，設通道時，鄰接探測器之水平距離為1m以內（參照圖7-84）。

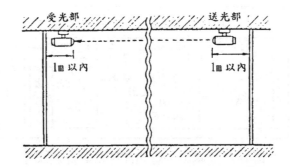

圖7-77　光電式分離型偵煙式探測器之裝置位置

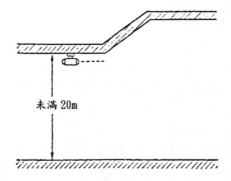

圖7-78　光電式分離型偵煙式探測器之裝置高度

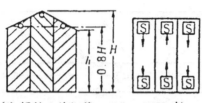

(a) 傾斜天花板等之例(h＜0.8H 時)

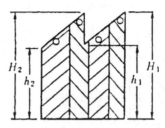

(b) 鋸形天花板等之例
(h_1＜$0.8H_1$，或 h_2＜$0.8H_2$ 時)

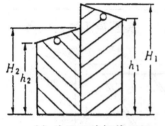

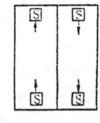

表示監視區域 (一組探測器可探測火災之區域，光軸中心左右水平距離7m 以下部分之地板面至天花板等之區域)

(c) 差掛天花板等之例
(h_1＜$0.8H_1$，或 h_2＞$0.8H_2$ 時場合)

圖7-79　設置於傾斜天花板等時之處理

W 為未滿1.5m 時設置位置

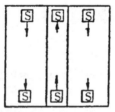

(a) 越高屋頂無為換氣目的使用時

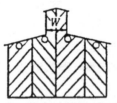

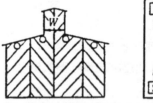

(b) 越高屋頂以換氣為目的使用時

圖7-80　設置於越高屋頂天花板等時之處理

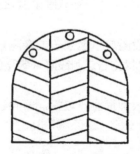

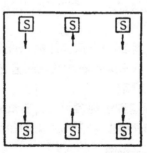

圖7-81　設置於弧形天花板等時之處理

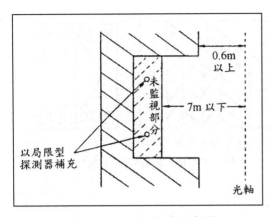

圖7-82　凹凸牆壁面處理

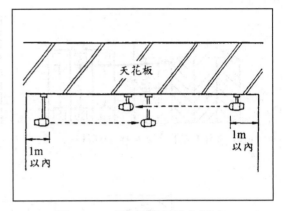

圖7-83　長監視距離之場合

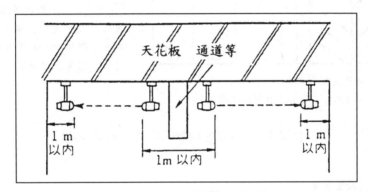

圖7-84　設點檢通道之場合

(7) 探測器設置上之留意事項

　(a) 探測器應確實裝置於牆壁，天花板等，不因衝擊或震動等，影響光軸偏離之措置。

　(b) 鄰接監視區域所設之探測器之送光部及受光部，應相互不受影響之設置，如發生相互干擾現象時，採用送光部與受光部交互設置之措施。

7. 複合式局限型探測器

(1) 探測範圍之設定

　感熱式與偵煙式之複合式局限型之場合，依感熱式局限型之規定設定探測範圍。

(2) 裝置面高度

　可設置於高處部分之探測器與只能設置於低處部分之探測器組合之複合式局限型探測器時，依只能設置於低處部分之探測器之例設置（參照圖7-85）。

(3) 探測面積之設定

　不同探測面積種別組合之複合式局限型探測器之探測器面積，是配合裝置面高度所定之探測面積中，依大之探測面積設定（參照圖7-86）。

(4) 探測器下端之位置

　感熱式與偵煙式之複合式局限型之場合，依感熱式之基準設置。

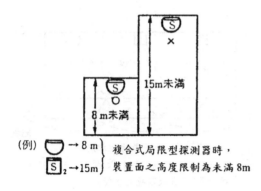

複合式局限型探測器時，
裝置面之高度限制為未滿 8m

(例) ⊖→ 8 m
⑤₂→15m

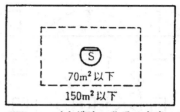

(例) ⊖ → 耐火構造而裝置面高度
未滿 4m 時 70m²。

⑤ → 耐火構造而裝置面高度
未滿 4m 時 150m²。

耐火構造而天花板高度未滿 4m 部分設置時，
探測面積可以 150m² 以下設置。

圖 7-85 複合式探測器之裝置面高度之處理　　　**圖 7-86 複合式探測器之感知面積之處理**

8. 火焰式探測器

(1) 配合火焰式探測器種別之設置場所，如表 7-13 ，表 7-14 及表 7-25 所示。

(2) 供道路用部分以外場所設置如下處理。

(a) 應裝設於天花板、樓板、牆壁（參照圖 7-87 、圖 7-88 、圖 7-89 ）。

(b) 距樓地板面 1.2m 範圍內之空間，應在探測器標稱監視距離範圍內。

(c) 探測器不得設在有障礙物妨礙探測火災發生處（參照圖 7-90 ）。

(d) 探測器應設在無日光照射之處。但設有遮光功能可避免探測障礙者，不在此限
（參照圖 7-91 ）。

(3) 供用於道路部分設置時，依前 (2) 、 (c) 、 (d) 外，如下處理。

(a) 探測器設置於道路之側壁或路端之上方。

(b) 探測器設置於距道路面（設有監看人員之道路）高 1.0m 以上 1.5m 以下部分
（參照圖 7-92 ）。

(c) 探測器設置於道路各部分至該探測器之距離應在標稱監視距離之範圍內，但設
置個數為 1 時，應設置 2 個。

(d) 設置於隧道出入口附近時，應有防止由太陽光誤動作措置。

表 7-25 探測器之種別與設置場所

	種　　別	設 置 場 所
原　　則	屋 內 型	屋　　內
	屋 外 型	屋　　外
	道 路 型	道路或隧道
例　　外	有防雨措置時，可裝置屋內型。	文化財產關係建築物等(屋簷下，樓地板下)
		物品販賣店舖等之貨物推銷場，荷物處理場，卡車庫等之上屋部分

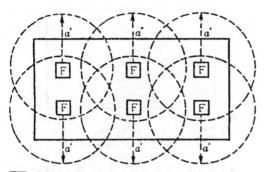

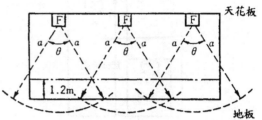

F：火焰探測器　　a：監視距離　　a與θ參照
a'：監視圓半徑(a' = a sin½θ)　　圖7-88

F：火焰探測器　　a：監視距離
□：監視空間（地板上至1.2m間之全部空間）
θ：視野角（可有效監視之空間）

圖7-87　火焰探測器（道路用以外）
　　　　之設置例（平面圖）

圖7-88　火焰探測器（道路用以外）
　　　　之設置例（側面圖）

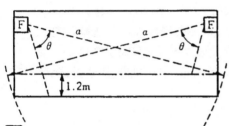

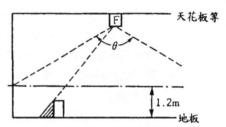

F：火焰探測器　　a：監視距離
□：監視空間（地板上至1.2m間之全部空間）
θ：視野角（可有效監視之空間）

F：火焰探測器　　θ：視野角
□：未警戒區域※
（註）※1.2m以下之物體遮蔽部分，
　　　可以無探測障礙處理

圖7-89　火焰探測器（道路用以外）
　　　　之牆壁設置例（側面圖）

圖7-90　探測障礙（未警戒區域）
　　　　之處理

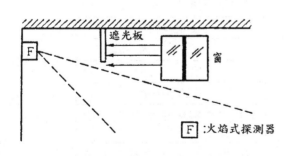

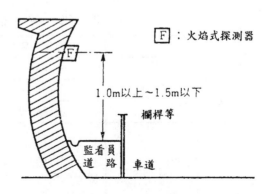

F：火焰式探測器

F：火焰式探測器

圖7-91　遮光板之設置例

圖7-92　火焰探測器（道路用）之設置例

9. 類比式探測器

  (1) 類比式探測器有熱類比式局限型探測器、離子類比式局限型探測器、光電類比式局限型探測器及光電類比式分離型探測器等。

  (2) 類比式探測器至受信機之配線,採用耐熱配線。

  (3) 類比式中繼器及類比式受信機之設置,應在設置附近備有表示溫度等設定一覽圖。

  (4) 類比式受信機,需要有注意及火災顯示關係,當接受類比式探測器,類比式中繼器之火災信號時顯示之溫度值或濃度值需要設定。因此配合類比式探測器之種類,設定表示溫度維持在表 7-26 中欄所列之範圍內。

表 7-26　類比式探測器各種之設定表示溫度

類比式探測器	設 定 顯 示 溫 度 範 圍		探測器種別
熱 類 比 式 局 限 型 探 測 器	注意顯示設定溫度	(正常時最高周圍溫度+20)度以上 (設定火災顯示溫度-10)度以下	定溫式局限型特種
	火災顯示設定溫度	(正常時最高周圍溫度+30)度以上 (正常時最高周圍溫度+50)度以下	
離 子 類 比 式 局 限 型 探 測 器 或 光 電 類 比 式 局 限 型 探 測 器	注意顯示設定濃度	超過 2.5%,5%以下	光電式局限型 1 種
	火災顯示設定濃度	超過注意顯示濃度,15%以下	
	注意顯示設定濃度	超過 5%,10%以下	光電式局限型 2 種
	火災顯示設定濃度	超過注意顯示濃度,22.5%以下	
	注意顯示設定濃度	超過 10%,15%以下	光電式局限型 3 種
	火災顯示設定濃度	超過注意顯示濃度,22.5%以下	
光 電 類 比 式 分 離 型 探 測 器 (L_1 滿 45m 者)	注意顯示設定濃度	超過 $0.3 \times L_2$%,$2/3(0.8 \times L_1 + 29)$%以下	光電式分離型 1 種
	火災顯示設定濃度	超過注意顯示濃度(L_1+40)%以下	
	注意顯示設定濃度	超過 $2/3(0.8 \times L_1 + 29)$%, $2/3(0.8 \times L_1 + 40)$%以下	光電式分離型 2 種
	火災顯示設定濃度	超過注意顯示濃度(L_1+40)%以下	
光 電 類 比 式 分 離 型 探 測 器 (L_1 45m 以上者)	注意顯示設定濃度	超過 $0.3 \times L_2$%,43.3%以下	光電式分離型 1 種
	火災顯示設定濃度	超過注意顯示濃度 85%以下	
	注意顯示設定濃度	超過 43.3%,56.7%以下	光電式分離型 2 種
	火災顯示設定濃度	超過注意顯示濃度 85%以下	
註:L_1:標稱監視距離之最小值 　　L_2:標稱監視距離之最大值			

7-3-5 中繼器裝置

火警自動警報設備之中繼器,依下列原則設置。

1. 在受信總機至探測器間配線紛雜,導通檢查不易時,受信總機與探測器間設中繼器,使能確認各回線之導通,同時可減少原有之配線條數。
2. 中繼器設置於點檢方便,而防火上有效措施之處所。
3. 有操作部時,設置於樓地板面高度在0.8m 以上,1.5m 以下位置。
4. 不得設置於震動劇烈之場所,產生腐蝕瓦斯場所,對功能發生障礙有顧慮之場所。

7-3-6 蓄積機能裝置

蓄積型受信總機、蓄積型中繼器及蓄積附加裝置,依下列原則設置。

1. 蓄積時間,在每一警戒區域,探測器之標稱蓄積時間,及中繼器及受信總機設定之蓄積時間合計不得超過60 秒(參照圖7-93)。
2. 設置蓄積型中繼器或受信總機,使用偵煙式探測器以外探測器時,每一警戒區域之中繼器及受信總機設定之總蓄積時間不得超過 20 秒。
3. 利用蓄積功能時,應與各指定適應性一致。
4. 蓄積功能在發信機械操作時,可自動解除。
5. 設蓄積附加裝置時,蓄積中之表示在受信機或蓄積附加裝置之外箱易於看到之位置,設置燈火或警報音。
6. 採用蓄積型探測器或中繼器時,受信總機不得為二信號式受信總機,以避免延遲火災發現時間。

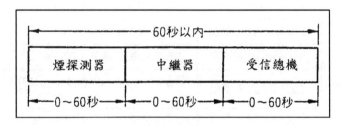

圖 7-93　蓄積時間之合計方法

7-3-7 地區音響裝置

地區音響裝置,應為探測器或發信機之連動而動作時,能以警報音或聲音對防火對象物或部分區域全部,可有效報知之設置。

如廣播設備之警報音與探測器之動作連動而動作時,可將廣播設備之警報音變為地區音響裝置。

1. 設置於各樓層時,由該樓層各部分至一之地區音響裝置之水平距離為25m 以下(參照圖7-94),如由隔間關係無法有效報知時,依狀況增設地區音響裝置。
2. 電壓到達規定電壓之80% 時,即刻發出音響。
3. 距火警警鈴1m 處之音壓不得小於 90 分貝。

4. 一個防火對象物設有 2 個以上受信機時，由任何受信機均可鳴動。

5. 建築物在 5 樓以上，且總樓地板面積超過 3,000m² 者，依下列規定鳴動（參照圖 7-95）。

　　(1) 起火層為地上 2 層以上時，限該樓層與其直上兩層及其直下層鳴動。

　　(2) 起火層為地面層時，限該樓層與其直上層及地下層各層鳴動。

　　(3) 起火層為地下層時，限地面層及地下層各層鳴動。

6. 除可一齊鳴動規模之防火對象物，原則上，樓梯、傾斜道、電梯昇降坑道等設置之探測器不做連動地區音響裝置之鳴動。

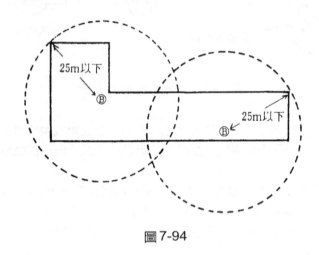

圖 7-94

n F					
4 F	○				
3 F	○				
2 F	◎	○			
1 F	○	◎	○	△	△
B 1 F		○	◎	○	○
B 2 F		○	○	◎	○
B 3 F		○	○	○	◎

(註) ◎表示出火樓
　　 ○表示同時鳴動樓
　　 △表示與地下樓同時鳴動

圖 7-95　區分鳴動之設定

7-3-8　配線

火警自動警報設備之配線，除依屋內線路裝置規則外，依下列規定設置：

1. 常開式之探測器信號回路，其配線應採用串接式，並加設終端電阻（或發信機），以便

藉由火災警受信總機作回路斷線自動檢出用（參照圖7-96）。

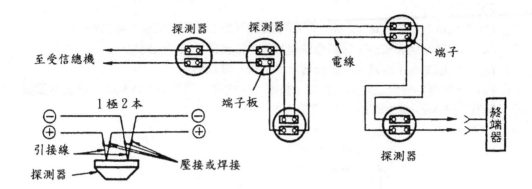

圖7-96　送出之配線方法例

2. 經常通直流電於接地電極之回路方式或探測器，發信機或中繼器與火警自動警報設備以外設備之回路，不得採用同一配線之共用回路方式，但不影響發生信號之傳送者除外。

3. 火警自動警報設備之配線使用之電線，不得配置與其他電線於同一管，管路或線盒中，但60V以下弱電回路使用之電線時不在此限。

4. P型及GP型受信總機採用數個分區共用一公用線方式配線時，該公用線供應之分區數，不得超過7個。

5. P型及GP型受信總機之探測器回路電路，回路電阻應在50 Ω以下。

6. 電源回路導線間及導線與大地間之絕緣電阻值。

   (1) 應以DC250V額定之絕緣電阻計測定。

   (2) 電源回路導線間及導線與大地間之電阻值如下：

對地電壓	絕緣電阻值
150V以下	0.1MΩ以上
超過150V	0.2MΩ以上

   (3) 探測器回路線間及導線與大地間，每一火警分區應在0.1M Ω以上。

7. 埋設於屋外或有浸水之處之配線

   (1) 採用電纜並穿於金屬管或塑膠導線管。

   (2) 與電力線保持30cm以上之間距。

8. 各機器間電線所需條數，如表7-27所示。

9. 探測器等所用之電線，採用表7-28所示，或同等以上性能者。

10. 緊急電源及緊急電源回路等之配線參照第三章，緊急電源部分。

表7-27 各機器間所需電線數

受信機與各機器間	P型1級受信機	P型2級受信機	R型受信機
受信總機與副受信機(表示機)	7條或8條+共同線 地區表示線(僅回線數) 共同線(50回線以上時2條以上) 主音響裝置線 主音響裝置共通線 電話呼叫線 電話線 ⊕線　⊖線	4條+回線數 地區表示線(僅回線數) 共同線 主音響裝置線 主音響裝置共通線	8條 信號線(2條) 主音響裝置線 主音響裝置共通線 電話呼叫線 電話線 ⊕線　⊖線
受信總機與地區音響裝置	一齊鳴動方式-2條 出火層直上層鳴動方式-鳴動區域數+1條	2條 (地區音響裝置線、地區音響裝置共同線)	同P型1級受信機
受信總機與局限型探測器(差動式、補償式、定溫式)	2條 (表示線，共同線)	同P型1級受信機	2條 (中繼器與探測器間之表示線)
受信總機與差動式分布型探測器	2條或3條 (表示線，共同線，電話線(有設置時需要))	2條 (表示線，共同線)	2條 (中繼器與探測器間之表示線)
受信總機與偵煙式探測器	離子化式-2條 (表示線，共同線) 光電式-2條、3條或4條 (表示線、共同線、電源線、斷線信號線)	同P型1級受信機	2條 (中繼器與探測器間之表示線)
受信機與手動報警機(發信機)	4條(P型1級) (表示線，共同線、電話線、回答燈線) 但，附巡視記錄時追加1條	2條(P型2級)　　(註2) (表示線、共同線) 但，有消防栓起動回路時，至消防栓啟動箱追加1條	3條 (共通線、電話線、回答燈線) 2條 (中繼器與發信機間之表示線)
表示燈	2條 (⊕線，⊖線)	同P型1級受信機	同P型1級受信機
受信機與消防栓啓動箱	2條 消防栓⊕線 消防栓⊖線	4條 消火栓⊕ 消火栓⊖線 ⊕線，⊖線	同P型1級受信機
受信機與消防栓啓動箱(附啓動標示燈)	4條 消防栓⊕線 消防栓⊖線 ⊕線，⊖線		同P型1級受信機

註：1. ( ) 內為表示使用內容。
　　2. 使用蓄積式受信機時之發信機線之根數為蓄積解除用追加1根。
　　3. 不同製造廠間系統構成、線數多少有差異。

表7-28　探測器回路等用之電線種類

電 線 種 類 (A)	規 　 格 　 (B)	截面積或直徑(C)
屋內配線使用電線	CNS3199 PVC 花線	$0.75mm^2$ 直徑以上
	CNS679 PVC 絕緣電線(IV)	1.0mm 直徑以上
	CNS3301 PVC 絕緣 PVC 被覆電纜(VV)	1.0mm 直徑以上
屋側或屋外配線使用電線	CNS679 PVC 絕緣電線(IV)	1.0mm 直徑以上
	CNS3301 PVC 絕緣 PVC 被覆電纜(VV)	1.0mm 直徑以上
架空配線使用電線	CNS679 PVC 絕緣電線(IV)※	2.0mm 直徑以上硬銅線
	CNS8559 屋外用 PVC 絕緣電線(OW)	2.0mm 直徑以上
	CNS3301 PVC 絕緣 PVC 被覆單纜(W)	1.0mm 直徑以上
地下配線使用電線	CNS3301 PVC 絕緣 PVC 被覆電纜(VV)	1.0mm 直徑以上
使用電壓 60V 以下配線使用電線※※	JCS 警報用 PE 絕緣 PVC 被覆電纜 396	0.5mm 直徑以上
備註：※桿距 10m 以下時，得使用導體直徑 2.0mm 直徑以上軟銅線 　　　※※使用於 60V 以下電線，可適合本表 JCS396(日本電線工業會規格)規格以外電線，並各在 C 欄所列截面積或直徑之電線仍可使用		

第 8 章

瓦斯漏氣火警
自動警報設備

8 瓦斯漏氣火警自動警報設備

8-1 瓦斯漏氣火警自動警報設備之設置意義

瓦斯漏氣火警自動警報設備為，當瓦斯漏氣發生時，接收檢知器之信號，以直接或經由中繼器，在達到危險濃度前，將瓦斯洩漏之場所通報建築物有關人員之設備。

8-2 用語之定義

一、天然氣（LNG）：

比重未滿 1 之天然瓦斯。

二、液化石油氣（LPG）：

精煉石油時所產生的烷及丙烷作為其成份的比重大於 1 之瓦斯。（家庭用主要為丙烷，工業用為烷）

三、貫穿牆壁處：

供給燃料用瓦斯導管貫穿防火對象物外牆壁之處所。

四、燃燒器：

瓦斯燃燒機器及該機器連接之末端瓦斯栓（管栓、螺栓等）。

五、檢知區域：

有燃燒機器或貫穿防火對象物外牆壁之處所，1 只檢知器可有效檢知瓦斯漏氣之區域。

六、警戒區域：

發生瓦斯漏氣區域與其他區域可識別之最小單位區域。

七、音響裝置：

以音聲將瓦斯漏氣發生，報知防火對象物有關人員之裝置，包括起動裝置，表示燈，擴音器，放大器，操作部，遙控操作部，電源及配線構成。

八、瓦斯漏氣表示燈：

將瓦斯漏氣之發生由表示燈對通路上之防火對象物關係者提供警報之裝置。

九、檢知區域警報裝置：

將檢知區域內之瓦斯漏氣情形，對檢知區域附近之防火對象物關係者提供警報之裝置。

8-3 瓦斯漏氣火警自動警報設備之種類、構造

8-3-1 設備之構成

瓦斯漏氣火警自動警報設備,由瓦斯漏氣檢知器、中繼器、受信機及警報裝置構成(參照圖8-1、圖8-2)。

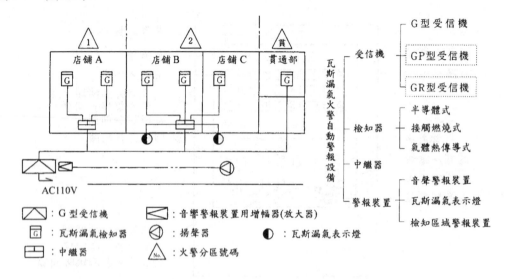

圖8-1 瓦斯漏氣火警自動警報設備之種類、構造

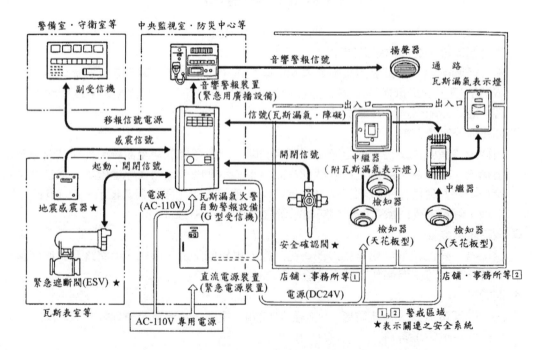

圖8-2 瓦斯漏氣火警自動警報設備之系統概念圖

8-3-2 機器之構成、功能

一、瓦斯漏氣受信總機

受信總機有 G 型、GP 型、GR 型三類，並具下列之裝置或功能，GP 型、GR 型有火警自動警報設備 P 型、R 型之功能。G 型受信機之外形參照圖 8-3。

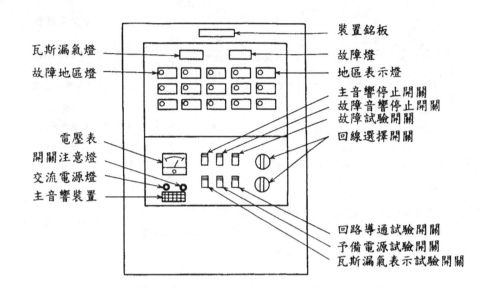

圖 8-3　G 型受信機外形

1. 瓦斯漏氣表示動作試驗裝置

   由瓦斯漏氣燈，音響裝置及區域表示裝置構成，設有動作試驗用之瓦斯漏氣表示動作試驗開關，回路選擇開關燈，並在此裝置在操作中如其他回路接收到瓦斯漏氣信號時，應同時能作瓦斯漏氣表示。

2. 回路導通試驗裝置

   由確認信號回路是否導通之導電試驗用開關，回路選擇開關及試驗用計器或斷線表示燈構成，能夠將各回線之導通狀態在試驗用指示範圍或斷線表示燈確認，並在此裝置操作中如其他回路接收到瓦斯漏氣信號時，應同時能作瓦斯漏氣表示，但在 5 回線以下者，以及由受信機可確認檢知器電源之停止者，不在此限。

3. 故障表示裝置

   檢知器、受信機或中繼器到外部負荷之電力供給回路上，熔絲、斷路器及其他保護設備動作時，可由自動音響及表示燈表示故障。

4. 開關類

   設有開閉警戒燈、停止音響（或鳴動）開關、電表、電源燈及預備電源試驗開關（限於內裝預備電源者）。

5. 標準延遲時間

檢知器受信機接收信號至表示瓦斯漏氣之合計所需時間，應在 60 秒以內。

6. 同時受信

從二回線來的瓦斯漏氣信號同時受信時，能夠表示瓦斯漏氣信號之功能。

7. 其他

配線發生一線接地時，由開關之開閉等，回路電壓或電流產生變化，而受到振動或衝擊時，不得有瓦斯漏氣之表示。

二、中繼器

中繼器設置在檢知器與受信機之間，接收檢知器之信號，並將該信號傳送至瓦斯漏氣受信機。

由於設置中繼器之關係，可將複數檢知器連接於 1 回線外，受信機直接至檢知器之信號回路無法導通試驗時，可作至中繼器回路之導通試驗。此外，中繼器有可供給電力於檢知器者，可對外部負荷（換氣設備，遮斷閥等）發出控制信號者，並有內裝瓦斯漏氣表示燈及警報裝置者。

由中繼器之動作原理，可分類如下：

1. 信號變換型：

接收檢知器所傳出之電壓變化信號時，利用該電壓變化，對受信機發出「監視正常」、「瓦斯漏氣」、「故障」、「檢知器電源停止」等個別信號。

2. 固有信號型：

將不正常之信號駐入中繼器，再經由瓦斯漏氣受信機將其解讀，以固有信號作警報，控制等。

3. 接點出力型：

接收檢知器之瓦斯漏氣動作信號，帶動電驛等之接點，對受信機發出警報，控制信號。

中繼器之必要條件如下：

(1) 由受信機、中繼器或檢知器供給電力之中繼器，對直接供給外部負荷（警報裝置等）之電力回路，設置熔絲斷路器等，其熔斷或遮斷時，可對受信機發出信號。

(2) 前(1)款以外之中繼器，在主電源停止或保護裝置動作時，仍能對受信機自動送出信號，其主電源之容量，應為 5 回線動作時之負荷或監視狀態時之負荷中，任一邊之最大負荷可連續供給者。

(3) 不得設置影響瓦斯漏氣信號有顧慮之操作機構。

(4) 中繼器之受信開始至發信開始之所需時間為 5 秒以內。

三、檢知器

檢知器是探測瓦斯漏氣的器具，其構造如圖 8-4 所示，由瓦斯檢知部、警報部、警報燈（動作確認燈）、電源表示燈所構成。當檢知瓦斯漏氣時，有將瓦斯漏氣信號傳給中繼器或受信機者，有的檢知瓦斯漏氣，並將瓦斯漏氣之發生，依音響予以警報之同時，將瓦斯漏氣信號傳給中繼器或受信機者。

1. 檢知方式

檢知器之檢知方式有半導體式、接觸燃燒式及氣體熱傳導式，該等方式之構造與特徵等如表8-1所示。

(1) 半導體式檢知器

利用氧化錫（SnO_2）或氧化鐵（Fe_2O_3）之半導體，以加熱器加熱至350℃左右，當此一半導體與可燃瓦斯接觸時，即將瓦斯吸著於半導體上，使半導體電氣傳導度昇高，成為電氣良導體。即為利用半導體自身所產生之電阻，隨可燃性瓦斯濃度而變化，而能檢知瓦斯漏氣的裝置。（參照圖8-5）

表8-1　瓦斯漏氣檢知器之檢知方式與構造等

項目 ＼ 方式	檢　知　方　式		
	半　導　體　式	接　觸　燃　燒　式	氣　體　熱　傳　導　式
構　造	加熱絲 ── 電極　半導體	檢出元件　補償元件	檢出元件　補償元件　半導體
材　質	加熱絲 } 銦(In)　電極 } 鈀(Pd) 合金　半導體：SnO_2	檢出元件 } 補償元件 } 白金線	檢出元件 } 補償元件 } 白金線　半導體：SnO_2等
檢知原理	半導體本身之電阻值，由可燃瓦斯接觸變化	在白金線繞圈表面，瓦斯之氧化反應(燃燒)，產生熱量引起白金線電阻之變化	應用浸塗氧化錫等半導體的白金線圈對可燃性瓦斯的熱傳導度不相同，當可燃性瓦斯之接觸過後白金線溫度變化，引起電阻變化
動作原理	加熱絲　半導體元件　電源　AMP 信號　雖然半導體元件之輸出與瓦斯濃度有關，可得 40~80V 之高輸出關係，無放大(AMP)仍可驅動小型警報	電源　檢出元件　補償元件　AMP 信號　檢出回路之輸出約為 50mV(max)，對警報，燈等之動作，必須有放大(AMP)回路	
特　徵	● 對瓦斯之變化比較安定 ● 可得較大輸出 ● 長時間之安定性高	● 併用補償元件關係，諸特性優。	● 同接觸燃燒式

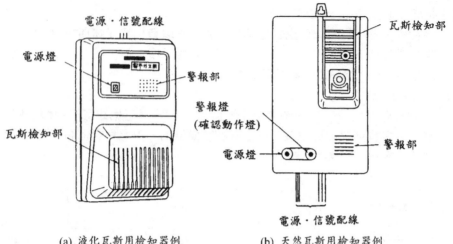

(a) 液化瓦斯用檢知器例　　　　(b) 天然瓦斯用檢知器例

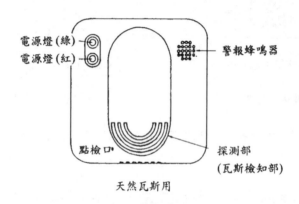

天然瓦斯用

(c) 天花板型

圖8-4　檢知構造

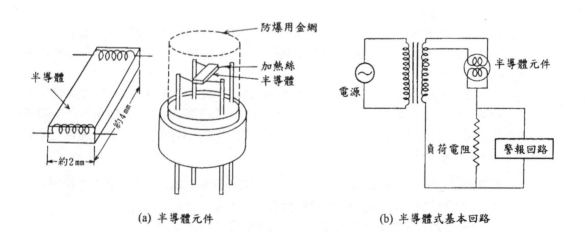

(a) 半導體元件　　　　　　　　(b) 半導體式基本回路

圖8-5　半導體式檢知器之構造及基本回路

(2) 接觸燃燒式檢知器（參照圖8-6）

白金線繞圈在其周圍以鋁礬土繞結附著，再以氧化觸媒物加熱到500 ℃左右，當可燃性瓦斯流經在表面接觸燃燒，使白金線溫度上昇，其電阻增高，是利用白金線電阻之變化檢知瓦斯漏氣之裝置。

(3) 氣體熱傳導式

空氣與可燃性瓦斯的熱傳導度不相同關係，浸塗氧化錫等半導體的白金線圈加熱，當接觸可燃性瓦斯後，白金線溫度會變化，由溫度變化而起電阻變化。利用此特性檢知瓦斯漏氣之裝置。

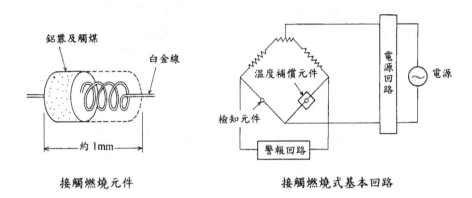

圖8-6　接觸燃燒式檢知器之構造及基本回路

2. 警報濃度

(1) 天然氣用檢知器之檢知濃度訂定在爆炸下限之1/200~1/4 ，因達到危險濃度前，有充裕的時間採取開窗換氣或關閉瓦斯等措施，所以在爆炸下限1/4 以下之濃度即發出警報。

為防止由於點火失敗之短時間漏氣等完全沒有危險卻頻發出警報之情形，在未滿1/200 之濃度不發出警報。

(2) 液化石油氣用檢知器之檢知濃度訂定在爆炸下限之1/200~1/5 濃度發出警報。

有關沼氣（甲烷）之濃度，大度分調整在0.2~0.5% 左右，則相當於沼氣之爆炸下限之1/25~1/10 。

※ 瓦斯與空氣之混合物─瓦斯濃度過高或過低在超過某種限度將不發生燃燒，燃燒發生之混合比率稱為爆炸界限，空氣中之瓦斯濃度以（%）表示，瓦斯濃度之最高值為爆炸上限（UEL），最低值為爆炸下限（LEL），依照瓦斯種類之爆炸範圍如表8-2 所示。

瓦斯爆炸之條件，具有下列三項條件，始可發生，天然氣及液化石油氣均相同。

(a) 瓦斯與空氣，應以可燃燒界限內濃度混合。

(b) 為產生爆炸，需要有必須能量之點火源存在。

(c) 周圍以牆壁隔間，有某種程度之密閉室。

表8-2　主要瓦斯之種類與爆炸範圍

| 瓦斯種類 | 爆炸範圍(約%) | | (%) | | | | | |
	下界限 (LEL)	上界限 (UEL)	10　20　30　40　50　60					
13A	4	14						
12A	5	16						
6 A	8.5	38.5						
參考LPG	2	10						

3. 警報方式

　　具有警報功能之檢知器警報方式分為下列三類；

(1) 即時警報型─瓦斯濃度達到警報設定值時即發出警報（參照圖8-7）。

(2) 延遲警報型─瓦斯濃度達到警報設定值後，在該濃度以上持續存在一定時間（20~60 秒）後發出警報。但於極短時間內對於瞬間的瓦斯漏氣不會起反應，（參照圖8-8）。

(3) 反限時警報型─瓦斯濃度達到警報設定值後，在該濃度以上持續存在時隨即發生警報，具有瓦斯濃度越高，警報延遲時間越短之特性（參照圖8-9）。

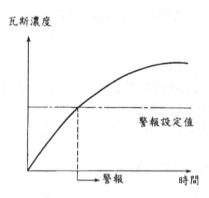

圖8-7　即時警報型

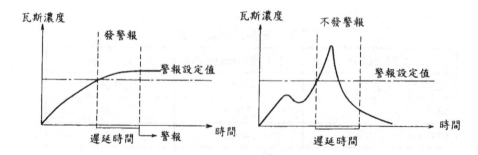

圖8-8　延遲警報型

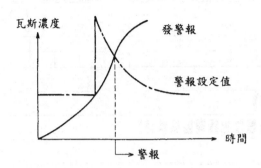

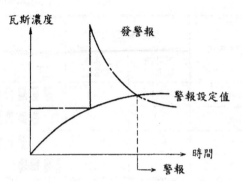

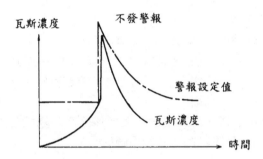

圖8-9　反限時警報型

4. 依檢知對象瓦斯檢知器之分類

瓦斯之比重為同容積之瓦斯與空氣之重量比率，以空氣為 1 表示者，如瓦斯比重比 1 大時，比空氣重。比 1 小則比空氣輕。比空氣重之瓦斯（液化石油氣），因其漏氣後會往下沈降滯留；比空氣輕之瓦斯（天然氣），因其漏氣後會往上漂浮。表 8-3 表示主要瓦斯之比重。

依檢知對象瓦斯之檢知器有下列三類，

(1) 用於比空氣輕之瓦斯者。

(2) 用於比空氣重之瓦斯者。

(3) 用於全部瓦斯用者（輕瓦斯與重瓦斯兩種為檢知對象）

表 8-3　主要瓦斯之比重

瓦斯之區分	發熱量（kcal/m³）	比　重
12A (天然氣)	11,000	0.66
6A (丁烷)	7,000	1.24
LPG (液化石油氣)	24,320	約 1.5

註：6A（丁烷）為 24% 丁烷，76% 空氣之混合氣體

四、警報裝置

警報裝置有音響警報裝置，瓦斯漏氣表示燈及檢知區域警報裝置，如圖8-10所示。

1. 音響警報裝置

   瓦斯漏氣發生檢知時，利用音響對防火對象物之關係者及使用者發出警報，由麥克風，放大器之操作部與擴音器構成，具有緊急廣播設備類似之功能。

2. 瓦期漏氣表示燈

   連動於檢知器之動作，將瓦斯漏氣之房間，店舖等個別表示，告知通路之防火對象物關係者；有專用與組合於中繼器者。

3. 檢知區域警報裝置

   由音響將瓦斯漏氣發出警報於檢知區域（1個檢知器可有效檢知瓦斯漏氣之區域）內之防火對象物之關係者，其音壓為距該裝置1m處有70分貝以上，有專用與組合於中繼者，如組合於檢知器者，以替代檢知區域警報裝置處理。

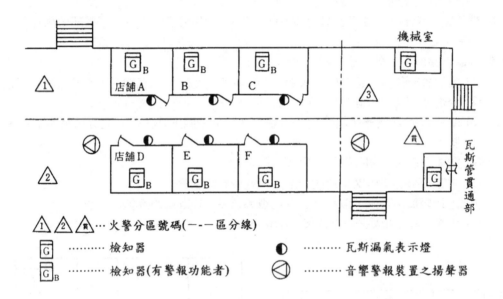

圖 8-10　反限時警報型

8-4 瓦斯漏氣火警自動警報設備之設備基準

瓦斯漏氣火警自動警報設備應設置之場所，依各類場所消防安全設備設置標準21條規定如下：

1. 地下層供甲類場所使用，樓地板面積合計1,000m² 以上者。

2. 複合用途建築物(供甲類場所用途者)之地下層，樓地板面積合計在1,000m² 以上，且其中甲類場所面積合計在500m² 以上者。

3. 總樓地板面積在1,000m² 以上之地下建築物。

8-5 瓦斯漏氣火警自動警報設備之設置要領

8-5-1 火警分區

瓦斯漏氣火警自動警報設備依下列火警分區之規定劃定警報分區。

1. 每一火警分區不得超過一樓層，並不得超過樓地板面積600m²。但上下兩層樓地板總面積在500m²以下，得兩層共用一火警分區。

2. 每一分區之任一邊長在50m以下。但裝設光電式分離型探測器時，其邊長得在100m以下。

3. 如由主要出入口或直通樓梯出入口能直接觀察該樓層任一角落時，在第一款規定之600m²得增加為1000m²。

4. 樓梯、斜波通道、昇降機之昇降道路及管道間等場所，其水平距離在50m範圍內，且其頂層相差在二層以下時，得為一火警分區。但應與建築物各層之走廊、通道及居室等場所分別設置火警分區。

5. 樓梯或斜坡通道，垂直距離每45m以下為一火警分區，但其地下層部分應為另一火警分區。

6. 火警分區設定上應留意事項

   (1) 設於貫穿部檢知器有關之火警分區，與其他檢知區域有關之火警分區應有區別。

   (2) 原則上，通路或面對地下道之房間、店舖等，以一火警分區設定。

   (3) 未設瓦斯燃燒器具之房間、店舖等（包括通路或地下道）之面積應包括在火警分區。

   (4) 關連用途之房間，以同一火警分區處理。

   (5) 火警分區之境界線，為房間牆壁面等區劃之部分。

   (6) 火警分區之號碼，以接近受信總機為順序，貫穿部為最初或最後。

   (7) 火警分區之設定例，如圖8-11(a)(b)。

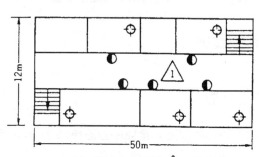

(a) 原則上各600m²以下設定　　　(b) 可容易看到瓦斯漏氣表示燈，因此分割為100m²與200m²

(註) 圖中之記號表示如下；
⊕ 燃燒機器　● 瓦斯漏氣表示燈　△No 火警分區號碼　----- 火警分區境界線

圖8-11 火警分區之設定例

8-5-2 受信總機

一、設置場所

1. 應裝設於值日室等平時有人之處所，但設有防災中心時，應裝設於該中心。
2. 不受溫度、濕度、衝擊、振動等影響機器功能之場所。
3. 受信總機就近無影響操作之障礙物場所。
4. 外光或照明等，不影響瓦斯漏氣燈、表示燈等之點燈明顯度場所。
5. 應保持不影響操作或點檢之適當空間。

二、設置方法

1. 無地震等振動障礙之堅固方法裝置，並免有傾斜。
2. 一棟建築物內有 2 台以上瓦斯漏氣受信總機時，該受信總機處，應設有能相互同時通話連絡之設備（對講機、緊急電話、發信機 P 型 1 級、T 型）等。
3. 操作開關距樓地板面之高度，須在 0.8m（座式操作者為 0.6m）與 1.5m 之間。
4. 設於瓦斯導管貫穿處之檢知器，其警報分區應個別標示。
5. 應具有標示瓦斯漏氣發生之警報分區。
6. 有增設工程之可能時，應預留受信總機回路。
7. 檢知器與其他設備兼用時，信號不得由他設備之控制回路來中繼。但如採用無傳送信號障礙之方法兼用時，不在此限。
8. 以檢知器或中繼器之動作連動，可表示檢知器動作之火警區域。
9. 主音響裝置之音色及音壓，應有別於其他警報音響。

8-5-3 中繼器

一、設置場所

1. 裝設於點檢方便，有效防火措施之場所。
2. 由溫度、濕度、衝擊、振動及腐蝕性瓦斯等，不影響機器功能之場所。
3. 機器不受損傷之場所。
4. 備有各種表示燈時，裝設於容易確認點燈之位置。
5. 裝設於受雨水有影響之場所時，應有適當之防護措置。

二、設置方法

1. 受信總機至檢知器間配線無法確認其導通時，為能確認各回線之導通，設中繼器於受信總機與檢知器之間。

   如可連接於受信總機之回線數在 5 以下時，不在此限。
2. 保持在中繼器附近無影響操作之障礙物。

8-5-4 檢知器

一、設置場所

1. 使用瓦斯燃燒器具（瓦斯爐、燒火器等）之室內。如目前無使用燃燒器具，但不久將使用而已設有瓦斯栓之場所，仍認為應設置之場所。
2. 供給瓦斯導管貫穿牆壁處之屋內側附近。
3. 點檢方便之位置。
4. 不得設置於下列場所。
   (1) 出入口附近外氣流通無法有效檢知瓦斯漏氣之場所。
   (2) 距離換氣出風口1.5m以內之場所。
   (3) 容易接觸到瓦斯燃燒器之廢氣之場所。
   (4) 難以維持檢知器功能之場所。

二、設置位置

瓦斯漏氣檢知器，應依瓦斯特性裝設於天花板或牆面等便於檢修處所。

1. 檢知氣體比重未滿1（天然氣LNG）時。
   (1) 設於距瓦斯燃燒器具或瓦斯導管貫穿牆壁處水平距離8m以內。但樓板有淨高60cm以上之樑或類似構造體時，應設近接於瓦斯燃燒器具或瓦斯導管貫穿牆壁處。（參照圖8-13、圖8-14）。
   (2) 檢知器下端，應裝設在天花板下方30cm範圍內（參照圖8-18）。
   (3) 瓦斯燃燒器具之室內天花板附近設有吸氣口時（參照圖8-15、圖8-16、圖8-17）。
      (a) 應設在距瓦斯燃燒器具或瓦斯導管貫穿牆壁處與天花板間。
      (b) 無淨高60cm以上之樑或類似構造體區隔之吸氣口1.5m範圍內。
2. 檢知氣體比重大於1（液化石油氣，LPG）時。
   (1) 設於距瓦斯燃燒器具或瓦斯導管貫穿牆壁處水平距離4m以內。
   (2) 檢知器上端，應裝設在距地板面30cm範圍內（參照圖8-19）。
   (3) 在水平距離4m以內，其地板面有高低之段差或設置櫃台時，檢知器裝設於燃燒器具或導管貫穿部之設置側（參照圖8-20、圖8-21）。

三、水平距離之起算點

1. 檢知器與瓦斯燃燒器具中心點之距離。
2. 檢知器與瓦斯導管貫穿牆壁處為面向室內牆壁處之瓦斯配管中心處之距離。

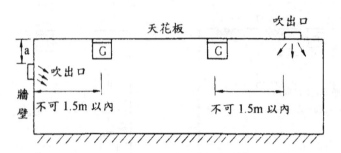

(註) a 為 1m 以上時，由狀況可在 1.5m 以內(運用)

圖 8-12　不可設置檢知器場所之例

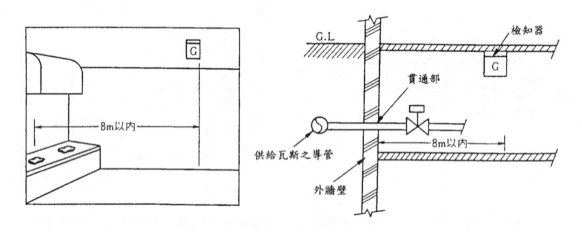

圖 8-13　檢知器（天然瓦斯用）之設置位置①

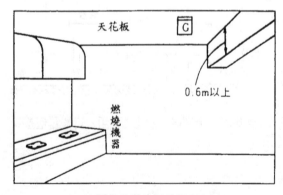

（註）設置於樑區劃之內側　　　　　　　（註）設置於無樑區劃吸氣口側

圖 8-14　檢知器（天然瓦斯用）之設置位置②　　圖 8-15　檢知器（天然瓦斯用）之設置位置③

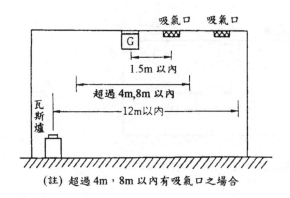

(註) 超過 4m，8m 以內有吸氣口之場合

圖 8-16　檢知器（天然瓦斯用）之設置位置④運用

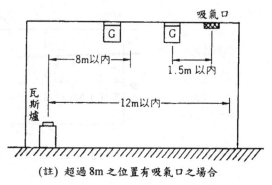

(註) 超過 8m 之位置有吸氣口之場合

圖 8-17　檢知器（天然瓦斯用）之設置位置⑤運用

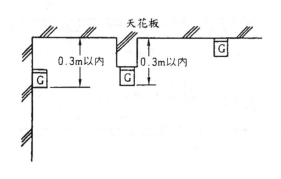

圖 8-18　檢知器（天然瓦斯用）之下端

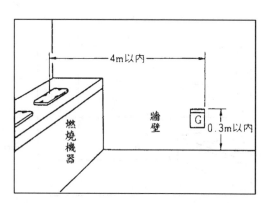

圖 8-19　檢知器（液化瓦斯用）之設置位置①

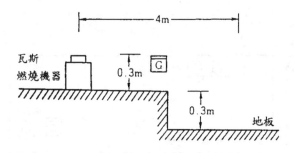

圖 8-20　檢知器（液化瓦斯用）之設置位置②

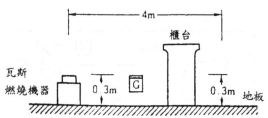

圖 8-21　檢知器（液化瓦斯用）之設置位置③

8-5-5　警報裝置

　　警報裝置有揚聲警報裝置、瓦斯漏氣表示燈、檢知區域警報裝置等三類，其裝置依下列原則辦理，警報裝置之設置例參照圖 8-22 。

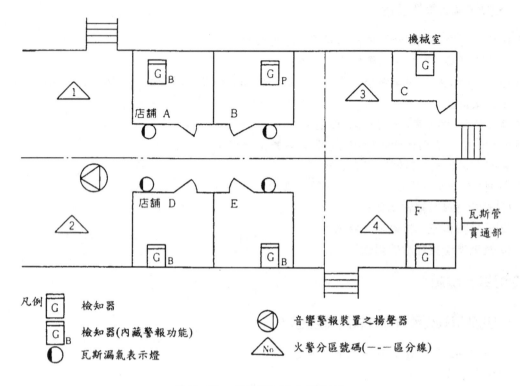

圖 8-22　警報裝置之設置例

一、揚聲警報裝置

1. 操作部設置應近接於受信總機，其他依照受信總機之需要裝設。
2. 一防火對象物設置有 2 台以上受信總機時，應由任何場所均可動作之裝置。
3. 揚聲器設在各樓層，該樓層各部分至揚聲器之水平距離應為 25m 以下。
   下列場所不得設置揚聲警報裝置
   (1) 有妨礙音響效果之障礙物場所。有通行、貨物搬運等受損傷場所。
   (2) 受雨水、腐蝕性瓦斯等影響之場所（如有適當防護措置時除外）。
   (3) 音色及音壓應有別於其他警報音響。

二、瓦斯漏氣表示燈

1. 一警報分區有二居室以上時，設有檢知器之居室面向通路時，應設於該面向通路部分之出入口附近。
2. 距地板面高度，應在 4.5m 以下。
3. 在表示燈前方 3m 處能明確識別點燈狀況。
4. 表示燈之附近標明「瓦斯漏氣表示燈」字樣。
5. 一警報分區內僅有一居室時，可免設表示燈。
6. 受雨水、腐蝕性瓦斯影響之場所，應有適當之防護措施。

三、檢知區域警報裝置

1. 檢知器有警報機能時，依檢知器設置之例辦理。

2. 檢知區域警報裝置，設置於檢知區域內。

3. 檢知器所能檢知瓦斯漏氣之區域內。該檢知器動作時，該區域內之檢知區域警報裝置應發出警報音響。

4. 音壓在距1m處有70分貝(dB)以上。

5. 裝置附近，應有標明「檢知區域警報裝置」字樣。

6. 警報音應有別於其他警報音響。

7. 下列之情形時，得免設檢知區域警報裝置。

　(1)檢知器具有警報功能者。

　(2)設於機械室等常時無人場所。

　(3)瓦斯導管貫穿牆壁處者。

-5-6 配線及電源

一、瓦斯漏氣火警自動警報設備之配線。

除依屋內線路裝置規則外，依下列規定。

1. 絕緣電阻值；

　(1)應以直流500V額定之絕緣電阻計測定。

　(2)電源回路導線間及導線對大地間之絕緣電阻值。

　　(a)對地電壓150V以下，絕緣電阻0.1MΩ以上。

　　(b)對地電壓超過150V，絕緣電阻0.2 MΩ以上。

　(3)檢知器回路導線間及導線與大地間，每一警報分區應在0.1 Ω以上。

2. 串接與終端電阻；

　常開式檢知器信號回路之配線

　(1)採用串接式。

　(2)加設終端電阻。

　(3)以便藉由瓦斯漏氣受信總機作斷線自動檢出用。

3. 回路限制

　檢知器回路不得與瓦斯漏氣火警自動警報設備以外之設備回路共用。

二、瓦斯漏氣火警自動警報設備之緊急電源。

1. 應使用蓄電池設備

2. 容量：

　(1)能使2回路有效動作10分鐘以上。

　(2)其他回路能監視20分鐘以上。

第 **9** 章

緊急廣播設備

9 緊急廣播設備

9-1 緊急廣播設備之設置意義

　　緊急廣播為消防警報設備中的廣播設備。係發生火災時，能迅速以擴音器廣播或發出警報聲（如警鈴、警笛），通知防火對象物內之居民，確實傳達火警發生訊息，而能採取適當逃生措施。其包括啟動裝置、標示燈、擴音機、操作裝置、揚聲器、電源、配線等。

　　緊急警報設備之種類有「廣播設備」及「警鈴」、「自動式警笛」等，配合防火對象物之用途、居民人數，選擇設備或組合使用。

9-2 用語之定義

一、廣播分區：

緊急廣播設備揚聲器一回線所能有效廣播的區域。

二、警報音：

緊急警鈴、自動式警笛或同等以上之音響或電氣信號。

三、分割型放大器：

將放大器與操作部分離設置之機器。

四、遙控操作器：

從距離本體設置場所之另一處所，對（複數）廣播場作緊急廣播使用之單獨操作器。

五、回路分割裝置：

一廣播分區之揚聲器回路分割為 2 以上之裝置。

六、放大器(增幅器)

將語言警報器及麥克風所廣播的信號，放大為能驅動設置在防火對象物的全部揚聲器之功率輸出的裝置。

七、分貝 (dB) ：

decibel 之簡稱，表示功率位準之比率，用來指出信號損失或增加之程度。

9-3 緊急廣播設備之構成、功能

9-3-1 緊急廣播設備之構成

1. 緊急廣播設備之構成要件如下：

    (1) 啓動裝置

        緊急廣播設備之啓動裝置應符合CNS10522之規定。

        (a) 手動啓動裝置。　　　(b) 緊急電話啓動裝置。

        (c) 與火警自動警報設備之探測器感應連動啓動裝置。

    (2) 標示燈

    (3) 廣播主機

        (a) 擴音機　　　　　　　(b) 操作裝置

    (4) 揚聲器

    (5) 電源（預備電源或緊急電源）

    (6) 配線

2. 緊急廣播設備之構成例

    (1) 圖9-1，緊急電話、火警自動警報設備為啓動裝置之構成例。

    (2) 圖9-2，採用遙控操作器之構成例。

    (3) 圖9-3，複數棟設置之緊急廣播設備，採用綜合遙控操作器之構成例。

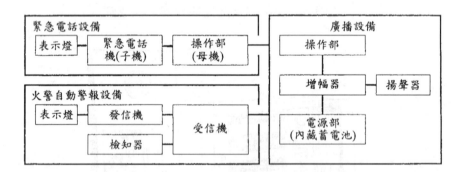

圖9-1　緊急電話，火警自動警報設備為啓動裝置之構成例

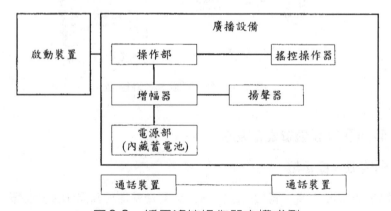

圖9-2　採用遙控操作器之構成例

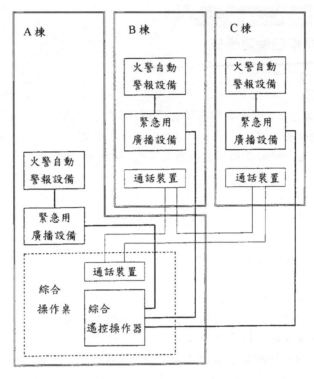

圖9-3　採用綜合遙控操作器之構成例

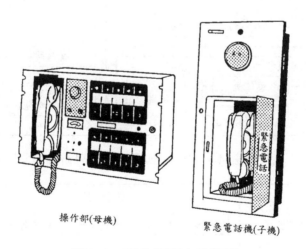

操作部(母機)　　　　　緊急電話機(子機)

圖9-4　緊急電話之外觀例

9-3-2　緊急廣播設備機器之功能

一、啟動裝置、標示燈

　　啟動裝置為火災發生時，將火災訊號傳送至緊急廣播設備操作啟動裝置，有按鈕式與緊急電話式。

1. 按鈕式：

   由操作按鈕，啓動緊急廣播設備並擴音。

2. 緊急電話式：

   由拿起電話機（子機），傳送訊號於操作部（母機），啓動緊急廣播設備而擴播，其啓動訊號為樓層別信號及火災確認信號，如一樓層有複數緊急電話機時，用樓層別代表信號，圖9-4為操作部（母機）與緊急電話機（子機）之例。

3. 標示燈：

   標示燈係設置於啓動裝置之處所，在火災發生時，讓多數人容易看到啓動裝置之位置，經常裝設於啓動裝置上方，為紅色燈，與裝置面成15°而在10m以內可容易識別之場所。（參照圖9-5）

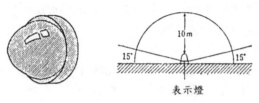

圖9-5　標示燈識別範圍

二、操作部

操作部與遙控操作部

操作部及遙控操作器均為表示火災訊號、動作訊號等，並具有緊急麥克風及監視功能，在緊急時操作避難引導廣播之中樞部。

遙控操作器為操作器遠離本體之緊急用廣播設備之機器，可與本體操作部並列動作，具有本體同等之功能，另備有維持正常功能之各種點檢、警報、標示等功能，操作部之外觀例參照圖9-6。

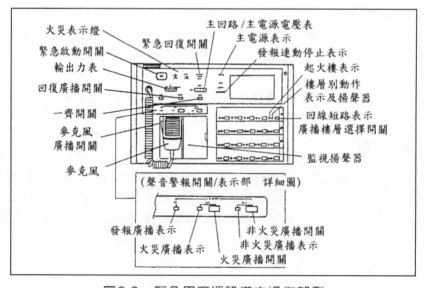

圖9-6　緊急用廣播設備之操作部例

三、放大器

放大器係將語言警報器及麥克風所廣播的信號，放大為能驅動設置在防火對象物的全部揚聲器之功率輸出的裝置。

一般放大器之輸出方式，為維持防火對象物末端揚聲器的輸出功率，因其配線距離較遠，欲減少因該距離而產生的線路阻抗之影響，採用高阻抗方式。

放大器大部分與操作部為一體，型式有架子型、分割型、牆掛型、桌上型等。

四、揚聲器

揚聲器相當於廣播設備上的音響裝置，其要求的條件為，依聲音警報及麥克風的避難引導廣播之聲音，要能確實傳達的明瞭性，與音壓準位及耐熱性。

裝置方法，依揚聲器種類與用途之例如下：

1. 天花板埋入型揚聲器

   埋入在天花板面設置之揚聲器，一般採用圓錐型揚聲器，在天花板面僅為其面板部，構成與天花板面成為平面，最近往小型化推動。

2. 天花板露出型揚聲器

   多採用圓錐型揚聲器，可直接裝設在天花板上或水泥樓板上。

3. 牆掛型揚聲器

   適用於對前方向有最大放射警報音之揚聲器，有圓錐型揚聲器或圓錐型與喇叭型組合者，形狀上有多種特別適用於學校教室、集會場、體育館等。

4. 兩面型揚聲器

   揚聲器箱內設雙方向之兩個圓錐型揚聲器，適用於走廊等場所。

5. 牆壁埋入型揚聲器

   裝設於牆壁埋入盒之小形圓錐型揚聲器，適用於小居室、公寓等之住戶，商務用旅館之客廳等。

6. 喇叭型圓錐揚聲器

   採用圓錐型揚聲器、喇叭型之構造，狹窄之方向性揚聲，可發出廣頻率帶域之無噪音感之音，傳送距離較遠，適用於工廠、游泳池、體育館、停車場等。

7. 小喇叭型揚聲器

   組合驅動裝置與反射喇叭之揚聲器，其頻率帶域不廣闊，但效率好，適合於高音壓，遠距離擴音之用，一般使用屋外、高噪音之工場、停車場等。

五、音量調整器

緊急廣播設備在一般情形多兼業務用廣播，而在業務廣播時需要有調整音量之關係，在各廣播區域設有音量調整器。但，如在緊急廣播啟動時，必須解除音量調整動作，以最大音壓廣播，因此，必須採用三線式配線。音量調整器有設置於牆壁面之板型及組合於揚聲器之內裝型。

六、緊急廣播設備之周邊機器

1. 切斷緊急廣播以外音響設備。

為確實傳達避難引導之廣播，必須切斷在防火對象物之其他音響設備。

緊急廣播設備啟動時，將輸出「緊急控制信號」，利用這種信號切斷其他音響設備。

(1) 緊急控制信號之形式

雖然緊急控制信號回路發生短路或斷線事故，緊急啟動時，必須成為緊急狀態之統一信號形式。

正常時為直流電壓 24V ，緊急啟動時為無電壓之統一形式。

(2) 緊急切斷回路之種類

緊急切斷方法一般採用下列兩種：

(a) 常用電源之切斷

切斷供音響設備之常用電源，停止動作之方法，如圖 9-7 。

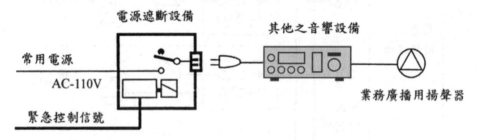

圖 9-7　緊急廣播時遮斷常用電源之例

(b) 音響設備揚聲器切換為緊急廣播設備

採用於揚聲器兼用緊急用與業務用之場合，如圖 9-8 。

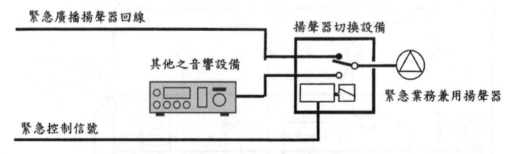

圖 9-8　緊急廣播時之揚聲器切換例

在劇院、集會堂、比賽場等，突然停止音響設備，可能會引起恐慌之現象時，先向音響系統之管理者或綜合辦公室，報知緊急廣播設備啟動之警報音、標示等，並得利用該音響系統，廣播「指示事項」或執行初期避難之引導後切斷之方法，但事先應由消防主管機關認定。

2. 揚聲器之複數回線化

緊急廣播設備基本上，以樓層別配置廣播回線，但如在一樓層僅配置一回線時，出火場所附近之揚聲器或配線燒損，揚聲器回線短路，保護回路動作，該樓層之廣播將全部停止。為防止廣播停止，一樓層採用二回線以上之揚聲器，以複數回線化之裝置來改善。

複數回線化之方法，有下列方式：

(1) 一樓層配複數揚聲器回線方法。

(2) 揚聲器回路分割裝置之複數回線化方法。

每樓層配置一揚聲器回線時，各樓層設置「揚聲器分割裝置」得複數回線化（參照圖9-9），採用揚聲器回路分割裝置例，如圖9-10、11、12。

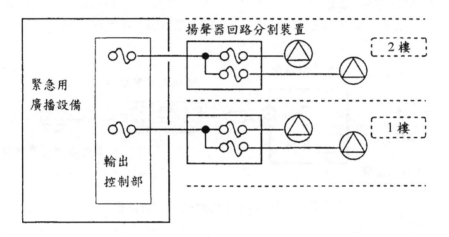

圖9-9　揚聲音回路分割裝置之概念圖

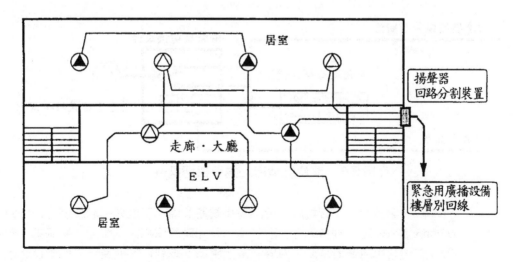

圖9-10　各廣播區域以複數回線化之例

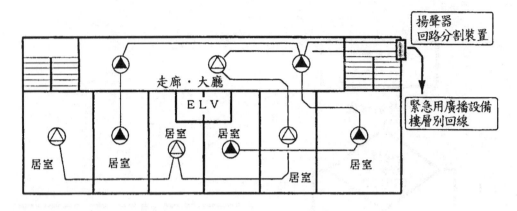

圖 9-11　鄰接居室以複數回線化之例

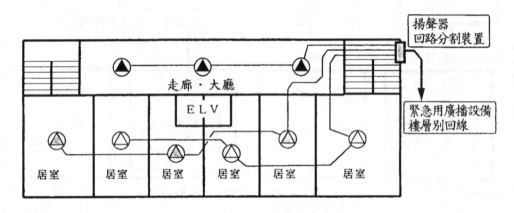

圖 9-12　3 分割回線化之例

七、一齊式緊急廣播設備

一齊式緊急廣播設備為地區音響裝置的鳴動方式，除警報音為警笛，廣播為全館一齊外，與通常之緊急廣播設備大約相同。

因防火對象物為小規模設施，放大器之額定輸出小，可兼用業務用廣播之小型壁掛型，其警笛為 400Hz~1000Hz 之合成音。

9-3-3　緊急廣播設備之動作

緊急廣播設備需要自動廣播，包括出火樓層之語音警報信息；如有設置火警自動警報設置時，應予以連動。

廣播設備，應依下列三種啟動動作。（參照圖 9-13、14、15）

1. 由火警自動警報設備之探測器動作信號啟動（探測器啟動）
2. 由發信機或緊急電話啟動（發信機，緊急電話啟動）
3. 由手動之啟動探測器警報廣播（手動起動）

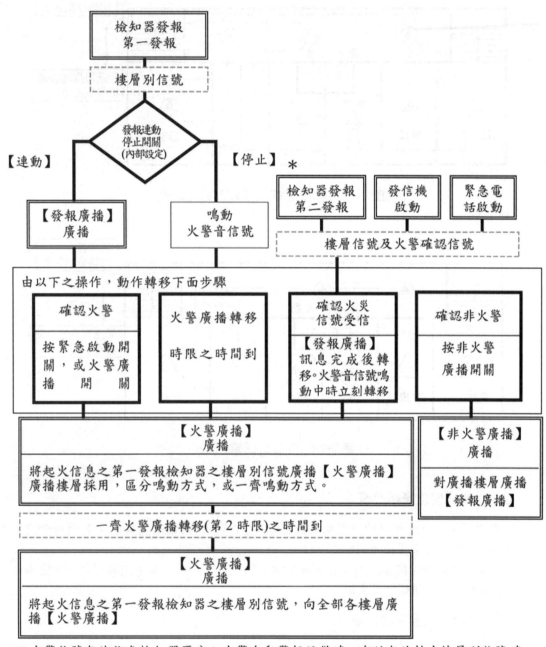

火警信號無法依各檢知器區分之火警自動警報設備時，有的無法輸出樓層別信號確認火警信號。

圖9-13　由檢知器啓動之基本動作流程

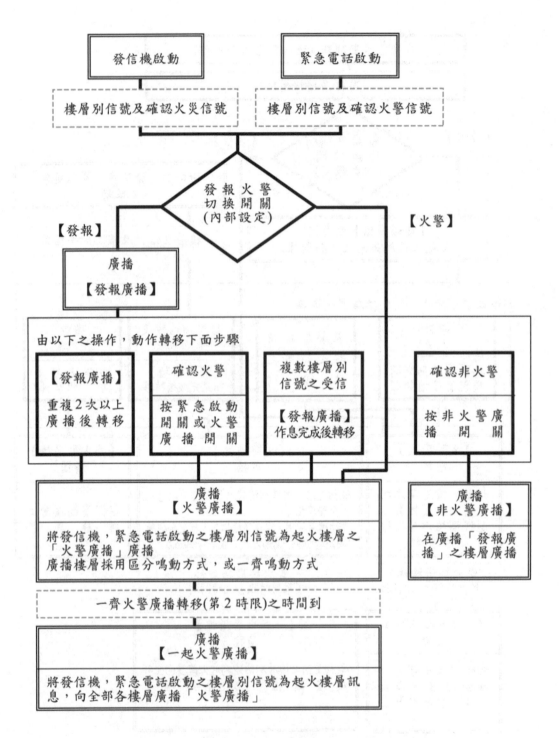

圖9-14　由發信機，緊急電話啟動之基本動作流程

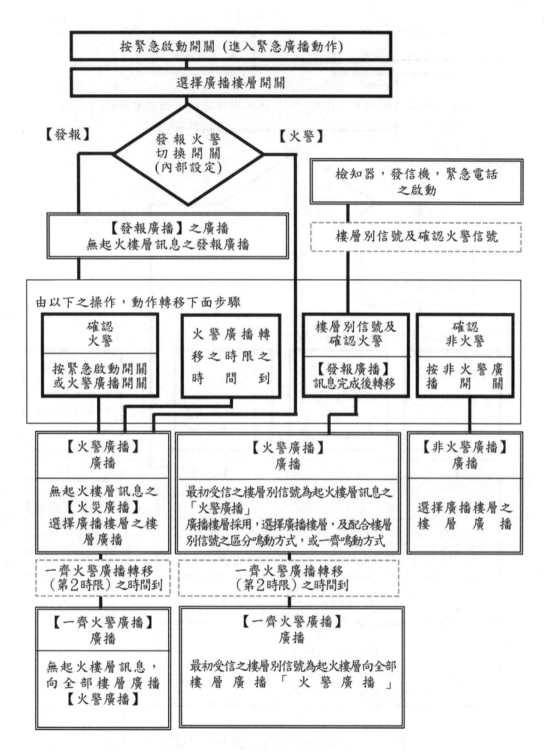

圖9-15　由手動啟動之基本動作流程

9-4 緊急廣播設備之構造、性能

緊急廣播設備之構造與性能，在CNS10522及各類場所消防安全設備設置標準有所規定，其重點如下：

1. 揚聲器之種類依種類，距揚聲器1m處所測得之音壓如表9-1所示。

表9-1　揚聲器之種類與音壓

種　類	音　壓　大　小
L 級	92dB 以上
M 級	87dB 以上未滿 92dB
S 級	84dB 以上未滿 87dB

2. 操作部之遙控操作器連動於啟動裝置或火警自動警報設備，並可表示啟動裝置或火警自動警報設備動作之樓層或區域。

3. 設有綜合操作盤時，應連動於操作部及遙控操作器之動作，並同前項2.可表示啟動裝置或火警自動警報設備動作之樓層或區域。

4. 起火層為地上2層以上時，為該樓層與其直上二層及其直下層。地面層時，為該樓層與直上層及地下層各層。地下層時，為地面層及地下層各層發出火警廣播。

5. 緊急廣播設備與其他設備共用者，在火災時應能切斷緊急廣播設備以外之廣播。

6. 一防火對象物設有2以上之操作部或遙控操作器時，應設各操作部或遙控操作器相互間可同時通話設備，並且由各操作部或遙控操作器對該防火對象物全區域發出火警廣播。

7. 由火警，當層之揚聲器或配線短路或斷線時，不得影響其他樓層之廣播。

8. 自啟動裝置或操作部操作時，或接受火警自動警報設備之啟動信號至廣播開始之間，其所需時間不超過10秒。

9. 2處以上之啟動裝置同時動作時，對火災信號之傳達，不得發生異狀。

10. 共用緊急警報以外用途時，啟動裝置或操作部操作，或接受火警自動警報設備等之啟動信號時，應立刻停止緊急警報以外之廣播。

9-5 緊急廣播設備之設置基準

依「各類場所消防安全設備設置標準」之規定，需設有火警自動警報或瓦斯漏氣火警自動警報設備之建築物，均應設置緊急廣播設備。

揚聲器，依下列規定裝設：

1. 廣播區域超過一百平方公尺時，設L級揚聲器。

2. 廣播區域超過五十平方公尺一百平方公尺以下時，設L級或M級揚聲器。

3. 廣播區域在五十平方公尺以下時，設L級、M級或S級揚聲器。

4. 從各廣播區域內任一點至揚聲器之水平距離在十公尺以下。但居室樓地板面積在六平方公尺或由居室通往地面之主要走廊及通道樓地板面積在六平方公尺以下，其他非居室部分樓地板面積在三十平方公尺以下，且該區域與相鄰接區域揚聲器之水平距離相距八公尺以下時，得免設。

5. 設於樓梯或斜坡通道時，至少垂直距離每十五公尺設一個 L 級揚聲器。樓梯或斜坡通道以外之場所，揚聲器之音壓及裝設符合下列規定者，不受前款第四目之限制：

(1) 廣播區域內距樓地板面一公尺處，依下列公式求得之音壓在七十五分貝以上者。

P＝p＋10 l o g 10（Q／4πr2＋4（1-a）／Sα）

P 值：音壓（單位：dB）

p 值：揚聲器音響功率（單位：dB）

Q 值：揚聲器指向係數

r 值：受音點至揚聲器之距離（單位：公尺）

α 值：廣播區域之平均吸音率

S 值：廣播區域內牆壁、樓地板及天花板面積之合計（單位：平方公尺）

(2) 廣播區域之殘響時間在三秒以上時，距樓地板面一公尺處至揚聲器之距離，在下列公式求得值以下者。

$$r = 3/4\sqrt{Q\,S\alpha/\pi(1-\alpha)}$$

r 值：受音點至揚聲器之距離（單位：公尺）

Q 值：揚聲器指向係數

S 值：廣播區域內牆壁、樓地板及天花板面積之合計（單位：平方公尺）

α 值：廣播區域之平均吸音率

應設置緊急廣播設備之防火對象物，一般由防火對象物之用途、樓層、收容人數等判斷。設置時需要注意，是否僅設置緊急廣播設備，設置警鈴或警笛中之一項或設置緊急廣播設備加警鈴或警笛之防火對象物之範圍，國內規定之緊急廣播設備之音響警報應以語音方式播放。

依照日本消防法，所規定之緊急廣播設備之設置基準如表 9-2 可參考。

表 9-2　緊急廣播設備之設置基準（日本標準）

(a) 裝置緊急廣播設備之建築物類別

類別	建　築　物　用　途
1	戲院、電影院、演藝場或觀覽場、公眾會場或集會堂、酒吧、酒家、夜總會、其他類似場所、遊藝場、舞廳、茶館、餐廳、其他類似場所、飲食店、百貨店、市場其他包括物品販賣業店舖或展示場
2	旅館或投宿所
3	寄宿舍、公寓或集合住宅
4	醫院、診療所或接生所、老人福利設施、養老院、老人保險設施、救護設施、更生設施、兒童福利設施、身體障礙者更生援護設施或精神薄弱者援護設施、精神障礙者社會復健設施、幼稚園、啓聰學校、護理學校
5	國小、國中、高中、專科學校、大學、各種學校、其他類似場所、圖書館、博物館、美術館、其他類似場所
6	公共浴場中之蒸汽浴場、熱氣浴場、其他類似場所
7	6 類公共浴場以外之公共浴場、車輛之停車場或船舶或航空機場供旅客用建築物、廟寺、教會其他類似場所、工場或作業場、電影攝影場或電視攝影場、汽車車庫或停車場、飛機或直昇機庫、倉庫、各種營業所
8	複合用途防火對象物中供 1 類、2 類、4 類或 6 類所列防火對象物之用途
9	8 類所列複合用途防火對象物以外之複合用途防火對象物
10	地下街以外，連續面對地下道所設者和合併該地下道者，惟限於供複合用途防火對象物中 1 類、2 類、4 類或 6 類所列用途
11	依文化財產保護法規定指定之重要文化財產，重要民族文化財產，史跡或依照重要美術品等保存有關法律規定，認定為重要美術品之建築物

(b) 建築物類別之緊急廣播設備設置基準

建築物類別	收容人員 20 人以上	收容人員 50 人以上或地下層及無窗樓層 20 人以上	收容人員 300 人以上	收容人員 500 人以上	收容人員 800 人以上	地上 11 樓以上或地下 3 層以上
1	—	A, B 或 C	A＋C 或 B＋C	—	—	A＋C 或 B＋C
2	A,B 或 C	—	A＋C 或 B＋C	—	—	A＋C 或 B＋C
3	—	A, B 或 C	—	—	A＋C 或 B＋C	A＋C 或 B＋C
4	A,B 或 C	—	A＋C 或 B＋C	—	—	A＋C 或 B＋C
5	—	A, B 或 C	—	—	A＋C 或 B＋C	A＋C 或 B＋C
6	A,B 或 C	—	A＋C 或 B＋C	—	—	A＋C 或 B＋C
7	—	A, B 或 C	—	—	—	A＋C 或 B＋C
8	—	A, B 或 C	—	A＋C 或 B＋C	—	A＋C 或 B＋C
9	—	A, B 或 C	—	—	—	A＋C 或 B＋C
10	A＋C 或 B＋C					
11	—	A, B 或 C	—	—	—	A＋C 或 B＋C

(註) A：警鈴　B：警笛　C：廣播設備

9-6 緊急廣播設備之設置要領

9-6-1 啓動裝置

緊急廣播設備之啓動裝置，應設置於多數人看到，而且火警時迅速可操作之處所如下規定辦理。

1. 各樓層任一點至啓動裝置之步行距離應在 50m 以下（原則上設置於樓梯出入口附近，參照圖 9-16）。
2. 應設在距樓地板高度 0.8m 以上 1.5m 以下範圍內。
3. 啓動裝置上方設置表示燈，並設於距離天花板面 0.6m 以上位置。

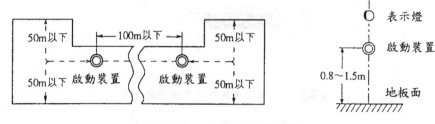

圖 9-16　啓動裝置設置例

4. 表示燈為紅色燈,並沿著裝置面15°以上方向,距離10m處所可容易識別其點燈者。

5. 各類場所第11層以上之各樓層,地下第三層以下之各樓層或地下建築物,應使用緊急電話方式啓動。

6. 周圍無點檢、使用上之障礙者。

7. 設於受雨水、腐蝕性瓦斯等影響之處所,應有適當之防護裝置。

8. 在可燃性瓦斯、可燃性粉塵等滯留之場所,應採用防爆構造者。

9-6-2 放大器、操作裝置、遙控操作器

緊急廣播設備之放大器、操作裝置如下設置

1. 設置於方便點檢,並在防火上有效安置之位置。

2. 設置於點檢上及使用上能確保擁有必要之空間位置。(參照圖9-17)

3. 設置於不受溫度、濕氣、衝擊、振動等影響機器之場所,並耐地震不倒之堅固裝置。

4. 設置於機器不受損傷之場所。

5. 操作裝置、遙控操作器中之一,設置於守衛室或其他常時有人的場所(防災中心,如設有中央管理室時為該室)。

6. 操作裝置及遙控操作器之操作開關距樓地板面之高度,應在0.8m(座式操作者,應為0.6m)與1.5m間。(參照圖9-18)

7. 一個防火對象物設複數之操作裝置或遙控操作器時,應設相互間可同時通話之設備。

8. 前項(7)所設之遙控操作器應可對防火對象物全區報知火災之訊息,但如圖9-19之例,由防災中心,可對全館廣播時不在此限。

9. 放大器等設有火警自動警報設備時,當連動該受信機由感知器自動有效發出火警語音廣播之設置。

10. 放大器之輸出阻抗與負荷之揚聲器合成阻抗,應視為一體之阻抗,但如揚聲器之音響輸出能滿足規定之音壓而不發生異常時,不在此限。

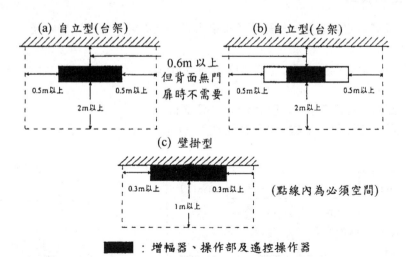

圖9-17 點檢及操作上之有效空間

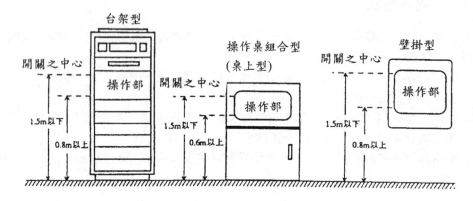

圖9-18　操戶開關之高度

● 管理區分或用途不同之場合

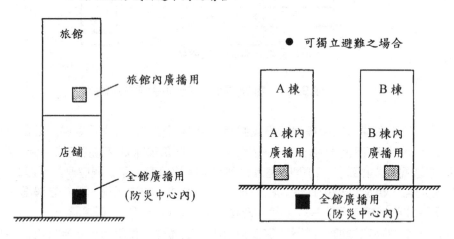

● 僅為一定場所可能適合避難誘導對象之場合

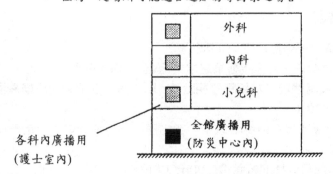

圖9-19　遙控操作器可不對全區域廣播之場合

9-6-3 廣播分區

緊急廣播設備之廣播分區不超過一樓層,且以樓地板、牆壁或門戶區劃之區域,並緊急廣播設備揚聲器一回線所能有效廣播的區域。

1. 廣播分區原則上以樓層別,每一廣播分區不得超過一樓層。(一齊鳴動方式以防火對象物的全體為一廣播分區)
2. 室內安全梯或特別安全梯應垂直距離每45m 單獨設定一廣播分區,安全梯或特別安全梯之地下層部分,應另設定一廣播分區。
3. 劇院等建築物挑空構造部分,所設揚聲器音壓符合規定時,該部分得為一廣播分區。(參照圖9-20)

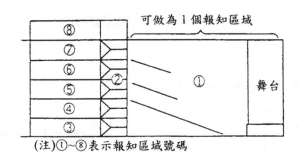

圖9-20　挑空場合之廣播區域設定例

4. 電梯內之廣播,如無探測器等連動時,以與居室部分分別設置廣播分區;連動於探測器等時,應可和他廣播分區連動廣播。但,該電梯無直接連接之樓層時,不在此限。
5. 對電視攝影室部分,可與居室等分別設置廣播分區,不必與探測器等連動。
6. 寄宿舍、租房或集中住宅之住戶部分,不管住戶內之牆壁、門戶之設置,各住戶(公寓型住戶各樓層有 2 戶以上時,依樓別設置)以一廣播分區處理。
7. 防火對象物之屋頂,供不特定多數者出入之遊藝場使用時,該部分仍應包括在廣播之範圍內設置。

9-6-4 揚聲器

緊急廣播設備之揚聲器以下列原則設置

1. 從各廣播區域任一點至揚聲器之水平距離在10m 以下。
2. 相鄰接區域揚聲器之水平距離相距 8m 以下時,在下列小規模廣播區域,得免設。參照圖 9-21(a)(b)
   (1) 居室:樓地板面積6m^2 以下,或由居室通往地面之主要走廊及通道樓地板面積在 6m^2 以下。
   (2) 非居室部分:樓地板面積在30m^2 以下。
3. 配合廣播區域之寬度設置下列之揚聲器(參照圖9-22)。
   (1) 超過100m^2 時,應設 L 級揚聲器。

(2) 超過 50m² ，100m² 以下時，應設 L 級或 M 級揚聲器。

(3) 在 50m² 以下時，應設 L 級，M 級或 S 級揚聲器。

(4) 樓梯，斜坡通道：應設 L 級揚聲器。

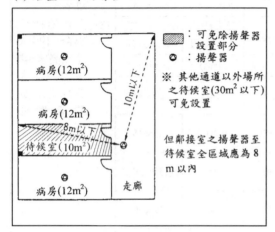

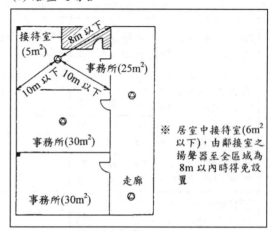

圖 9-21　小規模廣播區域省略揚聲器例

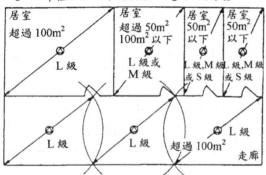

圖 9-22　配合廣播區域大小之揚聲器種別

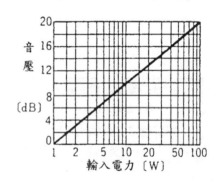

圖 9-23　揚聲器輸入電力與音壓

4. 設於樓梯或斜坡通道時，至少垂直距離每 15m 應設 1 個 L 級揚聲器。

5. 高天花板廣播區域之揚聲器設置方式如下：

(1) 一個揚聲器之有效廣播區域如表 9-3 所示。

(2) 採用揚聲器之應有音壓，如表 9-4 所示。

表9-3 揚聲器之有效廣播區域

	揚聲器設置方向	水平設置		垂直設置		"註" (1) 揚聲器之設置部位，在圖粗線上之任意場所。 (2) 垂直位置之場合，不關天花板高度，揚聲器設置位置為最大設置高度以下。
	揚聲器之設置部位及有效廣播區域	←→ W ←L→		↕ H ←F→		
廣播區域之用途／形態	使用揚聲器型式	有效廣播區域		最大設置高度	有效廣播區域	
		L(m)	W(m)	H(m)	F(m×m)	
天花板高度超過20m之高天花板空間(例) ● 挑空建築 ● 體育場 ● 屋內運動場	小喇叭型揚聲器	50	35	50	25×25	
	喇叭型揚聲器	40	45	40	35×35	
	圓錐型揚聲器	35	50	35	50×50	
天花板高度20m以下之空間(例) ● 展示場 ● 體育場 ● 屋內游泳池 ● 大廳	小喇叭型揚聲器	35	25	20	10×10	
	喇叭型揚聲器	28	30	20	20×20	
	圓錐型揚聲器	25	35	20	30×30	

表9-4 揚聲器之應有音壓

距離揚聲器之最大距離 [L(m)或 H(m)]	50	45	40	35	30	25	20
揚聲器之必要輸出音壓 (dB-SPL)	109	108	107	106	105	103	101

6. 揚聲器輸出音壓之計算例

　　例：求體育館設置圓錐型揚聲器之規格。〈廣播區域之最大距離25m 時〉

> (1) 應有之音壓由表9-4,103dB（SPL）。
>
> (2) 由型錄表得，使用之揚聲器輸出音壓為97dB/w（1m）。
>
> (3) 應有音壓之差(1) −(2)為103-97（dB）= 6（dB）。
>
> (4) 由圖9-23，揚聲器輸入電力與音壓關係線，音壓6dB 之電力輸入為 4W。
>
> (5) 採用 L 級揚聲器，輸入4W 電力時，可得 103 dB（SPL）之輸出音壓。
>
> 確認揚聲器之輸入端子。

9-6-5 電源及配線

1. 緊急廣播設備之配線，須符合屋內線路裝置規設置。
2. 電源應依火警自動警報設備之規定之例，採用專用回路，如桌上型放大器時，由專用插座取得。
3. 緊急電源及配線之耐燃、耐熱之配線，依消防安全設備設置標準第 235 及 236 條，消防安全設備緊急供電系統之配線規定辦理。
4. 揚聲器回路設有音量調整時，應為三線式配線。
5. 不得與其他電線共用管槽，但電線管槽內之電線用於 60V 以下之弱電回路者，可與其他電線共用管槽。
6. 任一層之揚聲器或配線有短路或斷線時，不得影響其他樓層之廣播。
7. 導線間及導線對大地間之絕緣電阻值如下規定：
   (1) 應以直流250V 額定之絕緣電阻計測定。
   (2) 對地電壓150V 以下者，應在0.1M Ω以上，對地電壓超過150V 者，應在 0.2 M Ω以上。
8. 不受其他電氣回路產生感應障礙之設置。

NOTES

第 *10* 章

極早期偵測系統

10 極早期偵測系統

10-1 極早期偵測系統之概述

一場祇持續幾分鐘的火災，所造成的損失將可能需要幾個月的時間來彌補，甚至造成無法彌補的遺憾，為防止火災造成的破壞，其最有效與成本最低的方法是提供火災早期預警。利用極早期煙霧偵測系統之高靈敏度火災偵測能力，在火災發生之極早期，即可偵測得知並提供警報，因此可避免潛在的危險，它保證了火災突發事件中最關鍵的因素－時間。

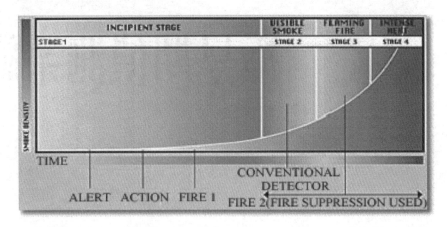

贏得時間以減少火災損害

火災的發展分為四個階段：初始（燃燒前）、可見煙霧、產生火焰和高熱階段。此圖表展示了在一定時間段內火災的不同發展階段，注意在火焰悶燒發展到破壞性之前，其初始階段為偵測和控制火災的發展提供了更廣泛的機會，極早期煙霧偵測系統可以產生多路警報信號。

10-2 極早期偵測系統之應用場所

極早期煙霧偵測系統之早期預警功能，不僅能夠避免誤報、誤釋放滅火系統及導致該場所業務停頓，還能夠提供採取滅火措施和控制輔助設備所需要的時間。故適合應用於下列各種場所：

一、不能或極少停工的場所

• 電信設備室
• 計算機房
• 無塵室
• 電視臺
• 廣播台
• 自動機械設備

保護全球範圍的電信場所

- 銀行業務
- 變電站
- 生產車間

二、要求美觀，所保護的目標價值無法估量的場所

- 博物館
- 檔案館
- 歷史建築
- 科技設施
- 畫廊
- 大教堂

溫徹斯特大教堂─由空氣偵測器保護的文化場所之一

三、要求充足的時間以保證安全有序地撤離的場所

- 劇院
- 教堂
- 交通總站
- 看護院
- 醫院

保護醫院的設備和生命

四、必須避免自動滅火設備釋放和業務中斷的場所

- 飛行模擬器
- 電子醫生
- 診斷設備
- CAD/CAM 設備

五、在天花板較高或氣流量高的區域，煙霧難以偵測的場所

- 倉庫
- 冷藏室
- 室內體育館
- 體育館
- 飛機棚

六、在進出維護困難或煙霧偵測器安裝必須不引人注目的場所

- 監獄
- 學校
- 宿舍
- 衣帽間
- 休息室

10-3 極早期煙霧偵測系統之工作原理及影響因素

10-3-1 極早期煙霧偵測系統之工作原理

空氣由一台內置抽氣泵不斷地自取樣管路抽氣，空氣樣品通過濾網後進入偵測室，在偵測室內用高穩定度鐳射光源照射空氣樣品，煙霧所引起的光的散射，由高度光敏元件偵測出來。輸出的信號經處理後，根據煙霧濃度在前置面板上顯示為一個或多個發亮的條形指示燈，此外也可利用繼電器接點或智慧化介面將此資訊傳送回火災警報控制面板或建築物管理系統。

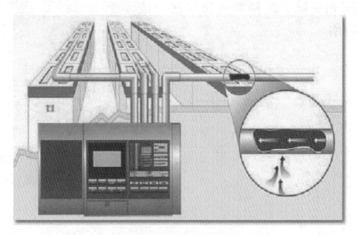

10-3-2 傳統煙霧偵測系統之影響因素

有三個因素將影響傳統煙霧偵測器的偵測速度：

1. 偵測器方式。
2. 煙霧稀釋程度。
3. 偵測器靈敏度。

一、偵測方式

由於今天的電子產品其尺寸減小和能量更高，電子資料處理中心 (EDP Center) 設備通常封裝在防護箱內。防護箱內裝有內部製冷風扇、空調或者水製冷系統以使元件保持安全溫度。這些防護箱對於現場工作的煙霧偵測器的傳輸時間產生兩方面的負面影響：

(1) 防護箱會限制煙霧流動，延長煙霧離開火源到達安裝在天花板上的偵測器的時間。

(2) 內部風扇和空調系統會稀釋和冷卻煙霧，降低它的浮力。這將引起煙霧分層，使得現場工作的偵測器額外延長反應時間。

二、煙霧稀釋程度

煙霧的傳輸還可能被HVAC系統阻擋，此系統會冷卻和稀釋煙霧。HVAC系統用於保持周圍環境的溫濕度。通常使用每小時15-60次的換氣率。這種換氣率對現場方式工作的偵測器有幾方面的負面影響：

(1) 煙霧被稀釋，因此需要很長時間才能達到觸發偵測器所需要的煙霧濃度級別。

(2) HVAC系統的抽取和排放的通風配置會把煙霧推入或推出偵測器。因此，HVAC系統通常會使得現場安裝的偵煙探測器反應更慢或者失效。

三、偵測器靈敏度

煙霧偵測器的靈敏度表示為啟動警報需要多少煙霧量。一台靈敏度為 1.0%/m 遮蔽度的偵測器將在靈敏度為 4.0%/m 遮蔽度的同類型偵測器之前發出警報。而且極早期VESDA煙霧偵測器可以在至少 0.005/m 的靈敏度下偵測煙霧。

在電力設備中，其輔助功能例如關閉電源或HVAC系統、或者啟動自動滅火設備，都可由極早期煙霧偵測系統啟動的。因此，需要一台高靈敏度的偵測器以極早產生反應，此偵測系統必須足夠靈敏，但是不能產生誤報或者誤啟動滅火設施。

人們通常存在一個錯誤觀念，即煙霧偵測器越靈敏，就越容易產生誤報。但是，測試和業界研究顯示極早期煙霧偵測器在電力設備環境下狀態穩定，並且偵煙反應速度比局限型偵煙探測器快。

10-4 極早期煙霧偵測系統之功能

10-4-1 極早期預警功能保證人工滅火措施的實行

一、防護人員

建築物的防護人員是火災發生時的第一道防線。他們必須接受處理緊急事件的培訓，如關閉電源，使用滅火器，通知防火部門和建築物內人員以及起動煙霧控制系統和任何能夠使用的滅火系統。極早期報警將保證所有的措施都能夠有效地進行。

二、防火部門工作

在電力設備區域防火部門進入火災發生區域進行滅火的工作常常受到阻礙，如安全門常妨礙他們進入建築物、或沒有窗戶、或者安裝了安全柵欄。當火源被發現的時候，有時難以進行滅火工作，因為電力設備火災現場通常帶電，即使AC電源被關閉，UPS系統和緊急發電機仍然會提供備用電源。由於存在電池酸性物質、PVC絕緣材料和多種其他塑膠製品，現場存在產生危險物質的可能。通知時間、反應和滅火行動的延遲將導致火災繼續發展，產生更多的煙霧，危險不斷增加。

極早期預警功能能夠保證防火部門有充分的時間採取行動，盡快制止火災蔓延，最大程度地減少損失。

10-4-2 極早期預警起動煙霧控制系統

現今許多高精密儀器均需在乾淨的環境下運轉，因此火災產生的煙霧擴散開來極有可能會對這些昂貴的設備造成損害，為防止煙霧擴散而需要使用煙霧控制系統。

煙霧控制系統有助於控制煙霧不使擴散進入不希望流入的區域，而是直接將煙霧從火災區域驅趕到防護區外面。它們通常由偵測系統驅動，利用早期偵測功能，在電力設備空間內的煙霧控制系統可以及早起動，以便將煙霧的破壞減至最小。

10-4-3 高靈敏度火災偵測系統能夠提供極早期預警功能

在火災發展初期即產生警報信號是減少損失、避免業務停頓的關鍵因素。測試顯示「抽氣式煙霧偵測系統」在早期預警方面的性能遠高於傳統的局限型偵煙探測器。

在澳大利亞堪培拉電腦中心對高靈敏度火災偵測系統和傳統的點式偵測器進行了一系列對比測試，在測試報告「電腦和電信設備極早期煙霧偵測系統」（P. Johnson）中指出：

「測試表明，高靈敏度火災偵測系統能夠提供極早期預警功能；氣流對高靈敏度火災偵測系統的影響相對小於傳統的局限型偵煙探測器。」

「高靈敏度火災偵測系統能夠在火焰悶燒階段提供極早期預警信號，其時間遠遠早於傳統的局限型偵煙探測器。」

「測試表明，對於電腦區域由於設備故障引起的火災的偵測，高靈敏度火災偵測系統是理想的選擇。由於偵測器在潔淨穩定的環境中反應迅速，它可以將損失降到最低。」

10-5 極早期煙霧偵測系統之安裝方式

以下列出極早期煙霧偵測系統在電力設備區域的標準安裝方式，但注意仍應由防護工程師或者其他合格人員制定現場應用、安裝方式和防護計劃。

10-5-1 開放空間防護

極早期煙霧偵測系統可以安裝在天花板上/下、地板下以進行初級防護。這種安裝方式保證了系統的極早期預警功能，增強了可靠性，降低了誤報率和防止滅火設備誤起動。

一、安裝在天花板上/下

取樣管吊在天花板下或者安裝在天花板上、使用軟管取樣的安裝方式。如圖10-1、10-2所示。主管不在同一水平面或垂直面，或者需要隱藏式安裝以保證美觀時，適合使用天花板上軟管取樣的方式。

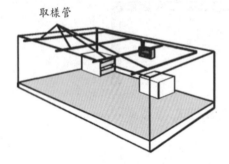

圖10-1　天花板下安裝方式

圖10-2　天花板上軟管取樣安裝方式

二、安裝在地板下

取樣管也可以安裝在地板下，利用地板縫隙抽取空氣樣品，以監控區域內電纜的狀況。安裝方式如圖10-3所示。

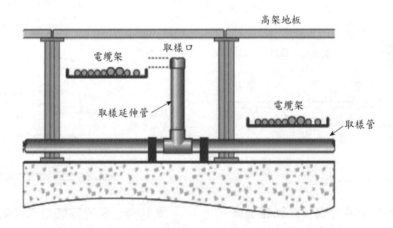

圖10-3　地板下安裝方式（地板下安裝有電纜）

10-5-2 特殊空間防護

極早期煙霧偵測系統也可以用作特殊偵測系統。所謂特殊偵測包括EDP設備箱的防護和空調(AHU)防護方式。特殊偵測系統為已有的偵測系統提供偵測功能的補償，可以用於關閉HVAC元件，起動滅火系統，或者關閉某一設備的電源。

一、設備箱安裝方式

1. 箱上安裝

箱上安裝可以用在任何環境下，此方式將取樣管安裝在設備箱上面，取樣孔正對箱體回風口，如圖10-4所示。

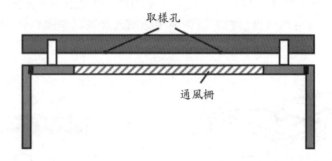

圖 10-4　箱體上安裝方式

2. 箱內安裝

箱內安裝是配電盤內設備最常見，也是最有效的防護方式，可以減少氣壓和外部空氣污染影響。這種方式偵測器能夠迅速產生反應，提供極早期警報信號。箱內安裝方式環境提供早期預警火災防護。

箱內安裝方式分為兩種：(1)從箱體上面進入箱內；(2)從箱底部進入箱內。如圖10-5、圖10-6所示。

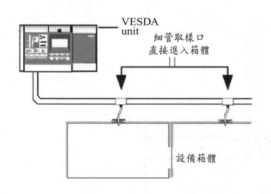

圖 10-5　箱內安裝方式（從箱體上面）

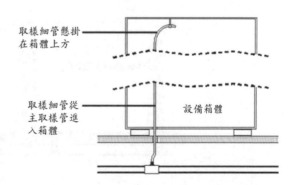

圖 10-6　箱內安裝方式（從箱體上面）

二、空調(AHU)安裝方式

空調(AHU)會影響氣流流動並且稀釋煙霧,從而影響偵測器反應時間。在機房內,火源產生的煙霧將隨著氣流流經空調回風口,如圖10-7所示。此時取樣管一般安裝在回風口以保證有效採樣,如圖10-8所示。

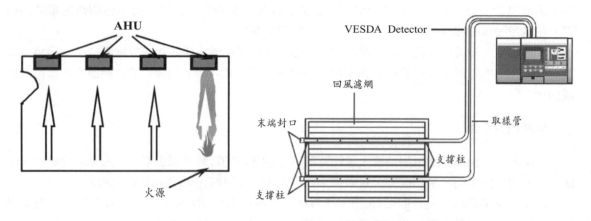

圖10-7 氣流方向受 AHU 控制

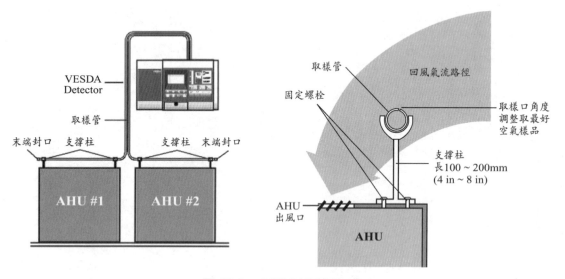

圖 10-8 回風口安裝方式

10-6 結論

時間是關鍵

本章內容是在電力設備火災防護中遇到煙霧造成困難的解決新技術。無論是對火災損害的控制、偵測器的反應、滅火系統的起動,還是緊急時間中需要通知附近人員,時間都是重要的因素。在電力設備區域發生火災時,時間是以金錢來衡量的。

大多數電力設備火災是由於設備過熱引起的,或者是由於電纜短路或放電引發。一旦火災過渡到產生火焰的階段,火災蔓延的速率就變得更快,產生重大損害和導致業務癱瘓的可能性同時增加。

早期預警功能

如果系統能夠提供極早期預警,人們就可以採取適當的行動來減少損失、避免業務癱瘓。因此,能夠提供極早期預警功能的火災偵測系統是電力設備區域火災防護的最佳選擇。

最後感謝博見科技及大府公司提供VESDA極早期煙霧偵測系統之技術資料及圖片,讓讀者能更深入瞭解極早期煙霧偵測系統之工作原理、安裝方式、功能及運用。

第 *11* 章

光纖偵溫系統

11 光纖偵溫系統

11-1 光纖偵溫系統之概述

　　光纖是二十一世紀的明星產品，因此以光纖為基礎的光纖偵測系統，也將以它各項卓越的優勢取代傳統的偵測系統，外觀上，光纖具有直徑小、重量輕、韌性強等優點，以它作為溫度計除了不易損壞、可靠度高外；功能上，光纖利用光傳播的優越特性，除了雜訊低、傳輸損耗低且不受電磁干擾外，極佳的解析度及精確度更是傳統溫度計所無法比擬的。現有的寬頻光纖通訊網路已大致建構完成，最新的光纖偵溫系統亦可與其結合，讓您無論何時何地都能得知最即時的預警資訊。此光纖偵測系統已在歐美及日本運用多年，例如：英法海底隧道的火警監測，阿爾卑斯山 de la Mescla 及de Reveston 隧道的火災監測。

　　與傳統的偵測系統作比較，光纖偵測系統利用光學方法檢測，偵測元件完全不通電，因此對電氣敏感的嚴苛環境，光纖偵測系統正提供一最佳的解決方案；另外光獨具的波長特性，使其能依此作同步多工處理，在同一條光纖上對多點進行監測，免除傳統偵測系統繁雜的線路及相互干擾的問題。

　　近年歐、美、日爭相研究發展光纖偵測產品，並投入未來Smart System的開發，這些多元化之光纖偵測系統，將逐漸應用到各種鐵路、公路、橋樑、隧道、電塔，油槽等公共工程，以滿足重大公共設施高安全性的要求。

　　現在光纖溫度監測系統已經應用在很多領域如下：

1. 結構監測

   大型結構的應力應變和溫度監測(管道、近海石油平台、油井、建築物、隧道及電纜)

2. 滲漏探測

   液體或天然氣管道、工業處理、壩、罐體

3. 交通運輸

   路面的結冰探測、鐵路、隧道監測

4. 安全系統

   火災或過熱溫度探測、電力電纜監視、垃圾處理站監測

5. 環境測量

   熱、通風和空氣條件(HVAC)、外界海洋、森林、野外場所的長期溫度測量。

11-2 光纖偵溫系統之分類

光纖偵溫系統依其分析之物理標的分為：

1. 利用拉曼散射(Raman Scattering)的物理效應，例如高田科技代理之德國AP Sensing設備。

   光纖由石英分子（Si02）組成，而境環中的熱能會使得石英晶格振動產生聲子(Phonon).當光纖中的光源碰到石英晶格時，會與這些聲子產生交互作用而產生散射，就叫做拉曼散射，而散射光的波長與入射光的波長會因為這種交互作用而產生斯托克斯偏移（Stoke Shift）及反斯托克斯偏移（Anti-Stoke Shift）。由於反斯托克斯線的強度和溫度有關，斯托克斯線和溫度幾乎無關，因此分析拉曼散射光譜中的這兩個強度就可以得到該點的溫度。

依光源訊號及計算法又可分為：

(A) OTDR：OTDR(光時域反射測量)使用脈衝(Pulse)雷射光源觀察其背向散射的拉曼散射，再依據時間差判斷位置，其原理與雷達回波相似。

(B) OFDR：OFDR(光頻域反射測量)採用高能量的連續波雷射光源，其頻率隨時間改變，依接收回來之背向拉曼散射分析其斯托克斯偏移及反斯托克斯偏移即可得到溫度，由於頻率是隨時間改變的因此頻率可以對應到位置，但是因為需要大量的傅立葉運算，因此其對於硬體之需求較嚴苛。

(C) CCOTDR：CCOTDR(Code Correlation OTDR)使用的雷射訊號是經過編碼的，故對於信噪比(signal-to-noise ratio)之改善較有著墨空間。另外，相對於傳統技術，CCOTDR之雷射平均功率是較低的，這也大幅減少了雷射光源衰減的問題及雷射之安全性，長時間量測下也更為穩定，高田科技代理之德國AP Sensing設備即是使用此模式。

2.利用受激布里淵散射（Stimulated Brillouin Scattering ）的物理效應

受激布里淵散射是拉曼散射的一種，當送入一個Pulse光源紀錄其背向之激布里淵散射隨時間的變化，當溫度不同（及聲子的能量不同）時此種散射的波長漂移也不同，分析波長漂移隨時間的變化，就可以知道溫度隨距離的變化。相同的此種分析需要大量的運算及訊號的平均。另外，此種量測方式同時也會量到應變的反應，因此可以同時量測溫度與應變，但因此，有時會造成無法分辨是溫度效應或是應變效應。

11-3 光纖偵溫系統之架構

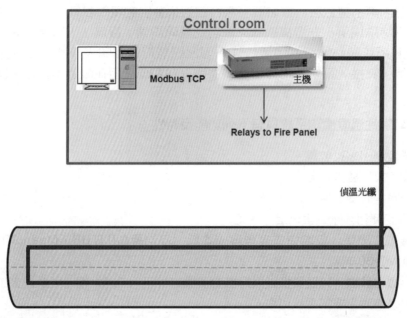

光纖偵溫系統之架構如上，主機及偵溫光纖即可構成此系統，若搭配圖控能使資料分析更為完整，使用上也更加便利。

1. 主機：

甲、可透過乾接點與各式裝置整合。

乙、可把測得之資料透過Modbus TCP界面上傳電腦，達到資產視覺化之監控。

丙、一般而言，主機置放於主控室之機櫃中，假設現場無主控室，也可將主機設置於一有IP防護等級的機箱中。

2. 偵溫光纖：

甲、　為可撓式偵測元件，可在各式地形作佈設，連續偵測數十公尺至數十公里之大範圍。

乙、　光纖偵溫系統常用的光纖為50/125um或62.5/125um，但因為50/125um光纖為電信業標準，且業界之光學元件也是依50/125um光纖為設計對象，故50/125um光纖已成主流。

高田科技代理之AP Sensing光纖線性溫度偵測系統所使用之50/125um光纖在攝氏750℃的環境下2個小時仍能夠符合EN54火焰偵測標準的要求，甚至在攝氏1000℃下仍能正常運作一段時間。

3. 型式：

內層具有不鏽鋼材質金屬管及中層披覆鎧甲不鏽鋼 12 芯抗張鋼絲保 護，以增加高抗拉性及高抗破碎性，防止外力破壞及抗鼠、蟻、蟲咬保護，防塵及防潮水密功能，外部層為低煙無鹵，阻燃型熱塑材料披覆。

11-4 光纖偵溫系統於消防火警系統之應用

現行法令雖其名為「各類場所」，但對於特殊結構、位置之建築物，該條文內容又不足以因應需求。如：電纜線槽(Cable Ducts)、隧道(Tunnels)、地下鐵(Underground Railways & Stations)、手扶梯(Escalator)等特殊地形地物，應就其氣候、通風、裝置難易度、熱傳播、電磁干擾等因素考量去設計或裝置一套合宜之火警自動警報設備。

基於前述之特殊場所，非選擇適當火警自動警報設備，實無法因應環境需求；如選用光纖線性溫度偵測系統勢必能符合環境條件。因此盼能提供相關人員達到了解光纖線性溫度偵測系統之功能、特性、系統架構等目的，並進而於類似場所在設計、裝置火警設備時之參考。

11-4-1 光纖線性溫度偵測系統具有下列功能及特性：

1. 可精確測出火災位置。
2. 可確定火災蔓延方向。
3. 表面最大忍受溫度可達750℃。
4. 最長距離可達十公里以上。
5. 安裝施工簡單，安裝完成後維護成本低、平均壽命(MTBF，Mean Time Between Failure)>30年。
6. 萬一遭遇破壞，只要更換毀損點處之偵溫光即可，無需大幅地更換及施工。
7. 在火警偵測上非常靈敏可靠。
8. 偵測器不受電磁干擾。
9. 可支援多通道(multi-channels)量測，每一通道可在10~30秒內完成整段量測。
10. 1M級低能量雷射，可存在可燃性氣體環境中，即使出現斷纖也不致引起危險。
11. 在警報設定參數上，除了擁有差動式探測器(周圍溫度上升率達到某一定限度時就動

作)及定溫式探測器(周圍溫度達某到一定溫度時就動作)之設定功能外,若遇到監控環境之溫度隨時間有較大幅度之變化(例如:早晨/晚間/四季),使用傳統設定方式較為不足的問題,光纖線性溫度偵測系統已針對此部份作改善,免去定時更改設定之人工花費。

12. 不同區域之警報設定可不相同,可提供256區的分區警報設定。

13. 使用之光纖為消防認證之二蕊光纖,於單主機-單通道(1-channel)配置時僅用到其中一蕊,另一蕊可作備用。此外亦可作Redundancy(備援)配置,萬一出現斷纖仍可正常監測,圖示如下

 i. 1-channel or 2-channel with redundancy

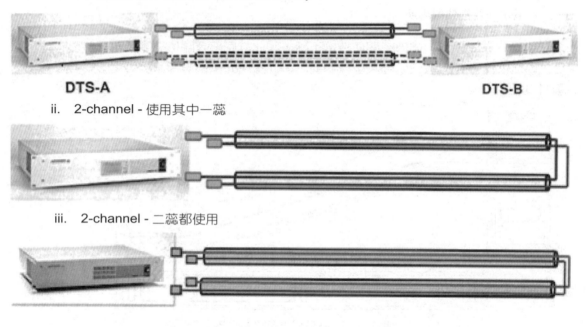

DTS-A   **DTS-B**

 ii. 2-channel - 使用其中一蕊

 iii. 2-channel - 二蕊都使用

11-4-2 光纖線性溫度偵測系統之設計準則及應用實例

為使光纖線性溫度偵測系統作有效偵測,須依據各種不同場所之使用性質及環境特性做不同的配置,以下說明隧道、電扶梯、四周通風之開放型倉庫及室內停車場等相類似場所之裝置方式。

一、隧道及相類似場所

一般是雙線道,建議使用單路之偵溫光纖,當多於雙線道,或是路寬>12公尺,建議使用二路之偵溫光纖,實際上還是依當地法規而定,偵溫光纜須距離隧道頂部15~50mm以確保正常運作,如圖11-2所示。

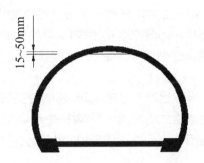

圖11-2 隧道相類似場所之裝置規定

二、電扶梯及相類似場所

電扶梯一旦啟動後，運轉時間便持續不斷，因此其底部有關機械傳動部分是最可能發生火災之區域。此區域無法安裝局限型探測器，因此採用光纖纜線探測器可克服安裝之不便，如圖11-3所示。

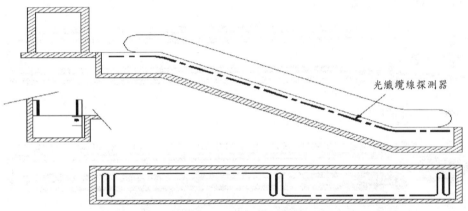

圖11-3 電扶梯及相類似場所之裝置規定

三、四周通風之開放型倉庫及相類似場所

通風場所並不適用偵熱式局限型探測器，而此場所又堆積大量可燃性物質，因此可採用光纖纜線探測器及搭配火燄探測器以求有效偵測，如圖11-4所示。

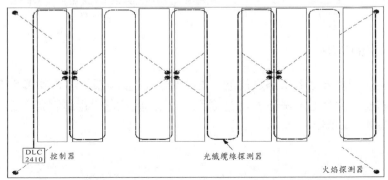

圖11-4 開放型倉庫及相類似場所之裝置規定

四、室內停車場及相類似場所

當室內使用光纖纜線探測器作為火警設備時，除應符合現行消防法令標準外，更須符合兩光纖相隔最大距離不得超過7公尺之裝置規定，如圖11-5所示。

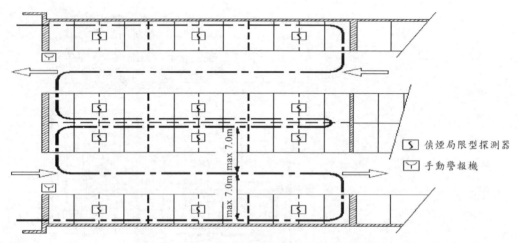

圖11-5 室內停車場及相類似場所之裝置規定

11-5 光纖偵溫系統之圖控

以下範例係針對使用者經常需要之圖控需求作說明。

光纖偵溫系統是對長距離之溫度作偵測及監控，故溫度隨距離(Temperature Trace)之即時監測圖為最主要之圖控標的。另外，光損圖/監測區之資訊概要/系統警報之輸出亦是即時觀察的重點，舉例如下：

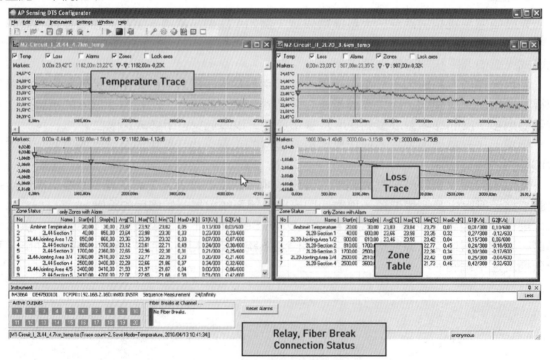

為達到資產視覺化之目的，監控現場資產總覽圖也是需要的。

當點擊圖面上某指定監控區域時，應能立即顯示其光纖位置及溫度值。

此外，為方便使用者針對過去之資料作分析，歷史曲線圖/歷史警報事件紀錄也是需要的。

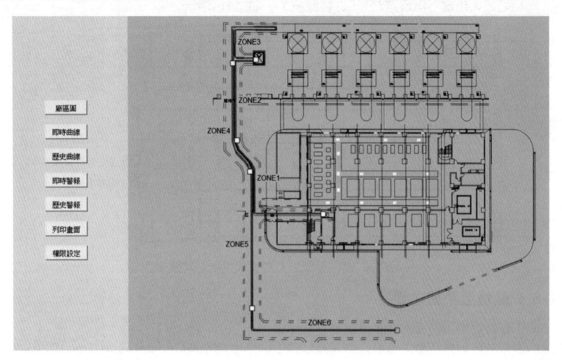

11-6 結論

光纖偵溫系統相當適合於大量連續偵測，例如：隧道、電纜、鐵路、油槽及輸油管等，這些領域連續性的偵測，若以傳統之溫度計來作偵測相當不方便，而且數據也不完全。若以連續式光纖偵溫系統則可輕易達成。

而且光纖偵溫系統因不受電磁干擾，也適用於電磁干擾嚴重的場所。另外，光纖偵溫系統經常使用於火災警報，因災害經常是在短時間作劇烈的變化，故在量測溫度的精確度上無需著墨過多，反而應著重於量測速度及警報速度，以降低災害所造成之傷亡。

事實上，光纖偵溫系統不僅止應用於升溫性的災害，也可應用於降溫性的災害，比如說LNG管路的洩漏偵測。

是以，只要是長距離或是大範圍的溫度監測，想降低維護人工與花費，並在災害發生時即時掌握溫度變化及發生位置，那麼使用光纖偵溫系統會是一個適用的設備。

最後要感謝高士峯博士、高田科技，及AP Sensing 不吝提供寶貴之技術資料，供本文轉載，讓讀者得以深入瞭解最先進之光纖偵溫系統，及其相關之工作原理、特性、功能、系統架構及運用案例。

第**12**章

相關產品簡介

12 相關產品簡介

宏泰電工股份有限公司

http://www.hong-tai.com.tw
電話：(02)2701-1000 ext.255

1.品牌：宏泰電工

產品名稱：耐燃電纜

耐燃電纜亦稱為耐火電纜，適用於緊急逃生，消防警報等安全系統所使用之電力或控制用線。

耐火層採用具有優良耐熱性、耐火性及絕緣性之材料，絕緣層為PE或XLPE材質，被覆為PVC或LSHF材質；於火災發生相當時間內，仍可維持正常供電，使消防及安全系統正常運作，本產品取得消防署認證，可通過下列耐火試驗：

- CNS 11174（840° C/ 30min）
- CNS 11359（750° C/ 3hr）
- 耐燃電纜認可基準（840° C/ 30min、950° C/ 90min）
- IEC 60331（750° C/ 90min）
- BS 6387（950° C/ 3hr）
- 日本消防廳告示第10號（840° C/ 30min）

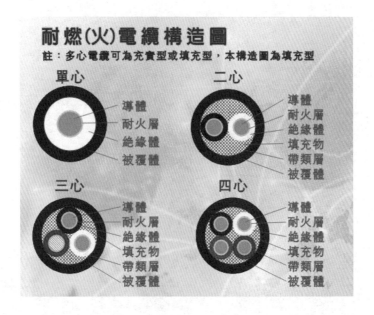

耐燃(火)電纜構造圖

2.品牌：宏泰電工

產品名稱：耐熱電纜

耐熱電纜適用於額定電壓600V以下之消防安全設備或緊急供電系統之控制迴路用線。

採用穩定性高、電氣特性優良之**XLPE**為絕緣材料，被覆為**PVC**或**LSHF**材質，並取得消防署認證，可通過下列耐熱試驗：

- CNS 11175（310°C/ 30min）
- 耐熱電線電纜認可基準（300°C/ 15min及380°C/ 15min）
- 日本消防廳告示第11號（380°C/ 15min）

印字內容以耐熱試驗電壓及耐熱溫度作標示，分別如下：

- 線纜外徑未達15mm者標示：250V 300°C
- 線纜外徑15mm以上者標示：250V 380°C

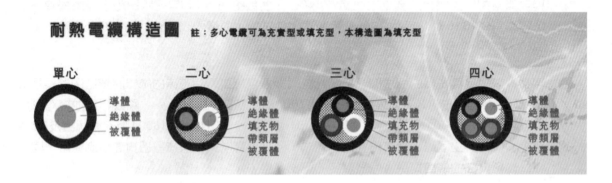

國碳科技股份有限公司

http：//www.incatech.com.tw
電話：(03)325-4301　傳真：(03)325-4316

1.品牌：INCA

產品名稱：國碳截火系統(凝固型防火泥、非凝固型防火泥、防火片板、防火帶、防火管套、防火填縫膠、電纜防火塗料、兩劑型防火發泡劑、防火毯)

1. 國碳防火填塞系統可將火災控制在特定空間(區劃)內，避免或減緩火災及濃煙的蔓延，以防止火焰擴大及侷限延燒範圍，防止煙經由建築物的管道如中央空調系統、樓梯間、電梯間、管道間之孔隙擴散的通道而形成煙囪效應，避免人員吸入大量濃煙而昏迷窒息。

2. 國碳擁有超過30項專利且防火填塞系統完整，可支援各種領域應用，產品除符合公共工程委員會制定之防火填塞施工規範07840章，並取得UL、FM等國際認證也通過營建署指定實驗室CNS15814-1耐火試驗及相關理化性試驗，並獲內政部新材料、新技術及新工法認可。

3. 國碳本著對品質一貫的要求與堅持，凡經國碳授權施工廠商正確的施工將獲得國碳科技品質保固書，且國碳INCA截火系統已投保1000萬產品責任險。此外，國碳科技並擁有國內首家通過 ISO 9001品質認證、ISO 14001環保認證、OHSAS 18001職安衛認證及FCIA認證的專業施工團隊，擁有最豐富的經驗，堅持各種防火工法皆經過實際燒測驗証，國碳願以最負責任的態度提供客戶最嚴謹的服務保證。

近年來不斷發生嚴重的火災，從台灣的東科大火到新屋保齡球館火災，造成6名消防隊員不幸殉職。因此公共場所的防火安全問題也引起了大家的注意，如何從火災源頭開始防範一直是大家努力的方向。建築物內部火災的發生一般都要經過起始階段、成長階段、全盛階段及衰退階段四個時期，而在成長階段與全盛階段之間會產生閃燃（轟燃）現象，此現象的發生主要由於室內空氣中所包含橡塑膠分解後的可燃氣體及許多易燃物在高溫瞬間同時燃燒產生高溫及高壓狀態，通常在閃燃發生後室內已不可能有人生存。為了防止燃燒的擴散因此在防火安全設計上訂出了防火區劃，希望藉由防火區劃的設計將火災限制在一定範圍內，防火區劃包含了防火牆、防火門窗、防火樓板及其他因電線電纜、塑膠管、金屬管、空調管路等貫穿防火牆與樓板的穿孔，此貫穿孔的防火即被稱為貫穿結構防火填塞系統或截火系統。基本上防火區劃上不同結構的防火時效皆有規定且防火能力必須一致，也就是說兩小時防火能力的防火牆配兩小時防火能力的截火系統才能得到兩小時的防火區劃。

由於社會進步，大量電線電纜及橡塑膠產品在建築物中被使用，而一般橡塑膠在200~400℃時即開始分解產生可燃氣體，因此防火區劃除了必須防火外還要有隔熱性能。目前常被使用的貫穿結構防火規範在美國為UL1479（ASTM E814），歐洲各國家較常採用ISO10295我國為CNS15814-1；此幾種規範測試方法類似，都有隔熱級（T Rating）及遮焰級（F Rating）兩種等級，隔熱級背溫大約為210℃，而遮焰級則無背溫要求。此三種規範測試方法最主要差異在UL標準的爐壓及加熱溫度較CNS及ISO標準為低，而ISO標準則無CNS及

UL標準要求的噴水試驗 (如表一)。因此在貫穿結構防火設計上，採用較嚴苛的CNS國家標準，同時通過電纜或有大量塑膠的位置宜採用隔熱級較有保障，以確保防火區劃的功能。

表一、各國貫穿部耐火材料標準差異比較

項目		CNS 15814-1 遮焰級(B種)	CNS 15814-1 阻熱級(A種)	UL 1479 遮焰級(F級)	UL 1479 隔熱級(T級)	ISO 10295 遮焰級	ISO 10295 阻熱級
(1) 加熱曲線	公式	T=345log10(8t+1)+20		無		T=345log10(8t+1)+20	
	0.5hr	843ºC		843ºC		843ºC	
	1hr	945OC〈高18 ºC〉		927ºC		945OC〈高18 ºC〉	
	2hr	1049OC〈高39 ºC〉		1010ºC		1049OC〈高39 ºC〉	
	3hr	1110OC〈高60 ºC〉		1050ºC		1110OC〈高60 ºC〉	
	4hr	1153OC〈高60 ºC〉		1093ºC		1153OC〈高60 ºC〉	
(2)爐壓		20±2 Pa		2.5Pa		20±2 Pa	
(3)噴水試驗		有		有		無	
(4)背溫要求		無	210ºC	無	180ºC+室溫	無	180ºC+室溫

由於煙有向上及向四周擴張的特性，故當火災發生時，煙便由燃燒點向四方擴散；另由於煙的無孔不入，因此除走廊外，建築物的管道如中央空調系統、樓梯間、電梯間、管道間之孔隙等都將成為煙擴散的通道而形成煙囪效應，此種效應將使未受燃燒波及的樓層亦充滿濃煙，造成人員吸入大量濃煙而昏迷窒息。此時區劃若具備安全有效之防火填塞系統。便可將火災控制在特定空間(區劃)內，避免或減緩火災及濃煙的蔓延，以防止火焰擴大及侷限延燒範圍為目標。並具有一定時間以上之耐火性能(主要為遮焰性及隔熱性)，在內政部頒訂的『建築技術規則』，建築設計施工篇第三章第85條、第205條及第247條中對防火區劃中各種貫穿結構(如電力管線、通訊管線、給排水管線、空調排煙管線、瓦斯管、配電管或管線匣）的防火要求都有明確之規定：

第85條(防火區劃之貫穿部)
　　貫穿防火區劃牆壁或樓地板之電力管線、通訊管線及給排水管線或管線匣，與
　　貫穿部位合成之構造，應具有一小時以上之防火時效。

第205條(地下及高層建築貫穿部)
　　給水管、瓦斯管、配電管及其他管路均應以不燃材料製成，其貫通防火區劃時，
貫穿部位與防火區劃合成之構造應具有二小時以上之防火時效。

第247條(地下及高層建築貫穿部)
　　高層建築物各種配管管材均應以不燃材料製成，或使用具有同等效能之防
　　火措施，其貫穿防火區劃之孔隙應使用防火材料填滿或設置防火閘門。

故不論工廠、高樓建築及公共建築都應遵循。但此規定僅為最低的要求，對於重要場所或特別危險區域如電腦房、檔案室、儲油槽、地下室、機房等應提高其防火性能，以確保安全。應如何選用合格之防火填塞系統？建議如下：

1. 應選用符合CNS中國國家標準的產品

   依據建築技術規則總則篇第四條第一款：建築物應用之各種材料及設備規格，中國國家標準有規定者從其規定。市面上充斥各種標準之產品，各標準之間要求並不一致，除不符合建築技術規則外且不能獲得一致的防火效果，因此在國內應選用符合CNS國家規範的產品較能獲得應有的保障。

2. 應認明營建署指定實驗室檢驗合格之產品

   依據建築技術規則總則篇第四條第二款尚無本規則適用之特殊或國外進口材料及設備應經試驗證明其規格。前項試驗由中央主管建築機關認可之機構辦理。

3. 可請廠商出具內政部審核認可證明

   依據建築技術規則第三條，如引用新穎之建築技術、新工法或建築設備，應檢具證明經中央主管建築機關審核認可備案。

汎宜企業有限公司

http://www.fani.com.tw
電話：02-8866-1376

品牌：KLIF等各大風門品牌

產品名稱：日本原裝進口，消防排煙用風門：排煙口、排煙閘門，高溫型防火風門，排煙防火風門，空調通風用：防火風門(閘門)，防煙風門(閘門)、防煙防火風門，逆止風門、洩壓(口)風門，定風量控制風門，變風量控制風門，壓差風門(pressure control damper)等。

1. 正確、安全的排煙用風門，(請勿把防煙閘門當排煙口使用，將使排煙系統形同虛設)。
2. 已使用於各大醫院，半導體工廠，捷運地下車站，商用大樓等場所，深獲客戶好評。
3. 依客戶提供耐蝕、高溫及高壓等特殊風門。

高田科技有限公司

http://www.kaoten.com
電話：(07)841-2688 #30

品牌：AP Sensing

產品名稱：光纖偵溫系統

高田科技所代理之德國AP Sensing光纖偵溫系統，利用拉曼效應得知不正常點的溫度情況；由雷射光回歸的時間得知起火點位置，即時地監測長距離、大範圍溫度的分佈詳情，並「極早」地依使用者訂定之溫度警戒值，觸發警報以利採取後續措施。

附　　錄

各類場所消防安全設備設置標準

各類場所消防安全設備設置標準

中華民國101年1月10日內政部臺內消字第1010821006號令修正發布第1條、第3條、第4條、第7條、第8條、第12條、第17條、第18條、第19條、第24條、第25條、第31條、第32條、第34條、第35條、第40條、第43條、第46條、第48條、第49條、第51條、第53條、第56條、第57條、第59條、第63條、第116條、第125條、第129條、第130條、第131條、第140條、第154條、第157條、第167條、第171條、第175條、第180條、第181條、第182條、第183條、第185條、第186條、第188條、第189條、第190條、第191條、第192條、第198條、第210條、第216條、第229條、第231條、第235條及第三編第一章第七節之節名；增訂第111條之1條文；刪除第2條條文；施行日期，由內政部以命令定之(中華民國101年6月20日內政部臺內消字第1010820718號令定自101年7月1日施行) 中華民國102年5月1日內政部臺內消字第1020821188號令修正發布第6條、第12條、第14條、第17條、第19條、第24條、第111條之1、第157條、第160條、第189條、第235條條文，自即日施行

第一編 總則

第 一 條　本標準依消防法（以下簡稱本法）第六條第一項規定訂定之。

第 二 條　（刪除）

第 三 條　未定國家標準或國內無法檢驗之消防安全設備，應檢附國外標準、國外（內）檢驗報告及試驗合格證明或規格證明，經中央主管機關認可後，始准使用。前項應經認可之消防安全設備項目及應檢附之文件，由中央消防機關另定之。

第二編 消防設計

第 四 條　本標準用語定義如下：

一、複合用途建築物：一棟建築物中有供第十二條第一款至第四款各目所列用途二種以上，且該不同用途，在管理及使用形態上，未構成從屬於其中一主用途者；其判斷基準，由中央消防機關另定之。

二、無開口樓層：建築物之各樓層供避難及消防搶救用之有效開口面積未達下列規定者：

（一）十一層以上之樓層，具可內切直徑五十公分以上圓孔之開口，合計面積為該樓地板面積三十分之一以上者。

（二）十層以下之樓層，具可內切直徑五十公分以上圓孔之開口，合計面積為該樓地板面積三十分之一以上者。但其中至少應具有二個內切直徑一公尺以上圓孔或寬七十五公分以上、高一百二十公分以上之開口。

三、高度危險工作場所：儲存一般可燃性固體物質倉庫之高度超過五點五公尺者，或易燃性液體物質之閃火點未超過攝氏六十度與攝氏溫度為三十七點八度時，其蒸氣壓未超過每平方公分二點八公斤或0.28百萬帕斯卡（以下簡稱MPa）者，或可燃性高壓氣體製造、儲存、處理場所或石化作業場所，木材加工業作業場所及油漆作業場所等。

四、中度危險工作場所：儲存一般可燃性固體物質倉庫之高度未超過五點五公尺者，或易燃性液體物質之閃火點超過攝氏六十度之作業場所或輕工業場所。

五、低度危險工作場所：有可燃性物質存在。但其存量少，延燒範圍小，延燒速度慢，僅形成小型火災者。

六、避難指標：標示避難出口或方向之指標。前項第二款所稱有效開口，指符合下列規定者：

一、開口下端距樓地板面一百二十公分以內。

二、開口面臨道路或寬度一公尺以上之通路。

三、開口無柵欄且內部未設妨礙避難之構造或阻礙物。

四、開口為可自外面開啟或輕易破壞得以進入室內之構造。採一般玻璃門窗時，厚度應在六毫米以下。本標準所列有關建築技術、公共危險物品及可燃性高壓氣體用語，適用建築技術規則、公共危險物品及可燃性高壓氣體設置標準暨安全管理辦法用語定義之規定。

第 五 條　各類場所符合建築技術規則以無開口且具一小時以上防火時效之牆壁、樓地板區劃分隔者，適用本標準各編規定，視為另一場所。建築物間設有過廊，並符合下列規定者，視為另一場所：

一、過廊僅供通行或搬運用途使用，且無通行之障礙。

二、過廊有效寬度在六公尺以下。

三、連接建築物之間距，一樓超過六公尺，二樓以上超過十公尺。建築物符合下列規定者，不受前項第三款之限制：

一、連接建築物之外牆及屋頂，與過廊連接相距三公尺以內者，為防火構造或不燃材料。

二、前款之外牆及屋頂未設有開口。但開口面積在四平方公尺以下，且設具半小時以上防火時效之防火門窗者，不在此限。

三、過廊為開放式或符合下列規定者：

（一）為防火構造或以不燃材料建造。

（二）過廊與二側建築物相連接處之開口面積在四平方公尺以下，且設具半小時以上防火時效之防火門。

（三）設置直接開向室外之開口或機械排煙設備。但設有自動撒水設備者，得免設。前項第三款第三目之直接開向室外之開口或機械排煙設備，應符合下列規定：

一、直接開向室外之開口面積合計在一平方公尺以上，且符合下列規定：

（一）開口設在屋頂或天花板時，設有寬度在過廊寬度三分之一以上，長度在一公尺以上之開口。

（二）開口設在外牆時，在過廊二側設有寬度在過廊長度三分之一以上，高度一公尺以上之開口。

二、機械排煙設備能將過廊內部煙量安全有效地排至室外，排煙機連接緊急電源。

第 六 條　供第十二條第五款使用之複合用途建築物，有分屬同其他各款目用途時，適用本標準各編規定（第十七第一項第四款、第五款、第十九第一項第四款、第五款、第二十一第二款及第一百五十七除外），以各目為單元，按各目所列不同用途，合計其樓地板面積，視為單一場所。

第 七 條　各類場所消防安全設備如下：

一、滅火設備：指以水或其他滅火藥劑滅火之器具或設備。

二、警報設備：指報知火災發生之器具或設備。

三、避難逃生設備：指火災發生時為避難而使用之器具或設備。

四、消防搶救上之必要設備：指火警發生時，消防人員從事搶救活動上必需之器具或設備。

五、其他經中央主管機關認定之消防安全設備。

第 八 條　滅火設備種類如下：

一、滅火器、消防砂。

二、室內消防栓設備。

三、室外消防栓設備。

四、自動撒水設備。

五、水霧滅火設備。

六、泡沫滅火設備。

七、二氧化碳滅火設備。

八、乾粉滅火設備。

九、簡易自動滅火設備。

第 九 條　警報設備種類如下：

一、火警自動警報設備。

二、手動報警設備。

三、緊急廣播設備。

四、瓦斯漏氣火警自動警報設備。

第 十 條　避難逃生設備種類如下：

一、標示設備：出口標示燈、避難方向指示燈、觀眾席引導燈、避難指標。

二、避難器具：指滑臺、避難梯、避難橋、救助袋、緩降機、避難繩索、滑杆及其他避難器具。

三、緊急照明設備。

第十一條　消防搶救上之必要設備種類如下：

一、連結送水管。

二、消防專用蓄水池。

三、排煙設備（緊急昇降機間、特別安全梯間排煙設備、室內排煙設備）。

四、緊急電源插座。

五、無線電通信輔助設備。

第十二條　各類場所按用途分類如下：

一、甲類場所：

（一）電影片映演場所（戲院、電影院）、歌廳、舞廳、夜總會、俱樂部、理容院（觀光理髮、視聽理容等）、指壓按摩場所、錄影節目帶播映場所（MTV等）、視聽歌唱場所（KTV等）、酒家、酒吧、酒店（廊）。

（二）保齡球館、撞球場、集會堂、健身休閒中心（含提供指壓、三溫暖等設施之美容瘦身場所）、室內螢幕式高爾夫練習場、遊藝場所、電子遊戲場、

資訊休閒場所。

　（三）觀光旅館、飯店、旅館、招待所（限有寢室客房者）。

　（四）商場、市場、百貨商場、超級市場、零售市場、展覽場。

　（五）餐廳、飲食店、咖啡廳、茶藝館。

　（六）醫院、療養院、長期照顧機構（長期照護型、養護型、失智照顧型）、安養機構、老人服務機構（限供日間照顧、臨時照顧、短期保護及安置者）、托嬰中心、早期療育機構、安置及教養機構（限收容未滿二歲兒童者）、護理之家機構、產後護理機構、身心障礙福利機構（限供住宿養護、日間服務、臨時及短期照顧者）、身心障礙者職業訓練機構（限提供住宿或使用特殊機具者）、啟明、啟智、啟聰等特殊學校。

　（七）三溫暖、公共浴室。

二、乙類場所：

　（一）車站、飛機場大廈、候船室。

　（二）期貨經紀業、證券交易所、金融機構。

　（三）學校教室、兒童課後照顧服務中心、補習班、訓練班、Ｋ書中心、前款第六目以外之安置及教養機構及身心障礙者職業訓練機構。

　（四）圖書館、博物館、美術館、陳列館、史蹟資料館、紀念館及其他類似場所。

　（五）寺廟、宗祠、教堂、供存放骨灰（骸）之納骨堂（塔）及其他類似場所。

　（六）辦公室、靶場、診所、日間型精神復健機構、兒童及少年心理輔導或家庭諮詢機構、身心障礙者就業服務機構、老人文康機構、前款第六目以外之老人服務機構及身心障礙福利機構。

　（七）集合住宅、寄宿舍、住宿型精神復健機構。

　（八）體育館、活動中心。

　（九）室內溜冰場、室內游泳池。

　（十）電影攝影場、電視播送場。

　（十一）倉庫、傢俱展示販售場。

　（十二）幼兒園。

三、丙類場所：

　（一）電信機器室。

　（二）汽車修護廠、飛機修理廠、飛機庫。

　（三）室內停車場、建築物依法附設之室內停車空間。

四、丁類場所：

　（一）高度危險工作場所。

　（二）中度危險工作場所。

　（三）低度危險工作場所。

五、戊類場所：

　（一）複合用途建築物中，有供第一款用途者。

　（二）前目以外供第二款至前款用途之複合用途建築物。

（三）地下建築物。

六、己類場所：大眾運輸工具。

七、其他經中央主管機關公告之場所。

第十三條　各類場所於增建、改建或變更用途時，其消防安全設備之設置，適用增建、改建或用途變更前之標準。但有下列情形之一者，適用增建、改建或變更用途後之標準：

一、其消防安全設備為滅火器、火警自動警報設備、手動報警設備、緊急廣播設備、標示設備、避難器具及緊急照明設備者。

二、增建或改建部分，以本標準中華民國八十五年七月一日修正條文施行日起，樓地板面積合計逾一千平方公尺或占原建築物總樓地板面積二分之一以上時，該建築物之消防安全設備。

三、用途變更為甲類場所使用時，該變更後用途之消防安全設備。

四、用途變更前，未符合變更前規定之消防安全設備。

第十四條　下列場所應設置滅火器：

一、甲類場所、地下建築物、幼兒園。

二、總樓地板面積在一百五十平方公尺以上之乙、丙、丁類場所。

三、設於地下層或無開口樓層，且樓地板面積在五十平方公尺以上之各類場所。

四、設有放映室或變壓器、配電盤及其他類似電氣設備之各類場所。

五、設有鍋爐房、廚房等大量使用火源之各類場所。

六、大眾運輸工具。

第十五條　下列場所應設置室內消防栓設備：

一、五層以下建築物，供第十二條第一款第一目所列場所使用，任何一層樓地板面積在三百平方公尺以上者；供第一款其他各目及第二款至第四款所列場所使用，任何一層樓地板面積在五百平方公尺以上者；或為學校教室任何一層樓地板面積在一千四百平方公尺以上者。

二、六層以上建築物，供第十二條第一款至第四款所列場所使用，任何一層之樓地板面積在一百五十平方公尺以上者。

三、總樓地板面積在一百五十平方公尺以上之地下建築物。

四、地下層或無開口之樓層，供第十二條第一款第一目所列場所使用，樓地板面積在一百平方公尺以上者；供第一款其他各目及第二款至第四款所列場所使用，樓地板面積在一百五十平方公尺以上者。前項應設置室內消防栓設備之場所，依本標準設有自動撒水（含補助撒水栓）、水霧、泡沫、二氧化碳、乾粉或室外消防栓等滅火設備者，在該有效範圍內，得免設室內消防栓設備。但設有室外消防栓設備時，在第一層水平距離四十公尺以下、第二層步行距離四十公尺以下有效滅火範圍內，室內消防栓設備限於第一層、第二層免設。

第十六條　下列場所應設置室外消防栓設備：

一、高度危險工作場所，其建築物及儲存面積在三千平方公尺以上者。

二、中度危險工作場所，其建築物及儲存面積在五千平方公尺以上者。

三、低度危險工作場所，其建築物及儲存面積在一萬平方公尺以上者。

四、如有不同危險程度工作場所未達前三款規定標準，而以各款場所之實際面積為分子，各款規定之面積為分母，分別計算，其比例之總合大於一者。

五、同一建築基地內有二棟以上木造或其他易燃構造建築物時，建築物間外牆與中心線水平距離第一層在三公尺以下，第二層在五公尺以下，且合計各棟第一層及第二層樓地板面積在三千平方公尺以上者。前項應設室外消防栓設備之工作場所，依本標準設有自動撒水、水霧、泡沫、二氧化碳、乾粉等滅火設備者，在該有效範圍內，得免設室外消防栓設備。

第十七條　下列場所或樓層應設置自動撒水設備：

一、十層以下建築物之樓層，供第十二條第一款第一目所列場所使用，樓地板面積合計在三百平方公尺以上者；供同款其他各目及第二款第一目所列場所使用，樓地板面積在一千五百平方公尺以上者。

二、建築物在十一層以上之樓層，樓地板面積在一百平方公尺以上者。

三、地下層或無開口樓層，供第十二條第一款所列場所使用，樓地板面積在一千平方公尺以上者。

四、十一層以上建築物供第十二條第一款所列場所或第五款第一目使用者。

五、供第十二條第五款第一目使用之建築物中，甲類場所樓地板面積合計達三千平方公尺以上時，供甲類場所使用之樓層。

六、供第十二條第二款第十一目使用之場所，樓層高度超過十公尺且樓地板面積在七百平方公尺以上之高架儲存倉庫。

七、總樓地板面積在一千平方公尺以上之地下建築物。

八、高層建築物。

九、供第十二條第一款第六目所定長期照顧機構（長期照護型、養護型、失智照顧型）、身心障礙福利機構（限照顧植物人、失智症、重癱、長期臥床或身心功能退化者）、護理之家機構使用之場所，樓地板面積在三百平方公尺以上者。

前項應設自動撒水設備之場所，依本標準設有水霧、泡沫、二氧化碳、乾粉等滅火設備者，在該有效範圍內，得免設自動撒水設備。

第十八條　下表所列之場所，應就水霧、泡沫、乾粉、二氧化碳滅火設備等選擇設置之。但外牆開口面積（常時開放部分）達該層樓地板面積百分之十五以上者，上列滅火設備得採移動式設置。

項目	應　　設　　場　　所	水霧	泡沫	二氧化碳	乾粉
一	屋頂直昇機停機場(坪)。		○		○
二	飛機修理廠、飛機庫樓地板面積在二百平方公尺以上者。		○		○
三	汽車修理廠、室內停車空間在第一層樓地板面積五百平方公尺以上者；在地下層或第二層以上樓地板面積在二百平方公尺以上者；在屋頂設有停車場樓地板面積在三百平方公尺以上者。	○	○	○	○
四	昇降機械式停車場可容納十輛以上者。	○	○	○	○
五	發電機室、變壓器室及其他類似之電器設備場所，樓地板面積在二百平方公尺以上者。	○		○	○
六	鍋爐房、廚房等大量使用火源之場所，樓地板面積在二百平方公尺以上者。			○	○
七	電信機械室、電腦室或總機室及其他類似場所，樓地板面積在二百平方公尺以上者。			○	○
八	引擎試驗室、石油試驗室、印刷機房及其他類似危險工作場所，樓地板面積在二百平方公尺以上者。	○	○	○	○

註：
一、大量使用火源場所，指最大消費熱量合計在每小時三十萬千卡以上者。
二、廚房如設有自動撒水設備，且排油煙管及煙罩設簡易自動滅火裝置時，得不受本表限制。
三、停車空間內車輛採一列停放，並能同時通往室外者，得不受本表限制。
四、本表第七項所列應設場所得使用預動式自動撒水設備。
五、平時有特定或不特定人員使用之中央管理室、防災中心等類似處所，不得設置二氧化碳滅火設備。

　　樓地板面積在三百平方公尺以上之餐廳，其廚房排油煙管及煙罩應設簡易自動滅火設備。但已依前項規定設有滅火設備者，得免設簡易自動滅火設備。

　　第十九條　下列場所應設置火警自動警報設備：

一、五層以下之建築物，供第十二條第一款及第二款第十二目所列場所使用，任何一層之樓地板面積在三百平方公尺以上者；或供同條第二款（第十二目除外）至第四款所列場所使用，任何一層樓地板面積在五百平方公尺以上者。

二、六層以上十層以下之建築物任何一層樓地板面積在三百平方公尺以上者。

三、十一層以上建築物。

四、地下層或無開口樓層，供第十二條第一款第一目、第五目及第五款（限其中供第一款第一目或第五目使用者）使用之場所，樓地板面積在一百平方公尺以上者；供同條第一款其他各目及其他各款所列場所使用，樓地板面積在三百平方公尺以上者。

五、供第十二條第五款第一目使用之建築物，總樓地板面積在五百平方公尺以上，且其中甲類場所樓地板面積合計在三百平方公尺以上者。

六、供第十二條第一款及第五款第三目所列場所使用，總樓地板面積在三百平方公尺以上者。

七、供第十二條第一款第六目所定長期照顧機構（長期照護型、養護型、失智照顧型）及身心障礙福利機構（限照顧植物人、失智症、重癱、長期臥床或身心功能退化者）、護理之家機構場所使用者。前項應設火警自動警報設備之場所，除供甲類場所、地下建築物、高層建築物或應設置偵煙式探測器之場所外，如已依本標準設置自動撒水、水霧或泡沫滅火設備（限使用標示攝氏溫度七十五度以下，動作時間六十秒以內之密閉型撒水頭）者，在該有效範圍內，得免設火警自動警報設備。

第二十條　下列場所應設置手動報警設備：
　　一、三層以上建築物，任何一層樓地板面積在二百平方公尺以上者。
　　二、第十二條第一款第三目之場所。

第二十一條　下列使用瓦斯之場所應設置瓦斯漏氣火警自動警報設備：
　　一、地下層供第十二條第一款所列場所使用，樓地板面積合計一千平方公尺以上者。
　　二、供第十二條第五款第一目使用之地下層，樓地板面積合計一千平方公尺以上，且其中甲類場所樓地板面積合計五百平方公尺以上者。
　　三、總樓地板面積在一千平方公尺以上之地下建築物。

第二十二條　依第十九條或前條規定設有火警自動警報或瓦斯漏氣火警自動警報設備之建築物，應設置緊急廣播設備。

第二十三條　下列場所應設置標示設備：
　　一、供第十二條第一款、第二款第十二目、第五款第一目、第三目使用之場所，或地下層、無開口樓層、十一層以上之樓層供同條其他各款目所列場所使用，應設置出口標示燈。
　　二、供第十二條第一款、第二款第十二目、第五款第一目、第三目使用之場所，或地下層、無開口樓層、十一層以上之樓層供同條其他各款目所列場所使用，應設置避難方向指示燈。
　　三、戲院、電影院、歌廳、集會堂及類似場所，應設置觀眾席引導燈。
　　四、各類場所均應設置避難指標。但設有避難方向指示燈或出口標示燈時，在其有效範圍內，得免設置避難指標。

第二十四條　下列場所應設置緊急照明設備：
　　一、供第十二條第一款、第三款及第五款所列場所使用之居室。
　　二、供第十二條第二款第一目、第二目、第三目（學校教室除外）、第四目至第六目、第七目所定住宿型精神復健機構、第八目、第九目及第十二目所列場所使用之居室。
　　三、總樓地板面積在一千平方公尺以上建築物之居室（學校教室除外）。
　　四、有效採光面積未達該居室樓地板面積百分之五者。
　　五、供前四款使用之場所，自居室通達避難層所須經過之走廊、樓梯間、通道及其他平時依賴人工照明部分。經中央主管機關認可為容易避難逃生或具有效採光之場所，得免設緊急照明設備。

第二十五條　建築物除十一層以上樓層及避難層外，各樓層應選設滑臺、避難梯、避難橋、

救助袋、緩降機、避難繩索、滑杆或經中央主管機關認可具同等性能之避難器具。但建築物在構造及設施上，並無避難逃生障礙，經中央主管機關認可者，不在此限。

第二十六條　下列場所應設置連結送水管：

一、五層或六層建築物總樓地板面積在六千平方公尺以上者及七層以上建築物。

二、總樓地板面積在一千平方公尺以上之地下建築物。

第二十七條　下列場所應設置消防專用蓄水池：

一、各類場所其建築基地面積在二萬平方公尺以上，且任何一層樓地板面積在一千五百平方公尺以上者。

二、各類場所其高度超過三十一公尺，且總樓地板面積在二萬五千平方公尺以上者。

三、同一建築基地內有二棟以上建築物時，建築物間外牆與中心線水平距離第一層在三公尺以下，第二層在五公尺以下，且合計各棟該第一層及第二層樓地板面積在一萬平方公尺以上者。

第二十八條　下列場所應設置排煙設備：

一、供第十二條第一款及第五款第三目所列場所使用，樓地板面積合計在五百平方公尺以上。

二、樓地板面積在一百平方公尺以上之居室，其天花板下方八十公分範圍內之有效通風面積未達該居室樓地板面積百分之二者。

三、樓地板面積在一千平方公尺以上之無開口樓層。

四、供第十二條第一款第一目所列場所及第二目之集會堂使用，舞臺部分之樓地板面積在五百平方公尺以上者。

五、依建築技術規則應設置之特別安全梯或緊急昇降機間。前項場所之樓地板面積，在建築物以具有一小時以上防火時效之牆壁、平時保持關閉之防火門窗等防火設備及各該樓層防火構造之樓地板區劃，且防火設備具一小時以上之阻熱性者，增建、改建或變更用途部分得分別計算。

第二十九條　下列場所應設置緊急電源插座：

一、十一層以上建築物之各樓層。

二、總樓地板面積在一千平方公尺以上之地下建築物。

三、依建築技術規則應設置之緊急昇降機間。

第三十條　樓高在一百公尺以上建築物之地下層或總樓地板面積在一千平方公尺以上之地下建築物，應設置無線電通信輔助設備。

第三編 消防安全設計

第一章 滅火設備

第一節 滅火器及室內消防栓設備

第三十一條　滅火器應依下列規定設置：

一、視各類場所潛在火災性質設置，並依下列規定核算其最低滅火效能值：

（一）供第十二條第一款及第五款使用之場所，各層樓地板面積每一百平方公尺（含未滿）有一滅火效能值。

（二）供第十二條第二款至第四款使用之場所，各層樓地板面積每二百平方公尺（含未滿）有一滅火效能值。

（三）鍋爐房、廚房等大量使用火源之處所，以樓地板面積每二十五平方公尺（含未滿）有一滅火效能值。

二、電影片映演場所放映室及電氣設備使用之處所，每一百平方公尺（含未滿）另設一滅火器。

三、設有滅火器之樓層，自樓面居室任一點至滅火器之步行距離在二十公尺以下。

四、固定放置於取用方便之明顯處所，並設有長邊二十四公分以上，短邊八公分以上，以紅底白字標明滅火器字樣之標識。

五、懸掛於牆上或放置滅火器箱中之滅火器，其上端與樓地板面之距離，十八公斤以上者在一公尺以下，未滿十八公斤者在一點五公尺以下。

六、大眾運輸工具每輛（節）配置一具。

第三十二條　室內消防栓設備之配管、配件及屋頂水箱，依下列規定設置：

一、配管部分：

（一）應為專用。但與室外消防栓、自動撒水設備及連結送水管等滅火系統共用，無礙其功能者，不在此限。

（二）符合下列規定之一：

　　1. 國家標準（以下簡稱 CNS）六四四五配管用碳鋼鋼管、四六二六壓力配管用碳鋼鋼管、六三三一配管用不銹鋼鋼管或具同等以上強度、耐腐蝕性及耐熱性者。

　　2. 經中央主管機關認可具氣密性、強度、耐腐蝕性、耐候性及耐熱性等性能之合成樹脂管。

（三）管徑，依水力計算配置。但立管與連結送水管共用時，其管徑在一百毫米以上。

（四）立管管徑，第一種消防栓在六十三毫米以上；第二種消防栓在五十毫米以上。

（五）立管裝置於不受外來損傷及火災不易殃及之位置。

（六）立管連接屋頂水箱、重力水箱或壓力水箱，使配管平時充滿水。

（七）採取有效之防震措施。

二、止水閥以明顯之方式標示開關之狀態，逆止閥標示水流之方向，並符合CNS規定。

三、屋頂水箱部分：

（一）水箱之水量，第一種消防栓有零點五立方公尺以上；第二種消防栓有零點三立方公尺以上。但與其他滅火設備並用時，水量應取其最大值。

（二）採取有效之防震措施。

（三）斜屋頂建築物得免設。

第三十三條　室內消防栓設備之消防立管管系竣工時，應做加壓試驗，試驗壓力不得小於加壓送水裝置全閉揚程一點五倍以上之水壓。試驗壓力以繼續維持二小時無漏水現象為合格。

第三十四條　除第十二條第二款第十一目或第四款之場所，應設置第一種消防栓外，其他場所應就下列二種消防栓選擇設置之：

一、第一種消防栓，依下列規定設置：

（一）各層任一點至消防栓接頭之水平距離在二十五公尺以下。

（二）任一樓層內，全部消防栓同時使用時，各消防栓瞄子放水壓力在每平方公分一點七公斤以上或 0.17MPa以上，放水量在每分鐘一百三十公升以上。但全部消防栓數量超過二支時，以同時使用二支計算之。

（三）消防栓箱內，配置口徑三十八毫米或五十毫米之消防栓一個，口徑三十八毫米或五十毫米、長十五公尺並附快式接頭之水帶二條，水帶架一組及口徑十三毫米以上之直線水霧兩用瞄子一具。但消防栓接頭至建築物任一點之水平距離在十五公尺以下時，水帶部分得設十公尺水帶二條。

二、第二種消防栓，依下列規定設置：

（一）各層任一點至消防栓接頭之水平距離在十五公尺以下。

（二）任一樓層內，全部消防栓同時使用時，各消防栓瞄子放水壓力在每平方公分二點五公斤以上或 0.25MPa以上，放水量在每分鐘六十公升以上。但全部消防栓數量超過二支時，以同時使用二支計算之。

（三）消防栓箱內，配置口徑二十五毫米消防栓連同管盤長二十公尺之皮管及直線水霧兩用瞄子一具，且瞄子設有容易開關之裝置。前項消防栓，應符合下列規定：

一、消防栓開關距離樓地板之高度，在零點三公尺以上一點五公尺以下。

二、設在走廊或防火構造樓梯間附近便於取用處。

三、供集會或娛樂處所，設於舞臺二側、觀眾席後二側、包廂後側之位置。

四、在屋頂上適當位置至少設置一個測試用出水口，並標明測試出水口字樣。但斜屋頂設置測試用出水口有困難時，得免設。

第三十五條　室內消防栓箱，應符合下列規定：

一、箱身為厚度在一點六毫米以上之鋼板或具同等性能以上之不燃材料者。

二、具有足夠裝設消防栓、水帶及瞄子等裝備之深度，其箱面表面積在零點七平方公尺以上。

三、箱面有明顯而不易脫落之消防栓字樣，每字在二十平方公分以上。

第三十六條　室內消防栓設備之水源容量，應在裝置室內消防栓最多樓層之全部消防栓繼續放水二十分鐘之水量以上。但該樓層內，全部消防栓數量超過二支時，以二支計算之。消防用水與普通用水合併使用者，應採取必要措施，確保前項水源容量在有效水量範圍內。第一項水源得與本章所列其他滅火設備水源併設。但其總容量應在各滅火設備應設水量之合計以上。

第三十七條　依前條設置之水源，應連結加壓送水裝置，並依下列各款擇一設置：

一、重力水箱,應符合下列規定:

(一)有水位計、排水管、溢水用排水管、補給水管及人孔之裝置。

(二)第一種消防栓水箱必要落差在下列計算值以上:必要落差＝消防水帶摩擦
損失水頭＋配管摩擦損失水頭＋17(計算單位:公尺)

$$H=h_1+h_2+17m$$

(三)第二種消防栓水箱必要落差在下列計算值以上:必要落差＝消防水帶摩擦
損失水頭＋配管摩擦損失水頭＋25(計算單位:公尺)

$$H=h_1+h_2+25m$$

二、壓力水箱,應符合下列規定:

(一)有壓力表、水位計、排水管、補給水管、給氣管、空氣壓縮機及人孔之裝
置。

(二)水箱內空氣占水箱容積之三分之一以上,壓力在使用建築物最遠處之消防
栓維持規定放水水壓所需壓力以上。當水箱內壓力及液面減低時,能自動
補充加壓。空氣壓縮機及加壓幫浦與緊急電源相連接。

(三)第一種消防栓水箱必要壓力在下列計算值以上:必要壓力＝消防水帶摩
擦損失水頭＋配管摩擦損失水頭＋落差＋1.7 (計算單位:公斤／平方公
分)

$$P=P_1+P_2+P_3+1.7kg\,f/cm^2$$

(四)第二種消防栓水箱必要壓力在下列計算值以上:必要壓力＝消防水帶摩
擦損失水頭＋配管摩擦損失水頭＋落差＋2.5(計算單位:公斤／平方公
分)

$$P=P_1+P_2+P_3+2.5kg\,f/cm^2$$

三、消防幫浦,應符合下列規定:

(一)幫浦出水量,第一種消防栓每支每分鐘之水量在一百五十公升以上;第二
種消防栓每支每分鐘之水量在七十公升以上。但全部消防栓數量超過二支
時,以二支計算之。

(二)第一種消防栓幫浦全揚程在下列計算值以上:幫浦全揚程＝消防水帶摩擦
損失水頭＋配管摩擦損失水頭＋落差＋17(計算單位:公尺)

$$H=h_1+h_2+h_3+17m$$

(三)第二種消防栓幫浦全揚程在下列計算值以上:幫浦全揚程＝消防水帶摩擦
損失水頭＋配管摩擦損失水頭＋落差＋25(計算單位:公尺)

$$H=h_1+h_2+h_3+25m$$

(四)應為專用。但與其他滅火設備並用,無妨礙各設備之性能時,不在此限。

(五)連接緊急電源。前項加壓送水裝置除重力水箱外,依下列規定設置:

一、設在便於檢修,且無受火災等災害損害之處所。

二、使用消防幫浦之加壓送水裝置,以具一小時以上防火時效之牆壁、樓地板及
防火門窗等防火設備區劃分隔。但設於屋頂或屋外時,設有不受積水及雨水
侵襲之防水措施者,不在此限。

三、設自動或手動啟動裝置,其停止僅限於手動操作。手動啟動裝置應設於每一

室內消防栓箱內,室內消防栓箱上方有紅色啟動表示燈。

四、室內消防栓瞄子放水壓力超過每平方公分七公斤時,應採取有效之減壓措施。

五、採取有效之防震措施。

第三十八條　室內消防栓設備之緊急電源,應使用發電機設備或蓄電池設備,其供電容量應供其有效動作三十分鐘以上。前項緊急電源在供第十二條第四款使用之場所,得使用具有相同效果之引擎動力系統。

第二節 室外消防栓設備

第三十九條　室外消防栓設備之配管、試壓及緊急電源,準用第三十二條第一款第一目至第五目、第七目、第二款、第三十三條及第三十八條規定設置。配管除符合前項規定外,水平主幹管外露部分,應於每二十公尺內,以明顯方式標示水流方向及配管名稱。

第四十條　室外消防栓,依下列規定設置:

一、口徑在六十三毫米以上,與建築物一樓外牆各部分之水平距離在四十公尺以下。

二、瞄子出水壓力在每平方公分二點五公斤以上或 0.25MPa以上,出水量在每分 鐘三百五十公升以上。

三、室外消防栓開關位置,不得高於地面一點五公尺,並不得低於地面零點六公尺。設於地面下者,其水帶接頭位置不得低於地面零點三公尺。

四、於其五公尺範圍內附設水帶箱,並符合下列規定:

（一）水帶箱具有足夠裝置水帶及瞄子之深度,箱底二側設排水孔,其箱面表面積在零點八平方公尺以上。

（二）箱面有明顯而不易脫落之水帶箱字樣,每字在二十平方公分以上。

（三）箱內配置口徑六十三毫米及長二十公尺水帶二條、口徑十九毫米以上直線噴霧兩用型瞄子一具及消防栓閥型開關一把。

五、室外消防栓三公尺以內,保持空曠,不得堆放物品或種植花木,並在其附近明顯易見處,標明消防栓字樣。

第四十一條　室外消防栓設備之水源容量,應在二具室外消防栓同時放水三十分鐘之水量以上。消防用水與普通用水合併使用者,應採取必要措施,確保前項水源容量,在有效水量範圍內。第一項水源得與其他滅火設備併設。但其總容量應在各滅火設備應設水量之合計以上。

第四十二條　依前條設置之水源,應連結加壓送水裝置,並依下列各款擇一設置:

一、重力水箱,應符合下列規定:

（一）有水位計、排水管、溢水用排水管、補給水管及人孔之裝置。

（二）水箱必要落差在下列計算值以上:必要落差＝消防水帶摩擦損失水頭＋配管摩擦損失水頭＋25（計算單位:公尺）

$$H=h_1+h_2+25m$$

二、壓力水箱,應符合下列規定:

（一）有壓力表、水位計、排水管、補給水管、給氣管、空氣壓縮機及人孔之裝置。

（二）水箱內空氣占水箱容積之三分之一以上，壓力在使用建築物最高處之消防栓維持規定放水水壓所需壓力以上。當水箱內壓力及液面減低時，能自動補充加壓。空氣壓縮機及加壓幫浦與緊急電源相連接。

（三）水箱必要壓力在下列計算值以上：必要壓力＝消防水帶摩擦損失水頭＋配管摩擦損失水頭＋落差＋2.5（計算單位：公斤／平方公分）

$$P=P_1+P_2+P_3+2.5kgf/cm^2$$

三、消防幫浦，應符合下列規定：

（一）幫浦出水量，一支消防栓在每分鐘四百公升以上。但全部消防栓數量超過二支時，以二支計算之。

（二）幫浦全揚程在下列計算值以上：幫浦全揚程＝消防水帶摩擦損失水頭＋配管摩擦損失水頭＋落差＋25（計算單位：公尺）

$$H=h_1+h_2+h_3+25m$$

（三）應為專用。但與其他滅火設備並用，無妨礙各設備之性能時，不在此限。

（四）連接緊急電源。前項加壓送水裝置除採重力水箱外，準用第三十七條第二項第一款至第三款、第五款規定，室外消防栓瞄子放水壓力超過每平方公分六公斤或0.6Mpa時，應採取有效之減壓措施。

第三節 自動撒水設備

第四十三條　自動撒水設備，得依實際情況需要就下列各款擇一設置。但供第十二條第一款第一目所列場所及第二目之集會堂使用之舞臺，應設開放式：

一、密閉濕式：平時管內貯滿高壓水，撒水頭動作時即撒水。

二、密閉乾式：平時管內貯滿高壓空氣，撒水頭動作時先排空氣，繼而撒水。

三、開放式：平時管內無水，啟動一齊開放閥，使水流入管系撒水。

四、預動式：平時管內貯滿低壓空氣，以感知裝置啟動流水檢知裝置，且撒水頭動作時即撒水。

五、其他經中央主管機關認可者。

第四十四條　自動撒水設備之配管、配件及屋頂水箱，除準用第三十二條第一款、第二款規定外，依下列規定設置：

一、密閉乾式或預動式之流水檢知裝置二次側配管，施予鍍鋅等防腐蝕處理。一齊開放閥二次側配管，亦同。

二、密閉乾式或預動式之流水檢知裝置二次側配管，為有效排水，依下列規定裝置：

（一）支管每十公尺傾斜四公分，主管每十公尺傾斜二公分。

（二）於明顯易見處設排水閥，並標明排水閥字樣。

三、立管連接屋頂水箱時，屋頂水箱之容量在一立方公尺以上。

第四十五條　自動撒水設備竣工時，應做加壓試驗，其測試方法準用第三十三條規定。但密閉乾式管系應併行空氣壓試驗，試驗時，應使空氣壓力達到每平方公分二點八

公斤或0.28MPa 之標準，其壓力持續二十四小時，漏氣減壓量應在每平方公
分零點一公斤以下或0.01MPa 以下為合格。

第四十六條　撒水頭，依下列規定配置：

一、戲院、舞廳、夜總會、歌廳、集會堂等表演場所之舞臺及道具室、電影院之
放映室或儲存易燃物品之倉庫，任一點至撒水頭之水平距離，在一點七公尺
以下。

二、前款以外之建築物依下列規定配置：

（一）一般反應型撒水頭（第二種感度），各層任一點至撒水頭之水平距離在二
點一公尺以下。但防火構造建築物，其水平距離，得增加為二點三公尺以
下。

（二）快速反應型撒水頭（第一種感度），各層任一點至撒水頭之水平距離在二
點三公尺以下。但設於防火構造建築物，其水平距離，得增加為二點六公
尺以下；撒水頭有效撒水半徑經中央主管機關認可者，其水平距離，得超
過二點六公尺。

三、第十二條第一款第三目、第六目、第二款第七目、第五款第一目等場所之住
宿居室、病房及其他類似處所，得採用小區劃型撒水頭（以第一種感度為
限），任一點至撒水頭之水平距離在二點六公尺以下，且任一撒水頭之防護
面積在十三平方公尺以下。

四、前款所列場所之住宿居室等及其走廊、通道與其類似場所，得採用側壁型撒
水頭（以第一種感度為限），牆面二側至撒水頭之水平距離在一點八公尺以
下，牆壁前方至撒水頭之水平距離在三點六公尺以下。

五、中央主管機關認定儲存大量可燃物之場所天花板高度超過六公尺，或其他場
所天花板高度超過十公尺者，應採用放水型撒水頭。

六、地下建築物天花板與樓板間之高度，在五十公分以上時，天花板與樓板均應
配置撒水頭，且任一點至撒水頭之水平距離在二點一公尺以下。但天花板以
不燃性材料裝修者，其樓板得免設撒水頭。

第十七條　第一項第六款之高架儲存倉庫，其撒水頭依下列規定配置：

一、設在貨架之撒水頭，應符合下列規定：

（一）任一點至撒水頭之水平距離，在二點五公尺以下，並以交錯方式設置。

（二）儲存棉花類、塑膠類、木製品、紙製品或紡織製品等易燃物品時，每四公
尺高度至少設置一個；儲存其他物品時，每六公尺高度至少設置一個。

（三）儲存之物品會產生撒水障礙時，該物品下方亦應設置。

（四）設置符合第四十七條第二項規定之集熱板。但使用經中央主管機關認可之
貨架撒水頭者，不在此限。

二、前款以外，設在天花板或樓板之撒水頭，任一點至撒水頭之水平距離在二點
一公尺以下。

第四十七條　撒水頭之位置，依下列規定裝置：

一、撒水頭軸心與裝置面成垂直裝置。

二、撒水頭迴水板下方四十五公分內及水平方向三十公分內，應保持淨空間，不

得有障礙物。

三、密閉式撒水頭之迴水板裝設於裝置面（指樓板或天花板）下方，其間距在
　　三十公分以下。

四、密閉式撒水頭裝置於樑下時，迴水板與樑底之間距在十公分以下，且與樓板
　　或天花板之間距在五十公分以下。

五、密閉式撒水頭裝置面，四周以淨高四十公分以上之樑或類似構造體區劃包圍
　　時，按各區劃裝置。但該樑或類似構造體之間距在一百八十公分以下者，不
　　在此限。

六、使用密閉式撒水頭，且風管等障礙物之寬度超過一百二十公分時，該風管等
　　障礙物下方，亦應設置。

七、側壁型撒水頭應符合下列規定：

（一）撒水頭與裝置面（牆壁）之間距，在十五公分以下。

（二）撒水頭迴水板與天花板或樓板之間距，在十五公分以下。

（三）撒水頭迴水板下方及水平方向四十五公分內，保持淨空間，不得有障礙
　　　物。

八、密閉式撒水頭側面有樑時，依下表裝置。

撒水頭與樑側面淨距離（公分）	74 以下	75 以上 99 以下	100 以上 149 以下	150 以上
迴水板高出樑底面尺寸（公分）	0	9 以下	14 以下	29 以下

　　前項第八款之撒水頭，其迴水板與天花板或樓板之距離超過三十公分時，依下列規定設置集熱板。

一、集熱板應使用金屬材料，且直徑在三十公分以上。

二、集熱板與迴水板之距離，在三十公分以下。

第四十八條　密閉式撒水頭，應就裝置場所平時最高周圍溫度，依下表選擇一定標示溫度之撒水頭。

最 高 周 圍 溫 度	標 示 溫 度
三十九度未滿	七十五度未滿
三十九度以上六十四度未滿	七十五度以上一百二十一度未滿
六十四度以上一百零六度未滿	一百二十一度以上一百六十二度未滿
一百零六度以上	一百六十二度以上

第四十九條　下列處所得免裝撒水頭：

一、洗手間、浴室或廁所。

二、室內安全梯間、特別安全梯間或緊急昇降機間之排煙室。

三、防火構造之昇降機昇降路或管道間。

四、昇降機機械室或通風換氣設備機械室。

五、電信機械室或電腦室。

六、發電機、變壓器等電氣設備室。

七、外氣流通無法有效探測火災之走廊。

八、手術室、產房、X光（放射線）室、加護病房或麻醉室等其他類似處所。

九、第十二條第一款第一目所列場所及第二目之集會堂使用之觀眾席，設有固定座椅部分，且撒水頭裝置面高度在八公尺以上者。

十、室內游泳池之水面或溜冰場之冰面上方。

十一、主要構造為防火構造，且開口設有具一小時以上防火時效之防火門之金庫。

十二、儲存鋁粉、碳化鈣、磷化鈣、鈉、生石灰、鎂粉、鉀、過氧化鈉等禁水性物質或其他遇水時將發生危險之化學品倉庫或房間。

十三、第十七條第一項第五款之建築物（地下層、無開口樓層及第十一層以上之樓層除外）中，供第十二條第二款至第四款所列場所使用，與其他部分間以具一小時以上防火時效之牆壁、樓地板區劃分隔，並符合下列規定者：

（一）區劃分隔之牆壁及樓地板開口面積合計在八平方公尺以下，且任一開口面積在四平方公尺以下。

（二）前目開口部設具一小時以上防火時效之防火門窗等防火設備，且開口部與走廊、樓梯間不得使用防火鐵捲門。但開口面積在四平方公尺以下，且該區劃分隔部分能二方向避難者，得使用具半小時以上防火時效之防火門窗等防火設備。

十四、第十七條第一項第四款之建築物（地下層、無開口樓層及第十一層以上之樓層除外）中，供第十二條第二款至第四款所列場所使用，與其他部分間以具一小時以上防火時效之牆壁、樓地板區劃分隔，並符合下列規定者：

（一）區劃分隔部分，樓地板面積在二百平方公尺以下。

（二）內部裝修符合建築技術規則建築設計施工編第八十八條規定。

（三）開口部設具一小時以上防火時效之防火門窗等防火設備，且開口部與走廊、樓梯間不得使用防火鐵捲門。但開口面積在四平方公尺以下，且該區劃分隔部分能二方向避難者，得使用具半小時以上防火時效之防火門窗等防火設備。

十五、其他經中央主管機關指定之場所。

第五十條　撒水頭之放水量，每分鐘應在八十公升（設於高架倉庫者，應為一百十四公升）以上，且放水壓力應在每平方公分一公斤以上或0.1Mpa以上。但小區劃型撒水頭之放水量，每分鐘應在五十公升以上。放水型撒水頭之放水量，應達防護區域每平方公尺每分鐘五公升以上。但儲存可燃物場所，應達每平方公尺每分鐘十公升以上。

第五十一條　自動撒水設備應裝置適當之流水檢知裝置，並符合下列規定：

一、各樓層之樓地板面積在三千平方公尺以下者，裝設一套，超過三千平方公尺者，裝設二套。但上下二層，各層撒水頭數量在十個以下，且設有火警自動

警報設備者，得二層共用。

二、無隔間之樓層內，前款三千平方公尺得增為一萬平方公尺。

三、撒水頭或一齊開放閥開啟放水時，即發出警報。

四、附設制水閥，其高度距離樓地板面在一點五公尺以下零點八公尺以上，並於
　　制水閥附近明顯易見處，設置標明制水閥字樣之標識。

第五十二條　開放式自動撒水設備之自動及手動啟動裝置，依下列規定設置。但受信總機設
　　　　　　在平時有人處，且火災時，能立即操作啟動裝置者，得免設自動啟動裝置：

一、自動啟動裝置，應符合下列規定：

（一）感知撒水頭或探測器動作後，能啟動一齊開放閥及加壓送水裝置。

（二）感知撒水頭使用標示溫度在七十九度以下者，且每二十平方公尺設置一
　　　個；探測器使用定溫式一種或二種，並依第一百二十條規定設置，每一放
　　　水區域至少一個。

（三）感知撒水頭設在裝置面距樓地板面高度五公尺以下，且能有效探測火災
　　　處。

二、手動啟動裝置，應符合下列規定：

（一）每一放水區域設置一個手動啟動開關，其高度距樓地板面在零點八公尺以
　　　上一點五公尺以下，並標明手動啟動開關字樣。

（二）手動啟動開關動作後，能啟動一齊開放閥及加壓送水裝置。

第五十三條　開放式自動撒水設備之一齊開放閥應依下列規定設置：

一、每一放水區域設置一個。

二、一齊開放閥二次側配管裝設試驗用裝置，在該放水區域不放水情形下，能測
　　試一齊開放閥之動作。

三、一齊開放閥所承受之壓力，在其最高使用壓力以下。

第五十四條　開放式自動撒水設備之放水區域，依下列規定：

一、每一舞臺之放水區域在四個以下。

二、放水區域在二個以上時，每一放水區域樓地板面積在一百平方公尺以上，且
　　鄰接之放水區域相互重疊，使有效滅火。

第五十五條　密閉乾式或預動式自動撒水設備，依下列規定設置：

一、密閉乾式或預動式流水檢知裝置二次側之加壓空氣，其空氣壓縮機為專用，
　　並能在三十分鐘內，加壓達流水檢知裝置二次側配管之設定壓力值。

二、流水檢知裝置二次側之減壓警報設於平時有人處。

三、撒水頭動作後，流水檢知裝置應在一分鐘內，使撒水頭放水。

四、撒水頭使用向上型。但配管能採取有效措施者，不在此限。

第五十六條　使用密閉式撒水頭之自動撒水設備末端之查驗閥，依下列規定配置：

一、管徑在二十五毫米以上。

二、查驗閥依各流水檢知裝置配管系統配置，並接裝在建築物各層放水壓力最低
　　之最遠支管末端。

三、查驗閥之一次側設壓力表，二次側設有與撒水頭同等放水性能之限流孔。

四、距離地板面之高度在二點一公尺以下，並附有排水管裝置，並標明末端查驗

閥字樣。

第五十七條　自動撒水設備之水源容量，依下列規定設置：

一、使用密閉式一般反應型、快速反應型撒水頭時，應符合下表規定個數繼續放水二十分鐘之水量。但各類場所實設撒水頭數，較應設水源容量之撒水頭數少時，其水源容量得依實際撒水頭數計算之。

各　　類　　場　　所		撒　水　頭　個　數	
		快速反應型	一般反應型
十一樓以上建築物、地下建築物		十二	十五
十樓以下建築物	供第十二條第一款第四目使用及複合用途建築物中供第十二條第一款第四目使用者	十二	十五
	地下層	十二	十五
	其他	八	十
高架儲存倉庫	儲存棉花、塑膠、木製品、紡織品等易燃物品	二十四	三十
	儲存其他物品	十六	二十

二、使用開放式撒水頭時，應符合下列規定：

（一）供第十二條第一款第一目使用場所及第二目集會堂之舞臺，在十層以下建築物之樓層時，應在最大放水區域全部撒水頭，繼續放水二十分鐘之水量以上。

（二）供第十二條第一款第一目使用場所及第二目集會堂之舞臺，在十一層以上建築物之樓層，應在最大樓層全部撒水頭，繼續放水二十分鐘之水量以上。

三、使用側壁型或小區劃型撒水頭時，十層以下樓層在八個撒水頭、十一層以上樓層在十二個撒水頭繼續放水二十分鐘之水量以上。

四、使用放水型撒水頭時，採固定式者應在最大放水區域全部撒水頭、採可動式者應在最大放水量撒水頭，繼續放射二十分鐘之水量以上。前項撒水頭數量之規定，在使用乾式或預動式流水檢知裝置時，應追加百分之五十。免設撒水頭處所，除第四十九條第七款及第十二款外，得設置補助撒水栓，並應符合下列規定：

一、各層任一點至水帶接頭之水平距離在十五公尺以下。但設有自動撒水設備撒水頭之部分，不在此限。

二、設有補助撒水栓之任一層，以同時使用該層所有補助撒水栓時，各瞄子放水壓力在每平方公分二點五公斤以上或 0.25MPa以上，放水量在每分鐘六十公升以上。但全部補助撒水栓數量超過二支時（鄰接補助撒水栓水帶接頭之水平距離超過三十公尺時，為一個），以同時使用二支計算之。

三、補助撒水栓箱表面標示補助撒水栓字樣，箱體上方設置紅色啟動表示燈。

四、瞄子具有容易開關之裝置。

五、開關閥設在距地板面一點五公尺以下。

六、水帶能便於操作延伸。

七、配管從各層流水檢知裝置二次側配置。

第五十八條　依前條設置之水源應連結加壓送水裝置，並依下列各款擇一設置：

一、重力水箱，應符合下列規定：

（一）有水位計、排水管、溢水用排水管、補給水管及人孔之裝置。

（二）水箱必要落差在下列計算值以上：必要落差＝配管摩擦損失水頭＋10（計算單位：公尺）

　　　H＝h₁＋10m

二、壓力水箱，應符合下列規定：

（一）有壓力表、水位計、排水管、補給水管、給氣管、空氣壓縮機及人孔之裝置。

（二）水箱內空氣占水箱容積之三分之一以上，壓力在使用建築物最高處之撒水頭維持規定放水水壓所需壓力以上。當水箱內壓力及液面減低時，能自動補充加壓。空氣壓縮機及加壓幫浦與緊急電源相連接。

（三）水箱必要壓力在下列計算值以上：必要壓力＝配管摩擦損失水頭＋落差＋1（計算單位：公斤／平方公分）

　　　P＝P₁＋P₂＋1kgf／cm²

三、消防幫浦，應符合下列規定：

（一）幫浦出水量，依前條規定核算之撒水頭數量，乘以每分鐘九十公升（設於高架儲存倉庫者，為一百三十公升）。但使用小區劃型撒水頭者，應乘以每分鐘六十公升。另放水型撒水頭依中央消防機關認可者計算之。

（二）幫浦全揚程在下列計算值以上：幫浦全揚程＝配管摩擦損失水頭＋落差＋10（計算單位：公尺）

　　　H＝h₁＋h₂＋10m

（三）應為專用。但與其他滅火設備並用，無妨礙各設備之性能時，不在此限。

（四）連接緊急電源。前項加壓送水裝置除應準用第三十七條第二項第一款、第二款及第五款規定外，撒水頭放水壓力應在每平方公分十公斤以下或1MPa以下。

第五十九條　裝置自動撒水之建築物，應於地面層室外臨建築線，消防車容易接近處，設置口徑六十三毫米之送水口，並符合下列規定：

一、應為專用。

二、裝置自動撒水設備之樓層，樓地板面積在三千平方公尺以下，至少設置雙口形送水口一個，並裝接陰式快速接頭，每超過三千平方公尺，增設一個。但應設數量超過三個時，以三個計。

三、設在無送水障礙處，且其高度距基地地面在一公尺以下零點五公尺以上。

四、與立管管系連通，其管徑在立管管徑以上，並在其附近便於檢修確認處，裝置逆止閥及止水閥。

五、送水口附近明顯易見處，標明自動撒水送水口字樣及送水壓力範圍。

第六十條　自動撒水設備之緊急電源，依第三十八條規定設置。

第四節 水霧滅火設備

第六十一條　水霧噴頭，依下列規定配置：

一、防護對像之總面積在各水霧噴頭放水之有效防護範圍內。

二、每一水霧噴頭之有效半徑在二點一公尺以下。

三、水霧噴頭之配置數量，依其裝設之放水角度、放水量及防護區域面積核算，其每平方公尺放水量，供第十八條附表第三項、第四項所列場所使用，在每分鐘二十公升以上；供同條附表其他場所使用，在每分鐘十公升以上。

第六十二條　水霧滅火設備之緊急電源、配管、配件、屋頂水箱、竣工時之加壓送水試驗、流水檢知裝置、啟動裝置及一齊開放閥準用第三十八條、第四十四條、第四十五條、第五十一條至第五十三條規定設置。

第六十三條　放射區域，指一只一齊開放閥啟動放射之區域，每一區域以五十平方公尺為原則。前項放射區域有二區域以上者，其主管管徑應在一百毫米以上。

第六十四條　水霧滅火設備之水源容量，應保持二十立方公尺以上。但放射區域在二區域以上者，應保持四十立方公尺以上。

第六十五條　依前條設置之水源，應連結加壓送水裝置。加壓送水裝置使用消防幫浦時，其出水量及出水壓力，依下列規定，並連接緊急電源：

一、出水量：每分鐘一千二百公升以上，其放射區域二個以上時為每分鐘二千公升以上。

二、出水壓力：核算管系最末端一個放射區域全部水霧噴頭放水壓力均能達每平方公分二點七公斤以上或 0.27MPa以上。但用於防護電氣設備者，應達每平方公分三點五公斤以上或 0.35MPa以上。

第六十六條　水霧噴頭及配管與高壓電器設備應保持之距離，依下表規定：

離開間距（mm）		電壓（KV）
最　低	標　準	
150	250	7 以下
200	300	10 以下
300	400	20 以下
400	500	30 以下
700	1000	60 以下
800	1100	70 以下
1100	1500	100 以下
1500	1900	140 以下
2100	2600	200 以下
2600	3300	345 以下

第六十七條　水霧送水口，依第五十九條第一款至第四款規定設置，並標明水霧送水口字樣及送水壓力範圍。

第六十八條　裝置水霧滅火設備之室內停車空間，其排水設備應符合下列規定：

一、車輛停駐場所地面作百分之二以上之坡度。

二、車輛停駐場所，除面臨車道部分外，應設高十公分以上之地區境界堤，或深十公分寬十公分以上之地區境界溝，並與排水溝連通。

三、滅火坑具備油水分離裝置，並設於火災不易殃及之處所。

四、車道之中央或二側設置排水溝，排水溝設置集水管，並與滅火坑相連接。

五、排水溝及集水管之大小及坡度，應具備能將加壓送水裝置之最大能力水量有效排出。

第五節 泡沫滅火設備

第六十九條　泡沫滅火設備之放射方式，依實際狀況需要，就下列各款擇一設置：

一、固定式：視防護對像之形狀、構造、數量及性質配置泡沫放出口，其設置數量、位置及放射量，應能有效滅火。

二、移動式：水帶接頭至防護對像任一點之水平距離在十五公尺以下。

第七十條　固定式泡沫滅火設備之泡沫放出口，依泡沫膨脹比，就下表選擇設置之：

膨　脹　比　種　類	泡沫放出口種類
膨脹比二十以下（低發泡）	泡沫噴頭或泡水噴頭
膨脹比八十以上一千以下（高發泡）	高發泡放出口

前項膨脹比，指泡沫發泡體積與發泡所需泡沫水溶液體積之比值。

第七十一條　泡沫頭，依下列規定配置：

一、飛機庫等場所，使用泡水噴頭，並樓地板面積每八平方公尺設置一個，使防護對像在其有效防護範圍內。

二、室內停車空間或汽車修理廠等場所，使用泡沫噴頭，並樓地板面積每九平方公尺設置一個，使防護對像在其有效防護範圍內。

三、放射區域內任一點至泡沫噴頭之水平距離在二點一公尺以下。

四、泡沫噴頭側面有樑時，其裝置依第四十七條第一項第八款規定。

五、室內停車空間有複層式停車設施者，其最上層上方之裝置面設泡沫噴頭，並延伸配管至車輛間，使能對下層停車平臺放射泡沫。但感知撒水頭之設置，得免延伸配管。

六、前款複層式停車設施之泡沫噴頭，礙於構造，無法在最上層以外之停車平臺配置時，其配管之延伸應就停車構造成一單元部分，在其四周設置泡沫噴頭，使能對四周全體放射泡沫。

第七十二條　泡沫頭之放射量，依下列規定：

一、泡水噴頭放射量在每分鐘七十五公升以上。

二、泡沫噴頭放射量，依下表規定：

泡沫原液種類	樓地板面積每平方公尺之放射量(公升/分鐘)
蛋白質泡沫液	六點五以上
合成界面活性泡沫液	八以上
水成膜泡沫液	三點七以上

第七十三條　高發泡放出口，依下列規定配置：

一、全區放射時，應符合下列規定，且其防護區域開口部能在泡沫水溶液放射前自動關閉。但能有效補充開口部洩漏者，得免設自動關閉裝置。（一）高發泡放出口之泡沫水溶液放射量依下表核算：

防護對象	膨脹比種類	每分鐘每立方公尺冠泡體積之泡沫水溶液放射量（公升）
飛機庫	八十以上二百五十未滿（以下簡稱第一種）	二
	二百五十以上五百未滿（以下簡稱第二種）	零點五
	五百以上一千未滿（以下簡稱第三種）	零點二九
室內停車空間或汽車修護廠	第一種	一點一一
	第二種	零點二八
	第三種	零點一六
第十八條表第八項之場所	第一種	一點二五
	第二種	零點三一
	第三種	零點一八

（二）前目之冠泡體積，指防護區域自樓地板面至高出防護對像最高點零點五公尺所圍體積。

（三）高發泡放出口在防護區域內，樓地板面積每五百平方公尺至少設置一個，且能有效放射至該區域，並附設泡沫放出停止裝置。

（四）高發泡放出口位置高於防護對像物最高點。

（五）防護對像位置距離樓地板面高度，超過五公尺，且使用高發泡放出口時，應為全區放射方式。

二、局部放射時，應符合下列規定：

（一）防護對像物相互鄰接，且鄰接處有延燒之虞時，防護對象與該有延燒之虞範圍內之對象，視為單一防護對像，設置高發泡放出口。但該鄰接處以具有一小時以上防火時效之牆壁區劃或相距三公尺以上者，得免視為單一防護對象。

（二）高發泡放出口之泡沫水溶液放射量，防護面積每一平方公尺在每分鐘二公升以上。

（三）前目之防護面積，指防護對像外周線以高出防護對像物高度三倍數值所包圍之面積。但高出防護對像物高度三倍數值，小於一公尺時，以一公尺計。

第七十四條　泡沫滅火設備之緊急電源、配管、配件、屋頂水箱、竣工時之加壓試驗、流水檢知裝置、啟動裝置及一齊開放閥準用第三十八條、第四十四條、第四十五條、第五十一條至第五十三條規定設置。

第七十五條　泡沫滅火設備之放射區域，依下列規定：
一、使用泡沫噴頭時，每一放射區域在樓地板面積五十平方公尺以上一百平方公尺以下。
二、使用泡水噴頭時，放射區域佔其樓地板面積三分之一以上，且至少二百平方公尺。但樓地板面積未達二百平方公尺者，放射區域依其實際樓地板面積計。

第七十六條　泡沫滅火設備之水源，依下列規定：
一、使用泡沫頭時，依第七十二條核算之最低放射量在最大一個泡沫放射區域，能繼續放射二十分鐘以上。
二、使用高發泡放出口時，應符合下列規定：
（一）全區放射時，以最大樓地板面積之防護區域，除依下表核算外，防護區域開口部未設閉鎖裝置者，加算開口洩漏泡沫水溶液量。

膨脹比種類	冠泡體積每一立方公尺之泡沫水溶液量（立方公尺）
第一種	零點零四
第二種	零點一三
第三種	零點零零八

（二）局部放射時，依第七十三條核算之泡沫水溶液放射量，在樓地板面積最大區域，能繼續放射二十分鐘以上。
三、移動式泡沫滅火設備之水源容量，在二具泡沫瞄子同時放水十五分鐘之水量以上。前項各款計算之水溶液量，應加算充滿配管所需之泡沫水溶液量，且應加算總泡沫水溶液量之百分之二十。

第七十七條　依前條設置之水源，應連結加壓送水裝置。前條第一項第一款及第二款之加壓送水裝置使用消防幫浦時，其出水量及出水壓力，依下列規定：
一、出水量：泡沫放射區域有二區域以上時，以最大一個泡沫放射區域之最低出水量加倍計算。
二、出水壓力：核算最末端一個泡沫放射區域全部泡沫噴頭放射壓力均能達每平方公分一公斤以上或0.1MPa以上。
三、連接緊急電源。前條第一項第三款之加壓送水裝置使用消防幫浦時，其出水量及出水壓力，依下列規定：
一、出水量：同一樓層設一個泡沫消防栓箱時，應在每分鐘一百三十公升以上；同一樓層設二個以上泡沫消防栓箱時，應在每分鐘二百六十公升以上。
二、出水壓力：核算最末端一個泡沫消防栓放射壓力能達每平方公分三點五公斤以上或035MPa以上。
三、連接緊急電源。同一棟建築物內，採用低發泡原液，分層配置固定式及移動

式放射方式泡沫滅火設備時，得共用配管及消防幫浦，而幫浦之出水量、揚程與泡沫原液儲存量應採其放射方式中較大者。

第七十八條　泡沫原液儲存量，依第七十六條規定核算之水量與使用之泡沫原液濃度比核算之。

第七十九條　泡沫原液與水混合使用之濃度，依下列規定：

一、蛋白質泡沫液百分之三或百分之六。

二、合成界面活性泡沫液百分之一或百分之三。

三、水成膜泡沫液百分之三或百分之六。

第八十條　移動式泡沫滅火設備，依下列規定設置：

一、同一樓層各泡沫瞄子放射量，應在每分鐘一百公升以上。但全部泡沫消防栓箱數量超過二個時，以同時使用二支泡沫瞄子計算之。

二、泡沫瞄子放射壓力應在每平方公分三點五公斤以上或 0.35MPa以上。

三、移動式泡沫滅火設備之泡沫原液，應使用低發泡。

四、在水帶接頭三公尺範圍內，設置泡沫消防栓箱，箱內配置長二十公尺以上水帶及泡沫瞄子乙具，其箱面表面積應在零點八平方公尺以上，且標明移動式泡沫滅火設備字樣，並在泡沫消防栓箱上方設置紅色幫浦啟動表示燈。

第八十一條　泡沫原液儲槽，依下列規定設置：

一、設有便於確認藥劑量之液面計或計量棒。

二、平時在加壓狀態者，應附設壓力表。

三、設置於溫度攝氏四十度以下，且無日光曝曬之處。

四、採取有效防震措施。

第六節　二氧化碳滅火設備

第八十二條　二氧化碳滅火設備之放射方式依實際狀況需要就下列各款擇一裝置：

一、全區放射方式：用不燃材料建造之牆、柱、樓地板或天花板等區劃間隔，且開口部設有自動關閉裝置之區域，其噴頭設置數量、位置及放射量應視該部分容積及防護對像之性質作有效之滅火。但能有效補充開口部洩漏量者，得免設自動關閉裝置。

二、局部放射方式：視防護對像之形狀、構造、數量及性質，配置噴頭，其設置數量、位置及放射量，應能有效滅火。

三、移動放射方式：皮管接頭至防護對像任一部分之水平距離在十五公尺以下。

第八十三條　二氧化碳滅火藥劑量，依下列規定設置：

一、全區放射方式所需滅火藥劑量依下表計算：

設　置　場　所	電信機械室、總機室	其		他	
		五十立方公尺未滿	五十立方公尺以上一百五十立方公尺未滿	一百五十立方公尺以上一千五百立方公尺未滿	一千五百立方公尺以上
每立方公尺防護區域所需滅火藥劑量（kg/m³）	1.2	1.0	0.9	0.8	0.75
每平方公尺開口部所需追加滅火藥劑量（kg/m²）	10	5	5	5	5
滅火藥劑之基本需要量（kg）			50	135	1200

二、局部放射方式所需滅火藥劑量應符合下列規定：

（一）可燃性固體或易燃性液體存放於上方開放式容器，火災發生時，燃燒限於一面且可燃物無向外飛散之虞者，所需之滅火藥劑量，依該防護對像表面積每一平方公尺以十三公斤比例核算，其表面積之核算，在防護對像邊長小於零點六公尺時，以零點六公尺計。但追加倍數，高壓式為一點四，低壓式為一點一。

（二）前目以外防護對像依下列公式計算假想防護空間（指距防護對像任一點零點六公尺範圍空間）單位體積滅火藥劑量，再乘以假想防護空間體積來計算所需滅火藥劑量：

$Q = 8 - 6 \times a / A$

Q：假想防護空間單位體積滅火藥劑量（公斤／立方公尺），所需追加倍數比照前目規定。

a：防護對像周圍實存牆壁面積之合計（平方公尺）。

A：假想防護空間牆壁面積之合計（平方公尺）。

三、移動放射方式每一具噴射瞄子所需滅火藥劑量在九十公斤以上。

四、全區及局部放射方式在同一建築物內有二個以上防護區域或防護對象時，所需滅火藥劑量應取其最大量者。

第八十四條　全區及局部放射方式之噴頭，依下列規定設置：

一、全區放射方式所設之噴頭能使放射藥劑迅速均勻地擴散至整個防護區域。

二、二氧化碳噴頭之放射壓力，其滅火藥劑以常溫儲存者之高壓式為每平方公分十四公斤以上或1.4MPa以上；其滅火藥劑儲存於溫度攝氏零下十八度以下者之低壓式為每平方公分九公斤以上或0.9MPa以上。

三、全區放射方式依前條第一款所核算之滅火藥劑量，依下表所列場所，於規定時間內全部放射完畢。

設　置　場　所	電信機械室、總機室	其　他
時間（分）	3.5	1

四、局部放射方式所設噴頭之有效射程內，應涵蓋防護對像所有表面，且所設位置不得因藥劑之放射使可燃物有飛散之虞。

五、局部放射方式依前條第二款所核算之滅火藥劑量應於三十秒內全部放射完畢。

第八十五條　全區或局部放射方式防護區域內之通風換氣裝置，應在滅火藥劑放射前停止運轉。

第八十六條　全區放射方式防護區域之開口部，依下列規定設置：

一、不得設於面對安全梯間、特別安全梯間、緊急昇降機間或其他類似場所。

二、開口部位於距樓地板面高度三分之二以下部分，應在滅火藥劑放射前自動關閉。

三、不設自動關閉裝置之開口部總面積，供電信機械室使用時，應在圍壁面積百分之一以下，其他處所則應在防護區域體積值或圍壁面積值二者中之較小數值百分之十以下。前項第三款圍壁面積，指防護區域內牆壁、樓地板及天花板等面積之合計。

第八十七條　滅火藥劑儲存容器，依下列規定設置：

一、充填比在高壓式為一點五以上一點九以下；低壓式為一點一以上一點四以下。

二、儲存場所應符合下列規定：

（一）置於防護區域外。

（二）置於溫度攝氏四十度以下，溫度變化較少處。

（三）不得置於有日光曝曬或雨水淋濕之處。

三、儲存容器之安全裝置符合 CNS、一一一七六之規定。

四、高壓式儲存容器之容器閥符合 CNS、一０八四八及一０八四九之規定。

五、低壓式儲存容器，應設有液面計、壓力表及壓力警報裝置，壓力在每平方公分二十三公斤以上或2.3MPa以上或每平方公分十九公斤以下或1.9MPa以下時發出警報。

六、低壓式儲存容器應設置使容器內部溫度維持於攝氏零下二十度以上，攝氏零下十八度以下之自動冷凍機。

七、儲存容器之容器閥開放裝置，依下列規定：

（一）容器閥之開放裝置，具有以手動方式可開啟之構造。

（二）容器閥使用電磁閥直接開啟時，同時開啟之儲存容器數在七支以上者，該儲存容器應設二個以上之電磁閥。

八、採取有效防震措施。前項第一款充填比，指容器內容積（公升）與液化氣體重量（公斤）之比值。

第八十八條　二氧化碳滅火設備使用氣體啟動者，依下列規定設置：

一、啟動用氣體容器能耐每平方公分二百五十公斤或25MPa之壓力。

二、啟動用氣體容器之內容積應有一公升以上，其所儲存之二氧化碳重量在零點六公斤以上，且其充填比在一點五以上。

三、啟動用氣體容器之安全裝置及容器閥符合 CNS、一一一七六規定。

四、啟動用氣體容器不得兼供防護區域之自動關閉裝置使用。

第八十九條 二氧化碳滅火設備配管，依下列規定設置：

一、應為專用，其管徑依噴頭流量計算配置。

二、使用符合 CNS、四六二六規定之無縫鋼管，其中高壓式為管號 Sch80以上，低壓式為管號Sch 40以上厚度或具有同等以上強度，且施予鍍鋅等防蝕處理。

三、採用銅管配管時，應使用符合 CNS、五一二七規定之銅及銅合金無縫管或具有同等以上強度者，其中高壓式能耐壓每平方公分一百六十五公斤以上或16.5MPa以上，低壓式能耐壓每平方公分三十七點五公斤以上或 3.75MPa以上。

四、配管接頭及閥類之耐壓，高壓式為每平方公分一百六十五公斤以上或16.5MPa以上，低壓式為每平方公分三十七點五公斤以上或 3.75MPa以上，並予適當之防蝕處理。

五、最低配管與最高配管間，落差在五十公尺以下。

第九十條 選擇閥，依下列規定設置：

一、同一建築物內有二個以上防護區域或防護對象，共用儲存容器時，每一防護區域或防護對象均應設置。

二、設於防護區域外。

三、標明選擇閥字樣及所屬防護區域或防護對象。

四、儲存容器與噴頭設有選擇閥時，儲存容器與選擇閥間之配管依 CNS一一一七六之規定設置安全裝置或破壞板。

第九十一條 啟動裝置，依下列規定，設置手動及自動啟動裝置：

一、手動啟動裝置應符合下列規定：

（一）設於能看清區域內部且操作後能容易退避之防護區域外。

（二）每一防護區域或防護對象裝設一套。

（三）其操作部設在距樓地板面高度零點八公尺以上一點五公尺以下。

（四）其外殼漆紅色。

（五）以電力啟動者，裝置電源表示燈。

（六）操作開關或拉桿，操作時同時發出警報音響，且設有透明塑膠製之有效保護裝置。

（七）在其近旁標示所防護區域名稱、操作方法及安全上應注意事項。

二、自動啟動裝置與火警探測器感應連動啟動。前項啟動裝置，依下列規定設置自動及手動切換裝置：

一、設於易於操作之處所。

二、設自動及手動之表示燈。

三、自動、手動切換必須以鑰匙或拉桿操作，始能切換。

四、切換裝置近旁標明操作方法。

第九十二條 音響警報裝置，依下列規定設置：

一、手動或自動裝置動作後，應自動發出警報，且藥劑未全部放射前不得中斷。

二、音響警報應有效報知防護區域或防護對像內所有人員。

三、設於全區放射方式之音響警報裝置採用人語發音。但平時無人駐守者，不在此限。

第九十三條　全區放射方式之安全裝置，依下列規定設置：

一、啟動裝置開關或拉桿開始動作至儲存容器之容器閥開啟，設有二十秒以上之遲延裝置。

二、於防護區域出入口等易於辨認處所設置放射表示燈。

第九十四條　全區放射或局部放射方式防護區域，對放射之滅火藥劑，依下列規定將其排放至安全地方：

一、排放方式應就下列方式擇一設置，並於一小時內將藥劑排出：

（一）採機械排放時，排風機為專用，且具有每小時五次之換氣量。但與其他設備之排氣裝置共用，無排放障礙者，得共用之。

（二）採自然排放時，設有能開啟之開口部，其面向外氣部分（限防護區域自樓地板面起高度三分之二以下部分）之大小，占防護區域樓地板面積百分之十以上，且容易擴散滅火藥劑。

二、排放裝置之操作開關須設於防護區域外便於操作處，且在其附近設有標示。

三、排放至室外之滅火藥劑不得有局部滯留之現象。

第九十五條　全區及局部放射方式之緊急電源，應採用自用發電設備或蓄電池設備，其容量應能使該設備有效動作一小時以上。

第九十六條　移動式放射方式，除依第八十七條第一項第一款、第二款第二目、第三目、第三款及第四款規定辦理外，並依下列規定設置：

一、儲存容器之容器閥能在皮管出口處以手動開關者。

二、儲存容器分設於各皮管設置處。

三、儲存容器近旁設紅色標示燈及標明移動式二氧化碳滅火設備字樣。

四、設於火災時濃煙不易籠罩之處所。

五、每一具瞄子之藥劑放射量在溫度攝氏二十度時，應在每分鐘六十公斤以上。

六、移動式二氧化碳滅火設備之皮管、噴嘴及管盤符合 CNS、一一一七七之規定。

第九十七條　二氧化碳滅火設備使用之各種標示規格，由中央消防機關另定之。

第七節 乾粉滅火設備及簡易自動滅火設備

第九十八條　乾粉滅火設備之放射方式、通風換氣裝置、防護區域之開口部、選擇閥、啟動裝置、音響警報裝置、安全裝置、緊急電源及各種標示規格，準用第八十二條、第八十五條、第八十六條、第九十條至第九十三條、第九十五條及第九十七條規定設置。

第九十九條　乾粉滅火藥劑量，依下列規定設置：

一、全區放射方式所需滅火藥劑量，依下表計算：

乾粉藥劑種類	第一種乾粉（主成份碳酸氫鈉）	第二種乾粉（主成份碳酸氫鉀）	第三種乾粉（主成份磷酸二氫銨）	第四種乾粉（主成份碳酸氫鉀及尿素化合物）
每立方公尺防護區域所需滅火藥劑量（kg/m³）	0.6	0.36	0.36	0.24
每平方公尺開口部所需追加滅火藥劑量（kg/m²）	4.5	2.7	2.7	1.8

二、局部放射方式所需滅火藥劑量應符合下列規定：

（一）可燃性固體或易燃性液體存放於上方開放式容器，火災發生時，燃燒限於一面且可燃物無向外飛散之虞者，所需之滅火藥劑量，依下表計算：

滅火藥劑種類	第一種乾粉	第二種乾粉或第三種乾粉	第四種乾粉
防護對象每平方公尺表面積所需滅火藥劑量（kg/m²）	8.8	5.2	3.6
追加倍數	1.1	1.1	1.1
備　考	防護對象物之邊長在零點六公尺以下時，以零點六公尺計。		

（二）前目以外設置場所，依下列公式計算假想防護空間單位體積滅火藥劑量，再乘假想防護空間體積來計算所需滅火藥劑量。但供電信機器室使用者，所核算出之滅火藥劑量，須乘以零點七。

$Q=X-Y \times a/A$

Q：假想防護空間單位體積滅火藥劑量（公斤／立方公尺）所需追加倍數比照前目規定。

a：防護對像周圍實存牆壁面積之合計（平方公尺）。

A：假想防護空間牆壁面積之合計（平方公尺）。

X及Y值，依下表規定為準：

滅火藥劑種類	第一種乾粉	第二種乾粉或第三種乾粉	第四種乾粉
X值	5.2	3.2	2.0
Y值	3.9	2.4	1.5

三、移動放射方式每一具噴射瞄子所需滅火藥劑量在下表之規定以上：

滅火藥劑種類	第一種乾粉	第二種乾粉或第三種乾粉	第四種乾粉
滅火藥劑量（kg）	50	30	20

四、全區及局部放射方式在同一建築物內有二個以上防護區域或防護對像時，所需滅火藥劑量取其最大量者。

第一百條　全區及局部放射方式之噴頭，依下列規定設置：

一、全區放射方式所設之噴頭能使放射藥劑迅速均勻地擴散至整個防護區域。

二、乾粉噴頭之放射壓力在每平方公分一公斤以上或0.1MPa以上。

三、依前條第一款或第二款所核算之滅火藥劑量須於三十秒內全部放射完畢。

四、局部放射方式所設噴頭之有效射程內，應涵蓋防護對像所有表面，且所設位置不得因藥劑之放射使可燃物有飛散之虞。

第一百零一條　供室內停車空間使用之滅火藥劑，以第三種乾粉為限。

第一百零二條　滅火藥劑儲存容器，依下列規定設置：

滅火藥劑儲存容器，依下列規定設置：

一、充填比應符合下列規定：

滅火藥劑種類	第一種乾粉	第二種乾粉或第三種乾粉	第四種乾粉
充　填　比	零點八五以上、一點四五以下	一點零五以上、一點七五以下	一點五以上、二點五以下

二、儲存場所應符合下列規定：

（一）置於防護區域外。

（二）置於溫度攝氏四十度以下，溫度變化較少處。

（三）不得置於有日光曝曬或雨水淋濕之處。

三、儲存容器於明顯處所標示：充填藥劑量、滅火藥劑種類、最高使用壓力（限於加壓式）、製造年限及製造廠商等。

四、儲存容器設置符合 CNS、一一一七六規定之安全裝置。

五、蓄壓式儲存容器，內壓在每平方公分十公斤以上或1MPa以上者，設符合 CNS、一０八四八及一０八四九規定之容器閥。

滅火藥劑種類	第一種乾粉	第二種乾粉或第三種乾粉	第四種乾粉
每分鐘放射量（kg/min）	45	27	18

六、為排除儲存容器之殘留氣體應設置排出裝置，為處理配管之殘留藥劑則應設置清洗裝置。

七、採取有效之防震措施。

第一百零三條　加壓用氣體容器應設於儲存容器近旁，且須確實接連，並應設置符合

CNS、－－－七六規定之容器閥及安全裝置。

第一百零四條　加壓或蓄壓用氣體容器，依下列規定設置：

一、加壓或蓄壓用氣體應使用氮氣或二氧化碳。

二、加壓用氣體使用氮氣時，在溫度攝氏三十五度，大氣壓力（表壓力）每平方公分零公斤或0MPa狀態下，每一公斤乾粉藥劑需氮氣四十公升以上；使用二氧化碳時，每一公斤乾粉藥劑需二氧化碳二十公克並加算清洗配管所需要量以上。

三、蓄壓用氣體使用氮氣時，在溫度攝氏三十五度，大氣壓力（表壓力）每平方公分零公斤或0MPa狀態下，每一公斤乾粉藥劑需氮氣十公升並加算清洗配管所需要量以上；使用二氧化碳時，每一公斤乾粉藥劑需二氧化碳二十公克並加算清洗配管所需要量以上。

四、清洗配管用氣體，另以容器儲存。

五、採取有效之防震措施。

第一百零五條　乾粉滅火設備配管及閥類，依下列規定設置：

一、配管部分：

（一）應為專用，其管徑依噴頭流量計算配置。

（二）使用符合CNS 六四四五規定，並施予鍍鋅等防蝕處理或具同等以上強度及耐蝕性之鋼管。但蓄壓式中，壓力在每平方公分二十五公斤以上或2.5MPa以上，每平方公分四十二公斤以下或4.2MPa以下時，應使用符合CNS四六二六之無縫鋼管管號Sch 40以上厚度並施予防蝕處理，或具有同等以上強度及耐蝕性之鋼管。

（三）採用銅管配管時，應使用符合CNS 五一二七規定或具有同等以上強度及耐蝕性者，並能承受調整壓力或最高使用壓力的一點五倍以上之壓力。

（四）最低配管與最高配管間，落差在五十公尺以下。

（五）配管採均分為原則，使噴頭同時放射時，放射壓力為均等。

（六）採取有效之防震措施。

二、閥類部分：

（一）使用符合 CNS之規定且施予防蝕處理或具有同等以上強度、耐蝕性及耐熱性者。

（二）標示開閉位置及方向。

（三）放出閥及加壓用氣體容器閥之手動操作部分設於火災時易於接近且安全之處。

第一百零六條　乾粉滅火設備自儲存容器起，其配管任一部分與彎曲部分之距離應為管徑二十倍以上。但能採取乾粉藥劑與加壓或蓄壓用氣體不會分離措施者，不在此限。

第一百零七條　加壓式乾粉滅火設備應設壓力調整裝置，可調整壓力至每平方公分二十五公斤以下或2.5Mpa以下。

第一百零八條　加壓式乾粉滅火設備，依下列規定設置定壓動作裝置：

一、啟動裝置動作後，儲存容器壓力達設定壓力時，應使放出閥開啟。

二、定壓動作裝置設於各儲存容器。

第一百零九條　蓄壓式乾粉滅火設備應設置以綠色表示使用壓力範圍之指示壓力表。

第一百十條　若使用氣體啟動者，依下列規定設置：

一、啟動用氣體容器能耐每平方公分二百五十公斤或 25MPa 之壓力。

二、啟動用氣體容器之內容積有零點二七公升以上，其所儲存之氣體量在一百四十五公克以上，且其充填比在一點五以上。

三、啟動用氣體容器之安全裝置及容器閥符合 CNS、－－－七六之規定。

四、啟動用氣體容器不得兼供防護區域之自動關閉裝置使用。

第一百十一條　移動式放射方式，除依第一百零二條第一款、第二款第二目、第三目、第三款、第四款規定辦理外，並依下列規定設置：

一、儲存容器之容器閥能在皮管出口處以手動開關者。

二、儲存容器分設於各皮管設置處。

三、儲存容器近旁設紅色標示燈及標明移動式乾粉滅火設備字樣。

四、設於火災時濃煙不易籠罩之場所。

五、每一具噴射瞄子之每分鐘藥劑放射量符合下表規定。

滅火藥劑種類	第一種乾粉	第二種乾粉或第三種乾粉	第四種乾粉
每分鐘放射量（kg/min）	45	27	18

六、移動式乾粉滅火設備之皮管、噴嘴及管盤符合 CNS、－－－七七之規定。

第一百十一條之一　簡易自動滅火設備，應依下列規定設置：

一、視排油煙管之斷面積、警戒長度及風速，配置感知元件及噴頭，其設置數量、位置及放射量，應能有效滅火。

二、排油煙管內風速超過每秒五公尺，應在警戒長度外側設置放出藥劑之啟動裝置及連動閉鎖閘門。但不設置閘門能有效滅火時，不在此限。

三、噴頭之有效射程內，應涵蓋煙罩及排油煙管，且所設位置不得因藥劑之放射使可燃物有飛散之虞。

四、防護範圍內之噴頭，應一齊放射。

五、儲存鋼瓶及加壓氣體鋼瓶設置於攝氏四十度以下之位置。前項第二款之警戒長度，指煙罩與排油煙管接合處往內五公尺。

第二章 警報設備

第一節 火警自動警報設備

第一百十二條　裝設火警自動警報設備之建築物，依下列規定劃定火警分區：

一、每一火警分區不得超過一樓層，並在樓地板面積六百平方公尺以下。但上下二層樓地板面積之和在五百平方公尺以下者，得二層共用一分區。

二、每一分區之任一邊長在五十公尺以下。但裝設光電式分離型探測器時，其邊

長得在一百公尺以下。

三、如由主要出入口或直通樓梯出入口能直接觀察該樓層任一角落時，第一款規定之六百平方公尺得增為一千平方公尺。

四、樓梯、斜坡通道、昇降機之昇降路及管道間等場所，在水平距離五十公尺範圍內，且其頂層相差在二層以下時，得為一火警分區。但應與建築物各層之走廊、通道及居室等場所分別設置火警分區。

五、樓梯或斜坡通道，垂直距離每四十五公尺以下為一火警分區。但其地下層部分應為另一火警分區。

第一百十三條　火警自動警報設備之鳴動方式，建築物在五樓以上，且總樓地板面積在三千平方公尺以上者，依下列規定：

一、起火層為地上二層以上時，限該樓層與其直上二層及其直下層鳴動。

二、起火層為地面層時，限該樓層與其直上層及地下層各層鳴動。

三、起火層為地下層時，限地面層及地下層各層鳴動。

第一百十四條　探測器應依裝置場所高度，就下表選擇探測器種類裝設。但同一室內之天花板或屋頂板高度不同時，以平均高度計。

裝置場所高度	未滿四公尺	四公尺以上未滿八公尺	八公尺以上未滿十五公尺	十五公尺以上未滿二十公尺
探測器種類	差動式局限型、差動式分布型、補償式局限型、定溫式、離子式局限型、光電式局限型、光電式分離型、火焰式。	差動式局限型、差動式分布型、補償式局限型、定溫式特種或一種、離子式局限型一種或二種、光電式局限型一種或二種、光電式分離型、火焰式。	差動式分佈型、離子式局限型一種或二種、光電式局限型一種或二種、光電式分離型、火焰式。	離子式局限型一種、光電式局限型一種、光電式分離型一種、火焰式。

第一百十五條　探測器之裝置位置，依下列規定：

一、天花板上設有出風口時，除火焰式、差動式分佈型及光電式分離型探測器外，應距離該出風口一點五公尺以上。

二、牆上設有出風口時，應距離該出風口一點五公尺以上。但該出風口距天花板在一公尺以上時，不在此限。

三、天花板設排氣口或回風口時，偵煙式探測器應裝置於排氣口或回風口周圍一公尺範圍內。

四、局限型探測器以裝置在探測區域中心附近為原則。

五、局限型探測器之裝置，不得傾斜四十五度以上。但火焰式探測器，不在此限。

第一百十六條　下列處所得免設探測器：

一、探測器除火焰式外，裝置面高度超過二十公尺者。

二、外氣流通無法有效探測火災之場所。

三、洗手間、廁所或浴室。

四、冷藏庫等設有能早期發現火災之溫度自動調整裝置者。

五、主要構造為防火構造，且開口設有具一小時以上防火時效防火門之金庫。

六、室內游泳池之水面或溜冰場之冰面上方。

七、不燃性石材或金屬等加工場，未儲存或未處理可燃性物品處。

八、其他經中央主管機關指定之場所。

第一百十七條　偵煙式或熱煙複合式局限型探測器不得設於下列處所：

一、塵埃、粉末或水蒸氣會大量滯留之場所。

二、會散發腐蝕性氣體之場所。

三、廚房及其他平時煙會滯留之場所。

四、顯著高溫之場所。

五、排放廢氣會大量滯留之場所。

六、煙會大量流入之場所。

七、會結露之場所。

八、其他對探測器機能會造成障礙之場所。火焰式探測器不得設於下列處所：

一、前項第二款至第四款、第六款、第七款所列之處所。

二、水蒸氣會大量滯留之處所。

三、用火設備火焰外露之處所。

四、其他對探測器機能會造成障礙之處所。

前二項所列場所，依下表狀況，選擇適當探測器設置：

場　　　所			1 灰塵、粉末會大量滯留之場所	2 水蒸氣會大量滯留之場所	3 會散發腐蝕性氣體之場所	4 平時煙會滯留之場所	5 顯著高溫之場所	6 排放廢氣會大量滯留之場所	7 煙會大量流入之場所	8 會結露之場所
適用探測器	差動式局限型	一種						○	○	
		二種						○	○	
	差動式分布型	一種	○		○			○	○	○
		二種	○	○	○			○	○	○
	補償式局限型	一種	○					○	○	○
		二種	○	○				○	○	○
	定溫式	特種	○	○	○	○	○		○	○
		一種		○	○	○	○		○	○
	火焰式		○					○		

註：

一、○表可選擇設置。

二、場所1、2、4、8所使用之定溫式或補償式探測器，應具有防水性能。

三、場所3所使用之定溫式或補償式探測器，應依腐蝕性氣體別，使用具耐酸或耐鹼性能者，使用差動式分布型時，其空氣管及檢出器應採有效措施，防範腐蝕性氣體侵蝕。

第一百十八條　下表所列場所應就偵煙式、熱煙複合式或火焰式探測器選擇設置：

設置場所	樓梯或斜坡通道	走廊或通道（限供第十二條第一款、第二款第二目、第六目至第十目、第四款及第五款使用者）	昇降機之昇降坑道或配管配線管道間	天花板等高度在十五公尺以上，未滿二十公尺之場所	天花板等高度超過二十公尺之場所	地下層、無開口樓層及十一層以上之各樓層（前揭所列樓層限供第十二條第一款、第二款第二目、第六目、第八目至第十目及第五款使用者）
偵　煙　式	○	○	○	○		○
熱煙複合式		○				○
火　焰　式				○	○	○
註：○表可選擇設置。						

第一百十九條　探測器之探測區域，指探測器裝置面之四周以淨高四十公分以上之樑或類似構造體區劃包圍者。但差動式分佈型及偵煙式探測器，其裝置面之四周淨高應為六十公分以上。

第一百二十條　差動式局限型、補償式局限型及定溫式局限型探測器，依下列規定設置：

一、探測器下端，裝設在裝置面下方三十公分範圍內。

二、各探測區域應設探測器數，依下表之探測器種類及裝置面高度，在每一有效探測範圍，至少設置一個。

裝　置　面　高　度			未滿四公尺		四公尺以上 未滿八公尺	
建　築　物　構　造			防火構造建築物	其　他建築物	防火構造建築物	其　他建築物
探測器種類及有效探測範圍（平方公尺）	差動式局限型	一種	90	50	45	30
		二種	70	40	35	25
	補償式局限型	一種	90	50	45	30
		二種	70	40	35	25
	定溫式局限型	特種	70	40	35	25
		一種	60	30	30	15
		二種	20	15	—	—

三、具有定溫式性能之探測器，應裝設在平時之最高周圍溫度，比補償式局限型探測器之標稱定溫點或其他具有定溫式性能探測器之標稱動作溫度低攝氏二十度以上處。但具二種以上標稱動作溫度者，應設在平時之最高周圍溫度比最低標稱動作溫度低攝氏二十度以上處。

第一百二十一條　差動式分佈型探測器，依下列規定設置：

一、差動式分佈型探測器為空氣管式時，應符合下列規定：

（一）每一探測區域內之空氣管長度，露出部分在二十公尺以上。

（二）裝接於一個檢出器之空氣管長度，在一百公尺以下。

（三）空氣管裝置在裝置面下方三十公分範圍內。

（四）空氣管裝置在自裝置面任一邊起一點五公尺以內之位置，其間距，在防火構造建築物，在九公尺以下，其他建築物在六公尺以下。但依探測區域規模及形狀能有效探測火災發生者，不在此限。

二、差動式分佈型探測器為熱電偶式時，應符合下列規定：

（一）熱電偶應裝置在裝置面下方三十公分範圍內。

（二）各探測區域應設探測器數，依下表之規定：

建築物構造	探測區域樓地板面積	應設探測器數
防火構造建築物	八十八平方公尺以下	至少四個
	超過八十八平方公尺	應設四個，每增加二十二平方公尺（包括未滿），增設一個
其他建築物	七十二平方公尺以下	至少四個
	超過七十二平方公尺	應設四個，每增加十八平方公尺（包括未滿），增設一個

（三）裝接於一個檢出器之熱電偶數，在二十個以下。

三、差動式分佈型探測器為熱半導體式時，應符合下列規定：

（一）探測器下端，裝設在裝置面下方三十公分範圍內。

（二）各探測區域應設探測器數，依下表之探測器種類及裝置面高度，在每一有效探測範圍，至少設置二個。但裝置面高度未滿八公尺時，在每一有效探測範圍，至少設置一個。

裝置面高度	建築物之構造	探測器種類及有效探測範圍（平方公尺）	
		一種	二種
未滿八公尺	防火構造建築物	65	36
	其他建築物	40	23
八公尺以上未滿十五公尺	防火構造建築物	50	—
	其他建築物	30	—

（三）裝接於一個檢出器之感熱器數量，在二個以上十五個以下。前項之檢出器應設於便於檢修處，且與裝置面不得傾斜五度以上。定溫式線型探測器，依下列規定設置：

一、探測器設在裝置面下方三十公分範圍內。

二、探測器在各探測區域，使用第一種探測器時，裝置在自裝置面任一點起水平距離三公尺（防火構造建築物為四點五公尺）以內；使用第二種探測器時，裝在自裝置面任一點起水平距離一公尺（防火構造建築物為三公尺）以內。

第一百二十二條　偵煙式探測器除光電式分離型外，依下列規定裝置：

一、居室天花板距樓地板面高度在二點三公尺以下或樓地板面積在四十平方公尺以下時，應設在其出入口附近。

二、探測器下端，裝設在裝置面下方六十公分範圍內。

三、探測器裝設於距離牆壁或樑六十公分以上之位置。

四、探測器除走廊、通道、樓梯及傾斜路面外，各探測區域應設探測器數，依下表之探測器種類及裝置面高度，在每一有效探測範圍，至少設置一個。

裝置面高度	探測器種類及有效探測範圍（平方公尺）	
	一種或二種	三　種
未滿四公尺	150	50
四公尺以上未滿二十公尺	75	—

五、探測器在走廊及通道，步行距離每三十公尺至少設置一個；使用第三種探測器時，每二十公尺至少設置一個；且距盡頭之牆壁在十五公尺以下，使用第三種探測器應在十公尺以下。但走廊或通道至樓梯之步行距離在十公尺以下，且樓梯設有平時開放式防火門或居室有面向該處之出入口時，得免設。

六、在樓梯、斜坡通道及電扶梯，垂直距離每十五公尺至少設置一個；使用第三種探測器時，其垂直距離每十公尺至少設置一個。

七、在昇降機坑道及管道間（管道截面積在一平方公尺以上者），應設在最頂部。但昇降路頂部有昇降機機械室，且昇降路與機械室間有開口時，應設於機械室，昇降路頂部得免設。

第一百二十三條　光電式分離型探測器，依下列規定設置：

一、探測器之受光面設在無日光照射之處。

二、設在與探測器光軸平行牆壁距離六十公分以上之位置。

三、探測器之受光器及送光器，設在距其背部牆壁一公尺範圍內。

四、設在天花板等高度二十公尺以下之場所。

五、探測器之光軸高度，在天花板等高度百分之八十以上之位置。

六、探測器之光軸長度，在該探測器之標稱監視距離以下。

七、探測器之光軸與警戒區任一點之水平距離，在七公尺以下。前項探測器之光軸，指探測器受光面中心點與送光面中心點之連結線。

第一百二十四條　火焰式探測器，依下列規定設置：

一、裝設於天花板、樓板或牆壁。

二、距樓地板面一點二公尺範圍內之空間，應在探測器標稱監視距離範圍內。

三、探測器不得設在有障礙物妨礙探測火災發生處。

四、探測器設在無日光照射之處。但設有遮光功能可避免探測障礙者，不在此限。

第一百二十五條　火警受信總機應依下列規定裝置：

一、具有火警區域表示裝置，指示火警發生之分區。

二、火警發生時，能發出促使警戒人員注意之音響。

三、附設與火警發信機通話之裝置。

四、一棟建築物內設有二臺以上火警受信總機時，設受信總機處，設有能相互同時通話連絡之設備。

五、受信總機附近備有識別火警分區之圖面資料。

六、裝置蓄積式探測器或中繼器之火警分區，該分區在受信總機，不得有雙信號功能。

七、受信總機、中繼器及偵煙式探測器，有設定蓄積時間時，其蓄積時間之合計，每一火警分區在六十秒以下，使用其他探測器時，在二十秒以下。

第一百二十六條　火警受信總機之位置，依下列規定裝置：

一、裝置於值日室等經常有人之處所。但設有防災中心時，設於該中心。

二、裝置於日光不直接照射之位置。

三、避免傾斜裝置，其外殼應接地。

四、壁掛型總機操作開關距離樓地板面之高度，在零點八公尺（座式操作者，為零點六公尺）以上一點五公尺以下。

第一百二十七條　火警自動警報設備之配線，除依屋內線路裝置規則外，依下列規定設置：

一、常開式之探測器信號回路，其配線採用串接式，並加設終端電阻，以便藉由火警受信總機作回路斷線自動檢出用。

二、Ｐ型受信總機採用數個分區共用一公用線方式配線時，該公用線供應之分區數，不得超過七個。

三、Ｐ型受信總機之探測器回路電阻，在五十Ω以下。

四、電源回路導線間及導線與大地間之絕緣電阻值，以直流二百五十伏特額定之絕緣電阻計測定，對地電壓在一百五十伏特以下者，在零點一ＭΩ以上，對地電壓超過一百五十伏特者，在零點二ＭΩ以上。探測器回路導線間及導線與大地間之絕緣電阻值，以直流二百五十伏特額定之絕緣電阻計測定，每一火警分區在零點一ＭΩ以上。

五、埋設於屋外或有浸水之虞之配線，採用電纜並穿於金屬管或塑膠導線管，與電力線保持三十公分以上之間距。

第一百二十八條　火警自動警報設備之緊急電源，應使用蓄電池設備，其容量能使其有效動作十分鐘以上。

第二節 手動報警設備

第一百二十九條　每一火警分區，依下列規定設置火警發信機：

一、按鈕按下時，能即刻發出火警音響。

二、按鈕前有防止隨意撥弄之保護板。

三、附設緊急電話插座。

四、裝置於屋外之火警發信機，具防水之性能。二樓層共用一火警分區者，火警發信機應分別設置。但樓梯或管道間之火警分區，得免設。

第一百三十條　設有火警發信機之處所，其標示燈應平時保持明亮，其透明罩為圓弧形，裝置後突出牆面，標示燈與裝置面成十五度角，在十公尺距離內須無遮視物且明顯易見。

第一百三十一條　設有火警發信機之處所，其火警警鈴，依下列規定設置：

一、電壓到達規定電壓之百分之八十時，能即刻發出音響。

二、在規定電壓下，離開火警警鈴一百公分處，所測得之音壓，在九十分貝以上。

三、電鈴絕緣電阻以直流二百五十伏特額定之絕緣電阻計測定，在二十MΩ以上。

四、警鈴音響應有別於建築物其他音響，並除報警外不得兼作他用。依本章第三節設有緊急廣播設備時，得免設前項火警警鈴。

第一百三十二條　火警發信機、標示燈及火警警鈴，依下列規定裝置：

一、裝設於火警時人員避難通道內適當而明顯之位置。

二、火警發信機離地板面之高度在一點二公尺以上一點五公尺以下。

三、標示燈及火警警鈴距離地板面之高度，在二公尺以上二點五公尺以下。但與火警發信機合併裝設者，不在此限。

四、建築物內裝有消防立管之消防栓箱時，火警發信機、標示燈及火警警鈴裝設在消防栓箱上方牆上。

第三節 緊急廣播設備

第一百三十三條　緊急廣播設備，依下列規定裝置：

一、距揚聲器一公尺處所測得之音壓應符合下表規定：

揚聲器種類	音　　　壓
L 級	92 分貝以上
M 級	87 分貝以上 92 分貝未滿
S 級	84 分貝以上 87 分貝未滿

二、揚聲器，依下列規定裝設：

（一）廣播區域超過一百平方公尺時，設 L 級揚聲器。

（二）廣播區域超過五十平方公尺一百平方公尺以下時，設 L 級或 M 級揚聲器。

（三）廣播區域在五十平方公尺以下時，設 L 級、M 級或 S 級揚聲器。

（四）從各廣播區域內任一點至揚聲器之水平距離在十公尺以下。但居室樓地板面積在六平方公尺或由居室通往地面之主要走廊及通道樓地板面積在六平方公尺以下，其他非居室部分樓地板面積在三十平方公尺以下，且該區域與相鄰接區域揚聲器之水平距離相距八公尺以下時，得免設。

（五）設於樓梯或斜坡通道時，至少垂直距離每十五公尺設一個 L 級揚聲器。

三、樓梯或斜坡通道以外之場所，揚聲器之音壓及裝設符合下列規定者，不受前款第四目之限制：

（一）廣播區域內距樓地板面一公尺處，依下列公式求得之音壓在七十五分貝以上者。P＝p＋10 log10（Q／4πr2＋4（1-α）／Sα）P 值：音壓（單位：dB）p 值：揚聲器音響功率（單位：dB）Q 值：揚聲器指向係數 r 值：受音點至揚聲器之距離（單位：公尺）α 值：廣播區域之平均吸音率 S 值：廣播區域內牆壁、樓地板及天花板面積之合計（單位：平方

公尺）

（二）廣播區域之殘響時間在三秒以上時，距樓地板面一公尺處至揚聲器之距離，在下列公式求得值以下者。

$$P = p + 10\log_{10}\left(\frac{Q}{4\pi r^2} + \frac{4(1-\alpha)}{S\alpha}\right)$$

r值：受音點至揚聲器之距離（單位：公尺）

Q值：揚聲器指向係數

S值：廣播區域內牆壁、樓地板及天花板面積之合計

（單位：平方公尺）

α值：廣播區域之平均吸音率

第一百三十四條　裝設緊急廣播設備之建築物，依下列規定劃定廣播分區：

一、每一廣播分區不得超過一樓層。

二、室內安全梯或特別安全梯應垂直距離每四十五公尺單獨設定一廣播分區。安全梯或特別安全梯之地下層部分，另設定一廣播分區。

三、建築物挑空構造部分，所設揚聲器音壓符合規定時，該部分得為一廣播分區。

第一百三十五條　緊急廣播設備與火警自動警報設備連動時，其火警音響之鳴動準用第一百十三條之規定。緊急廣播設備之音響警報應以語音方式播放。緊急廣播設備之緊急電源，準用第一百二十八條之規定。

第一百三十六條　緊急廣播設備之啟動裝置應符CNS－〇五二二之規定，並依下列規定設置：

一、各樓層任一點至啟動裝置之步行距離在五十公尺以下。

二、設在距樓地板高度零點八公尺以上一點五公尺以下範圍內。

三、各類場所第十一層以上之各樓層、地下第三層以下之各樓層或地下建築物，應使用緊急電話方式啟動。

第一百三十七條　緊急廣播設備與其他設備共用者，在火災時應能遮斷緊急廣播設備以外之廣播。

第一百三十八條　擴音機及操作裝置，應符合CNS－〇五二二之規定，並依下列規定設置：

一、操作裝置與啟動裝置或火警自動警報設備動作連動，並標示該啟動裝置或火警自動警報設備所動作之樓層或區域。

二、具有選擇必要樓層或區域廣播之性能。

三、各廣播分區配線有短路時，應有短路信號之標示。

四、操作裝置之操作開關距樓地板面之高度，在零點八公尺以上（座式操作者，為零點六公尺）一點五公尺以下。

五、操作裝置設於值日室等經常有人之處所。但設有防災中心時，設於該中心。

第一百三十九條　緊急廣播設備之配線，除依屋內線路裝置規則外，依下列規定設置：

一、導線間及導線對大地間之絕緣電阻值，以直流二百五十伏特額定之絕緣電阻計測定，對地電壓在一百五十伏特以下者，在零點一MΩ以上，對地電壓超

過一百五十伏特者，在零點二ＭΩ以上。

二、不得與其他電線共用管槽。但電線管槽內之電線用於六十伏特以下之弱電回路者，不在此限。

三、任一層之揚聲器或配線有短路或斷線時，不得影響其他樓層之廣播。

四、設有音量調整器時，應為三線式配線。

第四節 瓦斯漏氣火警自動警報設備

第一百四十條　瓦斯漏氣火警自動警報設備依第一百十二條之規定劃定警報分區。前項瓦斯，指下列氣體燃料：

一、天然氣。

二、液化石油氣。

三、其他經中央主管機關指定者。

第一百四十一條　瓦斯漏氣檢知器，依瓦斯特性裝設於天花板或牆面等便於檢修處，並符合下列規定：

一、瓦斯對空氣之比重未滿一時，依下列規定：

（一）設於距瓦斯燃燒器具或瓦斯導管貫穿牆壁處水平距離八公尺以內。但樓板有淨高六十公分以上之樑或類似構造體時，設於近瓦斯燃燒器具或瓦斯導管貫穿牆壁處。

（二）瓦斯燃燒器具室內之天花板附近設有吸氣口時，設在距瓦斯燃燒器具或瓦斯導管貫穿牆壁處與天花板間，無淨高六十公分以上之樑或類似構造體區隔之吸氣口一點五公尺範圍內。

（三）檢知器下端，裝設在天花板下方三十公分範圍內。

二、瓦斯對空氣之比重大於一時，依下列規定：

（一）設於距瓦斯燃燒器具或瓦斯導管貫穿牆壁處水平距離四公尺以內。

（二）檢知器上端，裝設在距樓地板面三十公分範圍內。

三、水平距離之起算，依下列規定：

（一）瓦斯燃燒器具為燃燒器中心點。

（二）瓦斯導管貫穿牆壁處為面向室內牆壁處之瓦斯配管中心處。

第一百四十二條　瓦斯漏氣受信總機，依下列規定：

一、裝置於值日室等平時有人之處所。但設有防災中心時，設於該中心。

二、具有標示瓦斯漏氣發生之警報分區。

三、設於瓦斯導管貫穿牆壁處之檢知器，其警報分區應個別標示。

四、操作開關距樓地板面之高度，須在零點八公尺以上（座式操作者為零點六公尺）一點五公尺以下。

五、主音響裝置之音色及音壓應有別於其他警報音響。

六、一棟建築物內有二臺以上瓦斯漏氣受信總機時，該受信總機處，設有能相互同時通話連絡之設備。

第一百四十三條　瓦斯漏氣之警報裝置，依下列規定：

一、瓦斯漏氣表示燈，依下列規定。但在一警報分區僅一室時，得免設之。

（一）設有檢知器之居室面向通路時，設於該面向通路部分之出入口附近。

（二）距樓地板面之高度，在四點五公尺以下。

（三）其亮度在表示燈前方三公尺處能明確識別，並於附近標明瓦斯漏氣表示燈字樣。

二、檢知器所能檢知瓦斯漏氣之區域內，該檢知器動作時，該區域內之檢知區域警報裝置能發出警報音響，其音壓在距一公尺處應有七十分貝以上。但檢知器具有發出警報功能者，或設於機械室等常時無人場所及瓦斯導管貫穿牆壁處者，不在此限。

第一百四十四條　瓦斯漏氣火警自動警報設備之配線，除依屋內線路裝置規則外，依下列規定：

一、電源回路導線間及導線對大地間之絕緣電阻值，以直流五百伏特額定之絕緣電阻計測定，對地電壓在一百五十伏特以下者，應在零點一ＭΩ以上，對地電壓超過一百五十伏特者，在零點二ＭΩ以上。檢知器回路導線間及導線與大地間之絕緣電阻值，以直流五百伏特額定之絕緣電阻計測定，每一警報分區在零點一ＭΩ以上。

二、常開式檢知器信號回路之配線採用串接式，並加設終端電阻，以便藉由瓦斯漏氣受信總機作斷線自動檢出用。

三、檢知器回路不得與瓦斯漏氣火警自動警報設備以外之設備回路共用。

第一百四十五條　瓦斯漏氣火警自動警報設備之緊急電源應使用蓄電池設備，其容量應能使二回路有效動作十分鐘以上，其他回路能監視十分鐘以上。

第三章 避難逃生設備
第一節 標示設備

第一百四十六條　下列處所得免設出口標示燈、避難方向指示燈或避難指標：

一、自居室任一點易於觀察識別其主要出入口，且與主要出入口之步行距離符合下列規定者。但位於地下建築物、地下層或無開口樓層者不適用之：

（一）該步行距離在避難層為二十公尺以下，在避難層以外之樓層為十公尺以下者，得免設出口標示燈。

（二）該步行距離在避難層為四十公尺以下，在避難層以外之樓層為三十公尺以下者，得免設避難方向指示燈。

（三）該步行距離在三十公尺以下者，得免設避難指標。

二、居室符合下列規定者：

（一）自居室任一點易於觀察識別該居室出入口，且依用途別，其樓地板面積符合下表規定。

用 途 別	第十二條第一款第一目至第三目	第十二條第一款第四目、第五目、第七目、第二款第十目	第十二條第一款第六目、第二款第一目至第九目、第十一目、第十二目、第三款、第四款
居 室 樓地板面積	一百平方公尺以下	二百平方公尺以下	四百平方公尺以下

（二）供集合住宅使用之居室。

三、通往主要出入口之走廊或通道之出入口，設有探測器連動自動關閉裝置之防火門，並設有避難指標及緊急照明設備確保該指標明顯易見者，得免設出口標示燈。

四、樓梯或坡道，設有緊急照明設備及供確認避難方向之樓層標示者，得免設避難方向指示燈。前項第一款及第三款所定主要出入口，在避難層，指通往戶外之出入口，設有排煙室者，為該室之出入口；在避難層以外之樓層，指通往直通樓梯之出入口，設有排煙室者，為該室之出入口。

第一百四十六條之一　出口標示燈及非設於樓梯或坡道之避難方向指示燈，其標示面縱向尺度及光度依等級區分如下：

區　　　分		標示面縱向尺度（m）	標示面光度（cd）
出口標示燈	A 級	零點四以上	五十以上
	B 級	零點二以上，未滿零點四	十以上
	C 級	零點一以上，未滿零點二	一點五以上
避難方向指示燈	A 級	零點四以上	六十以上
	B 級	零點二以上，未滿零點四	十三以上
	C 級	零點一以上，未滿零點二	五以上

第一百四十六條之二　出口標示燈及避難方向指示燈之有效範圍，指至該燈之步行距離，在下列二款之一規定步行距離以下之範圍。但有不易看清或識別該燈情形者，該有效範圍為十公尺：

一、依下表之規定：

區　　　分			步行距離（公尺）
出口標示燈	A 級	未顯示避難方向符號者	六十
		顯示避難方向符號者	四十
	B 級	未顯示避難方向符號者	三十
		顯示避難方向符號者	二十
	C 級		十五
避難方向指示燈	A 級		二十
	B 級		十五
	C 級		十

二、依下列計算值：

D＝kh

式中，D：步行距離（公尺）

h：出口標示燈或避難方向指示燈標示面之縱向尺度（公尺）

k：依下表左欄所列區分，採右欄對應之k值

區 分		k 值
出口標示燈	未顯示避難方向符號者	一百五十
	顯示避難方向符號者	一百
避難方向指示燈		五十

第一百四十六條之三　出口標示燈應設於下列出入口上方或其緊鄰之有效引導避難處：

一、通往戶外之出入口；設有排煙室者，為該室之出入口。

二、通往直通樓梯之出入口；設有排煙室者，為該室之出入口。

三、通往前二款出入口，由室內往走廊或通道之出入口。

四、通往第一款及第二款出入口，走廊或通道上所設跨防火區劃之防火門。避難方向指示燈，應裝設於設置場所之走廊、樓梯及通道，並符合下列規定：

一、優先設於轉彎處。

二、設於依前項第一款及第二款所設出口標示燈之有效範圍內。

三、設於前二款規定者外，把走廊或通道各部分包含在避難方向指示燈有效範圍內，必要之地點。第一百四十六條之四出口標示燈及避難方向指示燈之裝設，應符合下列規定：

一、設置位置應不妨礙通行。

二、周圍不得設有影響視線之裝潢及廣告招牌。

三、設於地板面之指示燈，應具不因荷重而破壞之強度。

四、設於可能遭受雨淋或溼氣滯留之處所者，應具防水構造。

第一百四十六條之五　出口標示燈及非設於樓梯或坡道之避難方向指示燈，設於下列場所時，應使用 A 級或 B 級；出口標示燈標示面光度應在二十燭光（cd）以上，或具閃滅功能；避難方向指示燈標示面光度應在二十五燭光（cd）以上。但設於走廊，其有效範圍內各部分容易識別該燈者，不在此限：

一、供第十二條第二款第一目、第三款第三目或第五款第三目使用者。

二、供第十二條第一款第一目至第五目、第七目或第五款第一目使用，該層樓地板面積在一千平方公尺以上者。

三、供第十二條第一款第六目使用者。其出口標示燈並應採具閃滅功能，或兼具音聲引導功能者。前項出口標示燈具閃滅或音聲引導功能者，應符合下列規定：

一、設於主要出入口。

二、與火警自動警報設備連動。

三、由主要出入口往避難方向所設探測器動作時，該出入口之出口標示燈應停止閃滅及音聲引導。避難方向指示燈設於樓梯或坡道者，在樓梯級面或坡道表面之照度，應在一勒克司（lx）以上。

第一百四十六條之六　觀眾席引導燈之照度，在觀眾席通道地面之水平面上測得之值，在零點二勒克司（lx）以上。

第一百四十六條之七　出口標示燈及避難方向指示燈，應保持不熄滅。出口標示燈及非設於

樓梯或坡道之避難方向指示燈，與火警自動警報設備之探測器連動亮燈，且配合其設置場所使用型態採取適當亮燈方式，並符合下列規定之一者，得予減光或消燈。

一、設置場所無人期間。

二、設置位置可利用自然採光辨識出入口或避難方向期間。

三、設置在因其使用型態而特別需要較暗處所，於使用上較暗期間。

四、設置在主要供設置場所管理權人、其雇用之人或其他固定使用之人使用之處所。設於樓梯或坡道之避難方向指示燈，與火警自動警報設備之探測器連動亮燈，且配合其設置場所使用型態採取適當亮燈方式，並符合前項第一款或第二款規定者，得予減光或消燈。

第一百四十七條　（刪除）

第一百四十八條　（刪除）

第一百四十九條　（刪除）

第一百五十條　（刪除）

第一百五十一條　（刪除）

第一百五十二條　（刪除）

第一百五十三條　避難指標，依下列規定設置：

一、設於出入口時，裝設高度距樓地板面一點五公尺以下。

二、設於走廊或通道時，自走廊或通道任一點至指標之步行距離在七點五公尺以下。且優先設於走廊或通道之轉彎處。

三、周圍不得設有影響視線之裝潢及廣告招牌。

四、設於易見且採光良好處。

第一百五十四條　避難指標之構造，應符合 CNS － 0 二 0 八之規定。第一百五十五條出口標示燈及避難方向指示燈之緊急電源應使用蓄電池設備，其容量應能使其有效動作二十分鐘以上。但設於下列場所之主要避難路徑者，該容量應在六十分鐘以上，並得採蓄電池設備及緊急發電機併設方式：

一、總樓地板面積在五萬平方公尺以上。

二、高層建築物，其總樓地板面積在三萬平方公尺以上。

三、地下建築物，其總樓地板面積在一千平方公尺以上。前項之主要避難路徑，指符合下列規定者：

一、通往戶外之出入口；設有排煙室者，為該室之出入口。

二、通往直通樓梯之出入口；設有排煙室者，為該室之出入口。

三、通往第一款出入口之走廊或通道。

四、直通樓梯。

第一百五十六條　出口標示燈及避難方向指示燈之配線，依屋內線路裝置規則外，並應符合下列規定：

一、蓄電池設備集中設置時，直接連接於分路配線，不得裝置插座或開關等。

二、電源回路不得設開關。但以三線式配線使經常充電或燈具內置蓄電池設備者，不在此限。

第二節 避難器具

第一百五十七條　避難器具，依下表選擇設置之：（如第157條附表）

第一百五十八條　各類場所之各樓層，其應設避難器具得分別依下列規定減設之：

一、前條附表1至5所列場所，符合下列規定者，其設置場所應設數量欄所列收容人員一百人、二百人及三百人，得分別以其加倍數值，重新核算其應設避難器具數：

（一）建築物主要構造為防火構造者。

（二）設有二座以上不同避難方向之安全梯者。但剪刀式樓梯視為一座。

二、設有避難橋之屋頂平臺，其直下層設有二座以上安全梯可通達，且屋頂平臺合於下列規定時，其直下層每一座避難橋可減設二具：

（一）屋頂平臺淨空間面積在一百平方公尺以上。

（二）臨屋頂平臺出入口設具半小時以上防火時效之防火門窗，且無避難逃生障礙。

（三）通往避難橋必須經過之出入口，具容易開關之構造。

三、設有架空走廊之樓層，其架空走廊合於下列規定者，該樓層每一座架空走廊可減設二具：

（一）為防火構造。

（二）架空走廊二側出入口設有能自動關閉之具一小時以上防火時效之防火門（不含防火鐵捲門）。

（三）不得供避難、通行及搬運以外之用途使用。

第一百五十九條　各類場所之各樓層符合下列規定之一者，其應設之避難器具得免設：

一、主要構造為防火構造，居室面向戶外部分，設有陽臺等有效避難設施，且該陽臺等設施設有可通往地面之樓梯或通往他棟建築物之設施。

二、主要構造為防火構造，由居室或住戶可直接通往直通樓梯，且該居室或住戶所面向之直通樓梯，設有隨時可自動關閉之甲種防火門（不含防火鐵捲門），且收容人員未滿三十人。

三、供第十二條第二款第六目、第十目或第四款所列場所使用之樓層，符合下列規定者：

（一）主要構造為防火構造。

（二）設有二座以上安全梯，且該樓層各部分均有二個以上不同避難逃生路徑能通達安全梯。

四、供第十二條第二款第一目、第二目、第五目、第八目或第九目所列場所使用之樓層，除符合前款規定外，且設有自動撒水設備或內部裝修符合建築技術規則建築設計施工篇第八十八條規定者。

第一百六十條　第一百五十七條表列收容人員之計算，依下表規定：（如第160條附表）

第一百六十一條　避難器具，依下列規定裝設：

一、設在避難時易於接近處。

二、與安全梯等避難逃生設施保持適當距離。

三、供避難器具使用之開口部，具有安全之構造。

四、避難器具平時裝設於開口部或必要時能迅即裝設於該開口部。

五、設置避難器具（滑桿、避難繩索及避難橋除外）之開口部，上下層應交錯配置，不得在同一垂直線上。但在避難上無障礙者不在此限。

第一百六十二條　避難器具，依下表規定，於開口部保有必要開口面積：

種　　　　　類	開　　　口　　　面　　　積
緩降機、避難梯、避難繩索及滑桿	高八十公分以上，寬五十公分以上或高一百公分以上，寬四十五公分以上。
救助袋	高六十公分以上，寬六十公分以上。
滑臺	高八十公分以上，寬為滑臺最大寬度以上。
避難橋	高一百八十公分以上，寬為避難橋最大寬。

第一百六十三條　避難器具，依下表規定，於設置周圍無操作障礙，並保有必要操作面積：

種　　　　　類	開　　　口　　　面　　　積
緩降機、避難梯、避難繩索及滑桿	高八十公分以上，寬五十公分以上或高一百公分以上，寬四十五公分以上。
救助袋	高六十公分以上，寬六十公分以上。
滑臺	高八十公分以上，寬為滑臺最大寬度以上。
避難橋	高一百八十公分以上，寬為避難橋最大寬。

第一百六十四條　避難器具，依下表規定，於開口部與地面之間保有必要下降空間：

種　　　類	下　　　降　　　空　　　間
緩降機	以器具中心半徑零點五公尺圓柱形範圍內。但突出物在十公分以內，且無避難障礙者，或超過十公分時，能採取不損繩索措施者，該突出物得在下降空間範圍內。
避難梯	自避難梯二側豎桿中心線向外二十公分以上及其前方。
避難繩索及滑桿	無避難障礙之空間。
救助袋（斜降式）	救助袋下方及側面，在上端二十五度，下端三十五度方向依下圖所圍範圍內。但沿牆面使用時，牆面側不在此限。
救助袋（直降式）	一、救助袋與牆壁之間隔為三十公分以上。但外牆有突出物，且突出物距救助袋支固器具裝設處在三公尺以上時，應距突出物前端五十公分以上。 二、以救助袋中心，半徑一公尺圓柱形範圍內。
滑臺	滑面上方一公尺以上及滑臺兩端向外二十公分以上所圍範圍內。
避難橋	避難橋之寬度以上及橋面上方二公尺以上所圍範圍內。

第一百六十五條　避難器具依下表規定，於下降空間下方保有必要下降空地：

種　　　類	下　　　　降　　　　空　　　　間
緩降機	下降空間之投影面積。
避難梯	下降空間之投影面積。
避難繩索及滑桿	無避難障礙之空地。
救助袋（斜降式）	救助袋下方及側面，在上端二十五度，下端三十五度方向依下圖所圍範圍內。但沿牆面使用時，牆面側不在此限。
救助袋（直降式）	下降空間之投影面積。
滑臺	滑臺前端起一點五公尺及其中心線左右零點五公尺所圍範

第一百六十六條　設置避難器具時，依下表標示其設置位置、使用方法並設置指標：

避難器具標示種類	設置處所	尺　　　寸	顏色	標　示　方　法
設置位置	避難器具或其附近明顯易見處。	長三十六公分以上、寬十二公分以上	白底黑字	字樣為「避難器具」，每字五平方公分以上。但避難梯等較普及之用語，得直接使用其名稱為字樣。
使用方法		長六十公分以上、寬三十公分以上。		標示易懂之使用方法，每字一平方公分以上。
避難器具指標	通往設置位置之走廊、通道及居室之入口。	長三十六公分以上、寬十二公分以上。		字樣為「避難器具」，每字五平方公分以上。

第一百六十七條　緩降機應依下列規定設置：

一、緩降機之設置，在下降時，所使用繩子應避免與使用場所牆面或突出物接觸。

二、緩降機所使用繩子之長度，以其裝置位置至地面或其他下降地點之等距離長度為準。

三、緩降機支固器具之裝置，依下列規定：

（一）設在使用場所之柱、地板、樑或其他構造上較堅固及容易裝設場所。

（二）以螺栓、熔接或其他堅固方法裝置。

第一百六十八條　滑臺，依下列規定設置：

一、安裝在使用場所之柱、地板、樑或其他構造上較堅固或加強部分。

二、以螺栓、埋入、熔接或其他堅固方法裝置。

三、設計上無使用障礙，且下降時保持一定之安全速度。

四、有防止掉落之適當措施。

五、滑台之構造、材質、強度及標示符合CNS－三二三一之規定。

第一百六十九條　避難橋，依下列規定設置：

一、裝置在使用場所之柱、地板或其他構造上較堅固或加強部分。

二、一邊以螺栓、熔接或其他堅固方法裝置。

三、避難橋之構造、材質、強度及標示符合 CNS、一三二三一之規定。

第一百七十條　救助袋依下列規定設置：

一、救助袋之長度應無避難上之障礙，且保持一定之安全下滑速度。

二、裝置在使用場所之柱、地板、樑或其他構造上堅固或加強部分。

三、救助袋支固器具以螺栓、熔接或其他堅固方法裝置。

第一百七十一條　避難梯依下列規定設置：

一、固定梯及固定式不銹鋼爬梯（直接嵌於建築物牆、柱等構造，不可移動或收納者）應符合下列規定：

（一）裝置在使用場所之柱、地板、樑或其他構造上較堅固或加強部分。

（二）以螺栓、埋入、熔接或其他堅固方法裝置。

（三）橫桿與使用場所牆面保持十公分以上之距離。

二、第四層以上之樓層設避難梯時，應設固定梯，並合於下列規定：

（一）設於陽臺等具安全且容易避難逃生構造處，其樓地板面積至少二平方公尺，並附設能內接直徑六十公分以上之逃生孔。

（二）固定梯之逃生孔應上下層交錯配置，不得在同一直線上。

三、懸吊型梯應符合下列規定：

（一）懸吊型梯固定架設在使用場所之柱、地板、樑或其他構造上較堅固及容易裝設處所。但懸吊型固定梯能直接懸掛於堅固之窗臺等處所時，得免設固定架。

（二）懸吊型梯橫桿在使用時，與使用場所牆面保持十公分以上之距離。

第一百七十二條　滑桿及避難繩索，依下列規定設置：

一、長度以其裝置位置至地面或其他下降地點之等距離長度為準。

二、滑桿上端與下端應能固定。

三、固定架，依前條第三款第一目之規定設置。

第一百七十三條　供緩降機或救助袋使用之支固器具及供懸吊型梯、滑桿或避難繩索使用之固定架，應使用符合 CNS二四七

三、四四三五規定或具有同等以上強度及耐久性之材料，並應施予耐腐蝕加工處理。

第一百七十四條　固定架或支固器具使用螺栓固定時，依下列規定：

螺紋標稱	埋入深度（mm）	轉矩值（kgf-cm）
M10×1.5	四十五以上	一百五十至二百五十
M12×1.75	六十以上	三百至四百五十
M16×2	七十以上	六百至八百五十

一、使用錨定螺栓。

二、螺栓埋入混凝土內不含灰漿部分之深度及轉矩值，依下表規定。

第三節 緊急照明設備

第一百七十五條　緊急照明燈之構造，依下列規定設置：

一、白熾燈為雙重繞燈絲燈泡，其燈座為瓷製或與瓷質同等以上之耐熱絕緣材料製成者。

二、日光燈為瞬時起動型，其燈座為耐熱絕緣樹脂製成者。

三、水銀燈為高壓瞬時點燈型，其燈座為瓷製或與瓷質同等以上之耐熱絕緣材料製成者。

四、其他光源具有與前三款同等耐熱絕緣性及瞬時點燈之特性，經中央主管機關核准者。

五、放電燈之安定器，裝設於耐熱性外箱。

第一百七十六條　緊急照明設備除內置蓄電池式外，其配線依下列規定：

一、照明器具直接連接於分路配線，不得裝置插座或開關等。

二、緊急照明燈之電源回路，其配線依第二百三十五條規定施予耐燃保護。但天花板及其底材使用不燃材料時，得施予耐熱保護。

第一百七十七條　緊急照明設備應連接緊急電源。前項緊急電源應使用蓄電池設備，其容量應能使其持續動作三十分鐘以上。但採蓄電池設備與緊急發電機併設方式時，其容量應能使其持續動作分別為十分鐘及三十分鐘以上。

第一百七十八條　緊急照明燈在地面之水平面照度，使用低照度測定用光電管照度計測得之值，在地下建築物之地下通道，其地板面應在十勒克司（Lux）以上，其他場所應在二勒克司（Lux）以上。但在走廊曲折點處，應增設緊急照明燈。

第一百七十九條　下列處所得免設緊急照明設備：

一、在避難層，由居室任一點至通往屋外出口之步行距離在三十公尺以下之居室。

二、具有效採光，且直接面向室外之通道或走廊。

三、集合住宅之居室。

四、保齡球館球道以防煙區劃之部分。

五、工作場所中，設有固定機械或裝置之部分。

六、洗手間、浴室、盥洗室、儲藏室或機械室。

第四章 消防搶救上之必要設備

第一節 連結送水管

第一百八十條　出水口及送水口，依下列規定設置：

一、出水口設於地下建築物各層或建築物第三層以上各層樓梯間或緊急升降機間等（含該處五公尺以內之處所）消防人員易於施行救火之位置，且各層任一點至出水口之水平距離在五十公尺以下。

二、出水口為雙口形，接裝口徑六十三毫米快速接頭，距樓地板面之高度在零點五公尺以上一點五公尺以下，並設於厚度在一點六毫米以上之鋼板或同等性

能以上之不燃材料製箱內，其箱面短邊在四十公分以上，長邊在五十公分以上，並標明出水口字樣，每字在二十平方公分以上。但設於第十層以下之樓層，得用單口形。

三、在屋頂上適當位置至少設置一個測試用出水口。

四、送水口設於消防車易於接近，且無送水障礙處，其數量在立管數以上。

五、送水口為雙口形，接裝口徑六十三毫米陰式快速接頭，距基地地面之高度在一公尺以下零點五公尺以上，且標明連結送水管送水口字樣。

六、送水口在其附近便於檢查確認處，裝設逆止閥及止水閥。

第一百八十一條　配管，依下列規定設置：

一、應為專用，其立管管徑在一百毫米以上。但建築物高度在五十公尺以下時，得與室內消防栓共用立管，其管徑在一百毫米以上，支管管徑在六十五毫米以上。

二、符合CNS 六四四

五、四六二六規定或具有同等以上強度、耐腐蝕性及耐熱性者。但其送水設計壓力逾每平方公分十公斤時，應使用符合CNS 四六二六管號Sch 40以上或具有同等以上強度、耐腐蝕性及耐熱性之配管。

三、同一建築物內裝置二支以上立管時，立管間以橫管連通。

四、管徑依水力計算配置之。

五、能承受送水設計壓力一點五倍以上之水壓，且持續三十分鐘。但設有中繼幫浦時，幫浦二次側配管，應能承受幫浦全閉揚程一點五倍以上之水壓。

第一百八十二條　十一層以上之樓層，各層應於距出水口五公尺範圍內設置水帶箱，箱內備有直線水霧兩用瞄子一具，長二十公尺水帶二條以上，且具有足夠裝置水帶及瞄子之深度，其箱面表面積應在零點八平方公尺以上，並標明水帶箱字樣，每字應在二十平方公分以上。前項水帶箱之材質應為厚度在一點六毫米以上之鋼板或同等性能以上之不燃材料。

第一百八十三條　建築物高度超過六十公尺者，連結送水管應採用濕式，其中繼幫浦，依下列規定設置：

一、中繼幫浦全揚程在下列計算值以上：全揚程＝消防水帶摩擦損失水頭＋配管摩擦損失水頭＋落差＋放水壓力H=h1+h2+h3+60m

二、中繼幫浦出水量在每分鐘二千四百公升以上。

三、於送水口附近設手動啟動裝置及紅色啟動表示燈。但設有能由防災中心遙控啟動，且送水口與防災中心間設有通話裝置者，得免設。

四、中繼幫浦一次側設出水口、止水閥及壓力調整閥，並附設旁通管，二次側設逆止閥、止水閥及送水口或出水口。

五、屋頂水箱有零點五立方公尺以上容量，中繼水箱有二點五立方公尺以上。

六、進水側配管及出水側配管間設旁通管，並於旁通管設逆止閥。

七、全閉揚程與押入揚程合計在一百七十公尺以上時，增設幫浦使串聯運轉。

八、設置中繼幫浦之機械室及連結送水管送水口處，設有能與防災中心通話之裝置。

九、中繼幫浦放水測試時，應從送水口以送水設計壓力送水，並以口徑二十一毫米瞄子在最頂層測試，其放水壓力在每平方公分六公斤以上或0.6MPa以上，且放水量在每分鐘六百公升以上，送水設計壓力，依下圖標明於送水口附近明顯易見處。

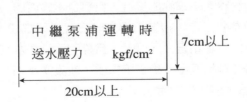

第一百八十四條　送水設計壓力，依下列規定計算：
　　一、送水設計壓力在下列計算值以上：送水設計壓力＝配管摩擦損失水頭＋消防水帶摩擦損失水頭＋落差＋放水壓力H=h1+h2+h3+60m
　　二、消防水帶摩擦損失水頭為四公尺。
　　三、立管水量，最上層與其直下層間為每分鐘一千二百公升，其他樓層為每分鐘二千四百公升。
　　四、每一線瞄子支管之水量為每分鐘六百公升。

第二節 消防專用蓄水池

第一百八十五條　消防專用蓄水池，依下列規定設置：
　　一、蓄水池有效水量應符合下列規定設置：
　　（一）依第二十七條第一款及第三款設置者，其第一層及第二層樓地板面積合計後，每七千五百平方公尺（包括未滿）設置二十立方公尺以上。
　　（二）依第二十七條第二款設置者，其總樓地板面積每一萬二千五百平方公尺（包括未滿）設置二十立方公尺以上。
　　二、任一消防專用蓄水池至建築物各部分之水平距離在一百公尺以下，且其有效水量在二十立方公尺以上。
　　三、設於消防車能接近至其二公尺範圍內，易於抽取處。
　　四、有進水管投入後，能有效抽取所需水量之構造。
　　五、依下列規定設置投入孔或採水口。（一）投入孔為邊長六十公分以上之正方形或直徑六十公分以上之圓孔，並設鐵蓋保護之。水量未滿八十立方公尺者，設一個以上；八十立方公尺以上者，設二個以上。（二）採水口為口徑七十五毫米，並接裝陰式螺牙。水量二十立方公尺以上，設一個以上；四十立方公尺以上至一百二十立方公尺未滿，設二個以上；一百二十立方公尺以上，設三個以上。採水口配管口徑至少八十毫米以上，距離基地地面之高度在一公尺以下零點五公尺以上。前項有效水量，指蓄水池深度在基地地面下四點五公尺範圍內之水量。但採機械方式引水時，不在此限。
第一百八十六條　消防專用蓄水池採機械方式引水時，除依前條第一項第一款及第二款後段規定外，任一採水口至建築物各部分之水平距離在一百公尺以下，並依下

列規定設置加壓送水裝置及採水口：

一、加壓送水裝置出水量及採水口數，符合下表之規定。

水量（m³）	四十未滿	四十以上 一百二十未滿	一百二十以上
出水量（ℓ/min）	一千一百	二千二百	三千三百
採水口數（個）	一	二	三

二、加壓送水裝置幫浦全揚程在下列計算方式之計算值以上：全揚程＝落差＋配管摩擦損失水頭＋15mH=h1+h2+15m

三、加壓送水裝置應於採水口附近設啟動裝置及紅色啟動表示燈。但設有能由防災中心遙控啟動，且採水口與防災中心間設有通話連絡裝置者，不在此限。

四、採水口接裝六十三毫米陽式快接頭，距離基地地面之高度在一公尺以下零點五公尺以上。

第一百八十七條　消防專用蓄水池之標示，依下列規定設置：

一、進水管投入孔標明消防專用蓄水池字樣。

二、採水口標明採水口或消防專用蓄水池採水口字樣。

第三節 排煙設備

第一百八十八條　第二十八條第一項第一款至第四款排煙設備，依下列規定設置：

一、每層樓地板面積每五百平方公尺內，以防煙壁區劃。但戲院、電影院、歌廳、集會堂等場所觀眾席，及工廠等類似建築物，其天花板高度在五公尺以上，且天花板及室內牆面以耐燃一級材料裝修者，不在此限。

二、地下建築物之地下通道每三百平方公尺應以防煙壁區劃。

三、依第一款、第二款區劃（以下稱為防煙區劃）之範圍內，任一位置至排煙口之水平距離在三十公尺以下，排煙口設於天花板或其下方八十公分範圍內，除直接面向戶外，應與排煙風管連接。但排煙口設在天花板下方，防煙壁下垂高度未達八十公分時，排煙口應設在該防煙壁之下垂高度內。

四、排煙設備之排煙口、風管及其他與煙接觸部分應使用不燃材料。

五、排煙風管貫穿防火區劃時，應在貫穿處設防火閘門；該風管與貫穿部位合成之構造應具所貫穿構造之防火時效；其跨樓層設置時，立管應置於防火區劃之管道間。但設置之風管具防火性能並經中央主管機關審核認可，該風管與貫穿部位合成之構造具所貫穿構造之防火時效者，不在此限。

六、排煙口設手動開關裝置及探測器連動自動開關裝置；以該等裝置或遠隔操作開關裝置開啟，平時保持關閉狀態，開口葉片之構造應不受開啟時所生氣流之影響而關閉。手動開關裝置用手操作部分應設於距離樓地板面八十公分以上一百五十公分以下之牆面，裝置於天花板時，應設操作垂鍊或垂桿在距離樓地板一百八十公分之位置，並標示簡易之操作方式。

七、排煙口之開口面積在防煙區劃面積之百分之二以上，且以自然方式直接排至戶外。排煙口無法以自然方式直接排至戶外時，應設排煙機。

八、排煙機應隨任一排煙口之開啟而動作。排煙機之排煙量在每分鐘一百二十立
　　方公尺以上；且在一防煙區劃時，在該防煙區劃面積每平方公尺每分鐘一立
　　方公尺以上；在二區以上之防煙區劃時，在最大防煙區劃面積每平方公尺每
　　分鐘二立方公尺以上。但地下建築物之地下通道，其總排煙量應在每分鐘
　　六百立方公尺以上。

九、連接緊急電源，其供電容量應供其有效動作三十分鐘以上。

十、排煙口直接面向戶外且常時開啟者，得不受第六款及前款之限制。前項之防
　　煙壁，指以不燃材料建造，自天花板下垂五十公分以上之垂壁或具有同等以
　　上阻止煙流動構造者。但地下建築物之地下通道，防煙壁應自天花板下垂
　　八十公分以上。

第一百八十九條　特別安全梯或緊急昇降機間排煙室之排煙設備，依下列規定選擇設置：

一、設置直接面向戶外之窗戶時，應符合下列規定：

（一）在排煙時窗戶與煙接觸部分使用不燃材料。

（二）窗戶有效開口面積位於天花板高度二分之一以上之範圍內。

（三）窗戶之有效開口面積在二平方公尺以上。但特別安全梯排煙室與緊急昇降
　　　機間兼用時（以下簡稱兼用），應在三平方公尺以上。

（四）前目平時關閉之窗戶設手動開關裝置，其操作部分設於距離樓地板面八十
　　　公分以上一百五十公分以下之牆面，並標示簡易之操作方式。

二、設置排煙、進風風管時，應符合下列規定：

（一）排煙設備之排煙口、排煙風管、進風口、進風風管及其他與煙接觸部分應
　　　使用不燃材料。

（二）排煙、進風風管貫穿防火區劃時，應在貫穿處設防火閘門；該風管與貫穿
　　　部位合成之構造應具所貫穿構造之防火時效；其跨樓層設置時，立管應置
　　　於防火區劃之管道間。但設置之風管具防火性能並經中央主管機關認可，
　　　該風管與貫穿部位合成之構造具所貫穿構造之防火時效者，不在此限。

（三）排煙口位於天花板高度二分之一以上之範圍內，與直接連通戶外之排煙風
　　　管連接，該風管並連接排煙機。進風口位於天花板高度二分之一以下之範
　　　圍內；其直接面向戶外，開口面積在一平方公尺（兼用時，為一點五平方
　　　公尺）以上；或與直接連通戶外之進風風管連接，該風管並連接進風機。

（四）排煙機、進風機之排煙量、進風量在每秒四立方公尺（兼用時，每秒六立
　　　方公尺）以上，且可隨排煙口、進風口開啟而自動啟動。

（五）進風口、排煙口依前款第四目設手動開關裝置及探測器連動自動開關裝
　　　置；除以該等裝置或遠隔操作開關裝置開啟外，平時保持關閉狀態，開口
　　　葉片之構造應不受開啟時所生氣流之影響而關閉。

（六）排煙口、進風口、排煙機及進風機連接緊急電源，其供電容量應供其有效
　　　動作三十分鐘以上。

第一百九十條　下列處所得免設排煙設備：

一、建築物在第十層以下之各樓層（地下層除外），其非居室部分，符合下列規
　　定之一者：

（一）天花板及室內牆面，以耐燃一級材料裝修，且除面向室外之開口外，以半小時以上防火時效之防火門窗等防火設備區劃者。

（二）樓地板面積每一百平方公尺以下，以防煙壁區劃者。

二、建築物在第十層以下之各樓層（地下層除外），其居室部分，符合下列規定之一者：

（一）樓地板面積每一百平方公尺以下，以具一小時以上防火時效之牆壁、防火門窗等防火設備及各該樓層防火構造之樓地板形成區劃，且天花板及室內牆面，以耐燃一級材料裝修者。

（二）樓地板面積在一百平方公尺以下，天花板及室內牆面，且包括其底材，均以耐燃一級材料裝修者。

三、建築物在第十一層以上之各樓層、地下層或地下建築物（地下層或地下建築物之甲類場所除外），樓地板面積每一百平方公尺以下，以具一小時以上防火時效之牆壁、防火門窗等防火設備及各該樓層防火構造之樓地板形成區劃間隔，且天花板及室內牆面，以耐燃一級材料裝修者。

四、樓梯間、昇降機昇降路、管道間、儲藏室、洗手間、廁所及其他類似部分。

五、設有二氧化碳或乾粉等自動滅火設備之場所。

六、機器製造工廠、儲放不燃性物品倉庫及其他類似用途建築物，且主要構造為不燃材料建造者。

七、集合住宅、學校教室、學校活動中心、體育館、室內溜冰場、室內游泳池。

八、其他經中央主管機關核定之場所。前項第一款第一目之防火門窗等防火設備應具半小時以上之阻熱性，第二款第一目及第三款之防火門窗等防火設備應具一小時以上之阻熱性。

第四節 緊急電源插座

第一百九十一條　緊急電源插座，依下列規定設置：

一、緊急電源插座裝設於樓梯間或緊急昇降機間等（含各該處五公尺以內之場所）消防人員易於施行救火處，且每一層任何一處至插座之水平距離在五十公尺以下。

二、緊急電源插座之電流供應容量為交流單相一百一十伏特（或一百二十伏特）十五安培，其容量約為一點五瓩以上。

三、緊急電源插座之規範，依下圖規定。

四、緊急電源插座為接地型，裝設高度距離樓地板一公尺以上一點五公尺以下，且裝設二個於符合下列規定之崁裝式保護箱：

（一）保護箱長邊及短邊分別為二十五公分及二十公分以上。

（二）保護箱為厚度在一點六毫米以上之鋼板或具同等性能以上之不燃材料製。

（三）保護箱內有防止插頭脫落之適當裝置（L型或C型護鉤）。

（四）保護箱蓋為易於開閉之構造。

（五）保護箱須接地。

（六）保護箱蓋標示緊急電源插座字樣，每字在二平方公分以上。

（七）保護箱與室內消防栓箱等併設時，須設於上方且保護箱蓋須能另外開啟。

五、緊急電源插座在保護箱上方設紅色表示燈。

六、應從主配電盤設專用回路，各層至少設二回路以上之供電線路，且每一回路之連接插座數在十個以下。（每回路電線容量在二個插座同時使用之容量以上）。

七、前款之專用回路不得設漏電斷路器。

八、各插座設容量一百一十伏特、十五安培以上之無熔絲斷路器。

九、緊急用電源插座連接至緊急供電系統。

第五節 無線電通信輔助設備

第一百九十二條　無線電通信輔助設備，依下列規定設置：

一、無線電通信輔助設備使用洩波同軸電纜，該電纜適合傳送或輻射一百五十百萬赫（MHz）或中央主管機關指定之周波數。

二、洩波同軸電纜之標稱阻抗為五十歐姆。

三、洩波同軸電纜經耐燃處理。

四、分配器、混合器、分波器及其他類似器具，應使用介入衰耗少，且接頭部分有適當防水措施者。

五、設增輻器時，該增輻器之緊急電源，應使用蓄電池設備，其能量能使其有效動作三十分鐘以上。

六、無線電之接頭應符合下列規定：

（一）設於地面消防人員便於取用處及值日室等平時有人之處所。

（二）前目設於地面之接頭數量，在任一出入口與其他出入口之步行距離大於三百公尺時，設置二個以上。

（三）設於距樓地板面或基地地面高度零點八公尺至一點五公尺間。

（四）裝設於保護箱內，箱內設長度二公尺以上之射頻電纜，保護箱應構造堅固，有防水及防塵措施，其箱面應漆紅色，並標明消防隊專用無線電接頭字樣。

第四編 公共危險物品等場所消防設計及消防安全設備

第一章 消防設計

第一百九十三條　適用本編規定之場所（以下簡稱公共危險物品等場所）如下：

一、公共危險物品及可燃性高壓氣體設置標準暨安全管理辦法規定之場所。

二、加油站。

三、加氣站。

四、天然氣儲槽及可燃性高壓氣體儲槽。

五、爆竹煙火製造、儲存及販賣場所。

第一百九十四條　顯著滅火困難場所，指公共危險物品等場所符合下列規定之一者：

一、公共危險物品製造場所或一般處理場所符合下列規定之一：

（一）總樓地板面積在一千平方公尺以上。

（二）公共危險物品數量達管制量一百倍以上。但第一類公共危險物品之氯酸鹽類、過氯酸鹽類、硝酸鹽類、第二類公共危險物品之硫磺、鐵粉、金屬粉、鎂、第五類公共危險物品之硝酸酯類、硝基化合物或高閃火點物品其操作溫度未滿攝氏一百度者，不在此限。

（三）製造或處理設備高於地面六公尺以上。但高閃火點物品其操作溫度未滿攝氏一百度者，不在此限。

（四）建築物除供一般處理場所使用以外，尚有其他用途。但以無開口且具一小時以上防火時效之牆壁、樓地板區劃分隔者，或處理高閃火點物品其操作溫度未滿攝氏一百度者，不在此限。

二、室內儲存場所符合下列規定之一：

（一）儲存公共危險物品達管制量一百五十倍以上。但第一類公共危險物品之氯酸鹽類、過氯酸鹽類、硝酸鹽類、第二類公共危險物品之硫磺、鐵粉、金屬粉、鎂、第五類公共危險物品之硝酸酯類、硝基化合物或高閃火點物品者，不在此限。

（二）儲存第一類、第三類、第五類或第六類公共危險物品，其總樓地板面積在一百五十平方公尺以上。但每一百五十平方公尺內，以無開口且具半小時以上防火時效之牆壁、樓地板區劃分隔者，不在此限。

（三）儲存第二類公共危險物品之易燃性固體或第四類公共危險物品閃火點未滿攝氏七十度，其總樓地板面積在一百五十平方公尺以上。但每一百五十平方公尺內，以無開口且具一小時以上防火時效之牆壁、樓地板區劃分隔者，不在此限。

（四）儲存第一類、第三類、第五類或第六類公共危險物品，其建築物除供室內儲存場所使用以外，尚有其他用途。但以無開口且具一小時以上防火時效之牆壁、樓地板區劃分隔者，不在此限。

（五）儲存第二類公共危險物品之易燃性固體或第四類公共危險物品閃火點未滿攝氏七十度，其建築物除供室內儲存場所使用以外，尚有其他用途。但以無開口且具一小時以上防火時效之牆壁、樓地板區劃分隔者，不在此限。

（六）高度在六公尺以上之一層建築物。

三、室外儲存場所儲存塊狀硫磺，其面積在一百平方公尺以上。

四、室內儲槽場所符合下列規定之一。但儲存高閃火點物品或第六類公共危險物品，其操作溫度未滿攝氏一百度者，不在此限：

（一）儲槽儲存液體表面積在四十平方公尺以上。

（二）儲槽高度在六公尺以上。

（三）儲存閃火點在攝氏四十度以上未滿攝氏七十度之公共危險物品，其儲槽專用室設於一層以外之建築物。但以無開口且具一小時以上防火時效之牆壁、樓地板區劃分隔者，不在此限。

五、室外儲槽場所符合下列規定之一。但儲存高閃火點物品或第六類公共危險物品，其操作溫度未滿攝氏一百度者，不在此限：

（一）儲槽儲存液體表面積在四十平方公尺以上。

（二）儲槽高度在六公尺以上。

（三）儲存固體公共危險物品，其儲存數量達管制量一百倍以上。

六、室內加油站一面開放且其上方樓層供其他用途使用。

第一百九十五條　一般滅火困難場所，指公共危險物品等場所符合下列規定之一者：

一、公共危險物品製造場所或一般處理場所符合下列規定之一：

（一）總樓地板面積在六百平方公尺以上未滿一千平方公尺。

（二）公共危險物品數量達管制量十倍以上未滿一百倍。但處理第一類公共危險物品之氯酸鹽類、過氯酸鹽類、硝酸鹽類、第二類公共危險物品之硫磺、鐵粉、金屬粉、鎂、第五類公共危險物品之硝酸酯類、硝基化合物或高閃火點物品，其操作溫度未達攝氏一百度者，不在此限。（三）未達前條第一款規定，而供作噴漆塗裝、淬火、鍋爐或油壓裝置作業場所。但儲存高閃火點物品或第六類公共危險物品，其操作溫度未滿攝氏一百度者，不在此限。

二、室內儲存場所符合下列規定之一：

（一）一層建築物以外。

（二）儲存公共危險物品數量達管制量十倍以上未滿一百五十倍。但儲存第一類公共危險物品之氯酸鹽類、過氯酸鹽類、硝酸鹽類、第二類公共危險物品之硫磺、鐵粉、金屬粉、鎂、第五類公共危險物品之硝酸酯類、硝基化合物或高閃火點物品者，不在此限。

（三）總樓地板面積在一百五十平方公尺以上。

三、室外儲存場所符合下列規定之一：（一）儲存塊狀硫磺，其面積在五平方公尺以上，未滿一百平方公尺。（二）儲存公共危險物品管制量在一百倍以上。但其為塊狀硫磺或高閃火點物品者，不在此限。

四、室內儲槽場所或室外儲槽場所未達顯著滅火困難場所規定。但儲存第六類公共危險物品或高閃火點物品者，不在此限。

五、第二種販賣場所。

六、室內加油站未達顯著滅火困難場所。

第一百九十六條　其他滅火困難場所，指室外加油站、未達顯著滅火困難場所或一般滅火困難場所者。

第一百九十七條　公共危險物品等場所之滅火設備分類如下：

一、第一種滅火設備：指室內或室外消防栓設備。

二、第二種滅火設備：指自動撒水設備。

三、第三種滅火設備：指水霧、泡沫、二氧化碳或乾粉滅火設備。

四、第四種滅火設備：指大型滅火器。

五、第五種滅火設備：指滅火器、水桶、水槽、乾燥砂、膨脹蛭石或膨脹珍珠岩。可燃性高壓氣體製造場所、加氣站、天然氣儲槽及可燃性高壓氣體儲槽之防護設備分類如下：

一、冷卻撒水設備。

二、射水設備：指固定式射水槍、移動式射水槍或室外消防栓。

第一百九十八條　公共危險物品製造、儲存或處理場所，應依下表選擇適當之滅火設備。

第一百九十九條　設置第五種滅火設備者，應依下列規定核算其最低滅火效能值：

　　一、公共危險物品製造或處理場所之建築物，外牆為防火構造者，總樓地板面積每一百平方公尺（含未滿）有一滅火效能值；外牆為非防火構造者，總樓地板面積每五十平方公尺（含未滿）有一滅火效能值。

　　二、公共危險物品儲存場所之建築物，外牆為防火構造者，總樓地板面積每一百五十平方公尺（含未滿）有一滅火效能值；外牆為非防火構造者，總樓地板面積每七十五平方公尺（含未滿）有一滅火效能值。

　　三、位於公共危險物品製造、儲存或處理場所之室外具有連帶使用關係之附屬設施，以該設施水平最大面積為其樓地板面積，準用前二款外牆為防火構造者，核算其滅火效能值。

　　四、公共危險物品每達管制量之十倍（含未滿）應有一滅火效能值。

第二百條　第五種滅火設備除滅火器外之其他設備，依下列規定核算滅火效能值：

　　一、八公升之消防專用水桶，每三個為一滅火效能值。

　　二、水槽每八十公升為一點五滅火效能值。

　　三、乾燥砂每五十公升為零點五滅火效能值。

　　四、膨脹蛭石或膨脹珍珠巖每一百六十公升為一滅火效能值。

第二百零一條　顯著滅火困難場所應依下表設置第一種、第二種或第三種滅火設備：

場　所　類　別		滅　火　設　備
公共危險物品製造場所及一般處理場所		設置第一種、第二種或第三種滅火設備。但火災時有充滿濃煙之虞者，不得使用第一種或第三種之移動式滅火設備。
室內儲存場所	高度六公尺以上之一層建築物	第二種或移動式以外之第三種滅火設備
	其他	第一種滅火設備之室外消防栓設備、第二種滅火設備、第三種移動式泡沫設備（限設置室外泡沫消防栓者）或移動式以外之第三種滅火設備
室外儲存場所		設置第一種、第二種或第三種滅火設備。但火災時有充滿濃煙之虞者，不得使用第一種或第三種之移動式滅火設備
室內儲槽場所	儲存硫磺	第三種滅火設備之水霧滅火設備
	儲存閃火點攝氏七十度以上之第四類公共危險物品	第三種滅火設備之水霧滅火設備、固定式泡沫滅火設備或移動式以外二氧化碳（或乾粉）滅火設備
	其他	第三種滅火設備之固定式泡沫滅火設備、移動式以外二氧化碳（或乾粉）滅火設備
室外儲槽場所	儲存硫磺	第三種滅火設備之水霧滅火設備
	儲存閃火點攝氏七十度以上之第四類公共危險物品	第三種滅火設備之水霧滅火設備或固定式泡沫滅火設備
	其他	第三種滅火設備之固定式泡沫滅火設備
室內加油站		第三種滅火設備之固定式泡沫滅火設備

前項場所除下列情形外，並應設置第四種及第五種滅火設備：

一、製造及一般處理場所儲存或處理高閃火點物品之操作溫度未滿攝氏一百度者，其設置之第一種、第二種或第三種滅火設備之有效範圍內，得免設第四種滅火設備。

二、儲存第四類公共危險物品之室外儲槽場所或室內儲槽場所，設置第五種滅火設備二具以上。

三、室內加油站應設置第五種滅火設備。

第二百零二條　一般滅火困難場所，依下列設置滅火設備：

一、公共危險物品製造場所及一般處理場所、室內儲存場所、室外儲存場所、第二種販賣場所及室內加油站設置第四種及第五種滅火設備，其第五種滅火設備之滅火效能值，在該場所儲存或處理公共危險物品數量所核算之最低滅火效能值五分之一以上。

二、室內及室外儲槽場所，設置第四種及第五種滅火設備各一具以上。前項設第四種滅火設備之場所，設有第一種、第二種或第三種滅火設備時，在該設備有效防護範圍內，得免設。

第二百零三條　其他滅火困難場所，應設置第五種滅火設備，其滅火效能值應在該場所建築物與其附屬設施及其所儲存或處理公共危險物品數量所核算之最低滅火效能值以上。但該場所已設置第一種至第四種滅火設備之一時，在該設備有效防護範圍內，其滅火效能值得減至五分之一以上。地下儲槽場所，應設置第五種滅火設備二具以上。

第二百零四條　電氣設備使用之處所，每一百平方公尺（含未滿）應設置第五種滅火設備一具以上。第二百零五條下列場所應設置火警自動警報設備：

一、公共危險物品製造場所及一般處理場所符合下列規定之一者：

（一）總樓地板面積在五百平方公尺以上者。

（二）室內儲存或處理公共危險物品數量達管制量一百倍以上者。但處理操作溫度未滿攝氏一百度之高閃火點物品者，不在此限。

（三）建築物除供一般處理場所使用外，尚供其他用途者。但以無開口且具一小時以上防火時效之牆壁、樓地板區劃分隔者，不在此限。

二、室內儲存場所符合下列規定之一者：

（一）儲存或處理公共危險物品數量達管制量一百倍以上者。但儲存或處理高閃火點物品，不在此限。

（二）總樓地板面積在一百五十平方公尺以上者。但每一百五十平方公尺內以無開口且具一小時以上防火時效之牆壁、樓地板區劃分隔，或儲存、處理易燃性固體以外之第二類公共危險物品或閃火點在攝氏七十度以上之第四類公共危險物品之場所，其總樓地板面積在五百平方公尺以下者，不在此限。

（三）建築物之一部分供作室內儲存場所使用者。但以無開口且具一小時以上防火時效之牆壁、樓地板區劃分隔者，或儲存、處理易燃性固體以外之第二類公共危險物品或閃火點在攝氏七十度以上之第四類公共危險物品，不在

此限。

　　　（四）高度在六公尺以上之一層建築物。

　　三、室內儲槽場所達顯著滅火困難者。

　　四、一面開放或上方有其他用途樓層之室內加油站。前項以外之公共危險物品製
　　　　造、儲存或處理場所儲存、處理公共危險物品數量達管制量十倍以上者,應
　　　　設置手動報警設備或具同等功能之緊急通報裝置。但平日無作業人員者,不
　　　　在此限。

第二百零六條　加油站所在建築物,其二樓以上供其他用途使用者,應設置標示設備。

第二百零六條　之一下列爆竹煙火場所應設置第五種滅火設備:

　　一、爆竹煙火製造場所有火藥區之作業區或庫儲區。

　　二、達中央主管機關所定管制量以上之爆竹煙火儲存、販賣場所。建築物供前項
　　　　場所使用之樓地板面積合計在一百五十平方公尺以上者,應設置第一種滅火
　　　　設備之室外消防栓。但前項第二款規定之販賣場所,不在此限。

第二百零七條　可燃性高壓氣體製造、儲存或處理場所及加氣站、天然氣儲槽、可燃性高壓
　　　　　　　氣體儲槽,應設置滅火器。

第二百零八條　下列場所應設置防護設備。但已設置水噴霧裝置者,得免設:

　　一、可燃性高壓氣體製造場所。

　　二、儲存可燃性高壓氣體或天然氣儲槽在三千公斤以上者。

　　三、氣槽車之卸收區。

　　四、加氣站之加氣車位、儲氣槽人孔、壓縮機、幫浦。

第二章 消防安全設備

第二百零九條　室內消防栓設備,應符合下列規定:

　　一、設置第一種消防栓。

　　二、配管、試壓、室內消防栓箱、有效水量及加壓送水裝置之設置,準用第
　　　　三十二條、第三十三條、第三十四條第一項第一款第三目、第二項、第
　　　　三十五條、第三十六條第二項、第三項及第三十七條之規定。

　　三、所在建築物其各層任一點至消防栓接頭之水平距離在二十五公尺以下,且各
　　　　層之出入口附近設置一支以上之室內消防栓。

　　四、任一樓層內,全部室內消防栓同時使用時,各消防栓瞄子放水壓力在每平方
　　　　公分三點五公斤以上或0.35MPa以上;放水量在每分鐘二百六十公升以上。
　　　　但全部消防栓數量超過五支時,以同時使用五支計算之。

　　五、水源容量在裝置室內消防栓最多樓層之全部消防栓繼續放水三十分鐘之水量
　　　　以上。但該樓層內,全部消防栓數量超過五支時,以五支計算之。室內消防
　　　　栓設備之緊急電源除準用第三十八條規定外,其供電容量應供其有效動作
　　　　四十五分鐘以上。

第二百十條　室外消防栓設備應符合下列規定:

　　一、配管、試壓、室外消防栓箱及有效水量之設置,準用第三十九條、第四十條
　　　　第三款至第五款、第四十一條第二項、第三項之規定。

二、加壓送水裝置，除室外消防栓瞄子放水壓力超過每平方公分七公斤或0.7MPa時，應採取有效之減壓措施外，其設置準用第四十二條之規定。

三、口徑在六十三毫米以上，與防護對象外圍或外牆各部分之水平距離在四十公尺以下，且設置二支以上。

四、採用鑄鐵管配管時，使用符合 CNS八三二規定之壓力管路鑄鐵管或具同等以上強度者，其標稱壓力在每平方公分十六公斤以上或1.6MPa以上。

五、配管埋設於地下時，應採取有效防腐蝕措施。但使用鑄鐵管，不在此限。

六、全部室外消防栓同時使用時，各瞄子出水壓力在每平方公分三點五公斤以上或 0.35MPa以上；放水量在每分鐘四百五十公升以上。但全部室外消防栓數量超過四支時，以四支計算之。

七、水源容量在全部室外消防栓繼續放水三十分鐘之水量以上。但設置個數超過四支時，以四支計算之。室外消防栓設備之緊急電源除準用第三十八條規定外，其供電容量應供其有效動作四十五分鐘以上。

第二百十一條　自動撒水設備，應符合下列規定：

一、配管、配件、屋頂水箱、試壓、撒水頭、放水量、流水檢知裝置、啟動裝置、一齊開放閥、末端查驗閥、加壓送水裝置及送水口之設置，準用第四十三條至第四十五條、第四十八條至第五十三條、第五十五條、第五十六條、第五十八條及第五十九條規定。

二、防護對像任一點至撒水頭之水平距離在一點七公尺以下。

三、開放式撒水設備，每一放水區域樓地板面積在一百五十平方公尺以上。但防護對像樓地板面積未滿一百五十平方公尺時，以實際樓地板面積計算。

四、水源容量，依下列規定設置：（一）使用密閉式撒水頭時，應在設置三十個撒水頭繼續放水三十分鐘之水量以上。但設置撒水頭數在三十個以下者，以實際撒水頭數計算。（二）使用開放式撒水頭時，應在最大放水區域全部撒水頭，繼續放水三十分鐘之水量以上。（三）前二目撒水頭數量，在使用密閉乾式或預動式流水檢知裝置時，應追加十個。

五、撒水頭位置之裝置，準用第四十七條規定。但存放易燃性物質處所，撒水頭迴水板下方九十公分及水平方向三十公分以內，應保持淨空間，不得有障礙物。自動撒水設備之緊急電源除準用第三十八條規定外，其供電容量應供其有效動作四十五分鐘以上。

第二百十二條　水霧滅火設備，應符合下列規定：

一、水霧噴頭、配管、試壓、流水檢知裝置、啟動裝置、一齊開放閥及送水口設置規定，準用第六十一條、第六十二條、第六十六條及第六十七條規定。

二、放射區域，每一區域在一百五十平方公尺以上，其防護對像之面積未滿一百五十平方公尺者，以其實際面積計算之。

三、水源容量在最大放射區域，全部水霧噴頭繼續放水三十分鐘之水量以上。其放射區域每平方公尺每分鐘放水量在二十公升以上。

四、最大放射區域水霧噴頭同時放水時，各水霧噴頭之放射壓力在每平方公分三點五公斤以上或0.35MPa以上。水霧滅火設備之緊急電源除準用第三十八條

儲槽直徑 ＼ 建築構造及泡沫放出口種類	泡沫放出口應設數量			
	固定頂儲槽		內浮頂儲槽	外浮頂儲槽
	Ⅰ或Ⅱ型	Ⅲ或Ⅳ型	Ⅱ型	特殊型
未達十三公尺			二	二
十三公尺以上未達十九公尺	一	一	三	三
十九公尺以上未達二十四公尺			四	四
二十四公尺以上未達三十五公尺	二	二	五	五
三十五公尺以上未達四十二公尺	三	三	六	六
四十二公尺以上未達四十六公尺	四	四	七	七
四十六公尺以上未達五十三公尺	五	六	七	七
五十三公尺以上未達六十公尺	六	八	八	八
六十公尺以上未達六十七公尺	八	十		九
六十七公尺以上未達七十三公尺	九	十二		十
七十三公尺以上未達七十九公尺	十一	十四		十一
七十九公尺以上未達八十五公尺	十三	十六		十二
八十五公尺以上未達九十公尺	十四	十八		十二
九十公尺以上未達九十五公尺	十六	二十		十三
九十五公尺以上未達九十九公尺	十七	二十二		十三
九十九公尺以上	十九	二十四		十四

註：
一、各型泡沫放出口定義如左：
  (一)Ⅰ型泡沫放出口：指由固定頂儲槽上部注入泡沫之放出口。該泡沫放出口設於儲槽側板上方，具有泡沫導管或滑道等附屬裝置，不使泡沫沉入液面下或攪動液面，而使泡沫在液面展開有效滅火，並且具有可以阻止儲槽內公共危險物品逆流之構造。
  (二)Ⅱ型泡沫放出口：指由固定頂或儲槽之上部注入泡沫之放出口。在泡沫放出口上附設泡沫反射板可以使放出之泡沫能沿著儲槽之側板內面流下，又不使泡沫沉入液面下或攪動液面，可在液面展開有效滅火，並且具有可以阻止槽內公共危險物品逆流之構造。
  (三)特殊型泡沫放出口：指供外浮頂儲槽上部注入泡沫之放出口，於該泡沫放出口附設有泡沫反射板，可以將泡沫注入於儲槽側板與泡沫隔板所形成之環狀部分。該泡沫隔板係指在浮頂之上方設有高度在零點三公尺以上，且距離儲槽內側在零點三公尺以上鋼製隔板，具可以阻止放出之泡沫外流，且視該儲槽設置地區預期之最大降雨量，設有可充分排水之排水口之構造者為限。
  (四)Ⅲ型泡沫放出口：指供固定頂儲槽槽底注入泡沫法之放出口，該泡沫放出口由泡沫輸送管(具有可以阻止儲槽內之公共危險物品由該配管逆流之構造或機械)，將發泡器或泡沫發生機所發生之泡沫予以輸送注入儲槽內，並由泡沫放出口放出泡沫。
  (五)Ⅳ型泡沫放出口：指供固定頂儲槽槽底注入泡沫法之放出口，將泡沫輸送管末端與平時設在儲槽液面下底部之存放筒(包括具有在送入泡沫時可以很容易脫開之蓋者。)所存放之特殊軟管等相連接，於送入泡沫時可使特殊軟管等伸直，使特殊軟管等之前端到達液面而放出泡沫。
二、特殊型泡沫放出口使用安裝在浮頂上方者，得免附設泡沫反射板。
三、本表之Ⅲ型泡沫放出口，限於處理或儲存在攝氏二十度時一百公克中水中溶解量未達一公克之公共危險物品，(以下稱「不溶性物質」)及儲存溫度在攝氏五十度以下或動粘度在 100cst 以下之公共危險物品儲槽使用。
四、內浮頂儲槽浮頂採用鋼製雙層甲板（Double deck）或鋼製浮筒式（Pantoon）甲板，其泡沫系統之泡沫放出口種類及數量，得比照外浮頂儲槽設置。

規定外，其供電容量應供其有效動作四十五分鐘以上。

第二百十三條　設於儲槽之固定式泡沫滅火設備，依下列規定設置：

一、泡沫放出口，依下表之規定設置，且以等間隔裝設在不因火災或地震可能造成損害之儲槽側板外圍上。

二、儲槽儲存不溶性之第四類公共危險物品時，依前款所設之泡沫放出口，並就下表所列公共危險物品及泡沫放出口種類，以泡沫水溶液量乘以該儲槽液面積所得之量，能有效放射，且在同表所規定之放出率以上。

泡沫放出口種類／儲存公共危險物品種類	I 型 泡沫水溶液量	放出率	II 型 泡沫水溶液量	放出率	特殊型 泡沫水溶液量	放出率	III 型 泡沫水溶液量	放出率	IV 型 泡沫水溶液量	放出率
閃火點未達21℃之第四類公共危險物品	120	4	220	4	240	8	220	4	220	4
閃火點在21℃以上未達70℃之第四類公共危險物品	80	4	120	4	160	8	120	4	120	4
閃火點在70℃以上之第四類公共危險物品	60	4	100	4	120	8	100	4	100	4

註：泡沫水溶液量單位ℓ/m^2，放出率單位$\ell/min\ m^2$。

三、儲槽儲存非不溶性之第四類公共危險物品時，應使用耐酒精型泡沫，其泡沫放出口之泡沫水溶液量及放出率，依下表規定：

I 型 泡沫水溶液量	放出率	II 型 泡沫水溶液量	放出率	特殊型 泡沫水溶液量	放出率	III 型 泡沫水溶液量	放出率	IV 型 泡沫水溶液量	放出率
一六〇	八	二四〇	八	—	—	—	—	二四〇	八

註：一、使用耐酒精型泡沫能有效滅火時，其泡沫放出口之泡沫水溶液量及放出率，得依廠商提示值核計。
　　二、泡沫水溶液量單位ℓ/m^2，放出率單位$\ell/min\ m^2$

四、前款並依下表公共危險物品種類乘以所規定的係數值。但未表列之物質，依中央主管機關認可之試驗方法求其係數。

第 四 類 公 共 危 險 物 品 種 類		係 數
類　　別	詳　　細　　分　　類	
醇　　類	甲醇、3-甲基-2-丁醇、乙醇、烯丙醇、1-戊醇、2-戊醇、第三戊醇（2-甲基-2-丁醇）、異戊醇、1-己醇、環己醇、糠醇、苯甲醇、丙二醇、乙二醇(甘醇)、二甘醇、二丙二醇、甘油	1.0
	2-丙醇、1-丙醇、異丁醇、1-丁醇、2-丁醇	1.25
	第三丁醇	2.0
醚　　類	異丙醚、乙二醇乙醚（2-羥基乙醚）、乙二醇甲醚、二甘醇乙醚、二甲醇甲醚	1.25
	1,4 二氧雜環己烷	1.5
	乙醚、乙縮醛（1,1-雙乙氧基乙烷）、乙基丙基醚、四氫呋喃、異丁基乙烯醚、乙基丁基醚	2.0
酯　　類	乙酸乙脂、甲酸乙酯、甲酸甲酯、乙酸甲酯、乙酸乙烯酯、甲酸丙酯、丙烯酸甲酯、丙烯酸乙酯、異丁烯酸甲酯、異丁烯酸乙酯、乙酸丙酯、甲酸丁酯、乙酸-2-乙氧基乙酯、乙酸-2-甲氧基乙酯	1.0
酮　　類	丙酮、丁酮、甲基異丁基酮、2,4-戊雙酮、環己酮	1.0
醛　　類	丙烯醛、丁烯醛(巴豆醛)、三聚乙醛	1.25
	乙醛	2.0
胺　　類	乙二胺、環己胺、苯胺、乙醇胺、二乙醇胺、三乙醇胺	1.0
	乙胺、丙胺、烯丙胺、二乙胺、丁胺、異丁胺、三乙胺、戊胺、第三丁胺	1.25
	異丙胺	2.0
腈　　類	丙烯腈、乙腈、丁腈	1.25
有 機 酸	醋酸、醋酸酐、丙烯酸、丙酸、甲酸	1.25
其 他 非不溶性者	氧化丙烯	2.0

前項第二款之儲槽如設置特殊型泡沫放出口，其儲槽液面積為浮頂式儲槽環狀部分之表面積。

第二百十四條　儲槽除依前條設置固定式泡沫放出口外，並依下列規定設置補助泡沫消防栓及連結送液口：

一、補助泡沫消防栓，應符合下列規定：

（一）設在儲槽防液堤外圍，距離槽壁十五公尺以上，便於消防救災處，且至任一泡沫消防栓之步行距離在七十五公尺以下，泡沫瞄子放射量在每分鐘四百公升以上，放射壓力在每平方公分三點五公斤以上或 0.35Mpa以上。但全部泡沫消防栓數量超過三支時，以同時使用三支計算之。

（二）補助泡沫消防栓之附設水帶箱之設置，準用第四十條第四款之規定。

二、連結送液口所需數量，依下列公式計算：

$$N=Aq/C$$

N：連結送液口應設數量

A：油槽最大水平斷面積。但浮頂儲槽得以環狀面積核算（㎡）。

q：固定式泡沫放出口每平方公尺放射量（ℓ/min ㎡）

C：每一個連結送液口之標準送液量（800 ℓ/min ㎡）

第二百十五條　以室外儲槽儲存閃火點在攝氏四十度以下之第四類公共危險物品之顯著滅火困難場所者，且設於岸壁、碼頭或其他類似之地區，並連接輸送設備者，除設置固定式泡沫滅火設備外，並依下列規定設置泡沫射水槍滅火設備：

一、室外儲槽之幫浦設備等設於岸壁、碼頭或其他類似之地區時，泡沫射水槍應能防護該場所位於海面上前端之水平距離十五公尺以內之海面，而距離注入口及其附屬之公共危險物品處理設備各部分之水平距離在三十公尺以內，其設置個數在二具以上。

二、泡沫射水槍為固定式，並設於無礙滅火活動及可啟動、操作之位置。

三、泡沫射水槍同時放射時，射水槍泡沫放射量為每分鐘一千九百公升以上，且其有效水平放射距離在三十公尺以上。

第二百十六條　以室內、室外儲槽儲存閃火點在攝氏七十度以下之第四類公共危險物品之顯著滅火困難場所，除設置固定式泡沫滅火設備外，並依下列規定設置冷卻撒水設備：

一、撒水噴孔符合 CNS、一二八五四之規定，孔徑在四毫米以上。

二、撒水管設於槽壁頂部，撒水噴頭之配置數量，依其裝設之放水角度及撒水量核算；儲槽設有風樑或補強環等阻礙水路徑者，於風樑或補強環等下方增設撒水管及撒水噴孔。

三、撒水量按槽壁總防護面積每平方公尺每分鐘二公升以上計算之，其管徑依水力計算配置。

四、加壓送水裝置為專用，其幫浦出水量在前款撒水量乘以所防護之面積以上。

五、水源容量在最大一座儲槽連續放水四小時之水量以上。

六、選擇閥（未設選擇閥者為開關閥）設於防液堤外，火災不易殃及且容易接近之處所，其操作位置距離地面之高度在零點八公尺以上一點五公尺以下。

七、加壓送水裝置設置符合下列規定之手動啟動裝置及遠隔啟動裝置。但送水區域距加壓送水裝置在三百公尺以內者，得免設遠隔啟動裝置：（一）手動啟動裝置之操作部設於加壓送水裝置設置之場所。（二）遠隔啟動裝置由下列方式之一啟動加壓送水裝置：1.開啟選擇閥，使啟動用水壓開關裝置或流水檢知裝置連動啟動。2.設於監控室等平常有人駐守處所，直接啟動。

八、加壓送水裝置啟動後五分鐘以內，能有效撒水，且加壓送水裝置距撒水區域在五百公尺以下。但設有保壓措施者，不在此限。

九、加壓送水裝置連接緊急電源。前項緊急電源除準用第三十八條規定外，其供電容量應在其連續放水時間以上。

第二百十七條　採泡沫噴頭方式者，應符合下列規定：

一、防護對像在其有效防護範圍內。

二、防護對像之表面積（為建築物時，為樓地板面積），每九平方公尺設置一個

泡沫噴頭。

三、每一放射區域在一百平方公尺以上。其防護對像之表面積未滿一百平方公尺時，依其實際表面積計算。

第二百十八條　　泡沫滅火設備之泡沫放出口、放射量、配管、試壓、流水檢知裝置、啟動裝置、一齊開放閥、泡沫原液儲存量、濃度及泡沫原液槽設置規定，準用第六十九條、第七十條、第七十二條至第七十四條、第七十八條、第七十九條及第八十一條之規定。儲槽用之泡沫放出口，依第二百十三條之規定設置。

第二百十九條　　移動式泡沫滅火設備，依下列規定設置：

一、泡沫瞄子放射壓力在每平方公分三點五公斤以上或 0.35MPa 以上。

二、泡沫消防栓設於室內者，準用第三十四條第一項第一款第一目及第三十五條規定；設於室外者，準用第四十條第一款及第四款規定。

第二百二十條　　泡沫滅火設備之水源容量需達下列規定水溶液所需之水量以上，並加計配管內所需之水溶液量：

一、使用泡沫頭放射時，以最大泡沫放射區域，繼續射水十分鐘以上之水量。

二、使用移動式泡沫滅火設備時，應在四具瞄子同時放水三十分鐘之水量以上。但瞄子個數未滿四個時，以實際設置個數計算。設於室內者，放水量在每分鐘二百公升以上；設於室外者，在每分鐘四百公升以上。

三、使用泡沫射水槍時，在二具射水槍連續放射三十分鐘之水量以上。

四、設置於儲槽之固定式泡沫滅火設備之水量，為下列之合計：

（一）固定式泡沫放出口依第二百十三條第二款、第三款表列之泡沫水溶液量，乘以其液體表面積所能放射之量。

（二）補助泡沫消防栓依第二百十四條規定之放射量，放射二十分鐘之水量。

第二百二十一條　　依前條設置之水源，應連結加壓送水裝置，並依下列各款擇一設置：

一、重力水箱，應符合下列規定：

（一）有水位計、排水管、溢水用排水管、補給水管及人孔之裝置。

（二）水箱必要落差在下列計算值以上：必要落差＝移動式泡沫滅火設備消防水帶摩擦損失水頭＋配管摩擦損失水頭＋泡沫放出口、泡沫瞄子或泡沫射水槍之放射壓力，並換算成水頭（計算單位：公尺）

$$H=h_1+h_2+h_3m$$

二、壓力水箱，應符合下列規定：

（一）有壓力表、水位計、排水管、補給水管、給氣管、空氣壓縮機及人孔之裝置。

（二）水箱內空氣占水箱容積三分之一以上，壓力在使用建築物最高處之消防栓維持規定放水水壓所需壓力以上。當水箱內壓力及液面減低時，能自動補充加壓。空氣壓縮機及加壓幫浦，與緊急電源相連接。

（三）必要壓力在下列計算值以上：必要壓力＝消防水帶摩擦損失壓力＋配管摩擦損失壓力＋落差＋泡沫放出口、泡沫瞄子或泡沫射水槍之放射壓力（計算單位：公斤／平方公分，MPa）

$$P=P_1+P_2+P_3+P_4$$

三、消防幫浦，應符合下列規定：

（一）幫浦全揚程在下列計算值以上：幫浦全揚程＝消防水帶摩擦損失水頭＋配管摩擦損失水頭＋落差＋泡沫放出口、泡沫瞄子或射水槍之放射壓力，並換算成水頭（計算單位：公尺）

$$H=h_1+h_2+h_3+h_4$$

（二）連結之泡沫滅火設備採泡沫噴頭方式者，其出水壓力，準用第七十七條之規定

（三）應為專用。但與其他滅火設備並用，無妨礙各設備之性能時，不在此限。

（四）連接緊急電源。前項緊急電源除準用第三十八條規定外，其供電容量應在所需放射時間之一點五倍以上。

第二百二十二條　二氧化碳滅火設備準用第八十二條至九十七條規定。但全區放射方式之二氧化碳滅火設備，依下列規定計算其所需滅火藥劑量：

一、以下表所列防護區域體積及其所列每立方公尺防護區域體積所需之滅火藥劑量，核算其所需之量。但實際量未達所列之量時，以該滅火藥劑之總量所列最低限度之基本量計算。

防護區域體積 （立方公尺）	每立方公尺防護區域體積所需之滅火藥劑量（kg/m^3）	滅火藥劑之基本需要量（公斤）
未達五	一點二	一
五以上未達十五	一點一	六
十五以上未達五十	一	十七
五十以上未達一百五十	零點九	五〇
一百五十以上未達一千五百	零點八	一三五
一千五百以上	零點七五	一二〇〇

二、防護區域之開口部未設置自動開閉裝置時，除依前款計算劑量外，另加算該開口部面積每平方公尺五公斤之量。於防護區域內或防護對象係為儲存、處理之公共危險物品，依下表之係數，乘以前項第一款或第二款所算出之量。未表列之公共危險物品，依中央主管機關認可之試驗方式求其係數。

滅火劑種類 公共危險物品	二氧化碳	乾　　粉			
		第一種	第二種	第三種	第四種
丙烯腈	1.2	1.2	1.2	1.2	1.2
乙醛		—	—	—	—
氰甲烷	1.0	1.0	1.0	1.0	1.0
丙酮	1.0	1.0	1.0	1.0	1.0
苯氨		1.0	1.0	1.0	1.0
異辛烷	1.0	—	—	—	—
異戊二烯	1.0				
異丙胺	1.0				
異丙醚	1.0				
異己烷	1.0				
異庚烷	1.0				
異戊烷	1.0				
乙醇	1.2	1.2	1.2	1.2	1.2
乙胺	1.0				
氯乙烯		—	—	1.0	—
辛烷	1.2				
汽油	1.0	1.0	1.0	1.0	1.0

甲酸乙酯	1.0				
甲酸丙酯	1.0				
甲酸甲酯	1.0				
輕油	1.0	1.0	1.0	1.0	1.0
原油	1.0	1.0	1.0	1.0	1.0
醋酸		1.0	1.0	1.0	1.0
醋酸乙酯	1.0	1.0	1.0	1.0	1.0
醋酸甲酯	1.0				
氧化丙烯	1.8	─	─	─	─
環己烷	1.0				
二乙胺	1.0				
乙醚	1.2	─	─		
二呀烷	1.6	1.2	1.2	1.2	1.2
重油	1.0	1.0	1.0	1.0	1.0
潤滑油	1.0	1.0	1.0	1.0	1.0
四氫呋喃	1.0	1.2	1.2	1.2	1.2
煤油	1.0	1.0	1.0	1.0	1.0
三乙胺	1.0				
甲苯	1.0	1.0	1.0	1.0	1.0
石腦油	1.0	1.0	1.0	1.0	1.0
茱仔油		1.0	1.0	1.0	1.0
二硫化碳	3.0	─	─	─	─
乙烯基乙烯醚	1.2				
砒碇		1.0	1.0	1.0	1.0
丁醇		1.0	1.0	1.0	1.0
丙醇	1.0	1.0	1.0	1.0	1.0
2-丙醇（異丙醇）	1.0				
丙胺	1.0				
己烷	1.0	1.2	1.2	1.2	1.2
庚烷	1.0	1.0	1.0	1.0	1.0
苯	1.0	1.2	1.2	1.2	1.2
戊烷	1.0	1.4	1.4	1.4	1.4
清油		1.0	1.0	1.0	1.0
甲醛	1.6	1.2	1.2	1.2	1.2
丁酮（甲基乙基酮）	1.0	1.0	1.0	1.2	1.0
氯苯		─	─	1.0	─

註：標有─者不可用為該公共危險物品之滅火劑。

第二百二十三條　乾粉滅火設備，準用第九十八條至第一百十一條之規定。但全區放射方式之乾粉滅火設備，於防護區域內儲存、處理之公共危險物品，依前條第三款表列滅火劑之係數乘以第九十九條所算出之量。前條第三款未表列出之公共危險物品，依中央主管機關認可之試驗求其係數。

第二百二十四條　第四種滅火設備距防護對像任一點之步行距離，應在三十公尺以下。但與第一種、第二種或第三種滅火設備併設者，不在此限。

第二百二十五條　第五種滅火設備應設於能有效滅火之處所，且至防護對像任一點之步行距離應在二十公尺以下。但與第一種、第二種、第三種或第四種滅火設備併設者，不在此限。前項選設水槽應備有三個一公升之消防專用水桶，乾燥砂、膨脹蛭石及膨脹珍珠巖應備有鏟子。

第二百二十六條　警報設備之設置，依第一百十二條至第一百三十二條之規定。

第二百二十七條　標示設備之設置，依第一百四十六條至第一百五十六條之規定。

第二百二十八條　可燃性高壓氣體場所、加氣站、天然氣儲槽及可燃性高壓氣體儲槽之滅火器，依下列規定設置：

一、製造、儲存或處理場所設置二具。但樓地板面積二百平方公尺以上者，每五十平方公尺（含未滿）應增設一具。

二、儲槽設置三具以上。

三、加氣站，依下列規定設置：

（一）儲氣槽區四具以上。

（二）加氣機每臺一具以上。

（三）用火設備處所一具以上。

（四）建築物每層樓地板面積在一百平方公尺以下設置二具，超過一百平方公尺時，每增加（含未滿）一百平方公尺增設一具。

四、儲存場所任一點至滅火器之步行距離在十五公尺以下，並不得妨礙出入作業。

五、設於屋外者，滅火器置於箱內或有不受雨水侵襲之措施。

六、每具滅火器對普通火災具有四個以上之滅火效能值，對油類火災具有十個以上之滅火效能值。

七、滅火器之放置及標示依第三十一條第四款之規定。

第二百二十九條　可燃性高壓氣體場所、加氣站、天然氣儲槽及可燃性高壓氣體儲槽之冷卻撒水設備，依下列規定設置：

一、撒水管使用撒水噴頭或配管穿孔方式，對防護對象均勻撒水。

二、使用配管穿孔方式者，符合 CNS一二八五四之規定，孔徑在四毫米以上。

三、撒水量為防護面積每平方公尺每分鐘五公升以上。但以厚度二十五毫米以上之岩棉或同等以上防火性能之隔熱材被覆，外側以厚度零點三五毫米以上符合 CNS一二四四規定之鋅鐵板或具有同等以上強度及防火性能之材料被覆者，得將其撒水量減半。

四、水源容量在加壓送水裝置連續撒水三十分鐘之水量以上。

五、構造及手動啟動裝置準用第二百十六條之規定。

第二百三十條前條　防護面積計算方式，依下列規定：

一、儲槽為儲槽本體之外表面積（圓筒形者含端板部分）及附屬於儲槽之液面計及閥類之露出表面積。

二、前款以外設備為露出之表面積。但製造設備離地面高度超過五公尺者，以五

公尺之間隔作水平面切割所得之露出表面積作為應予防護之範圍。

三、加氣站防護面積，依下列規定：

（一）加氣機每臺三點五平方公尺。

（二）加氣車位每處二平方公尺。

（三）儲氣槽人孔每座三處共三平方公尺。

（四）壓縮機每臺三平方公尺。

（五）幫浦每臺二平方公尺。

（六）氣槽車卸收區每處三十平方公尺。

第二百三十一條　可燃性高壓氣體場所、加氣站、天然氣儲槽及可燃性高壓氣體儲槽之射水設備，依下列規定：

一、室外消防栓應設置於屋外，且具備消防水帶箱。

二、室外消防栓箱內配置瞄子、開關把手及口徑六十三毫米、長度二十公尺消防水帶二條。

三、全部射水設備同時使用時，各射水設備放水壓力在每平方公分三點五公斤以上或 0.35MPa以上，放水量在每分鐘四百五十公升以上。但全部射水設備數量超過二支時，以同時使用二支計算之。

四、射水設備之水源容量，在二具射水設備同時放水三十分鐘之水量以上。

第二百三十二條　射水設備設置之位置及數量應依下列規定：

一、設置個數在二支以上，且設於距防護對象外圍四十公尺以內，能自任何方向對儲槽放射之位置。

二、依儲槽之表面積，每五十平方公尺（含未滿）設置一具射水設備。但依第二百二十九條第三款但書規定設置隔熱措施者，每一百平方公尺（含未滿）設置一具。

第二百三十三條　射水設備之配管、試壓、加壓送水裝置及緊急電源準用第三十九條及第四十二條之規定。

第五編 附則

第二百三十四條　依本標準設置之室內消防栓、室外消防栓、自動撒水、水霧滅火、泡沫滅火、冷卻撒水、射水設備及連結送水管等設備，其消防幫浦、電動機、附屬裝置及配管摩擦損失計算，由中央消防機關另定之。

第二百三十五條　緊急供電系統之配線除依屋內線路裝置規則外，並依下列規定：

一、電氣配線應設專用回路，不得與一般電路相接，且開關有消防安全設備別之明顯標示。

二、緊急用電源回路及操作回路，使用六百伏特耐熱絕緣電線，或同等耐熱效果以上之電線。

三、電源回路之配線，依下列規定，施予耐燃保護：

（一）電線裝於金屬導線管槽內，並埋設於防火構造物之混凝土內，混凝土保護厚度為二十毫米以上。但在使用不燃材料建造，且符合建築技術規則防火區劃規定之管道間，得免埋設。

（二）使用MI電纜或耐燃電纜時，得按電纜裝設法，直接敷設。

（三）其他經中央主管機關指定之耐燃保護裝置。

四、標示燈回路及控制回路之配線，依下列規定，施予耐熱保護：

（一）電線於金屬導線管槽內裝置。

（二）使用MI電纜、耐燃電纜或耐熱電線電纜時，得按電纜裝設法，直接敷設。

（三）其他經中央主管機關指定之耐熱保護裝置。

第二百三十六條　消防安全設備緊急供電系統之配線，依下表之區分，施予耐燃保護或耐熱保護。

第二百三十七條　緊急供電系統之電源，依下列規定：

一、緊急電源使用符合 CNS、一０二０四規定之發電機設備、一０二０五規定之蓄電池設備或具有相同效果之設備，其容量之計算，由中央消防機關另定之。

二、緊急電源裝置切換開關，於常用電源切斷時自動切換供應電源至緊急用電器具，並於常用電源恢復時，自動恢復由常用電源供應。

三、發電機裝設適當開關或連鎖機件，以防止向正常供電線路逆向電力。

四、裝設發電機及蓄電池之處所為防火構造。但設於屋外時，設有不受積水及雨水侵襲之防水措施者，不在此限。

五、蓄電池設備充電電源之配線設專用回路，其開關上應有明顯之標示。

第二百三十八條　防災中心樓地板面積應在四十平方公尺以上，並依下列規定設置：

一、防災中心之位置，依下列規定：

（一）設於消防人員自外面容易進出之位置。

（二）設於便於通達緊急昇降機間及特別安全梯處。

（三）出入口至屋外任一出入口之步行距離在三十公尺以下。

二、防災中心之構造，依下列規定：

（一）冷暖、換氣等空調系統為專用。

（二）防災監控系統相關設備以地腳螺栓或其他堅固方法予以固定。

（三）防災中心內設有供操作人員睡眠、休息區域時，該部分以防火區劃間隔。

三、防災中心應設置防災監控系統，以監控或操作下列消防安全設備：

（一）火警自動警報設備之受信總機。

（二）瓦斯漏氣火警自動警報設備之受信總機。

（三）緊急廣播設備之擴音機及操作裝置。

（四）連接送水管之加壓送水裝置及與其送水口處之通話連絡。

（五）緊急發電機。

（六）常開式防火門之偵煙型探測器。

（七）室內消防栓、自動撒水、泡沫及水霧等滅火設備加壓送水裝置。

（八）乾粉、二氧化碳等滅火設備。

（九）排煙設備。

第二百三十九條　本標準施行日期，由內政部以命令定之。

NOTES

NOTES

國家圖書館出版品預行編目資料

```
+------------------------------------------------------------+
| 消防設備與電氣技術 / 劉書勝著.  -- 第二版. --               |
| 新北市 : 鱻禾文化,  民106.03                                |
|    面 ;    公分                                            |
|    ISBN 978-986-90843-3-8 (平裝)                          |
|                                                            |
| 1.消防設施      2.消防法規                                  |
|                                                            |
| 575. 875                               106003310          |
+------------------------------------------------------------+
```

消防設備與電氣技術【第二版】

發 行 所／鱻禾文化事業有限公司

發 行 人／連得壽

作　　者／劉書勝

校　　稿／高士峰・謝曉麟

協　　校／連文瑞

地　　址／新北市中和區橋和路90號9樓

電　　話／(02)2249-5121

傳　　真／(02)2244-3873

網　　址／www.biaoho.com.tw

出版日期／中華民國106年04月12日發行(第二版)

郵政劃撥／19685093

戶　　名／鱻禾文化事業有限公司

每本零售／520元

《全華圖書股份有限公司 總經銷》

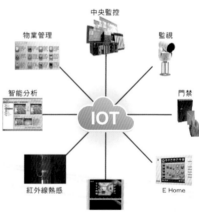

用心堅持好品質 Made in Taiwan

無熔線斷路器 / 漏電斷路器 / 電磁開關 / 電源自動開關

無熔線/漏電
斷路器

伍菱電機股份有限公司

WULING ELECTRIC CO., LTD.

A 新北市林口區工二路8號

T +886-2-2603-3339

www.wuling.com.tw

Molded Case
Circuit Breaker/
Earth Leakage
Circuit Breaker

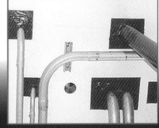

SHIHLIN ELECTRIC
士林電機

非 晶 質 油 浸 式 變 壓 器
Amorphous Oil-Immersed Transformers

- 省能源，鐵損與現行品降低70%以上。
- 低運轉成本，年減40%電費。
  （依實際負載率而不同）
- 　　　　證。

U0072982

高效率模鑄式變壓器
Cast Resin Transformer

比流器 / 比壓器
Current Transformer
Voltage Transformer

高低壓電容器/電抗器
HV/LV Capacitors / Reactor

配電盤
Switchgear & Controlgear

避雷器 / 分段開關
Lightning Arrester /
Disconnecting Switches

智慧型電表 / SCADA
Smart Meter / SCADA

智慧型電容器調諧組/盤
Smart Capacitors / Panel

主動式濾波器 / 自動虛功補償器
Active Power Filter /
Static Var Generator

高/低壓匯流排
HV/LV Busway

產品諮詢專線0800-524040（我愛士林士林）服務時間08:30~17:30

www.seec.com.tw

台北 TEL. 02-2541-9822 ｜ 新竹 TEL. 03-598-1210 ｜ 台中 TEL. 04-2461-0466 ｜ 台南 TEL. 06-237-1246 ｜ 高雄 TEL. 07-316-0228